Nepal

Nepal

Königreich am Himalaya

Toni Hagen

Kümmerly + Frey

Fotos: Toni Hagen, Lenzerheide,
mit Ausnahme der folgenden: Nr. 3, 48 Hans Jenny-Hagen, Basel,
Nr. 155 Hans Aschmann, Chur

Gesamtherstellung: Kümmerly + Frey, Bern
Printed in Switzerland ISBN 3259081216

Inhalt

Man rühmt die Schweiz als Land des Brückenschlages zwischen Nord und Süd, zwischen West und Ost, man lobt ihre Lösung der Vielsprachigkeit und des Minderheitenproblems. Aber der Alpenwall kann auch in dieser Hinsicht nicht mit dem Himalaya verglichen werden. Deutschschweizer und Tessiner, Deutsche also und Italiener, gehören der gleichen Rassengruppe an. Die Tibeter und Inder jedoch sind anthropologisch völlig verschieden. Nepal beherbergt denn auch eine viel größere Zahl von rassischen und ethnologischen Gruppen und Minderheiten. Vielfältig sind die Sprachen, die hier gesprochen werden, und ebenso mannigfaltig die Religionen. Alle diese Menschen aber leben heute friedlich nebeneinander. Keinem Nepali würde es einfallen, eine andere Religion zu bekämpfen. Im Gegenteil: In diesem Lande ist ein Synkretismus entwickelt, der alle Sparten des Lebens und der Kultur umfaßt, und es herrscht eine Toleranz im Volk, die der ganzen Menschheit als Beispiel dienen könnte.
Wenn der Ausdruck «Wunderland» außerhalb des Märchenreiches heute noch ein Recht hat, dann hier: Es gibt wohl nur wenige Länder auf der Erde, wo so viele Kunstdenkmäler auf so engem Raume zu finden sind wie im Kathmandu-Tal. Eine Reise durch Nepal bedeutet heute noch die Verwirklichung eines Traumes aus hinduistischem und buddhistischem Mittelalter: so traditionsverwurzelt ist dieses Bergvolk in seiner Abgeschiedenheit geblieben.
Land der Gegensätze! Klimatisch und landschaftlich vor allem, gewiß! Aber dem, der wachen Auges das Land durchstreift, fällt Erstaunlicheres auf. Die Söhne dieses toleranten, liebenswürdigen Volkes sind bekannt als die tapfersten und wildesten Soldaten. Land der Dämonen und Paradies zugleich für Bergsteiger und Naturforscher! Thron der Götter, Land der Heiligtümer, der Zauberer, der höchsten Gipfel; geheimnisvolles Königreich im Himalaya! Mit einem Wort: Nepal! Wer es einmal besucht hat, nimmt unvergeßliche Eindrücke mit nach Hause; mehr noch — er wird Nepal-süchtig!
Aber nicht so, nicht nur mit den Augen des Ästheten, darf man fremdes Land durchstreifen, wenn man es kennenlernen will. Heute gilt es vielmehr, sich auch mit den Problemen und Nöten der entfernten Glieder unserer Völkerfamilie vertraut zu machen. Dann aber kann einem nicht entgehen, daß Nepal wirtschaftlich und politisch schwer um seine Zukunft ringt.
Das Umschlagbild mag als Symbol gelten für dieses ferne Land des Brückenschlages. Da ragen die eisernen Tragschienen einer vom Hochwasser zerstörten Brücke in die Luft. Lose hingelegte Baumstämme — ein elender Verbindungssteg —, und darauf überqueren nepalische Bauern mit ihren Lasten die tosenden Wasser. So ist es wohl in einem höheren Sinne die Aufgabe Nepals, trotz der scheinbar unüberwindlichen Hindernisse, die die Natur hier aufgetürmt hat, Verbindung herzustellen und zu erhalten zwischen den Menschen im Süden, den Bewohnern des tropischen indischen Tieflandes, und jenen Völkern, die in den Wüstengebieten Innerasiens zu Hause sind; zwischen den altindischen und indo-arischen Volksrassen und den mongoliden Völkern im Norden; zwischen den hinduistischen und altbuddhistischen Kulturen des indischen Subkontinents und den

neueren Formen des tibetischen Lamaismus. Die halbzerstörte Brücke des Umschlagbildes ist inzwischen durch eine solide Neukonstruktion ersetzt worden. Die Symbolbedeutung des schwierigen Überganges hat heute — rund ein Vierteljahrhundert, nachdem die Photographie von der zerstörten Brücke von Tatopani aufgenommen worden ist — nichts von ihrer Aktualität eingebüßt. Zu den natürlichen Hindernissen der Süd-Nord-Verbindung fügen sich nun noch die geistig-politischen, verursacht durch die gegensätzlichen Regierungsformen im indischen Subkontinent und im neuen Reich der Mitte.

Nach zwölfjähriger Tätigkeit verließ ich Nepal im Jahre 1962. Meine zweite Begegnung mit dem Land ergab sich im Jahre 1968. Zu meiner Bestürzung mußte ich feststellen, daß am baulichen Kulturgut schwer gesündigt wird und eine eigentliche Betonmanie die herrlichen Städte und Parkanlagen ergriffen hat. Der frühere Dundhikel, der alte Park in der Mitte der Stadt, war von allen Bäumen entblößt und mit seltsamen Betonkonstruktionen eingezäunt. Beton-Apartmenthäuser in äußerst geschmacklosem Stil sind aus dem Boden geschossen. Ganze alte Stadtteile mußten modernen breiten Autostraßen weichen. Nach 1968 habe ich Nepal wiederholt besucht. Dies gab mir die einmalige Gelegenheit, die Verwandlung einer mittelalterlichen archaischen Gesellschaftsstruktur in eine moderne Nation, die sich in zwei Jahrzehnten vollzogen hat, zu erleben. Dies vor allem, weil ich seither im Rahmen meiner weltweiten Tätigkeit in der Entwicklungshilfe in die Probleme manch anderer Länder Einblick nehmen konnte.

Nepal teilt die Probleme mit allen anderen Entwicklungsländern, deren Wirtschaft auf der Landwirtschaft beruht. Obschon jedes Land seine eigene Entwicklung durchmachen muß und seine spezifischen Entwicklungsprobleme zu bewältigen hat, kristallisieren sich doch viele gemeinsame Probleme heraus.

Noch 1962 konnte man die nepalischen Subsistenzbauern als ein armes, jedoch befriedigend ernährtes Volk bezeichnen. Seither ist die Bevölkerung von 8 Millionen (1951) auf über 13 Millionen (1979) angewachsen, während gleichzeitig das zur Verfügung stehende Kulturland infolge Übernutzung und Bodenerosion abnimmt. Schärfer als in den meisten anderen Entwicklungsländern stellt sich für Nepal das Problem der drohenden ökologischen Katastrophe.

Besonders reizvoll für mich war der Vergleich meiner damaligen Befunde über Nepals Entwicklungsprobleme mit der heutigen Situation. Mein reich illustrierter Bericht wurde 1959 unter «Report No. TAO / NEP / 1» als erster offizieller Bericht der UNO über Nepal mit dem Titel «Observations on Certain Aspects of Economic and Social Development Problems in Nepal» herausgegeben.

Heute, 20 Jahre später, beginnen meine damaligen Vorschläge sich zu realisieren. Sie betreffen den Bau von Hängebrücken, Seilbahnen, Verbesserung von Wegen, Kleinwasserkraftwerken, das Karnali-Großkraftwerk, Dorfhandwerk, Kampf gegen die Bodenerosion und vor allem die Forderung nach landwirtschaftlicher Verbesserung im Mittelland, wo die Bauern wohnen, anstelle der damaligen Tendenz, die Zukunft Nepals allein im Terai zu sehen.

Toni Hagen

Machhapuchhare
6997 m

Annapurna III
7577 m

2

Annapurna South Peak
7195 m

Annapurna I
8078 m

◁ 1 *Mingbo, der höchste Flugplatz der Welt, 4700 m über Meer. Mingbo ist eine Alp am Fuß des Mount Everest. Der stolze, aus den Wolken ragende Gipfel ist der Taboche (6367 m). Sherpa und tibetische Flüchtlinge bauten den Flugplatz 1961 für die STOL-Flugzeuge des IKRK zur Versorgung der tibetischen Flüchtlingslager. Im Khumbu, der Heimat der Sherpa, befanden sich im Winter 1960/61 zeitweise rund 4000 Flüchtlinge, verglichen mit einer lokalen Bevölkerung von nur 2200. Das IKRK errichtete in Namche einen medizinischen Außenposten, für welchen die Flugzeuge Nahrungsmittel, Medikamente und anderes Material nach Mingbo flogen. – Diese Aufnahme steht in einem gewissen Kontrast zum Bild auf dem Buchumschlag mit der halbzerfallenen Brücke. Mittelalter und modernes technisches Zeitalter mit Flugzeugen begegnen sich. Die meisten Gebiete von Nepal haben diesen gewaltigen Schritt vom Fußverkehr zum Flugverkehr, ohne Übergang durch Räder und Wagen, direkt erlebt. Wenn dieser abrupte Übergang auch in Spezialfällen gerechtfertigt sein mag, so birgt er doch auch gewisse Gefahren: man glaubt in der dritten Welt die Zeitspanne von Hunderten von Jahren mittels der Technik einfach überspringen zu können, ungeachtet der Tatsache, daß rein technische Entwicklung ohne gleichzeitige Förderung des Menschen nur zu Enttäuschungen führen kann.*

2 *Das Annapurna-Panorama von Pokhara (Zentralnepal) aus. Diese Ebene ist entstanden durch die allmähliche Verlandung eines einstmals riesigen Sees; nur noch kleinere Seen sind als spärliche Reste erhalten geblieben. Die Ebene liegt 800 m über Meer; im Hintergrund, ohne jedes Vorgebirge, türmt sich unvermittelt die Annapurna-Kette bis zur Achttausenderregion. Subtropische Vegetation, Orangenbäume und Bananensträucher in der Ebene – und in 35 km Entfernung die eisgepanzerte Südflanke der Annapurna. Die Leute auf dem Bild gehen zum Holzschlag in die südlich gelegenen Hügel; denn im Tal selbst und seiner näheren Umgebung ist kaum mehr Wald anzutreffen. Einzelne große Bäume stehen noch als Schattenspender über den charakteristischen Rastplätzen mit ihren Mauern zum Abstellen der Lasten.*

▷ 3 *Blick vom Trashi-Labtsa-Paß (5755 m) nach Osten. Das Nebelmeer im Tal von Thami liegt auf rund 5000 Metern. Im Mittelgrund rechts die Kongde-Gruppe (6187 m) und im Hintergrund von links nach rechts Tramserku (6608 m), Mera (6473 m) und namenloser Gipfel (ca. 6000 m).*

Lamjung Himal
6995 m

Verzeichnis der Erstbesteigungen der Achttausender von Nepal

Bergnamen und -höhen	Expeditionen	Erste Besteigung	Wiederholte Besteigungen
MOUNT EVEREST (8848 m) tibetisch Chomolongma chinesisch Jolmo Lungma nepalisch Sagarmatha	1921–1947 von der tibetischen Seite 8 britische Expeditionen; von Nepal: 1950 England 1951 England 1952 Schweiz (2 Exp.) 1971 international	1953 England	1956 Schweiz zwei Besteigungen 1963 USA, 3 Besteigungen erste Überschreitung W–SE; 1965 Indien, 4 Besteigungen
KANGCHENDZÖNGA (8598 m) (Neuvermessung)	1905 international 1929 Deutschland 1930 international 1931 Deutschland 1937 England 1953 England	1955 England	
LHOTSE (8571 m)	1955 international	1956 Schweiz	
MAKALU (8481 m) (Neuvermessung)	1954 USA, Neuseeland, Frankreich	1955 Frankreich	
DHAULAGIRI I (8167 m)	1950 Frankreich 1953 Schweiz 1954 Argentinien 1955 Schweiz/Deutschland 1956 Argentinien 1958 Schweiz 1959 Österreich	1960 Schweiz	
MANASLU (8156 m) (Neuvermessung)	1952 Japan 1953 Japan 1955 Japan	1956 Japan	
CHO OYU (8153 m)	1952 England 1954 Schweiz 1959 Frankreich	1954 Österreich	1958 Indien 1964 Deutschland
ANNAPURNA I (8091 m) (Neuvermessung)		1950 Frankreich	
SHISHA PANGMA (8013 m)		1964 China	

Annapurna IV
7507 m

Annapurna II
7937 m

Damals und heute

Endlich war es soweit: nach langwierigen Verhandlungen eröffnete die Schweiz die offizielle Entwicklungshilfe mit der Entsendung des vierköpfigen «Swiss Forward Team» nach Nepal (Walter Custer, Emil Rauch, Alf de Spindler und der Verfasser). Als ich im Oktober 1950 zum ersten Mal nepalischen Boden betrat, war ich Gast des Maharaja. Denn zu jener Zeit bestand keine andere Möglichkeit, das bisher «verbotene Land» zu betreten. Zudem existierte damals weder Straßen- noch Luftverbindung mit der Außenwelt, und ich mußte per indische Eisenbahn von Kalkutta nach Raxaul an der nepalischen Grenze reisen, was eine ganze Nacht lang dauerte. Als ich am frühen Morgen in Raxaul eintraf, wurde ich von einem Gurkha-Soldaten daran gehindert, die Grenze zu überschreiten. Er verstand überhaupt kein Englisch, aber nach einer lebhaften Diskussion in der Zeichensprache ließ er sich dazu herab, mich zum Büro der Grenzwache zu führen, wo ich die Bekanntschaft des Wachtmeisters machte, der auch kein Englisch verstand. Anscheinend hatte er die Nachricht von meiner Ankunft nicht erhalten. Er versuchte, nach Kathmandu zu telefonieren, um herauszufinden, was mit dem seltsamen Fremdling zu tun sei. Wie durch ein Wunder klappte die Verbindung. Während er sich zu Beginn des Telefongesprächs sehr «offiziell» und unnachgiebig gezeigt hatte, wurde er nun allmählich freundlicher. Im Verlauf dieses Prozesses befahl er einem Soldaten, einen Stuhl für mich zu bringen. Und als er mit dem Gespräch mit seinem Vorgesetzen in Kathmandu zu Ende kam, brach eine allgemeine Aufregung aus. Der Wachtmeister begann seine Soldaten anzubrüllen, weil sie den Fremden nicht freundlich behandelt hätten und ihn so lange auf Tee und Frühstück warten ließen. Ihm wurde offenbar allmählich bewußt, mit welch «wichtigem» Gast er es zu tun hatte. In der Zwischenzeit waren auch meine drei schweizerischen Kollegen mit dem Zug von New Delhi eingetroffen. Wir wurden anschließend vom Distriktbeamten begrüßt, der uns auf der 30 Kilometer langen Eisenbahnfahrt nach Amlekhganj am Fuß der Vorberge (die drei Stunden dauerte) begleitete, während welcher er uns amüsante Geschichten erzählte von wilden Elefanten, die in regelmäßigen Zeitabständen die Telefonstangen längs der Eisenbahn ausrissen.

In Amlekhganj erwartete uns ein Auto des Maharaja, das uns auf der 30 Kilometer langen Straße nach Bimphedi brachte, wo diese unvermittelt in einem Flußbett endete. Fünf Ponies warteten dort auf uns. Sie trugen uns zur Bergfestung Chisapani Garhi, wo wir vom kommandierenden Obersten begrüßt und zum Essen eingeladen wurden. Der nächste Tag brachte uns zu Pferd über den Chisapani-Paß (2200m) und den Chandragiri-Paß (2500m) (Bild 4) nach Thankot im Kathmandu-Tal, wo eine schwarze Packard-Limousine mit roten Plüschsitzen und roten Plüschvorhängen auf uns wartete, um uns die wenigen Kilometer nach dem Gästehaus des Maharaja in Kathmandu zu bringen. Die Reise von Kalkutta nach Kathmandu hatte ganze drei Tage in Anspruch genommen. Heute fliegt der Tourist die gleiche Strecke in wenig mehr als zwei Stunden.

Meine erste Reise von Kathmandu nach Pokhara im Jahre 1952 (200km) dauerte ganze zehn Tage. Ich mußte den ganzen Weg zu Fuß zurücklegen, nachdem das mir von der Regierung zur Verfügung gestellte Pferd schon am ersten Tag bei einem schwierigen Übergang am Trisuli-Fluß getötet worden und ich selber mit knapper Not davongekommen war. Über den Verlust des Pferdes wurde nie ein Bericht verlangt. Die Regierung schrieb es einfach ab. Heute kann ein Tourist die gleiche Strecke in einem Flug von vierzig Minuten längs der hohen Himalaya-Gipfel zurücklegen – einem Flug, der bestimmt zu den schönsten auf dieser Welt gehört.

Auf meiner Zehntagereise im Jahre 1952 von Kathmandu nach Pokhara beobachtete ich, daß große Teile der Telefonleitungen zwischen den beiden Städten fehlten. Meine Ankunft in Pokhara war eine solche Aufregung für den Gouverneur (ich war einer der ersten Ausländer, die dort gewesen sind), daß er das Ereignis telefonisch in Kathmandu melden wollte. Verzweifelt drehte er an der Kurbel seines altväterischen Telefons, aber als er nach einer Stunde noch immer keine Verbindung bekommen konnte, entschuldigte er sich und

4 Der alte Saumweg über den Chandragiri-Paß (2500 m). Bis zum Jahre 1956 war dies die einzige Landverbindung von Kathmandu mit der Außenwelt. Bis dahin mußten die Autos von Trägern über diesen Saumweg nach Kathmandu getragen werden.

4

sagte, daß offensichtlich das Telefon «zur Zeit nicht in Ordnung» sei. Ich weiß noch heute nicht, ober der Gouverneur ernstlich enttäuscht war über das «temporäre» Versagen des Telefons oder ob er einfach ein guter und höflicher Schauspieler war.

Im Jahre 1952 erkrankte meine ganze Familie an Gelbsucht. Zu jener Zeit bestand keine Apotheke in Kathmandu, und die mit Luftfracht aus der Schweiz angeforderten Arzneimittel wurden vom Zoll in Kalkutta aufgehalten. In Kathmandu war keine richtige Diät erhältlich, und nur den wenigen damaligen Mitgliedern der US-AID-Mission verdanken wir unser Überleben. Als unsere Lage sich nicht besserte, gewährten die Vereinten Nationen schließlich unsere Evakuation und einen Erholungsurlaub in einem indischen Bergkurort, wo sich ein gutes Spital befand. Aber ich erhielt die Nachricht erst drei Wochen, nachdem das Schlimmste schon überstanden war. Das Hauptquartier der Vereinten Nationen war einigermaßen verwirrt (wie sie mir später gestanden), als ich zu erklären versuchte, daß ihr Telegramm «offenbar auf dem Landweg verlorengegangen war». Denn Kathmandu hatte zu jener Zeit keine direkte Fernmeldeverbindung mit der Außenwelt. Ein Telegramm von außen mußte «zuhanden des Stationsvorstandes» an den Grenzbahnhof der indischen Eisenbahn in Raxaul gesandt werden, von wo aus es als Brief mit Bahn und Auto nach Bimphedi und dann mit dem Postboten (zu Fuß) nach Kathmandu befördert wurde. Heute hat Kathmandu gutfunktionierende Telekommunikation mit der Außenwelt.

Als meine Frau und unsere drei kleinen Kinder 1952 in Nepal mit mir zusammentrafen (nachdem sie 9 Monate in der Schweiz hatten warten müssen, weil es einfach unmöglich war, in Kathmandu eine passende Unterkunft zu finden), mußte ich meine Frau wegen einer Nierenerkrankung in Patna zurücklassen, denn damals bestand in Kathmandu kein modernes Spital. Und wenn wir in den ersten Jahren einen Zahnarzt konsultieren mußten, waren wir gezwungen, nach Patna zu fliegen (300 km). Heute besitzt Kathmandu moderne Spitäler mit ausgezeichneten Ärzten.

In den frühen fünfziger Jahren war das Telefon ein nur den Spitzenbeamten und den aristokratischen Familien verfügbarer Luxus, oder, besser gesagt, es war eine Prestigefrage, etwa so wie ein Rolls-Royce in Amerika. Sein Wert war ohnehin fragwürdig, da Botendienste in den meisten Fällen schneller und zuverlässiger waren. 1969 besaß Kathmandu eine moderne Telephonzentrale mit 4000 Linien, deren Zahl allein im Fünfjahresplan 1975/80 um 13 900 erweitert wird. 1950 gab es im ganzen Land ein paar Dutzend Postbureaus. 1972 waren es schon 631.

Am Anfang der neuen Ära fanden sich weder Verkaufsläden noch Apotheken noch Restaurants in Kathmandu. Heute ist chemische Reinigung kein Problem mehr, und man kann in

eleganten Spezialitätenrestaurants speisen. Die Einfuhr von lebensnotwendigen Konsumgütern aus dem Ausland über Indien war sogar mit den Privilegien der Vereinten Nationen eine Haupt- und Staatsaktion, die zudem meist kläglich scheiterte. Bevor meine Familie im Herbst 1952 nach Nepal kam, hatte ich rechtzeitig unsere persönliche Habe, besonders auch Winterkleider, aus der Schweiz vorausgeschickt. Acht Monate nach der Ankunft dieser Sachen im Zollamt von Kalkutta und nachdem sich Stöße von ärgerlicher Korrespondenz angehäuft hatten, setzten mir die Zollbehörden von Kalkutta eine «letzte Frist», bis zu welcher die Sachen «abzuholen» seien, ansonst sie «versteigert» würden. Meine Familie hatte keine Winterkleider und verbrachte die kühlen Nächte von Kathmandu in guten schweizerischen Schlafsäcken, die, anstatt heroisch im Himalaya gebraucht zu werden, wie ursprünglich vorgesehen, nun derart zu «Schlafsack-Parties» erniedrigt wurden. Ich hatte keine andere Wahl, als nach Kalkutta zu fliegen, die Dinge in Empfang und die zusätzlichen Kosten in Kauf zu nehmen.

In den frühen fünfziger Jahren war der Posten eines ausländischen Experten in Nepal mit großen Strapazen verbunden; heute kann man sich keinen angenehmeren vorstellen für jemanden, der die Natur und alte Kulturen liebt. 1960 indessen konnte man in Nepal völlig autark leben, sich mit nepalischen Produkten und Getränken reichhaltig verpflegen, sich in nepalische Textilien kleiden und sich die Wohnungen völlig nepalisch einrichten (was leider lange nicht von allen fremden Experten geübt wird). Der Supermarkt in Kathmandu hat gar keine Existenzberechtigung. Auf meinen Forschungsreisen durch den Himalaya, die oft in einem Zug bis zu sechs Monaten dauerten, mußte ich von zehn Trägerlasten zwei ganze Ladungen von Medikamenten mitschleppen. Denn nirgends im ganzen Land bestand ein Spital oder ein medizinischer Außenposten. Wenn mein Lager nicht allzuweit von einem Dorf stand, warteten Dutzende von Patienten auf Behandlung, denn ich wurde von der einheimischen Bevölkerung als ein «Doktor Sahib» betrachtet. 1973 hatte Nepal 58 Spitäler, 35 Gesundheitszentren und außerdem 251 Gesundheitsposten. Im Jahre 1950 war die Bevölkerung von allen möglichen tropischen Krankheiten bedroht. Heute sind Epidemien durch große Impfungskampagnen unter Kontrolle gebracht worden. Desgleichen ist die Malaria, früher eine schreckliche Krankheit im Terai, in den meisten Gegenden verschwunden (so wenigstens konnte ich noch in der zweiten Auflage dieses Buches im Jahre 1970 schreiben. Heute indessen ist die Malaria wieder erschrekkend im Vormarsch, da die übertragenden Moskitos immun geworden sind gegen DDT). Im Jahre 1950 besaß Nepal 50 Ärzte, im Jahre 1973 waren es hingegen 315. Die mittlere Lebenserwartung im Jahre 1950 war 26 Jahre. Bis 1977 ist sie auf etwa 44 Jahre gestiegen. Die Kindersterblichkeit wurde 1950 auf über 200 pro Tausend geborene Kinder geschätzt, 1977 waren es nur noch 152 (zwar immer noch eine der höchsten der Welt).

Die Zahl der Primarschulen stieg von 265 im Jahre 1950 auf 7265 im Jahre 1970, die Zahl der Sekundarschulen im gleichen Zeitraum von 22 auf 578. Im Jahre 1950 besuchten 0,7% aller Kinder im schulpflichtigen Alter die Primarschule, 1972 waren es 34%. Volle 95,6% der Bevölkerung waren im Jahre 1950 noch Analphabeten, 1970 noch 89%. Von den Jawalakhel- und Godavari-Schulen kommende nepalische Absolventen werden ohne weiteres von der Universität von Cambridge akzeptiert. Die Tribhuvan-Universität wurde 1958 eröffnet. Allein zwischen 1968 und 1970 ist die Zahl der eingeschriebenen Studenten von 11 800 auf 17 025 gestiegen. Universitätsabschluß hatten im Jahre 1951 nur 300 Nepali; im Jahre 1972 ist diese Zahl auf 10 880 gestiegen.

Im Jahre 1952 besaß Nepal nur 600 km Autostraßen, 1972 waren es 3175 km. Die installierte Energie belief sich 1950 auf nur 6280 kW, 1979 werden es 160 MW sein.

Als ich im Dezember 1968, nach mehrjähriger Unterbrechung, wieder nach Nepal flog, war ich höchst erstaunt zu sehen, daß große Flächen im Kathmandu-Tal von grünen Feldern bedeckt waren. Dies war für mich ein ungewöhnlicher Anblick, denn in den Jahren, bevor ich Nepal verließ (1962), war ich daran gewöhnt gewesen, daß zu dieser Jahreszeit braune, brachliegende Felder dominierten. Noch 1965 produzierte es nur 61 Prozent des Bedarfs an Zerealien und mußte noch 34000 Tonnen Weizen und Reis aus dem Terai und aus Indien einführen. Heute ist das Kathmandu-Tal selbstversorgend. Zwischen 1964 und 1967 war der Produktionszuwachs für Weizen 115 Prozent, für Reis 66 Prozent und für andere Zerealien 38 Prozent. In den frühen fünfziger Jahren konnte man auf dem Markt von Kathmandu einige Früchte und auch etwas Gemüse erhalten, aber nur eine Sorte zu einer gewissen Jahreszeit, und die Qualität war minderwertig. Vielseitiger Anbau und besseres Saatgut haben all dies geändert. An Früchten werden produziert: Bananen, Mangos, Papayas, Orangen, Äpfel, Erdbeeren, Mandeln, Guava, Birnen, Pfirsiche, Kirschen, Aprikosen, Pflaumen, Litchi, Jackfruit, Limonen, Trauben und Ananas. An Gemüsen: Zwiebeln, Rettiche, Bohnen, Erbsen, Karotten, Rüben, Spinat, Okra, Auberginen, Tomaten, Peperoni, Kohl und Blumenkohl. Auch werden verschiedene Gewürze und Nüsse produziert, sowie auch pasteurisierte Milch, Rahm, Butter und ein erstklassiger Käse aus dem Himalaya.

Als ich 1962 Nepal verließ, war es noch sehr schwer, zuverlässige statistische Zahlen und Angaben zu erhalten. Dies hat sich gründlich geändert. Von größeren Teilen des Landes liegt eine systematische Luftbildbedeckung vor, die es ermöglichte, Land- und Waldnutzungskartierungen durchzuführen. Annähernde Produktionszahlen stehen jetzt zur Verfügung, ebenso statistische Unterlagen auf vielen Gebieten, einschließlich einer Volkszählung (1961).

In den fünfziger Jahren war ich in der einmaligen und beneidenswerten Lage, in meinen Publikationen keinerlei Bibliographie anführen zu müssen. Außer den alten Standardwerken von Levi und Landon und auch von Filchner existierte über Nepal keine Literatur. Im Jahre 1969 wurde das Centre for Economic Development and Administration gegründet (CEDA). Heute ist es durch moderne Klassifizierung von über 3000 Publikationen, durch Rezensionen und eigene diversifizierte Forschungsprojekte, Seminarien und Kurse usw. zu einer einmaligen Fundgrube über Fakten und Probleme von Nepal geworden.

Während unter dem Maharaja-Regime (bis 1950) weder Abrechnungen noch Budget über den Staatshaushalt vorgelegt wurden (Staatskasse und Privatkasse des Maharaja waren identisch), hat Nepal innerhalb eines Vierteljahrhunderts die meisten Verwaltungsdienste geschaffen, einschließlich Staatshaushalt und Finanzverwaltung. Eine Planungskommission hat den Dritten Fünfjahresplan ausgearbeitet (1976–1980).

Heute besitzt Nepal eine neue Generation von jungen, sachlichen und weltoffenen Fachleuten und Beamten, ein gewaltiger Unterschied zu dem, was unter dem alten Regime vor 1950 bestand. König Mahendra (gestorben 1972) hat eine Anzahl bedeutsamer sozialer Reformen eingeführt. Neben dem Landreformprogramm muß besonders auch eine Erneuerung des Zivilrechts erwähnt werden, die mit den rechtlichen Sanktionen wegen Kastenverletzungen aufräumt. Sein Nachfolger, König Birendra Bir Bikram Shah, hat vor allem das Schulsystem revolutioniert, durch Einführung der funktionellen Erziehung mit Einbezug der ländlichen Umwelt und deren Probleme sowie durch den Landdienst der Schuljugend. Die Direktiven, die König Mahendra für den fünften Fünfjahresplan gegeben hat, lauten: «A democratic, just, dynamic and egalitarian society». Die Lehren aus den bisherigen Fünfjahresplänen wurden wie folgt gezogen: «Modern transport facilities may be the most important means for development, but it has become clear from the past experience that extension of transport facilities without complimentary production activities not only becomes a maintainance liability but also a means of dramatising inherent disparity.»

Während für den ersten Fünfjahresplan (1956–1961) 330 Millionen Nepal-Rupien budgetiert waren (von denen jedoch nur 214 Milionen Rupien für Entwicklungsprogramme ausgelegt werden konnten), ist im fünften Fünfjahresplan (1976–1980) ein Minimalbudget für die Entwicklung von 9197 Millionen Nepal-Rupien vorgesehen.

Auf unbekannten Pfaden

Vorgeschichte. Der Grund für meine Abenteuer in Nepal wurde in den zwanziger Jahren gelegt. Mein Vater, begeisterter Bergsteiger und Skifahrer, weckte schon früh in mir die Freude an der Natur, besonders an den Bergen. Als er mich (ich besuchte noch die Primarschule) in einen Vortrag des bekannten holländischen Himalayaforschers C. Visser mitnahm, war es für mich entschieden und ich eröffnete meinem Vater auf dem Heimweg nach dem Vortrag, daß ich in den Himalaya gehen werde. Die Liebe zu den Bergen bewog mich auch, Geologe zu werden. Für meine Dissertation in den Walliser Alpen benutzte ich auch Luftbilder, und nach Tätigkeit in der Praxis erneut als Forschungsassistent an die ETH zurückgekehrt, spezialisierte ich mich auf die Luftbildauswertung. Eine Artikelserie in der NZZ über dieses Thema, besonders über die Bedeutung der Luftbilder für die unterentwickelten Länder, fand das Interesse von Architekt Walter Custer, der unverzüglich in meiner Klause am Geodätischen Institut der ETH erschien und mir erklärte: «Sie sind der Mann, den wir als Geologen für Nepal brauchen!»

Die erste schweizerische technische Mission war zeitlich auf höchstens 6 Monate beschränkt. Zu diesem Zeitpunkt hatte ich meinen ersten geologischen Querschnitt durch den Himalaya von der Gangesebene im Süden bis Rasua Garhi an der tibetischen Grenze im Norden aufgenommen.

Mit den ersten Forschungsresultaten war aber sowohl mein eigener «Appetit» wie auch derjenige der Regierung von Nepal an der systematischen geologischen Erforschung des Landes geweckt. Leider mußte ich jedoch dem Maharaja eröffnen, daß in der Schweiz kein Geld vorhanden sei für meine weitere Tätigkeit in Nepal. Zehn Tage vor Ablauf meines Retour-Flugbillets erklärte mir der Maharaja: «We shall give you a direct contract, to continue your work in our country.»

Eine halbe Stunde vor meinem letzten Abreisetermin von Kathmandu erschien mein nachmaliger guter und treuer Freund Khadga Narsing Rana, damals Direktor des Nepal Bureau of Mines, im Guesthouse mit einem Vertrag der Regierung von Nepal, bereit zur Unterschrift. Ich unterschrieb kurzerhand und konnte erst nach Rückkehr in die Schweiz meiner Frau erklären, daß wir nun nach Nepal übersiedeln würden. (Wir hatten damals drei Kinder im Alter von 2, 4 und 5 Jahren.) Als aber das Abreisedatum heranrückte und der von der Regierung versprochene Vorschuß für das Flugbillet nicht eintreffen wollte, bekam ich zunächst Angst vor meinem eigenen Mut. Schließlich ermöglichte mir der damalige Schulratspräsident, Prof. Hans Pallmann, einen Vorschuß von der ETH.

Ich werde den Moment nie vergessen, als ich im Januar 1952 abends von meinem hellerleuchteten kleinen Haus in Rapperswil wegfuhr und dort meine Familie noch in warmer Geborgenheit wußte. Denn unterdessen war in Nepal eine Revolution ausgebrochen, der Maharaja abgesetzt und durch eine mehr demokratische Regierung ersetzt worden. Für mich war es also ein Abflug ins völlig Ungewisse. Aber schon 1953 wurde ich von der Technischen Hilfe der Vereinten Nationen übernommen – mit dem Auftrag der ersten geologischen Erkundungsaufnahme des ganzen Landes. Das damalige Risiko hat sich mehr als gelohnt. Den Preis dafür mußte allerdings meine Frau bezahlen, denn anläßlich unserer silbernen Hochzeit hatten wir ausgerechnet, daß wir mehr als die Hälfte unseres «gemeinsamen Lebens» voneinander getrennt gewesen waren.

Für die kürzeren Expeditionen, in der Umgebung von Kathmandu und Pokhara, pflegte meine Familie mich zu begleiten. Das Campingleben gefiel ihnen sehr. Für die längeren Expeditionen (1954–1959) ging dies natürlich nicht mehr, denn in jenen Jahren war ich jedes Jahr durchschnittlich 6 Monate unterwegs allein mit meinen Sherpas und Trägern, und die Zeit der großen Trennungen war angebrochen.

Für mich persönlich war es eine der verlokkendsten Aufgaben, welche die Erdwissenschaften damals noch zu vergeben hatten. Nepal war bisher ein fast völlig unbekanntes Land, auf geologischen Karten immer noch als weißer Fleck ausgespart. Das «verbotene» Tibet war damals für englische Bergsteiger und Wissenschaftler weit weniger verboten

5 *Die Shisha Pangma (8013 m), von Südwesten gesehen.*

5

als Nepal! Sogar topographisch galt es noch manches Geheimnis zu lüften. So schrieb z. B. G. O. Dyhrenfurth in seinem Werk «Zum Dritten Pol» 1952: «Die Shisha Pangma ist der dunkelste Achttausender, also kein Besteigungsversuch und keine richtige Erkundung. Nur die erste Everest-Expedition 1921 ist ihr auf etwa 25 km nahe gekommen. Es gibt noch keine Photographien aus der Nähe.» Nun, die Photographie wurde 1952 gemacht (Bild 5).

Schwierige Anfänge. Meine erste Expedition von Kathmandu aus wurde noch vom Maharaja organisiert. Es stand mir ein Troß von rund 200 Trägern mit schweren Armeezelten und unter Leitung eines Gurkha-Hauptmanns zur Verfügung.

Wenn es über Nacht geregnet hatte, mußte man einen Ruhetag einschalten, da die Zelte im nassen Zustand viel zu schwer gewesen wären zum Transport.

Die ganze Ausrüstung war schwer und luxuriös, aber doch wieder unzweckmäßig für meine Arbeitstechnik. Der damalige Maharaja ließ nichts unversucht, mir die Reisen möglichst angenehm zu gestalten. Kostbares Porzellangeschirr mußte u.a. mitgeschleppt werden. Ein extra Badezelt und ein komfortabler Nachtstuhl entsprachen seinen Vorstellungen und den Gepflogenheiten des damals noch üblichen englischen Kolonialstils.

Kein Wunder also, daß wir volle drei Wochen brauchten, um nur 30 km zurückzulegen. So ging es also nicht. Auf der zweiten Expedition quer durch den Himalaya bis zur tibetischen Grenze bei Rasua Garhi (1951) hatte ich noch 50 Träger. Meine Mannschaft war aber immer noch äußerst schwerfällig, denn Träger und Dienerschaft waren sehr heterogen zusammengesetzt. Leiter des Ganzen war ein Gurkha-Unteroffizier der Armee. Als Koch amtierte ein Angestellter aus dem Guesthouse des Maharaja, Träger waren vom öffentlichen Kuli-Agenten in Kathmandu angeworben. Aber sie alle hatten etwas gemeinsam: sie alle waren sehr devot und wollten das Beste geben für ihren «Sahib», ungeachtet ihrer Kastenunterschiede. Letztere spielten damals in Nepal noch eine bedeutende Rolle. Der Koch aus dem Guesthouse war das eigenhändige Geschirrabwaschen nicht gewohnt. Im Guesthouse standen ihm mehr als genügend Hilfskräfte zur Verfügung, um diesen «low-cast job» auszuführen. Auf meiner Expedition stellte er zu dieser Arbeit einen der Kulis an, wahrscheinlich bezahlt von meinem eigenen Zigarettenvorrat. Dem betreffenden Träger stieg das Selbstbewußtsein durch diese Beförderung sehr. Mit Eifer und mit hingebungsvoller Sorgfalt pflegte er mein Eßgeschirr und die Kochtöpfe mit — Kuhmist zu reinigen. Möglicherweise war bei der Auswahl dieses «Putzmittels» nicht nur die Sorge um das Sauberwerden der Töpfe maßgebend. Vielleicht dachte er ebenso an mein Seelenheil, denn der Kuhmist, von heiligen Kühen, wird ja auch als probates medizinisches Wundermittel angewandt...

Bei der Wiederaufnahme meiner Tätigkeit in Nepal im Jahre 1952 stand zweckmäßige Ausrüstung aus der Schweiz zur Verfügung, und aller überflüssige Ballast wurde zurückgelassen. Durch drastische Einschränkungen konnte die Trägerzahl auf nur zehn reduziert werden. Zudem hatte ich später immer die gleichen Träger, zwei Sippschaften aus nur zwei Dörfern. Einmal standen fünf Brüder in meinen Diensten!

Es gelang mir, die Dienste der alten Expeditionsveteranen Aila (Bild 11) und Tashi (Bild 6) zu sichern, wozu dann noch Sonam und Ang Tenzing stießen, zeitweise auch Kami, Sohn von Tashi.

Diese Mannschaft war mir nach kurzer Zeit wirklich vertraut. Ich schmiedete sie zu einem disziplinierten, mobilen Team, und es entwickelte sich ein hervorragender Geist. Während ich auf meinen ersten Expeditionen rund 50% der Energie und Zeit zum Anfeuern der Träger, für das Erstellen des Camps, für den «innern Dienst» benötigte und nur der Rest für die Geologie übrigblieb, konnte ich mich mit dem späteren Team völlig der Wissenschaft widmen. Der Tagesablauf wickelte sich ab wie ein Uhrwerk, und oft genug war ich selbst der Getriebene. Ich betrachte es für eine Forschungsarbeit dieser Art als notwendig, daß ein regelmäßiges Tagesprogramm etwas Unumstößliches, fast etwas Heiliges sein muß. In solchen Fällen, da der Körper bis zur Grenze der Leistungsfähigkeit in Anspruch genommen ist, darf man es gar nicht mehr auf einen freien Entschluß ankommen lassen. So war meine Mannschaft eingedrillt (falls ich selbst Mühe hatte), mit eiserner Regelmäßigkeit eine Viertelstunde vor Sonnenaufgang die Zelte abzubrechen, und zwar auch mein eigenes Zelt. Wie gerne wäre ich oft noch, besonders in den grimmig kalten Hochgebirgscamps, im warmen Schlafsack geblieben. Aber erbarmungslos wurde mein Zelt über meinem Kopf abgerissen, und mir blieb gar keine andere Wahl, als mich anzukleiden und mich auch auf den Weg zu machen. Nach höchstens einer Viertelstunde war dann das ganze Camp verpackt, die Träger marschbereit. Gegen Abend, nach sieben- bis achtstündigem Marsch, wiederholte sich derselbe Vorgang in umgekehrter Reihenfolge.

Spätestens eine halbe Stunde, nachdem der Zeltplatz bestimmt war, standen alle Zelte, knisterten lustig die Flammen und hing bereits der Teetopf über dem Feuer. Nach weiteren fünf Minuten dampfte heißer Tee auf meinem Feldtisch. Bei all diesem geschäftigen Treiben brauchte ich gar nicht einzugreifen, sondern machte ruhig ein Schläfchen auf meinem Liegestuhl, um für das Nachführen der Notizen im Feldbuch, das Zeichnen der Profile am Abend neue Kräfte zu sammeln.

6 *Mein Sherpa Tashi.*

Bei dieser Organisation war mein Verzicht auf das Frühstück vor dem Abmarsch unumgänglich, und ich mußte mich dem Ernährungsrhythmus der Träger und Sherpas anpassen, das heißt nur zwei Mahlzeiten pro Tag einnehmen. Nur so war es möglich, bei Sonnenaufgang wirklich marschbereit zu sein.

Bei dieser kleinen Trägerzahl konnte natürlich keine Konservennahrung mitgetragen werden. Die Verpflegung basierte sozusagen ausschließlich auf der in den Dörfern erhältlichen lokalen Nahrung wie Mais, Gerste, Reis, Hirse und Eier — es kam schließlich ganz auf die Höhenlage an.

Anfänglich erstand Aila öfter Hühner für mich. Als ich die Träger einmal schalt wegen zu geringer Leistung, meinten sie, ich hätte gut reden, mit meinem Fleischkonsum; wenn sie mehr Fleisch äßen, könnten auch sie besser marschieren. Die speziellen Fleischmahlzeiten für mich wurden hierauf abgeschafft, und durchschnittlich alle 7—10 Tage erstand ich eine Ziege oder ein Schaf, wovon das ganze Team gleiche Teile erhielt. Meist wählte ich die Fleischtage nach Überquerung eines besonders anstrengenden hohen Passes, und dies wirkte als wundersamer Anreiz für mein Team.

Zwei der total zehn Trägerlasten bestanden aus Medikamenten, denn neben meinen Trägern hatte ich auch für die Lokalbevölkerung zu sorgen, welche in jedem weißen Mann einen «Doktor Sahib» sieht. Die Märsche in die entlegenen Landesteile in Ost- und Westnepal führten mich bis zu sechs Monaten weg von jeder Zivilisation. So mußte ich unter anderem mein eigenes Postsystem einrichten durch zwei spezielle Sherpas als Postläufer. Manchmal hatten sie bis zu fünf Wochen Fußmarsch zu bewältigen, um von meinem Camp im Himalaya das nächste Postbureau in Kathmandu oder in Indien zu erreichen.

Während die Vorbereitung meiner Expeditionen zu Beginn meiner Tätigkeit in Kathmandu bis zu drei Wochen in Anspruch nahm, konnte diese Phase später durch das gut eingespielte Team drastisch reduziert werden. Ich brauchte nur meinem Sherpa Aila einen Brief nach Darjeeling zu senden (wo er damals wohnte) mit dem Auftrag, meine Expedition auf ein bestimmtes Datum bereitzustellen. So konnte ich ab 1956 spätestens drei Tage nach meiner Ankunft für die Dauer von 6 Monaten abmarschieren.

Ehrliches Volk. Natürlich mußte für die 6 Monate eine Kasse mitgeführt werden, da außerhalb Kathmandus damals keine Bank existierte. Dabei hatte ich (gewitzigt durch Erfahrungen) mich mit dreierlei Währung zu versehen: nepalische Rupien, indische Rupien und tibetische Währung — je nach den Gebieten, die ich zu erforschen beabsichtigte.

Zu meiner Überraschung war außerhalb der Hauptstadt der Name «indische Rupie» nicht gebräuchlich. Die indische Währung wurde in «Company mors» gezählt. Ein Mor ist eine halbe Rupie, gleichgültig, ob indisch oder nepalisch. Um die erstere jedoch zu unterscheiden, wurde sie mit «Company» bezeichnet, womit die frühere «Ostindische Kompanie» gemeint war (die immerhin im Jahre 1857 aufgehört hat zu existieren!).

Die Summe von mehreren tausend Rupien in Münzen — denn in weiten Gebieten Nepals gelten nur diese — ergab eine volle Traglast. Der dafür ausersehene Mann war sich natürlich seiner Bedeutung bewußt, und um sie vor der Bevölkerung in den Dörfern zu unterstreichen, stellte er jeweils seine Last mit klirrendem Getöse ab. Im Anfang war mir das immer recht unangenehm. Die 6000 Nepalrupien, die wir normalerweise mitführten, entsprechen immerhin etwa 150 Monatsgehältern eines nepalischen Schulmeisters. Man stelle sich bloß vor, in New York oder auch in der Schweiz würde ein Mann etwa 45 000 Dollar Bargeld mit sich herumtragen und dies der Öffentlichkeit auf alle mögliche Art zur Kenntnis bringen. Es bedarf keiner großen Phantasie, um sich vorzustellen, was mit ihm geschähe, wenn er daraufhin nachts etwa die großen Parkanlagen durchstreifen wollte. Nach Einbruch der Dunkelheit wagt sich ja kein New Yorker mehr in den Central Park. Ich nehme absichtlich gerade diesen Vergleich, weil der nichtsahnende damalige nepalische Gesandte bei den Vereinten Nationen im Jahre 1958 auf einem Abendspaziergang im Cen-

Fig. 1

Reiseroute von Toni Hagen

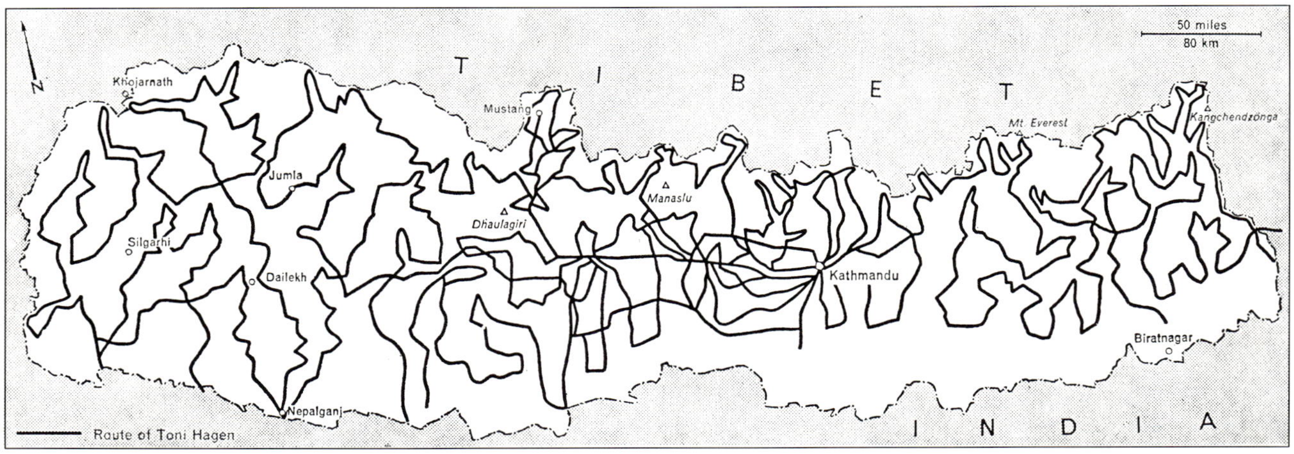

tral Park von einem Räuber überfallen und durch Messerstiche schwer verletzt wurde.

Einmal erschien ein Sherpa der schweizerischen Mount-Everest-Expedition 1952 in meinem Hause in Jawalakhel bei Kathmandu. Er hatte den Auftrag, 12000 Nepalrupien (damaliger Gegenwert rund 8000 Schweizer Franken) zu holen und ins Basislager am Khumbu-Gletscher zu bringen. Mir war der Sherpa unbekannt; aber er zeigte mir einen Brief des Expeditionsleiters, und so durfte ich ihm die für Nepal gewaltige Summe anvertrauen. Schreiben konnte er nicht, so quittierte er mit dem Fingerabdruck, und dann zog er mit seiner schweren Last davon und brachte das Geld in einem 14 Tage langen Fußmarsch über einsame Höhen und durch dichte Wälder sicher an sein Ziel.

Auf meinen Expeditionen und überhaupt während meines zwölfjährigen Aufenthaltes in Nepal ist mir nie etwas abhanden gekommen. In unserem Haus in Kathmandu waren weder Geld noch Kostbarkeiten je abgeschlossen. Nie wurde etwas gestohlen (dies dürfte sich heute allerdings geändert haben).

Privates Postsystem. Zwei Sherpa-Postläufer sorgten für die Verbindung zwischen meinem Camp im Gebirge und der Außenwelt. Manchmal waren es riesige Strecken – mehr als drei Wochen in einer Richtung –, die sie durch unwegsame und öde Gebiete zurücklegen mußten. Aber immer wieder versuchten die Sherpa neue Rekorde aufzustellen, um den Auftrag möglichst rasch und gut zu erfüllen. Ich bin nun nachträglich selbst erstaunt, daß meine Postläufer und meine Expedition sich stets getroffen haben, und zwar mit einer Präzision, die fast an ein Wunder grenzt. Nie lag mehr als ein Tag zwischen meiner Ankunft an einem bestimmten Ort und der Ankunft des Postläufers. Oft trafen wir sogar am gleichen Tage ein. Man muß bedenken, daß mir nur eine Karte 1:250000 des Survey of India zur Verfügung stand, daß weder mein Sherpa noch ich jenes Gebiet kannten, wo wir uns im nepalischen Hochgebirge, im Mittelland oder im Terai zu treffen beabsichtigten. Dabei mußte angesichts der gewaltigen Distanzen (hin und zurück mindestens 6 Wochen Fußmarsch) der Treffpunkt mindestens 6 Wochen zum voraus bestimmt werden. Dazwischen marschierte ich kreuz und quer durch Nepal, in völlig unbekanntem Land nicht nur für mich, sondern auch für meine Träger. In der Regel fragte ich unterwegs bei den schier endlosen Trägerkolonnen stets, woher sie kamen und wohin sie gingen, um wichtige, bekannte Marktorte ausfindig zu machen, die als sichere Treffpunkte dienen konnten.

Der Postläufer seinerseits marschierte während der ersten Jahre, da ich Zentralnepal erforschte, nach Kathmandu; von 1954 bis 1959 jedoch, als ich den entfernten Ost- und Westteil des Landes bearbeitete, mußten die Postläufer zu Fuß die indische Grenze erreichen und per Eisenbahn nach New Delhi fahren, wo meine Post vom Vertreter des Entwicklungsprogramms der Vereinten Nationen besorgt wurde.

Die Ankunft meines Sherpas in jenem Bureau der Vereinten Nationen in New Delhi muß jeweils etwas Außergewöhnliches gewesen sein. Der Sherpa, der mein Camp im Hochgebirge 3–5 Wochen vorher verlassen hatte, reiste nämlich mit seiner vollen Hochgebirgsausrüstung nach Indien, d.h. mit Kletterhose, Daunenjacke, Gletscherbrille, Hut und Eispickel. Begreiflich, daß der dortige UNO-Chef, mein Freund James Keen, mir einmal schrieb, mein Sherpa bringe jeweils den «frischen Wind vom Himalaya» in sein muffiges Bureau!

Meine Sherpas. Einmal, im Ost-Terai, erschien Aila, den ich diesmal als Postläufer nach New Delhi gesandt hatte, nicht. Nach viertägigem Warten war ich natürlich sehr in Sorge, daß ihm etwas zugestoßen sein könnte. Am 5. Tag jedoch erschien er, über sein ganzes Gesicht grinsend, mit vielen Entschuldigungen über seine Verspätung, ohne wirklich den Grund anzugeben. Daraufhin ging er wortlos an die Arbeit im Camp, als ob er überhaupt keinen Tag weggewesen wäre.
Am Abend nahm die Neugier dann doch überhand, und ich fragte ihn nach dem Grund seiner Verspätung. Seine Antwort lautete lakonisch, ohne daß er deswegen vom Kochen am Feuer aufgeblickt hätte: «Train fallen down, Sir.» Mit dieser Aussage konnte ich natürlich auch wieder nicht viel anfangen, und da Aila selbst dem Vorkommnis überhaupt keine Bedeutung zuzumessen schien, hatte ich keinen Anlaß, weitere Fragen zu stellen.
Als ich einige Monate später wieder in Kathmandu zurückwar, fragte ich ihn im Beisein von Father Moran. Aila rückte heraus und sagte, der Zug der indischen Eisenbahn, mit dem er gefahren war, sei auf einer Brücke über einem großen Fluß entgleist und mit Ausnahme der letzten beiden Wagen, die auf der Brücke hängengeblieben waren, in den Fluß gestürzt. Aila war im zweitletzten Wagen. Father Moran bestätigte mir, daß jenes Unglück in Indien und Nepal Schlagzeilen gemacht hätte.
Hier und da fragten mich ausländische Expeditionen, die meine Sherpa kannten, ob ich ihnen diese für eine Erstbesteigung ausleihen könnte. So war Tashi mit von der Partie bei der Erstbesteigung des Machhapuchhare

7

7 Der Verfasser mit einem außergewöhnlich großen Ammoniten (Versteinerung), den er auf dem Thorung La (5000 m) gefunden hat. Dieser Ammonit lebte vor ca. 200 Millionen Jahren im damaligen Himalaya-Meer.

(Bild 41) durch Col. Roberts. Als er nachher in meinem Camp bei Pokhara wieder zu mir stieß und sich militärisch straff zurückmeldete, fragte ich ihn, wie es denn gewesen sei. Seine erschöpfende Antwort war: «Very steep road, Sir», worauf er zur Tagesordnung überging.
Der Spruch «very steep road, Sir» wurde allerdings von Aila auch einmal in einem anderen Sinne gebraucht: In Bedding im Rolwaling-Tal fand am Abend, an dem wir eintrafen, die Einweihung der neuen Gömpa statt. Außerdem hatte Aila in diesem Dorf sehr viele Verwandte. Also wurden wir zum Gömpafest eingeladen. Die ganze Nacht wurde gebetet, getanzt und reichlich Chang getrunken. Meine Freundschaft mit den Lamas wurde gemäß ih-

8

8 *Der Verfasser mit seinen beiden Sherpa Tashi und Aila bei einem Trunk mit drei Tibetern vor seinem Zeltlager oberhalb Muktinath.*

9 *Eingeschneites Camp im Chamlia-Tal, Westnepal.*

10 *Blick vom Nara La in das tibetische Tal von Kojarnath.*

11 *Mein Sherpa Aila.*

12 *Gefährlicher Brückenschlag in der Kali-Gandaki-Schlucht.*

9

10

11

rem Ritual gefestigt, indem wir zusammen aus Bambusröhrchen einen Holzkübel von etwa 8 Litern Chang leeren mußten (Bild 118).
Am nächsten Morgen wollten wir früh aufbrechen, lag doch (nach einem Zwischencamp) die Überquerung des 5800 m hohen Trashi-Labtsa-Passes ins Khumbu vor uns (Bild 3). Mit schwerem Kopfweh (es war ein Gefühl, als ob ich einen Igel im Kopf hätte) jagte ich am anderen Morgen früh meine Träger aus den Sherpahäusern. Obschon wir uns gegen 8 Uhr in Marsch setzten, erreichten wir den Dorfrand erst gegen Mittag, während die Igel in unseren Köpfen sich zu Jumbo-Igeln ausgewachsen hatten, denn vor jedem Sherpahaus stand eine Sherpani mit der üblichen Changtu-Kanne mit Tsampa und etwas ranziger Butter am Rand zum traditionellen Abschiedstrunk. Es wäre sehr unhöflich gewesen, den Abschiedstrunk zu verweigern. Als wir endlich das Dorf verlassen hatten und über die Weide des ebenen Talgrundes torkelten, strauchelte Aila wiederholt, jedesmal mit grinsendem Gesicht sich entschuldigend: «Very steep road, Sir.» Sobald das Dorf außer Sichtweite war, befahl ich anzuhalten; wir legten uns in die blumigen Matten und verfielen alsbald in tiefen Schlaf.
Und nun zu unserem Bild (11) von Aila Sherpa: Üblicherweise zog auch er bei den zahlreichen Flußüberquerungen die Schuhe und Socken aus. Doch diesmal behielt er die Sokken an: Auf meine Frage, was dies denn bedeuten soll, meinte er kurz und bündig: «Washing, Sir.»
Der Namun-Paß (ca. 5800 m), der Übergang von Pokhara ins Marsyandi-Tal, war auf der Quarter Inch Map des Survey of India unrichtig wiedergegeben, oder ich habe den eingezeichneten Weg einfach nicht gefunden. Jedenfalls fanden wir den Übergang nicht problemlos, nämlich über einen Felsgipfel mit großem Gletscher an seiner Nordflanke. In Anbetracht der Höhenlage und der Vergletscherung, und weil einer der Träger auf einem großen steilen Firnfeld Kopf voran mit großer Geschwindigkeit genau zwischen zwei großen Felsblöcken hindurch abgerutscht war — es verlief zum Glück glimpflich —, beschloß ich, den Übergang mit Aila allein zu unternehmen und die Träger auf der Talroute nach Bagarchhap zu senden. Wir waren wegen des Unfalls verspätet, und nach Überkletterung des Gipfels befanden wir uns im Abstieg auf dem großen Gletscher, in völlig durchweichtem Schnee. Unzweideutig lauerten unter der Schneedecke große Gletscherspalten. Sehr vorsichtig gingen Aila und ich am Seil vor, Aila als erster. An einer besonders heiklen Stelle sicherte ich Aila und sagte ihm, er solle, ohne irgendwelche Erschütterungen zu verursachen, behutsam hinüberschleichen. Gespannt folgte ich jedem seiner Schritte. Mitten über dem vermutlichen Spalt jedoch kehrte er sich um und rief mir grinsend und beruhigend zu: «Very good road, Sir, I am still here.»

Übersetzung
des nebenstehend faksimilierten Briefes

Kathmandu, 3. Nov. 1953

Ausweis

Dieser Brief wurde vom Außenministerium für den Vertreter des Geological Survey unserer Regierung, Herrn Dr. Toni Hagen, ausgestellt.
Er gilt als Berechtigungsausweis für das Bereisen von ganz Nepal. Wir haben erfahren, daß Herr Dr. Hagen schon Schwierigkeiten hatte, unter anderem mit dem Zoll[1]. Da er von der Regierung aus reist, soll von jetzt an sein Gepäck nicht mehr kontrolliert werden. Dies gilt auch für seine Begleiter. Falls er Hilfe braucht, sollte ihm diese ohne weiteres gewährleistet werden. Wir erwarten, daß die betreffenden Beamten dies respektieren.
Mit Herrn Dr. Hagen reisen ein Sherpa und einige Träger. Sein notwendiges Gepäck besteht aus einer Pistole mit 30 Schuß Munition sowie einer kompletten Ausrüstung für geologische Aufnahmen und Camping-Ausrüstung, Schlafsack und Verpflegung.

Secretary, Home Ministry (Madhan Rajbhandari)	*Secretary, Economic Ministry (Himalaya Shamsher)*	*Secretary, Foreign Ministry (Ram Prasad)*

[1]Dies betrifft Inland-Zoll- und Checkposten, wie sie früher im ganzen Land Kontrolle ausübten.

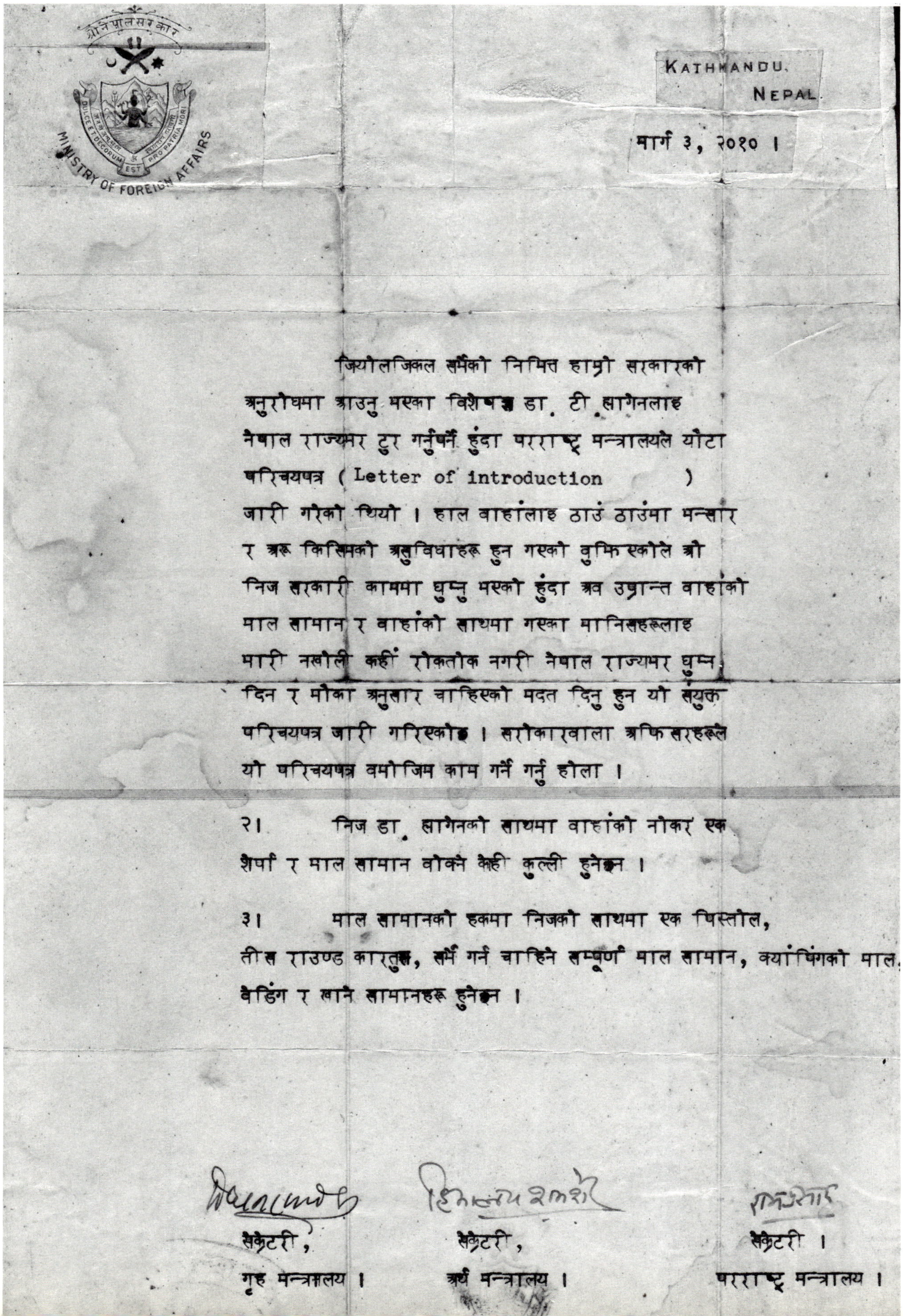

श्रीनेपाल सरकार

MINISTRY OF FOREIGN AFFAIRS

KATHMANDU.
NEPAL.

मार्ग ३, २०१० ।

जियोलजिकल सर्भेको निमित्त हाम्रो सरकारको अनुरोधमा आउनु भएका विशेषज्ञ डा. टी. हागेनलाई नेपाल राज्यभर टुर गर्नुपर्ने हुंदा परराष्ट्र मन्त्रालयले यौटा परिचयपत्र (Letter of introduction) जारी गरेको थियो । हाल वाहांलाई ठाउं ठाउंमा मन्सार र अरू किसिमको असुविधाहरू हुन गएको वुझि एकोले औ निज सरकारी काममा घुम्नु भएको हुंदा अव उप्रान्त वाहांको माल सामान र वाहांको साथमा गएका मानिसहरूलाई भारी नखोली कहीं रोकतोक नगरी नेपाल राज्यभर घुम्न दिन र मौका अनुसार चाहिएको मदत दिनु हुन यो संयुक्त परिचयपत्र जारी गरिएकोछ । सरोकारवाला अफिसरहरूले यो परिचयपत्र वमोजिम काम गर्ने गर्नु होला ।

२। निज डा. हागेनको साथमा वाहांको नोकर एक शेर्पा र माल सामान वोक्ने केही कुल्ली हुनेछन ।

३। माल सामानको हकमा निजको साथमा एक पिस्तोल, तीस राउण्ड कारतुस, सर्भे गर्ने चाहिने सम्पूर्ण माल सामान, क्यांपिंगको माल, वेडिंग र खाने सामानहरू हुनेछन ।

सेक्रेटरी, गृह मन्त्रालय ।

सेक्रेटरी, अर्थ मन्त्रालय ।

सेक्रेटरी । परराष्ट्र मन्त्रालय ।

13

13 Reproduktion der Bewilligung, das ganze Land ohne jede Einschränkung zu begehen. Das Dokument könnte als «Trekking permit No. 1» bezeichnet werden (deutsche Übersetzung S. 30, im Kasten).

14

Geheimnisvolles Mustang. Das halbautonome Königreich Mustang, rund 7 Tagesmärsche nördlich von Dhaulagiri und Annapurna gelegen (Bilder 17, 145), war schon zu meiner Zeit sagenumwoben, denn bis dahin hat kein Weißer jene Stadt gesehen. 1952 war ich der erste Nichtasiate, der diese Chance erhalten sollte. Man sieht die Stadt beim Anmarsch erst im letzten Moment, wo sie sich vom letzten Hügelzug sehr einprägsam als quadratische Festung präsentiert (Bild 17). Als wir kurz nach sechs Uhr abends vor der Stadtmauer anlangten, waren die Stadttore bereits geschlossen — wie bei unseren Städten im Mittelalter. Also schlug ich mein Zelt außerhalb der Stadtmauer auf, wo übrigens schon viele Yak-Karawanen aus Tibet nächtigten.

Am nächsten Morgen meldete ich mich wieder. Ich täuschte mich, wenn ich gedacht hatte, die Ankunft des ersten Fremden würde eine gewisse Neugier oder die sonst sprichwörtliche nepalische Gastfreundschaft hervorrufen. Via Meldeläufer wurde mir ein Stall zur Behausung offeriert (im Gegensatz etwa zu den Gömpas im Sherpagebiet, wo mir stets der Ehrenplatz unter dem Altar zugewiesen worden ist). Unterdessen kam Aila ins Gespräch mit den Abgesandten des Maharaja von Mustang. Wie üblich, stellte er mich zunächst als «Colonel Sahib», gesandt vom König, vor und ließ via Abgesandte meinen Wunsch übermitteln, den Maharaja zu sehen. Dies tat überhaupt keine Wirkung, denn der Maharaja ließ wissen, er habe keine Zeit, mich zu empfangen.

Dann beförderte Aila (wie üblich, wenn der Colonel Sahib nicht genügend Eindruck machte) mich zum General Sahib. Dies tat offensichtlich ebensowenig Wirkung. Dann renommierte Aila damit, daß ich ein very big Swiss Lama sei; auch dies machte keinen Eindruck. Schließlich lenkte Aila die Aufmerksamkeit auf die wichtigen Papiere, die ich im Auftrag des Königs von Nepal mit mir brächte, indem er auf meine geologischen Notizen und Karten verwies. Dies war offensichtlich kontraproduktiv, denn der Maharaja ließ — immer durch seinen Abgesandten — erklären, daß er «not feeling so well nowadays» sei. Also wartete ich ab und arbeitete an meinem Feldtisch vor dem zugewiesenen Stall (drinnen war es sehr kalt) an der Sonne mit meinen geologischen Notizen. Schließlich kam mir die übliche weibliche Neugier zu Hilfe. Die Maharani ließ fragen, ob ich Gesichtscreme mit mir führte. Das war nun ein Artikel, den meine beiden Medikamentenkisten gerade nicht enthielten, denn nach meiner Erfahrung ist der Verzicht auf Waschen, d. h. das natürliche Fett auf der Haut der beste Sonnenbrandschutz. Ich überlegte, was ich als Ersatz anbieten könnte. Nupercainal, eine schmerzstillende Hautsalbe, war das einzige, von dem man sagen konnte: «Nützt es nichts, so schadet es nichts.» Ich ließ eine Tube der Maharani überbringen. Prompt kam die Antwort, daß der Maharaja mich am nächsten Tag empfangen würde (durch eine Einladung noch am gleichen Tag hätte er wahrscheinlich zuviel Gesicht verloren).

Voller Erwartung betrat ich dann seinen Wohnraum, echt tibetisch gestaltet mit Hausaltar samt Bild des Dalai Lama. Als der Maharaja im Verlaufe unseres Gesprächs erfuhr (Aila spielte den Dolmetscher), daß ich mit der Regierung in Kathmandu nichts zu tun hätte, sondern mich nur für Steine interessierte, wurde er zusehends freundlicher (Bild 16). Tibetischer Tee, gewürzt mit Salz und ranziger Butter, wurde serviert. Schließlich übergab er mir als Geschenk und zum Zeichen der Freundschaft einen Yakschwanz. Seit 1959 ist Mustang verbotene Zone. Die trekking permits im Thakkhola gelten nur bis Muktinath.

Auf jener Expedition nach Mustang traf ich übrigens etliche tibetische Pilger, die mit ihren schweren 3 Meter langen Vorderladern auf Vorderstützen archaisch anmuteten. Mich interessierte natürlich, wie ein solches Ungetüm überhaupt zum Schießen gebracht wird; so veranstaltete ich ein Schützenfest. Der Tibeter benötigte ungefähr 20 Minuten, um seinen Vorderlader schußbereit zu machen. In etwa 10 Meter Distanz wurde eine mannsgroße Steinplatte als Ziel aufgestellt und die Flinte wurde umständlich auf die Vorderstützen gestellt. Der Tibeter zündete den Schuß mit Feuerstein und Zunder und alsbald krachte es, und eine große Rauch- und Staubwolke hüllte uns vollständig ein. Als die Wolke ver-

14 Der Gurja Himal (7175 m, Dhaulagiri-Gruppe), gesehen aus dem Tal von Gurja.

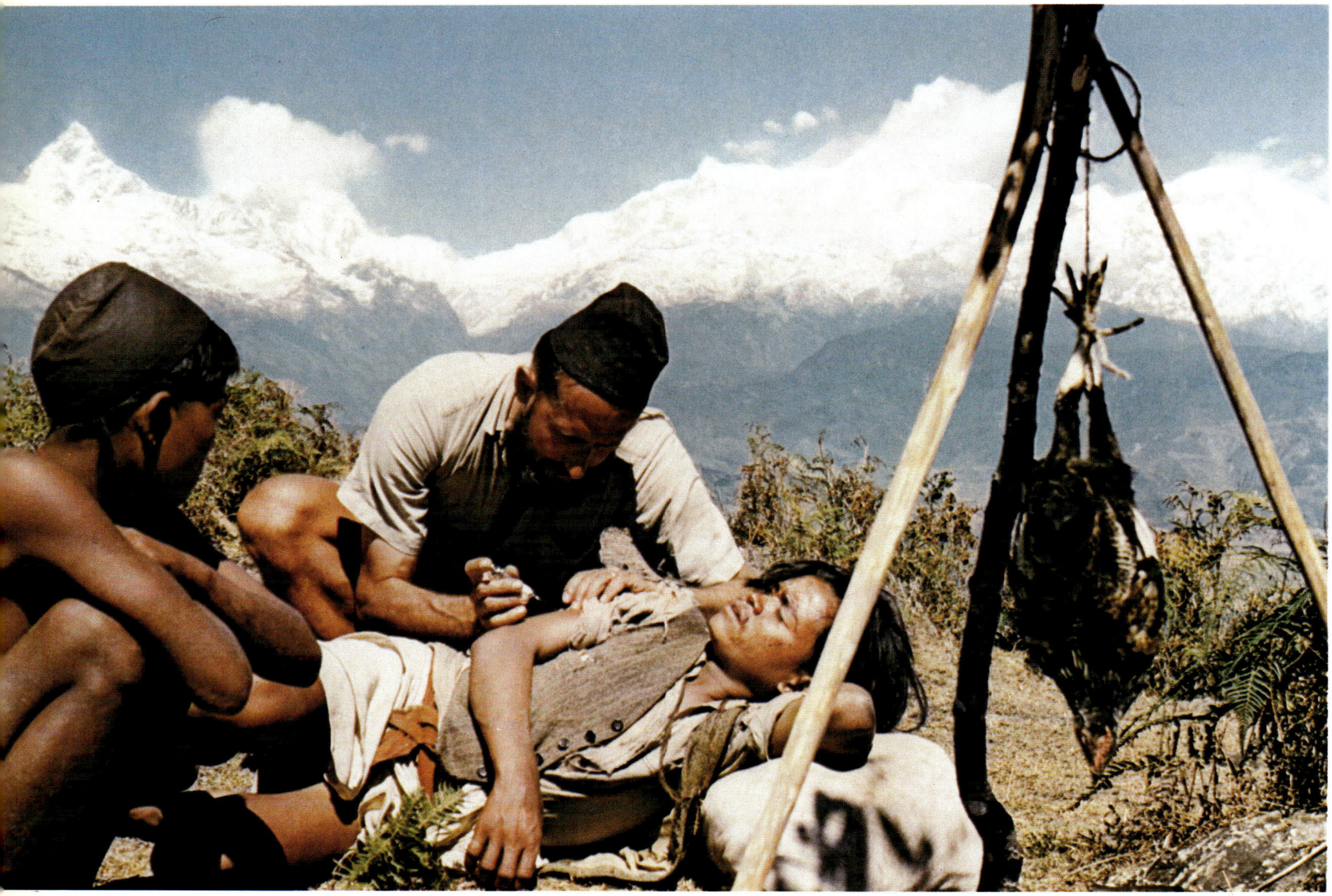

15

15 *Alte und neue Medizin begegnen sich: Coramin-Injektion und Opferhuhn.*

flogen war, fanden wir den Zielstein völlig unversehrt. Ich schämte mich hierauf wirklich, mit meiner Pistole ein ganzes Magazin auf den Stein zu pfeffern, jeder Schuß ein Treffer. Jedenfalls war aber mein Ansehen in den Augen meiner Träger von jenem Moment an gewaltig gestiegen.

Edelsteine vom Himalaya. Der erste hohe Paß, den ich im Laufe meiner Expeditionen überschritt, war der Thorung La, der heute von vielen Trekkern begangene Übergang hinter der Annapurna von Muktinath nach Manang. Eine ganz großartige Tour – und übrigens gar nicht schwierig. Auf dem Anmarsch über den Ulleri-Paß und das Kali-Gandaki-Tal äußerten meine Träger jeweils am abendlichen Lagerfeuer die ersten Bedenken über den Paß. Es gäbe sehr viel Schnee, und der Übergang sei schwierig.
Eine Tagesreise weiter, bei Dana, warnten mich die Träger vor der großen Kälte, in der die Menschen erfrieren würden. Bei Lete hieß es, der Paß sei unpassierbar; der kontinuierliche Sturm sei so stark, daß die Menschen durch die Luft gewirbelt würden.
In Muktinath wurde die Angelegenheit für mich jedoch ernster: Ich wurde gewarnt vor Banditen, die Feuerwaffen besäßen. Mir schien dies zwar unwahrscheinlich, bisher hatte ich mich diesbezüglich in Nepal absolut sicher gefühlt. Aber es könnte ja auch einmal

anders sein! Die Entscheidung war schwierig. Schließlich spielte ich den Mutigen. Ich versammelte am Abend alle meine Träger um meinen Arbeitstisch und fragte, wieviele Banditen mit Feuerwaffen es in Manang gäbe. Die Träger einigten sich auf acht. Hierauf zog ich mit gespielter Kaltblütigkeit meine Pistole und zählte vor aller Augen meinen Munitionsvorrat. Ich hatte noch 9 Patronen. «Wunderbar», bluffte ich, und erklärte den Trägern: «Wenn ich alle 8 Banditen umgebracht habe, bleibt immer noch ein Schuß übrig, für alle Fälle. Folglich werden wir am nächsten Morgen marschieren.» Die Träger schienen beruhigt, ich selbst jedoch war es keineswegs; aber wir marschierten. Das Schützenfest von Mustang hatte sich also gelohnt.
Nach erfolgreicher Paßüberquerung in Manang angekommen, stellte ich mein Zelt zunächst am Rande der großen Ortschaft auf. Ganz ungewöhnlich für meine bisherigen Erfahrungen in Nepal war, daß sich niemand vom Dorf blicken ließ. Nur von den Flachdächern schauten einige meinem Treiben zu; niemand wäre zu meinem Zelt gekommen, das üblicherweise von Neugierigen sofort umringt wäre.
Das große Dorf machte übrigens einen sehr wohlhabenden Eindruck. Dies erstaunte mich sehr, liegt es doch nicht an einer Handelsroute, die den Wohlstand geschaffen haben könnte.
Am nächsten Tag kamen einige Kinder und gegen Abend besuchte mich der erste Erwachsene. Er lud mich ein, in seinem Haus zu wohnen. Obschon ich weiß, daß dem Orientalen die Gastfreundschaft – wenn einmal angeboten – heilig ist, war ich doch leicht beunruhigt. Am nächsten Tag kamen die ersten Besucher und am zweiten Tag war das ganze Dorf in meinem Haus. Als ich einige Aufnahmen machen wollte, zückte der eine Tibeter seine eigene Kamera und fotografierte mich. Noch mehr staunen aber mußte ich, als sie mir ihre goldenen Armbanduhren zeigten. Inzwischen waren sie sehr gesprächig geworden und zeigten mir ihre Pässe mit Eintragungen von Kalkutta, Bombay, Bangkok, Singapur und Hongkong. Was sie denn dort täten, fragte ich sie. «Liddill bisiniss», sagten sie (little business); nämlich mit Uhren und vor allem mit billigen, aus der Tschechoslowakei importierten Glasjuwelen, die sie, in ihrer tibetischen Kleidung, in Nepal und Indien und ganz Südostasien als «Edelsteine aus dem Himalaya» verkauften.

16

16 Der Maharaja von Mustang.

Thron der Götter und Geister. Der Himalaya spielt in den Legenden und Sagen sowie im religiösen Denken der umliegenden Völker eine bedeutende Rolle. Zum Teil hat dieses unwirtliche Hochgebirge, als Ursprung der großen Flüsse, die Bedeutung eines Nahrungsspenders, was z. B. im Namen Annapurna angedeutet wird. Vor allem aber werden die für die Menschen so unnahbaren Hochgipfel als die Wohnstätten und Throne der Götter betrachtet. So bedeutet z. B. Chomolongma, die tibetische und damit autochthone Bezeichnung der Everestgruppe, «Göttinmutter». Daß man einen hohen Berg nur rein zum Vergnügen besteigen könne, war den Himalayavölkern bis jetzt völlig unverständlich.
Als Ausnahme sind nur einige wenige Sherpa zu nennen, denen durch wiederholte Teilnahme an Expeditionen der Sinn für die Schönheit der Gebirgswelt und die Freude am Erobern von Gipfeln geweckt worden ist. Dies trifft insbesondere für meinen eigenen Sherpa Aila zu, der sieben Jahre lang Freud und Leid mit mir geteilt hat. Oft, wenn wir allein auf einem Gipfel mit herrlicher Rundsicht sa-

17 *Die Stadt Mustang (3700 m).*

17

ßen, pflegte er trocken zu bemerken: «Very much country, Sir.» Das war der Ausdruck seiner Freude, ja fast Begeisterung, über die weite, großartige Aussicht. Nach Jahren gemeinsamer Expeditionen pflegte er sogar zu sagen: «Very beautiful country, Sir.» Hinter diesem Ausdruck steckte dann schon eine echte Begeisterung. Man könnte die Situation in Nepal seit der Öffnung 1950 mit derjenigen in der Schweiz vor über hundert Jahren vergleichen: Es waren damals Fremde, nämlich Engländer, welche den Anstoß zur bergsteigerischen Erschließung der Schweizer Alpen gegeben haben. Den Einheimischen wäre es zu jener Zeit kaum in den Sinn gekommen, nur zum Vergnügen die unwirtlichen Höhen zu besteigen. Die besten und unternehmungslustigsten Hirten wurden von den Engländern als Träger und Führer engagiert. Daraus entwickelte sich später das schweizerische Bergführertum.

Die lokale Bevölkerung zeigt gegenüber dem Hochgebirge eine Haltung der Ehrfurcht oder des Schreckens und Grauens, je nach der Art ihrer Religion, ihrer sprachlich-ethnologischen Zugehörigkeit oder der Gottheit, die im nahen Gebirge wohnt. Gebirgsgewohnt sind nur der tibetische Bevölkerungsanteil, welcher im allgemeinen nördlich der Hauptkette wohnt, sowie die mit den Tibetern eng verwandten Sherpa, welche an der Südabdachung der Everest-Gruppe ihre Heimat haben. Die handeltreibenden Sherpa überschritten mit ihren Yak-Karawanen seit Jahrhunderten die hohen, z. T. vergletscherten Pässe nach Tibet oder pflegen während der Sommermonate ein einsames Hirtendasein auf den bis zu 5300 m hoch gelegenen Weiden. Als Hirten besteigen sie öfters kleinere, über den Weiden oder über den Sommersiedlungen gelegene Gipfel, um dort zu Ehren ihrer Götter große Steinmänner mit Gebetsfahnen aufzurichten. Nach ihrem Glauben sollen diese Mensch und Tier vor Wetterkatastrophen und anderem Ungemach bewahren. Die fahnenbewehrten Steinmänner haben also eine ähnliche Bedeutung wie die Bergkreuze in unsern Alpen. Auch werden auf allen Pässen die sogenannten Deorali (Steinhaufen) errichtet. Jeder Paßgänger fügt einen Stein zum Deorali. Interessanterweise finden wir den genau gleichen Brauch auch in den Anden, so z. B. bei den Lamatreibern der Salzkarawanen, die Salz von den Salzseen auf dem Hochland über die Pässe der Ostkordillere ins östliche Tiefland bringen. Jeder Lamatreiber legt einen Stein zum andinischen Deorali.

Nach Ansicht insbesondere der südlich der Hauptkette lebenden Völker der tibeto-birmanischen und der indo-arischen Sprachgruppen wohnen im Himalaya nicht wenige Dämonen. Ich hatte wiederholt Erlebnisse mit meinen eigenen Trägern, welche diese Furcht drastisch illustrierten: An einem schwülen Maitag 1954, beim Marsch durch ein ausgetrocknetes Tal (Uttar Ganga), erlitt einer meiner Träger einen heftigen Hitzschlag mit lange andauernder Ohnmacht und wiederholten Rückfällen. Coramininjektionen halfen ihm nach einigen Tagen wieder auf die Beine. Der Erfolg meiner Behandlung wird mir allerdings von den andern Trägern streitig gemacht. Ein Tamang-Lama unter ihnen opferte seinen Göttern unter einem speziellen Ritual ein Huhn mit Reis, um die Götter wieder versöhnlich zu stimmen. Jedenfalls marschierte der verunglückte Träger nachher mit mir noch monatelang und über hohe Pässe ohne die geringsten Störungen.

Im Januar 1958, also vier Jahre später und nachdem wir mehrere tausend Kilometer marschiert waren, passierten wir dasselbe Tal wiederum, jedoch auf der andern Seite des Uttar-Ganga-Flusses. Dort, wo unsere Route der Unfallstelle von 1954 am nächsten kam, bis auf etwa 300 m, schlugen wir unser Camp auf. Schon Tage vorher, aber an dieser Stätte natürlich besonders, erzählten die Träger von damals (1954) den wenigen neuen Trägern Schauergeschichten von bösen Geistern im Zusammenhang mit dem seinerzeitigen Unfall. Nur dank Opfer und Gebet hätten die Geister damals von dem armen Träger abgelassen (der Tamang-Lama war jetzt wiederum mit von der Partie). Ich saß an meinem Feldtisch und war gerade mit Nachführen von Feldbuchskizzen beschäftigt. Die Träger nagten mit schnalzenden Geräuschen an ihren Ziegenknochen (alle zehn Tage gab es eine von mir gestiftete Ziege), als plötzlich, völlig unmotiviert, einer von den Trägern – noch mit dem Knochen in der Hand – aus seiner Hockstellung seitwärts überkippte und ohnmächtig, mit verdrehten Augen, am Boden liegenblieb. Großes Wehklagen hob an ob dem neuerlichen Einfall der bösen Geister. Sogar mein Sherpa Aila, der sonst in den allermißlichsten Situationen nur grinsend sein «Allright, Sir» zu bemerken hatte, kam mit verstörtem Gesicht gesprungen: «Very bad, Sir.» Aufgeregt stoben die übrigen Träger, als sie sich vom ersten Schrecken etwas erholt hatten, auseinander, um eiligst in den umliegenden Dörfern Opferhühner zu erstehen.

Auch ich selbst fand die Situation höchst ungemütlich, denn Aila erklärte weiter: «This valley very bad, Sir, many people falling down like this, Sir.» Ich mußte gewärtigen, daß meine ganze Mannschaft binnen kürzester Frist, sozusagen wie ein Dominospiel, ohnmächtig umkippen würde. Ich befahl sofort Abmarsch, um außer Reichweite der bösen Geister zu gelangen. Auf Grund von Coramin- und anderen Injektionen entwichen die Dämonen nach etwa zehn Minuten aus dem ohnmächtigen Träger. Große Opfer von Hühnern bewahrten dann meine Mannschaft vor weiterem Ungemach. Während der erste Unfall, mit dem Hitzschlag, durch zeitweiliges Aussetzen und völlige Unregelmäßigkeit des Pulses gekennzeichnet war, arbeitete das Herz im letzteren Falle völlig normal.

◁18 *Die Nordflanke des Kangchendzönga (8585 m).*

19 *Der Manaslu (8125 m), von Westen gesehen.*

19

Nicht alle Begegnungen mit Dämonen verliefen so glimpflich. Mein erster Einmarsch ins Everest-Gebiet (1954) sollte besonders tragisch werden. Zwei Tage vor Überschreitung des 5755 m hohen Trashi-Labtsa-Passes, des Eingangs von Westen her ins Khumbu (Everest-Gebiet), übergab einer meiner Tamangträger seine Barschaft seinem Freund, um sie seinen Angehörigen zukommen zu lassen. Denn nach seiner Ansicht würde er den Gletscherpaß nicht lebend überschreiten. In jeder der beiden folgenden Nächte, in den höchsten Camps vor dem Paß, schrie er nach seiner Mutter. Alle Coramininjektionen, die auf Grund vermuteter Höhenkrankheit verabfolgt wurden, zeigten keine Wirkung. Auch als ich ihn mit zwei Trägern zurückschicken wollte, weigerte er sich strikt. Fünfzig Meter unter der Paßlücke, bei ruhigstem Herbstwetter und strahlendem Sonnenschein und ohne irgendwelche äußere Anzeichen von Krankheit, legte er sich hin und war eine halbe Stunde später tot. Einfach tot.

Auf den Rat eines mir befreundeten Arztes sah ich mich bei den folgenden Expeditionen für solche Fälle vor. Offenbar half hier nur ein Mittel, das auf die Psyche wirkt. Morphium schien das geeignete Medikament zu sein. Tatsächlich hätte ich mit Sicherheit Träger verloren, wenn ich nicht durch eine Morphiuminjektion ihren Beschluß zu sterben hätte rückgängig machen können.

Auf einem Firnfeld im Aufstieg zum Tipta La an der tibetischen Grenze nordwestlich der Kangchendzönga-Gruppe glitt einer meiner Träger aus und verletzte sich das Knie. Offensichtlich war es sehr schmerzhaft, und er erklärte, er könne nicht mehr weitermarschieren und würde sterben (die Furcht vor Schmerzen ist ja bei den meisten Völkern der dritten Welt viel größer als die Furcht vor dem Tod). Jedenfalls hatte ich, nach meinen früheren Erfahrungen z. B. vom Tesi-Lapcha-Paß, gar keinen Grund, die Aussage des Trägers nicht ernst zu nehmen. Gewitzigt durch die damaligen tragischen Vorkommnisse, hatte ich aber jetzt Morphiumspritzen bei mir. Also verabreichte ich eine dem jammernden Träger. Dann genoß ich wieder die herrliche Rundsicht und wartete der Dinge, die da kommen würden. Nach etwa 20 Minuten stand der Träger stöhnend auf und probierte einige Schritte. Nach weiteren 10 Minuten meinte er, wir könnten nun marschieren, wenn er keine Last tragen müßte. Nach einer halben Stunde Marsch verlangte er seine Last selber zu tragen und kurz darauf begann er während des Marsches zu singen. Glücklich langten wir nach mehrstündigem Marsch im obersten Dorf (Thudam) an und befanden uns nun in Sicherheit. Am Abend verlangte der betreffende Träger eine weitere «rakshi injection» (Rakshi ist der nepalische Schnaps) — so sehr hatte er sich inzwischen wieder erholt.

Geographische Übersicht

Der Himalaya, die höchste Gebirgskette der Welt, teilt das tropische Indien vom zentralasiatischen Hochplateau. Er zieht sich über 2000 Kilometer hin: von Kaschmir im Westen bis nach Burma im Osten. Und hier ragen alle die stolzen Achttausender des Erdballes in den Himmel. Ein fast unüberwindlicher, nur an wenigen Stellen unterbrochener Grenzwall zwischen dem mongolid geprägten Asien und dem indischen Subkontinent.
An seiner Südflanke liegt das Königreich Nepal als langgestrecktes Rechteck von rund 141 000 Quadratkilometern, zwischen dem 80. und 88. Längengrad. Die geographische Breite zwischen dem 27. und 30. Grad entspricht ungefähr derjenigen Ägyptens, und sähe man von der durch die Höhe bedingten Klimaverschiebung ab, so wäre das Land der tropisch-subtropischen Zone zuzurechnen. Aber gerade die gewaltigen Höhenunterschiede sind, neben der Aufteilung des Jahres in eine Trockenperiode und eine Regenzeit, Ursache für die ausgeprägten klimatischen Kontraste Nepals. Auf engem Raume finden sich alle Klimastufen der Erde: tropische Urwälder in der Ganges-Ebene, arktische Wüste der Hochregionen und die trockenen Gebiete des tibetischen Plateaus.
Die Monsunzeit dauert normalerweise vom Juni bis gegen Ende September; die Trockenperiode ist nur durch unbedeutende, gewittrige Niederschläge im Januar unterbrochen; oft bleiben auch diese aus. Der größte Teil von Nepal liegt, wie gesagt, an der Südabdachung des Himalaya. Im östlichen Landesteil bildet die Hauptkette mit Mount Everest, Makalu und Kangchendzönga die Landesgrenze gegen Tibet. Westlich des Meridians von Kathmandu dagegen verläuft die nepalische Grenze auf einem dem Himalaya nördlich vorgelagerten Gebirgszug, dem tibetischen Randgebirge. Höchst eigenartig – und charakteristisch auch für Nepal – ist nun folgendes: Wasserscheide zwischen dem Tsangpo-Gewässernetz und dem Ganges-System ist nicht die Hauptkette des Himalaya, sondern eben dieses niedrigere, nördlich vorgelagerte tibetische Randgebirge (Fig. 2 und 3). Es ist einmalig, daß Flüsse, die an der Hauptwasserscheide entspringen, nachher ein weit höheres Gebirge durchbrechen, wie dies in Nepal bei den meisten großen Flüssen der Fall ist. Die klimatischen Zonen von Nepal und das Relief, wie es in der sehr vereinfachten Karte der Fig. 2 dargestellt ist, erlauben eine weitgehende Gliederung des Landes in sieben natürliche, deutlich voneinander getrennte Landschaftseinheiten. Die Höhen über 7000 Metern nehmen eine unbedeutende Fläche ein im Vergleich zum ganzen Bereich des Himalaya. Als schmale Streifen sind sie vorwiegend linear geordnet: die höchsten Himalaya-Ketten sind also nicht Massenerhebungen, sondern schmale Grate.
Die Lage zwischen 6000 und 7000 Metern bedeckt zwar schon größere Flächen, doch bilden auch diese Zonen noch ausgesprochene Gebirgsketten (Fig. 2). Deutlich erkennbar ist die Aufspaltung in zwei Hochgebirgszüge vom Meridian von Kathmandu an nach Westen. Außerordentlich schmal ist an der Südflanke der Hauptkette auch die Höhenzone zwischen 2000 und 6000 Metern, östlich des Kali Gandaki (Fig. 2). Südlich der Annapurna und des Manaslu verschwindet sie sogar fast ganz, und hier findet man denn auch die gewaltigsten Höhenunterschiede der Erde auf kürzeste Horizontaldistanzen (Bilder 2, 14, 34, 40, 41, 46). Schließlich erhebt sich südlich des nepalischen Mittellandes nochmals eine Gebirgskette: die Mahabharat Lekh (Fig. 3). Wer Nepal von Süden nach Norden durchwandert, überquert die sieben oben teilweise erwähnten Zonen, in die die Natur das Land geteilt hat, in dieser Reihenfolge: 1. den Terai, 2. die Siwalik-Zone, 3. die Mahabharat Lekh, 4. das nepalische Mittelland, 5. den Himalaya, 6. den Innern Himalaya, 7. das tibetische Randgebirge.

Der Terai. Ein Streifen ebenen Schwemmlandes, nur 200 Meter über Meer, zwischen der indischen Grenze und dem Fuß der Hügel gelegen (Bilder 20, 26, 27). Es ist der bescheidene Anteil Nepals an der Ganges-Ebene, nirgends breiter als 45 Kilometer und östlich des Narayani-Flusses auf einer Strecke von rund 65 Kilometern sogar ganz unterbrochen. Hier verläuft die indische Grenze auf dem südlichsten Kamm der Siwalik-Hügel (Fig. 3).

Fig. 2

Das topographische Relief

über 7000 m

6000–7000 m

2000–6000 m

300–2000 m

weniger als 300 m

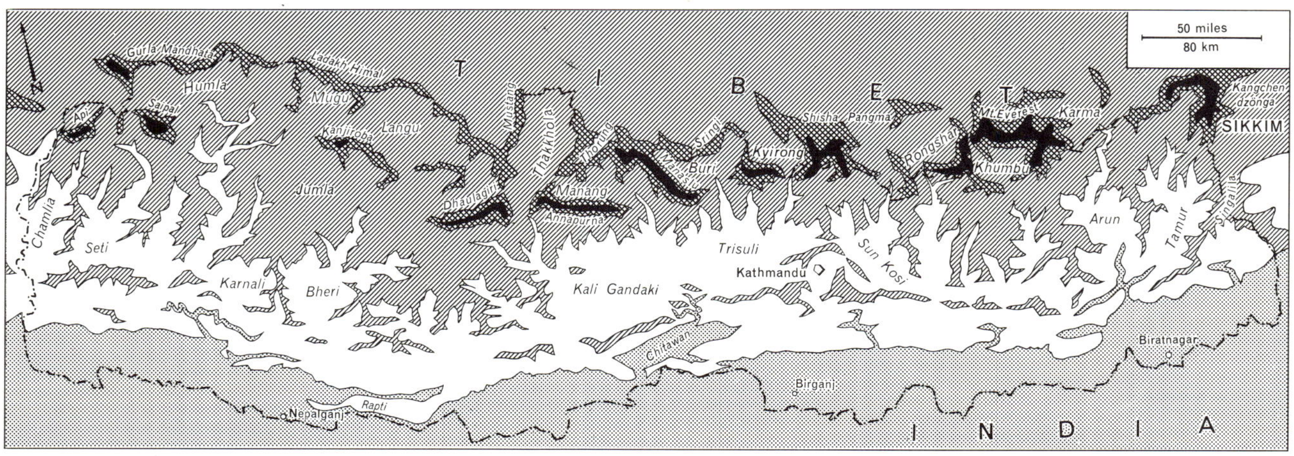

Das Klima des Terai ist ungesund: eine Fieberhölle. Dennoch ist er – im südlichen Teil wenigstens – dicht besiedelt (Fig. 26). Der nördliche Teil ist von Urwäldern bedeckt (Bilder 20, 22). Verloren liegen einzelne Dörfer in dieser Wildnis, und der Boden ist dem Dschungel in zäher Rodungsarbeit abgerungen worden (Bild 28). Oft stehen die Häuser auf Pfählen zum Schutze vor Überschwemmungen und wilden Tieren: denn hier war der Tiger heimisch und der Leopard; hier tummelten sich Bären, Elefanten, Büffel und Rhinozeros, und in einigen größeren Flüssen glänzen die Schuppenpanzer der Krokodile.

Kobras, Vipern und Skorpione machten die Gegend noch schrecklicher. Es ist daher begreiflich, daß die Bauern aus dem nepalischen Mittelland diese Gegend früher mieden; zur Monsunzeit wenigstens. Im trockenen Winter dagegen bevölkern sie in Scharen die wenigen Handelswege; sie tragen die Früchte ihres Bodens zu den großen Marktplätzen an der indischen Grenze (Bild 160). So stand es noch wenigstens in der zweiten Auflage dieses Buches vom Jahre 1970. Heute ist das Großwild durch rücksichtslose Jagdgier weitgehend ausgerottet. Nur noch wenige Exemplare von Rhinozeros, Bären und Tiger haben überlebt.

Durch Bildung von Reservaten versucht man, deren gänzliches Aussterben aufzuhalten. Doch die Bemühungen sind fragwürdig, denn die zunehmenden Rodungen und Neuansiedlungen schränken den Lebensraum der Fauna stets mehr ein. Spontane, nicht organisierte Neuansiedlungen werden heute dadurch gefördert, weil die Malaria (wenigstens vorübergehend) fast ganz ausgerottet werden konnte.

Die Siwalik-Zone. Sie umfaßt das südlichste Gebirge des Himalaya-Systems. Es erhebt sich ganz unvermittelt und ohne jeden Übergang aus der Ganges-Ebene (Bild 27). Geologisch entspricht es etwa der Molasse-Zone entlang dem Alpenrand (Rigi und Speer). Wie diese, ist auch die Siwalik-Zone äußerlich durch eine ausgesprochene Schichtrippen-Landschaft gekennzeichnet, d.h. verursacht durch molasseähnliche Gesteinsformationen von wechselnd harten und weichen Schichten (Bild 22). Die höchsten Gipfel der Siwalik-Kette reichen bis rund 2000 Meter, im Durchschnitt aber sind sie nur etwa 1500 Meter hoch. Es handelt sich übrigens nicht um ein durchgehend selbständiges Gebirge: in einzelnen Gebieten greift die nördlich dahinterliegende Mahabharat-Kette unmittelbar in die Siwalik-Zone (Bild 27). In anderen Gebieten wieder sind die beiden Gebirge durch breite Täler, sogenannte Dun, voneinander getrennt (Fig. 3). Die größten Dun-Täler sind jene von Rapti und Chitawan und Dang. Die Siwalik-Zone zeigt teilweise mehrere hintereinanderliegende Isoklinal-Ketten.

Urwald bedeckt die wilde, zerrissene Landschaft, und vom Flugzeug aus erkennt man gut die feinverästelten V-Täler mit ihren zwar nicht hohen, aber steilen Flanken (Bild 22). Siedlungen findet man hier nicht; denn während der großen Trockenzeit versiegen alle Bäche, und nur die Hauptflüsse in den Dun-Tälern führen noch spärlich Wasser.

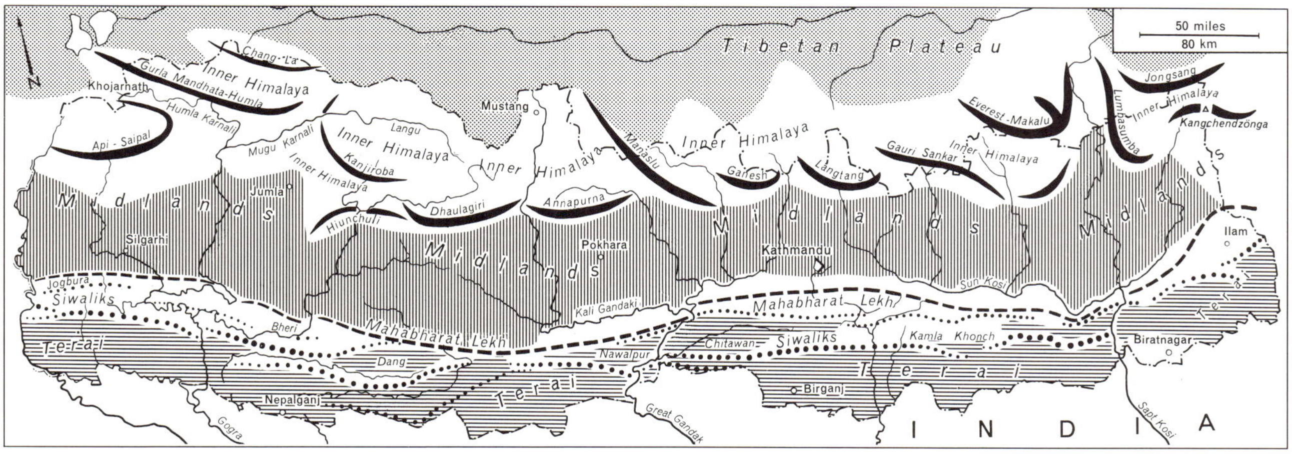

Fig. 3
Die Gliederung in Naturräume
Himalaya
Mahabharat Lekh
Siwaliks
Mittelland
Terai
Tibetisches Plateau

Die Mahabharat Lekh (Lekh = Gebirge). Eine markante Gebirgskette, die sich von Westen nach Osten fast durch das ganze Land hinzieht (Fig. 3). Mit ihren Höhen bis 3000 Metern bildet sie einen natürlichen Schutzwall des nepalischen Mittellandes gegen Süden (Bilder 32, 33). Sie hat das Bergvolk der Nepali vor den großen kriegerischen Auseinandersetzungen in der indischen Tiefebene geschützt und ihm so die Voraussetzung geschaffen für eine eigenständige kulturelle und politische Entwicklung. Diesem Schutzwall ist es nicht zuletzt zu danken, daß die unzähligen Kunstwerke Nepals der Nachwelt erhalten geblieben sind – bis jetzt wenigstens.
Sogar in unserer kleinmaßstäblichen Höhenkarte der Fig. 2 ist die Mahabharat Lekh deutlich erkennbar; allerdings weist sie etliche Sättel auf und wird auch durch Querflüsse unterbrochen. Ihr Relief ist steil, zerklüftet. Im Gegensatz zur Schichtrippen-Landschaft der Siwalik sind die Verwitterungsformen hier nur durch gleichmäßige Erosion geschaffen worden; denn die Mahabharat Lekh ist im allgemeinen aus wenig differenzierten, ziemlich eintönigen metamorphen Gesteinen (teilweise Graniten) gebaut. Die Talsohlen der Querschluchten, in denen sich die großen Flüsse Nepals in die Ganges-Ebene hinaus ergießen, liegen nur 200 bis 400 Meter über Meer (Bilder 25, 157). Gewaltig sind daher die Höhenunterschiede; die Schluchten aber von bezaubernder, wilder Schönheit! Das Gelände der Mahabharat Lekh ist steil. Sie ist daher im allgemeinen nicht dicht bevölkert. Die Siedlungen werden mit zunehmender Höhe spärlicher, und über 2000 Metern fehlen sie ganz. Hier breiten sich nur noch dichte Eichen- und Rhododendron-Wälder aus. In tieferen Lagen, auf Gratsenkungen und Sätteln, über die die wichtigen Handelsrouten ins Hinterland führen, sind jedoch einige große Städte entstanden. Tansing zum Beispiel und Dhankuta sind heute wichtige Handelsplätze; in früheren Zeiten jedoch überwachten sie die Eingänge zum nepalischen Mittelland.

Das nepalische Mittelland. Es ist das Herz des Landes, im Süden durch die Mahabharat Lekh geschützt, im Norden durch die Riesen der Hauptkette des Himalaya. Seine durchschnittliche Breite zwischen diesen beiden Wällen beträgt ungefähr 60 bis 100 Kilometer, seine Länge vom indischen Distrikt Kumaon bis Sikkim etwa 900 Kilometer (Fig. 3) (Bilder 30, 32, 33).
Das Mittelland ist deutlich definiert: es weist Höhen von 600 bis 2000 Metern auf, seine Geländeformen sind weich und sanft. Die großen Querflüsse mit ihren weiten Tälern teilen das Mittelland in neun natürliche Kammern ein: Chamlia, Seti, Karnali, Bheri, Kali Gandaki, Trisuli, Sun Kosi, Arun und Tamur (Fig. 2 und 3). Im Westen und Osten wird das Becken des Mittellandes durch höher gelegene Zonen unterbrochen, die beispielsweise zwischen dem Kali Gandaki und dem Seti-Ganga, einem Zufluß des Karnali, bis auf 4000 Meter steigen. Es ist die Vor-Himalaya-Zone, die sich im Einzugsgebiet des Karnali nach Süden vorschiebt und sich landschaftlich deutlich vom übrigen Mittelland abhebt;

sie bildet bereits einen Übergang zu den weiter unten beschriebenen Tälern des Innern Himalaya (Bild 58). In Ostnepal liegen die höheren Zonen im Meridian des Mount Everest und des Kangchendzönga; sie werden teilweise von Sherpa bewohnt. Sonst überwiegen im Mittelland immer noch die alteingesessenen Bevölkerungsstämme, die den größten Teil der heute insgesamt 13 Millionen Einwohner Nepals ausmachen. Natürlich bieten die Höhen des Mittellandes von 600 bis 2000 Metern nicht nur angenehme Klimabedingungen für den Menschen, sie begünstigen auch die Landwirtschaft. Alle Getreidearten, alle Früchte und Gemüse, von der subtropischen bis zur gemäßigten Zone, würden hier gedeihen; sie sind aber zum größten Teil unbekannt. Bisher hat eigentlich nur das Tal der Hauptstadt Kathmandu von den vielfältigen Möglichkeiten des Ackerbaues und der Hortikultur Gebrauch gemacht, und auch dies hängt wesentlich mit der hohen Fruchtbarkeit des Bodens im verlandeten See zusammen. Dagegen hat sich im übrigen Mittelland, wo die Höhenunterschiede größer sind, eine vertikale Gliederung der Landwirtschaft entwickelt, und diese Gliederung hat das Siedlungsbild der Volksgruppen wiederum entscheidend beeinflußt (Fig. 19–22). Die Menschen lassen sich natürlich mit Vorliebe dort nieder, wo die von ihnen bevorzugten Speisen am besten gedeihen.

Der Himalaya. Unvermittelt und gigantisch, wie es die Bilder 2, 14, 34, 40, 45, 46 veranschaulichen, erhebt sich besonders in Zentralnepal die Gebirgskette aus dem Mittelland. Aber auch in den Durchbruchsschluchten des Himalaya reichen die tiefgelegenen Talsohlen bis auf eine sehr geringe Horizontaldistanz an die höchsten Gipfel heran. Diese Schluchten der großen Flüsse gehören zu den gewaltigsten Einschnitten der Erde (Bild 57). Unsere tiefsten Alpenschluchten nehmen sich dagegen recht harmlos aus. Man kann sich vielleicht einen schwachen Begriff von der atemberaubenden Tiefe dieser jähen Schründe machen, wenn man sich vorstellt, daß beispielsweise die Gipfel der 8091 Meter hohen Annapurna und des Dhaulagiri mit seinen 8167 Metern in der Luftlinie gemessen kaum 35 Kilometer voneinander entfernt sind. Dazwischen fließt der Kali Gandaki bei Dana auf nur 1200 Metern (Bild 152). Auch die Gipfel des Manaslu (8156 Meter) und der Annapurna II (7937 Meter) liegen ungefähr gleich weit voneinander entfernt; und dazwischen hat der Marsyandi eine Schlucht bis auf 1400 Meter hinunter ausgewaschen (Bild 153).

Die Durchbruchsschlucht des Arun beispielsweise, der die ganze Nordseite der Everestgruppe und des Kangchendzönga entwässert, fließt bei Lamobagar (Bild 156) auf nur etwa 1200 m ü. Meer, und in nur 30 km Entfernung erhebt sich der Koloß des Makalu (8481 m) (Bild 50).

Ganz unvorstellbar aber muß für jenen, der es nicht selbst gesehen hat, die Tatsache sein, daß die Flüsse die einzigen Verkehrskanäle zwischen dem Mittelland und dem Innern Himalaya bilden – zwischen dem einen Teil Nepals also und einem andern! Die Durchbruchsflüsse teilen die Hauptkette des Himalaya in markante Gruppen, die mit ihren Steilwänden wie Hebungsinseln über der weicher geformten Basis stehen (Bilder 50 und 52).

Siedlungen finden sich an der Südflanke des Himalaya im allgemeinen nur bis 2400 Meter (Fig. 20 und 21). Darüber, bis zu etwa 3300 und 4000 Metern, zieht sich der dichteste Urwaldgürtel Nepals von sehr heterogener Zusammensetzung: üppiges, undurchdringliches Unterholz und prachtvolle Baumriesen, besonders häufig die bekannten Himalaya-Zedern (Fig. 7). Über dem Urwald liegen die Alpweiden bis hinauf zur Grenze des ewigen Schnees; diese aber ist großen lokalen Schwankungen unterworfen: sie steigt von 4500 Metern bis auf 6000 Meter. Die Alpweiden bilden einen relativ breiten Sockel, aus dem sich das eigentliche Hochgebirge steil erhebt.

Der Innere Himalaya. So bezeichnet man die Täler nördlich der Hauptkette. Hier konnten die Flüsse in den relativ weichen Sedimenten zwischen den Gneisen der Hauptkette und dem Granit des tibetischen Randgebirges weite Täler ausräumen (Bilder 56, 147). Na-

20

20 *Im Terai.* 21 ▷

turgemäß verlaufen diese Täler in der West-Ost-Richtung, das heißt parallel zum Streichen des Gebirges. Eine Ausnahme bildet bloß der Thakkhola, der seine Entstehung einem transversalen geologischen Einbruchsgraben verdankt (Fig. 3 und 17); ähnlich wie in der Oberrheinischen Tiefebene, die zwischen Schwarzwald und Vogesen eingebrochen ist.

Die großen Täler des Innern Himalaya heißen von Westen nach Osten: Humla (Bild 10), Mugu, Langu (Bild 58), Thakkhola (Bilder 144—152), Manang, Kutang (Bild 48), Kyirong, Rongshar, Khumbu (Bilder 119, 173) und Karma (Bild 174). Es sind die eigentlichen Hochgebirgstäler Nepals, ringsum von Eisriesen umgeben, deren Gletscher teilweise bis in den Talboden reichen (Bild 18). Einige unter ihnen bilden weite Becken; die Bevölkerung ihrer stattlichen Dörfer und Städte ist tibetischen Ursprungs. Klimatisch betrachtet, bilden diese Täler mit ihren Höhen von 2400 bis über 5000 Metern eine Übergangszone zwischen dem nordindischen Monsungebiet und dem trockenen Hochplateau von Tibet. Die Vegetation ist daher keineswegs einheitlich, im Gegenteil: regenfeuchte Urwälder im Süden — Steppen und Gebirgswüsten im Norden! Diese Täler mit ihren zahllosen Gipfeln sind der Traum der Bergsteiger.

Das tibetische Randgebirge. Ich nenne das Gebirge so, weil es den Südrand des tibetischen Plateaus bestimmt. Es ist weniger hoch als der Haupthimalaya; seine Gipfel reichen bis höchstens 6000 oder 7000 Meter. Und doch ist es in mehr als einer Hinsicht bedeutend: Nicht nur bildet das Gebirge, wie bereits dargelegt, die Hauptwasserscheide zwischen dem Ganges in Indien und dem Tsangpo im Tibet; es trennt auch die komplizierte Struktur des Hochhimalaya von dem flachen oder flachgewellten Tafelland des tibetischen Plateaus (Fig. 2).

Das Gebirge ist im allgemeinen sanft geformt und infolge des trockenen Klimas nur von dürftigen Gletschern bedeckt. Eigentliche Talgletscher fehlen vollständig (Bilder 56, 144 und 145). Eine weitere Folge des ariden Klimas ist die Anhäufung des Schuttes zu Füßen der Berge. Die kümmerlichen, von kleinen Gletschern genährten Rinnsale haben nicht die Kraft, den Schutt auszuräumen. Dieser erscheint noch besonders mächtig durch flache Ablagerungen aus der jüngsten geologischen Zeit. Nur die Hauptflüsse konnten sich darin cañonartige Täler schaffen; in weiten Gebieten jedoch ist die alte, terrassenförmige Landoberfläche erhalten geblieben (Bild 56). Geologisch gesprochen, hat Nepal am eigentlichen tibetischen Plateau keinen Anteil.

22

23

24

◁ 21 Die Everest-Gruppe von Nordosten gesehen (Kangshung-Flanke). Von links nach rechts: Lhotse (8501 m), Southcol, Mt. Everest (8848 m).

22 Durchbruch des Karnali-Flusses durch die Siwalik-Kette und Austritt in den Terai. Hier besteht die Möglichkeit, einen großen Staudamm zur Elektrizitätserzeugung und zur Bewässerung zu errichten.

23 Ein vielbegangener Handelsweg am Südfuß der Siwalik-Kette, nördlich von Jarwa.

24 In den Salwäldern des Terai. Man beachte das fehlende Unterholz, was teils der unkontrollierten Beweidung, teils minderwertigen Böden zuzuschreiben ist. Nepals Reserven an kostbarem Salholz sind durch Raubbau in raschem Schwinden begriffen.

25 Am Kali-Gandaki-Fluß bei Narayangarh. Tropische Urwälder breiten sich aus, wo die blauen Flüsse das Gebirgsland verlassen und in den Terai hinaustreten. Dieses Gebiet war berühmt für seinen Wildreichtum, speziell Tiger und Rhinozeros sowie Krokodile in den Flüssen. Hier organisierte König Mahendra die Jagd für Königin Elizabeth II. anläßlich ihres Staatsbesuchs 1961.

26 Bauerndorf im Terai (bei Butwal).

27 Reiswirtschaft im Terai. Im Hintergrund ein Bauerndorf am Rand des Urwaldes und die Siwalik-Kette.

28 In den Urwäldern des Terai im Chitawan. In einer Waldrodung wird Senf angebaut. Die Häuser stehen auf Pfählen zum Schutz vor wilden Tieren, Schlangen und Skorpionen.

29 Tharu-Fischermädchen im südwestlichen Terai.

30 Der Saipal (7040 m) über dem westnepalischen Mittelland.

31 Der Karnali-Fluß oberhalb der großen Flußschleife von Ra.

32 Blick vom Mahabharat-Gebirge nach Norden über das nepalische Mittelland zur Everest-Gruppe. Die ersten Strahlen der Morgensonne beleuchten die von starkem Rauhreif bedeckten Büsche im Vordergrund – es ist Dezember –, während das bedeutend tiefer gelegene nepalische Mittelland noch in der Dämmerung liegt. Die Everest-Gruppe (links der Bildmitte) ist 140 km entfernt, in der rechten Bildhälfte ragt das Lumbasumba-Gebirge empor. Dazwischen liegt die tiefeingeschnittene Schlucht des Arun, der weite Gebiete des nördlich der Hauptkette gelegenen tibetischen Plateaus entwässert.

33 Spätmonsunale Kumuluswolken entsteigen dem Wolkenmeer über dem Arun-Tal. Am rechten Bildrand der Chomo Lönzo (7797 m), am linken Bildrand der Chamlang (7319 m). Zwischen den beiden Wolkentürmen erscheint die dunkle Kulisse von Nuptse–Lhotse.

34 Die Südwestflanke des Dhaulagiri (8172 m). Das Vorgelände seiner Südflanke, die sich aus subtropischem Tiefland emporreckt, ist dicht bewaldet und fast unbewohnt. Zwischen 2500 und 3600 m über Meer findet man hauptsächlich Rhododendron-Wälder. Vom März bis Mai, wenn die Rhododendron-Bäume blühen, liegt das Rot wie Flammen auf den weiten Hängen (vgl. Bild 37 und 138).

26

27

31

'0 32 ▽

Der Himalaya als Wetterscheide

Die geographische Lage Nepals ließe sich mit jener der südlichen Mittelmeerländer vergleichen; sein Klima jedoch entspricht diesen Ländern nur während eines Teils des Jahres. Von einem eigentlichen nepalischen Klima kann überhaupt kaum gesprochen werden; zu groß sind die klimatischen Kontraste infolge der ausgeprägten vertikalen Gliederung des Landes. In der Tiefe und im Mittelland sind die Temperaturen höher und ausgeglichener. Je weiter man aber nach Norden in den Himalaya vorstößt, desto ausgepräger werden die jahreszeitlichen Unterschiede, und das Klima gestaltet sich ausgesprochen kontinental. Kathmandu zum Beispiel auf 1400 Metern weist mit seinem langjährigen Januarmittel von 10 Grad Celsius und seinem Julidurchschnitt von 25 Grad eine relativ flache Temperaturkurve auf. Auch die in den letzten 30 Jahren gemessenen höchsten und tiefsten Werte (maximal 37°, minimal −2,8°) sprechen nicht gegen diese Ausgeglichenheit.

Im allgemeinen wird das Klima von Südasien einerseits durch die großen Landmassen im Norden und durch den Indischen Ozean im Süden bestimmt und anderseits durch saisonalen Wechsel der Luftströme in den oberen Schichten der Atmosphäre. Infolge seiner außerordentlichen Höhe hat der Himalaya einen tiefgreifenden Einfluß auf das Klima und den Wetterablauf in Nepal. Jedoch ist nicht nur die Höhe eines Gebirgszuges auf den Wettereinfluß maßgebend, sondern ebensosehr seine Lage und Streichrichtung. Würde der Himalaya in Nord-Süd-Richtung verlaufen, so wäre er bei weitem nicht so bestimmend als Klima- und Wetterscheide im nepalisch-tibetischen Raum. In der bestehenden Konfiguration trennt er zwei voneinander völlig verschiedene Klima- und Wetterzonen. Im Süden des asiatischen Kontinents wirkt die Einstrahlung der Sonne so kräftig, daß dadurch auch die vorherrschenden saisonalen Winde beeinflußt werden. So erwärmt die Sonne die dünne Luft über dem tibetischen Plateau im Sommer sehr stark; denn weder Dunst noch Wolken halten ihre sengenden Strahlen zu-
3 ◁ rück. Die Luft wird dadurch spezifisch leichter
4 und steigt. In Tibet und in den innerasiatischen Wüstenbecken entsteht ein Unterdruck, der Luft von allen Seiten ansaugt. In Nepal, am Südrand dieses Sog-Gebietes, herrschen daher in den Sommermonaten Südwinde vor. Diese vom kühleren Ozean wehenden Winde sind feucht. Über dem Lande steigen sie, bedingt durch Insolation und Konvektion vorerst, später durch den Himalaya; dabei kühlt sich die Luft ab, ihr Wasserdampf kondensiert, aus den Wolken fällt Regen: das ist die Monsunzeit (Fig. 4). Anders ist es während des Winters. Da werden die Landmassen stärker abgekühlt als die Meere, ganz besonders im Hochgebirge, wo die Luft rein und dünn ist und wo die schützende Wolkendecke fehlt. Diese abgekühlte Luft wird schwer und entweicht über den Himalaya und durch seine Täler nach Süden. Sie ist trocken; vor allem in Nepal, wo die Wirkung des Fallwindes die relative Feuchtigkeit noch weiter senkt. Während 8 Monaten verursachen diese Nordwinde die winterliche Trockenheit.

Neben den saisonalen Windwechseln werden die Himalayatäler auch von starken täglichen Winden beherrscht, die Geschwindigkeiten bis zu 100 Kilometern in der Stunde aufweisen können – bei wolkenlosem Himmel! Diese werden verursacht durch die starke Sonneneinstrahlung auf dem Hochland nördlich der Hauptkette. Mit überraschender Regelmäßigkeit blasen diese Winde in den Quertälern von morgens 11 Uhr an nach Norden und hören erst mit dem Sonnenuntergang auf. Während der Nacht strömt die abgekühlte Luft vom Hochland durch die Quertäler nach Süden, jedoch ohne nur annähernd dieselbe Windstärke zu erreichen. Ausnahmsweise jedoch, besonders im Spätherbst, kann sich der nördliche Fallwind nachts auch zum Sturm entwickeln.

Jedes Gebirge ist Wetterscheide; aber grundlegend in dieser Hinsicht ist der Unterschied zwischen den Alpen und dem Himalaya. Die Alpen sind eine symmetrische Wetterscheide: beide Seiten erhalten Regen, wenn sie im Luv liegen (wo die Winde am Gebirgskamm aufgleiten). Beide Seiten auch geraten in den Bereich der trockenen Fallwinde, wenn die Windrichtung sie zum Lee (Rückseite) stempelt. Bekannt ist ja der Föhn mit seinen

Fig. 4

Schematische Darstellung der Hauptniederschlagszonen

Windrichtung

Niederschlagszonen

Trockentäler

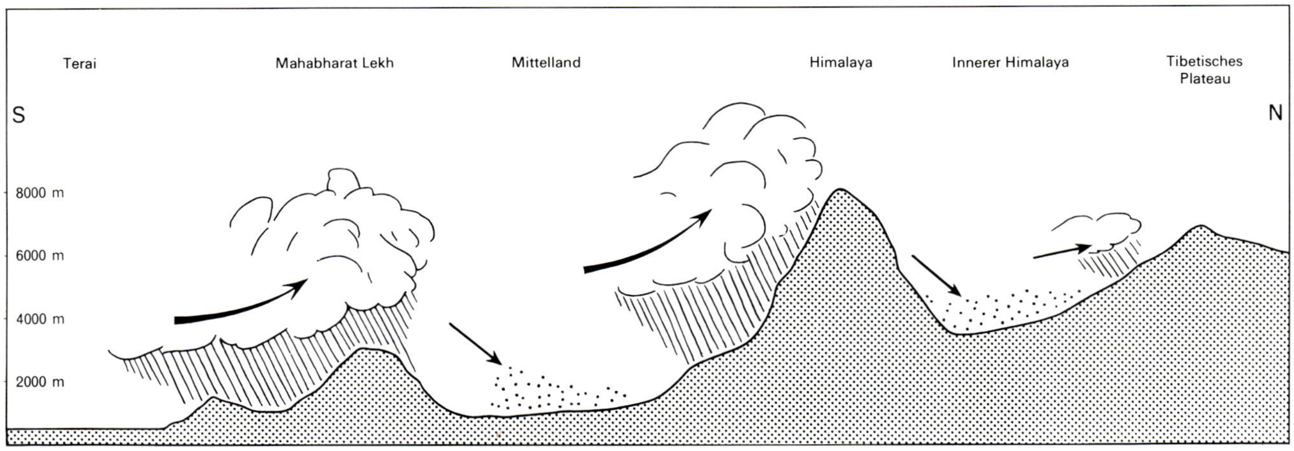

schweren Regen an der Südseite und der trockenen Wärme in den Nordtälern. Der Himalaya dagegen ist eine einseitige Wetterscheide, da er, am Rande einer riesigen Landmasse gelegen, nur von der einen Seite, nämlich vom Süden her, feuchte Luft erhält. Saisonales Regenklima treffen wir daher bloß an seiner Südflanke an.

Im indischen Tiefland ist die zeitliche und örtliche Begrenzung des Monsuns klar gegeben: im Vorsommer wandert er langsam von Südindien nach Norden und erreicht den nepalischen Terai gewöhnlich Ende Mai oder Anfang Juni. In Gebirgsnähe jedoch greifen lokale Faktoren in den Wetterablauf ein. An den Südflanken der Mahabharat Lekh und namentlich des Hochhimalaya wird die Insolation stärker und verursacht lokale Aufwinde. Diese führen schon lange vor Eintreffen der eigentlichen Monsunfront zu heftigen Gewittern. Besonders deutlich ist dies natürlich an der Südflanke der Annapurna-Kette mit ihrem unvermittelten Anstieg vom Tiefland bis zu 8000 Metern Höhe zu beobachten. Erstaunlich regelmäßig ballen sich dort schon vom April an jeden Nachmittag Kumuluswolken, und sie entladen sich gegen Abend in heftigen Gewittern, oft mit Hagel bis ins Tiefland hinunter. Am andern Morgen ist der ganze Spuk vorbei, und das Gebirge strahlt in frischem Hagel, der oft knietief den Boden bedeckt.

Gegen den Sommer zu beginnen die Gewitter früher, schon am Mittag, und oft finden sie keine Zeit, sich bis zum Morgengrauen zu entladen. Immer kürzer werden nun die regenfreien Perioden, und allmählich leiten die Gewitter in den Monsun über. Es hält scheinbar schwer, die gewittrige Vorphase von der eigentlichen Monsunzeit zu trennen. Es besteht jedoch ein eindeutiges, leicht erkennbares Kriterium: Während der Gewitter wehen die Winde aus Südwest, oft von Stürmen begleitet. Der Monsun dagegen bringt die Niederschläge von Südosten, aus dem Bengalischen Meer. Diese Windrichtung ist zwar scharf ausgeprägt, aber es bleibt nicht bei einmaligem Wechsel von den polternden Südwestgewittern zu dem verläßlicheren Regen aus Südosten. Im Anfang wird der Monsun mehrmals von Gewittern unterbrochen, bis er sich endgültig durchsetzt.

In den einschlägigen geographischen Büchern wird beharrlich von «Südwest-Monsun» gesprochen. Dies mag für den indischen Subkontinent im allgemeinen zutreffen. In Nepal jedoch stimmt dies grundsätzlich nicht; der Monsun in Nepal ist ein Südost-Monsun; er bringt die Feuchtigkeit vom Golf von Bengalen.

Naturgemäß behauptet sich der Monsun in Südnepal früher als in den nördlicheren Gebieten; ebenso ist ihm Ostnepal länger und stärker ausgesetzt. In Zentralnepal dauert der Monsun durchschnittlich von Anfang Juni bis Ende September; nur sind diese Zeiten, besonders was das Ende betrifft, beträchtlichen Schwankungen unterworfen. Im Jahre 1955 zum Beispiel fand der Sommermonsun in Ostnepal kaum ein Ende, und ausgedehnte Schlechtwetterperioden leiteten allmählich zum Wintermonsun über.

Fig. 5
Verteilung der jährlichen Niederschlagsmengen
500–1000
1000–1500
1500–2000
2000–2500
2500–3000
über 3000 Millimeter

Die Monsunzeit in Nepal ist übrigens nicht eine Periode andauernder und ununterbrochener Regengüsse. Jeden Tag bricht die Sonne, für kurze Zeit wenigstens, durch die Wolken, und der Regen fällt hauptsächlich während der Nacht. Der Himalaya allerdings ist nicht sichtbar, aber dafür entschädigt die Natur vielfältig: nun grünen die Wiesen, Blumen sprießen in Fülle, auf den erwachenden Feldern arbeiten die Reisbauern, und weithin hallt ihr froher Gesang. Über diesem bunten, keimenden Leben ziehen die Wolken und schaffen immer neue, eindrucksvolle Bilder (88, 89).
Monsun also bedeutet in Nepal den Beginn der landwirtschaftlichen Arbeiten; auf der andern Seite beendet er jäh jeden Verkehr im Landesinnern. Nun schwellen die Bäche, und die hochgehenden Ströme können nur auf wenigen Brücken überquert werden (Bild 135). Der Einbaum (Bild 157), mit dem die Nepali dort über die Flüsse setzen, wo ihnen keine Brücken zur Verfügung stehen, fällt aus; denn die Stromschnellen sind viel zu gefährlich. Die Einbäume werden während dieser Zeit häufig im Fluß versenkt und mit schweren Steinen bedeckt. Dies scheint den Fährleuten sicherer zu sein als das Hochziehen, da man nie weiß, ob der Fluß während der Regenzeit nicht so stark anschwillt, daß er den Talgrund überflutet. Tatsächlich kann die Wasserführung der großen Flüsse bis zum Sechzigfachen des Niederwasserstandes ansteigen. Diese ungeheuren Wassermengen werden allerdings nicht durch den Monsunregen allein verursacht, sondern zum guten Teil auch durch die im Hochgebirge eintretende Schneeschmelze. Neben den Flüssen gibt es jedoch noch einen andern Grund, das Reisen in Nepal während der Regenzeit zu unterlassen: die Blutegel! Diese kleinen, etwa 3 Zentimeter langen Egel — man nennt sie auf nepalisch «tsuga» — kleben in unendlicher Zahl im Grase, an den Gebüschen, auf Bäumen. Sie recken sich mit erstaunlichem Instinkt nach vorübergehenden Menschen und Tieren; sogar von den Bäumen lassen sie sich auf ihre Opfer fallen und beißen sich unverzüglich in der Haut fest. Sie finden Durchschlupf durch die feinsten Ritzen, zum Beispiel durch Schuhösen, und mit ihrem dreiteiligen Kieferblatt öffnen sie rasch eine Blutbahn, vornehmlich an den Fesseln der Füsse, zwischen den Zehen oder an andern empfindlichen Stellen. Eine Flüssigkeit, die sie absondern, verhindert, daß das Blut gerinnt, und wenn sie vollgesogen sind und abfallen, blutet die Stelle noch stundenlang. Mit Gewalt lassen sie sich nicht entfernen; reißt man sie weg, so bleiben die Kieferblätter in der Wunde zurück, und nach ein paar Tagen entwickeln sich juckende Geschwüre, die nur sehr schwer heilen. Wer es nicht selbst erlebt hat, kann sich kaum vorstellen, welche Plage diese Tsuga für Mensch und Tier bedeuten. Da marschiert man Stunde um Stunde in den triefenden Wäldern, und wenn man endlich am Abend das Zelt aufgeschlagen hat und sich der Kleider entledigt, die wie nasse Lappen am Körper kleben, sind Unterwäsche und Socken durchtränkt von Blut, verkrustet und verpappt.

Hochwasser und Erdrutsche, zerstörte Brükken und Blutegel, das sind die Geschenke, die der Sommermonsun in Nepal für jenen bereithält, der das Land durchwandern möchte. Der Wintermonsun ist dagegen harmloser: kurzfristige, gewittrige Niederschläge, die zum Beispiel in Zentralnepal nach einem schönen Herbst regelmäßig ums Neujahr auftreten. Die Temperatur fällt jäh, und das Hochgebirge, das während des sonnigen Herbstes wieder vollkommen ausgeapert war, erhält nun die winterliche Schneedecke. Diese reicht in Ostnepal bis etwa 2800 Meter, in Westnepal bis gegen 2000 Meter (Bild 10).

Fig. 5 zeigt eine Kartenskizze der Verteilung der jährlichen Regenmenge. Die Karte wurde gezeichnet auf Grund der Daten des Meteorological Service 1966, Ministry of Irrigation and Power. Der Verlauf der Kurven gleicher Regenmenge ist in Fig. 5 allerdings verschieden von jenem in der Karte, ausgearbeitet vom Ministry of Irrigation and Power. Diese letztere nimmt nicht Rücksicht zum Beispiel auf die Erscheinung der Trockentäler, auf die zusätzliche Regenmenge im Luv der Gebirgsketten und auf die Verteilung der natürlichen Vegetation, welche gute Indikatoren der mittleren Niederschläge sind. Die beigefügte Karte von Fig. 5 illustriert somit meine Ausführungen über die Entladung des Monsuns an der Südflanke der Gebirge. So weist Biratnagar im Terai 150 Zentimeter, Darjeeling (östlich außerhalb Nepals) auf der Mahabharat-Kette durchschnittlich 300 Zentimeter Niederschlag auf. In Kathmandu hat man 170 Zentimeter, in Godavari, einige Kilometer südlich von Kathmandu an der Mahabharat Lekh, 250 Zentimeter Regen gemessen.

Diese Vergleiche machen die Leelage des Mittellandes im Schutze der Mahabharat-Kette deutlich. An der Südflanke des Himalaya steigt die Niederschlagsmenge nochmals, im eigentlichen Hochgebirge jedoch ist sie überraschend gering (Fig. 5). So wurden zum Beispiel vom April bis November am Khumbu-Gletscher des Mount Everest bloß 39 Zentimeter gemessen; und dies dürfte ungefähr dem Jahrestotal entsprechen. Nur 40 Kilometer weiter südlich, im Dudh-Kosi-Tal, steigt die Regenmenge aber auf 166 Zentimeter (Fig. 5). Im allgemeinen ist die Niederschlagsmenge im Osten des Landes größer als im Westen; der Monsun setzt hier früher ein und zieht sich später zurück. Der Unterschied zwischen den beiden Landesteilen ist beträchtlich: In Morang zum Beispiel, im ostnepalischen Terai, fallen rund 200 Zentimeter Regen, in Bilauri (West-Terai) dagegen bloß 100 Zentimeter. Der Grund hierfür ist darin zu suchen, daß Ostnepal näher am Golf von Bengalen liegt, über dem der Sommermonsun sich mit Feuchtigkeit sättigt. Dies widerspricht keineswegs der gültigen Theorie, daß der Monsun in Nepal nur ein Teil des Südwestmonsuns vom Arabischen Meer ist, jedoch hier in südöstliche Windrichtung abgelenkt wird infolge der speziellen topographischen Konfiguration (Fig. 6). Im Mittelland und in einigen Tälern des Himalaya findet sich noch eine weitere lokale Differenzierung: die Trockentäler! Es sind tiefe, ausgedehnte, wüstenähnliche Taleinschnitte, und ihrem Sonderklima liegt ein interessantes Phänomen zugrunde: Durch die hohe Sonneneinstrahlung werden die umschließenden Gebirge stark erwärmt und saugen die Luft an. Dadurch entsteht über den Talläufen ein außerordentlich trockener Fallwind, der die Wolkendecke über den Tälern weitgehend aufzulösen vermag. Besonders ausgeprägt ist diese Erscheinung in Westnepal, im Mittellauf des Karnali-Tales (z. B. bei Thibru). Hier findet man an den Talflanken auf 3000 Metern nebelfeuchten Höhenwald, dessen Bäume über und über mit Flechten und Moosen behangen sind. Der Talboden jedoch ist von einer Wüste bedeckt, nur spärlich gedeihen Kakteen und Mimosen, wie ich sie auch in der Sahara angetroffen habe. Wenn man über den Wolken fliegt, kann es geschehen, daß die Hauptflußläufe auf weite Distanzen erkennbar sind; denn sie sind wolkenfrei und zeichnen bizarre Muster in die sonst kompakte Decke. Das gleiche Phänomen findet sich auch im Innern Himalaya (Fig. 5). Im Thakkhola zum Beispiel sind die beiden Talflanken zwischen 3500 und 3900 Metern mit einem allerdings kümmerlichen Koniferenwald bedeckt; der Talgrund ist auch hier Wüstensteppe und zum Teil sogar reine Wüste (Bild 56).

Eigenartig und höchst interessant ist die nördliche Grenze des Monsunbereichs. Sie ist klar und scharf gezogen, ohne allmählichen Übergang der Vegetation. Nur wenige Kilometer trennen die regenfeuchten Gebirgswälder des Monsungebietes von den nördlicher gelegenen Steppen und Wüsteneien. Hingegen ist diese Grenze starken lokalen Schwankungen unterworfen. In den Durchbruchstälern des Himalaya stößt der Monsun mit geballter Kraft weit nach Norden vor. Deshalb werden die Täler des Innern Himalaya, die nördlich der Durchbruchsschluchten liegen (Fig. 3), teils ebenfalls vom Monsun erfaßt. Ein Marsch zur Monsunzeit vom tibetischen Plateau durch eines dieser Himalaya-Täler nach Süden vermittelt großartige Bilder: Noch genießt man auf der Nordseite den blauen Himmel und die angenehme Temperatur, die erst gegen 6000 Meter hinauf die Frostgrenze erreicht. Schwarz türmen sich über dem Himalaya die Wolken, und es scheint, als wälzten sie sich im Tale einer gewaltigen Lawine gleich nach Norden. Aber es scheint nur so; tatsächlich verändern die Wolken ihre Lage nicht, obschon ein Orkan ununterbrochen durch die Täler fegt. Nachts ist das Schauspiel noch gewaltiger: Pausenlos zucken die Blitze in den Wolken, fern und drohend verhallt das Rollen des Donners. Der heftige Wind trägt Sprühregen kilometerweit nach Norden. Dann aber strömt mit einem Male der tropische Regen nieder, und gleichzeitig ändert sich die Vegetation: Farnkräuter sind da und Bambus; die Bäume des Urwaldes sind mit Flechten behangen. Wahrscheinlich erfaßt der Monsun nicht sehr große Höhen; über 7000 Metern herrscht wohl das ganze Jahr hindurch vorwiegend Nordweströmung. Der Gipfel des Mount Everest ist denn auch stets schwarz und ausgeapert (Bild 1).
Bisher wurden fast ausschließlich die Stärke der Niederschläge und deren jahreszeitliche Verteilung behandelt. Nicht minder wichtig für die Gestaltung des Klimas sind aber auch die Temperaturen. Für einige ausgewählte Orte betragen die mittleren Tageswerte der Maximal- und Minimaltemperaturen (Mittel 1967–1974): Butwal (West-Terai) hält mit 31° höchster mittlerer Tagestemperatur den Rekord, während Namche (3300 m) am Südfuß des Mount Everest es nur auf 11° bringt. Die Höhenlagen des Mittellandes wie etwa Kathmandu (25°), Gurkha (25°), Bojpur (20°) zeigen, wie komfortabel das Klima effektiv ist: wirklich heiß ist es nie. Auch die Minima sind durchaus erträglich. Mit Ausnahme von Namche Bazar schwanken sie nur zwischen 10 und 20 Grad. Auch Kathmandu hat ein sehr angenehmes Klima. Sowohl die maximalen als auch die minimalen Tagesdurchschnitte der Temperaturen sind ausgeglichen. Der kurze, aber niederschlagsreiche Sommermonsum beherrscht die Wetterszene vollständig. Die unangenehmste Zeit in Kathmandu (und im Mittelland ganz allgemein) ist der Mai, unmittelbar vor dem Monsun. Die ganze Landschaft ist dürr, ausgetrocknet, staubig und die braunen Farbtöne beherrschen das Bild. Die Temperaturen sind dann am höchsten. Sobald aber der Monsun eintritt, sinkt die Temperaturkurve der maximalen Durchschnitte, um erst im September, wenn die Sonne wieder für längere Zeit durch die Wolken bricht, ein kurzes Maximum zu erreichen, vor dem Absinken in den Winter.
Neben der Größe der maximalen und minimalen Tagesdurchschnitte spielt aber vor allem der Unterschied zwischen den beiden Werten eine große Rolle. In Jomosom mit seinem trockenen, kontinentalen Klima ist zu erwarten, daß der Unterschied zwischen Sommer und Winter groß ist: nämlich 13°. Unerwartet ist die Tatsache, daß in Kathmandu der Unterschied zwischen maximalen (Sommer) und minimalen (Winter) durchschnittlichen Tagestemperaturen mit 14° noch höher liegt. Darin kommt die Wirkung des im Winter abflußlosen Kaltluftbeckens zum Ausdruck, eine Erscheinung, die in bezug auf Smogbildung einen unheilvollen Einfluß hat (Bilder 109 und 110).
Die geringe Niederschlagsmenge im Hochgebirge bringt es mit sich, daß die Gletscher im Himalaya lange nicht die Ausdehnung erreichen, die man erwarten könnte. Allerdings ist diese Merkwürdigkeit nicht nur der geringen Niederschlagsmenge zuzuschreiben; sie ist vor allem auch bedingt durch das besondere Relief: Große Firnbecken, die als Akkumula-

tionszonen dienen könnten, fehlen weitgehend; denn in diesen Höhen sind fast nur Steilwände anzutreffen (Bild 169). Die Gletscher werden daher vor allem von Lawinen genährt, und sie sind, wie in den Alpen, im Rückzug begriffen. Nur in wenigen Gebieten, nördlich des Manaslu zum Beispiel, konnte ein Vorstoß beobachtet werden.

In der Art der Gletscherbildung besteht nun allerdings ein großer Unterschied zwischen der Südseite des Himalaya und seiner Nordflanke. Vom klimatologischen Standpunkt aus wäre die Südflanke mit ihren Monsunniederschlägen zwar begünstigt, namentlich dort, wo die Hauptkette unmittelbar aus dem nepalischen Mittelland aufsteigt (z. B. Annapurna, Bild 2). Die steilen Wände jedoch, die sehr rasch in subtropische Zonen abfallen, erlauben die Ausbildung von langen Talgletschern nicht; denn diese würden unter 3000 Metern rasch abschmelzen. Anders an der Nordseite: Die weiten Täler und Flächen zwischen 3500 und 5000 Metern begünstigen lange Talgletscher (Bild 53). Allein hier fehlt es an Regen. Die längsten Gletscher findet man daher nur in jenen Gebieten, in denen Niederschläge und Terrain ihre Bildung gemeinsam begünstigen, wie zum Beispiel im Khumbu. Den größten Talgletscher, 25 Kilometer lang, habe ich im Langtang-Tal gefunden (Langtang-Gletscher). Andere große Gletscher sind der Ngojamba-Gletscher im Khumbu am Everest (24 Kilometer) und der Kangchendzönga-Gletscher (20 Kilometer). Begreiflicherweise liegen die längsten Gletscher in Ostnepal, wo die Niederschlagsmenge am größten ist. Viele Gletscher ertrinken fast in ihrem Schutt. Die Fließgeschwindigkeit maß man im Khumbu-Gletscher an optimaler Stelle mit nur 50 Metern im Jahr!

Interessante Aufschlüsse vermittelt das Studium der Grenzen des Schnees, der Vegetation und der Siedlungen. Man erwartet, daß sie nach Norden zu, mit dem kältern Klima, absinken. Dem ist aber erstaunlicherweise nicht so: Die unterste Schneegrenze wurde am Rupina La (Gurkha-Himal) auf 4500 Metern gefunden. Im gleichen Meridian, nur 20 Kilometer weiter nördlich, bei Sama (Bild 48), und namentlich gegen den Gya-Paß hin, finden sich in dieser Höhe noch subalpine Wälder. Berge von 5800 Metern sind hier noch vollständig schneefrei und unvergletschert. Noch überraschender ist, daß die Siedlungsgrenzen nach Norden zu ansteigen. Die höchsten Dörfer der Gurung an der Südflanke der Annapurna (z. B. Siklis) liegen auf 2200 Metern, unmittelbar an der Untergrenze des Himalaya-Waldes. Im gleichen Meridian, nur 30 Kilometer weiter nördlich, an der Nordflanke der Annapurna, finden wir die bedeutende Stadt Manang, auf 3800 Metern. Die Thamang an der Südflanke des Ganesh-Himal siedeln bis höchstens 2400 Meter. Der Oberlauf des Chhokang-Chu, an der Nordseite des gleichen Gebirges, beherbergt eine Reihe stattlicher Dörfer zwischen 3000 und 3600 Metern. Gurja, das höchstgelegene Dorf an der Südflanke der Dhaulagiri-Gruppe (Bild 14), liegt nur 2200 Meter über Meer. Im Langu-Becken dagegen, nördlich des Dhaulagiri, finden wir die vielleicht höchsten ganzjährigen Siedlungen Asiens überhaupt: bei Phopagaon gedeihen auf 4300 Metern noch Gerste und Kartoffeln.

In den Tälern des Innern Himalaya ist das Klima angenehmer als an der Südflanke. Manang zum Beispiel mit seinen grimmig kalten Winternächten hat eine bedeutend tiefere Durchschnittstemperatur als die gleiche Höhe an der Südflanke der Annapurna. Aber die Sonne scheint häufig, sie erwärmt das Manang-Tal kräftiger als die Südseite der Annapurna, die lange Zeit im Jahr unter dichter Wolkendecke liegt und heftigen Gewittern ausgesetzt ist. Daher gedeihen denn auch an der Südflanke der Annapurna-Kette auf 3800 Metern keine landwirtschaftlichen Produkte mehr. Das Klima ist während der Sommermonate sogar zu feucht für Mais und natürlich ganz besonders für Kartoffeln; Manang dagegen ist geradezu berühmt für seine Kartoffeln, die bis auf 4000 Meter Höhe geerntet werden. Anderseits sind die höheren Lagen der Südflanke mit ihrem für Graswuchs hervorragend geeigneten Klima prädestiniert für Viehzucht und Milchwirtschaft. Tatsächlich werden denn auch höchste Alpweiden sogar von Wasserbüffeln aufgesucht, zum Beispiel von Ghanpokhara aus.

Extreme in der Vegetation

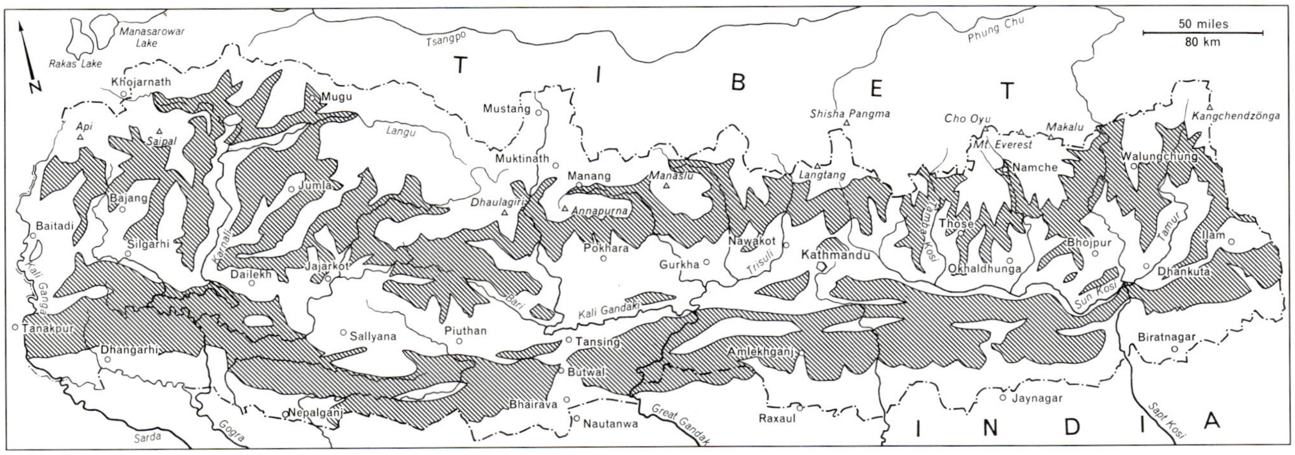

Fig. 6
Karte der Waldbedeckung im Jahre 1960. 1980 dürfte namentlich der südliche Waldgürtel auf die Hälfte zusammengeschrumpft sein.

Es ist begreiflich, daß Nepal, welches mit seinen Extremen der Topographie fast alle Klimazonen der Erde umfaßt, auch eine unerreicht mannigfache Vegetation aufweist. Daneben hat freilich auch hier wie anderwärts der Mensch das Vegetationsbild entscheidend beeinflußt. So zeigt die Waldkarte (Fig. 6) eine völlig ungleiche Verteilung der Wälder. Da ist einmal ein deutlich begrenzter Streifen im Süden des Landes, der den nördlichen Terai, die Siwalik-Zone und einen Teil der Mahabharat Lekh bedeckt. Er ist ungefähr 40 Kilometer breit und 800 Kilometer lang; das bedeutet eine Fläche geschlossenen Waldes von rund 32 000 Quadratkilometern, von mehr als der halben Schweiz also (Bild 24). Das war aber so vor 25 Jahren! Heute hat sich die Situation grundlegend geändert. Der nördliche Waldstreifen, der Himalaya-Wald, bildet keine geschlossene Fläche; seine feinen Verästelungen bedecken die Höhen und Täler des Himalaya und erstrecken sich zum Teil weit nach Norden (Fig. 6). Wahrscheinlich ist der Himalaya-Gebirgswald etwas kleiner als der Terai-Wald; zusammen aber bedecken sie ein gutes Viertel von Nepal. Wirtschaftlich gesehen könnten diese Wälder eine wesentliche Bedeutung erlangen. Gegenwärtig aber sind sie das Opfer eines unsinnigen Raubbaues, vor allem durch die konzessionierten sogenannten indischen «Contractors». Dies ist um so schlimmer, als der nachstoßende Jungwald zum größten Teil durch das Vieh vernichtet wird. Das Resultat sind verheerende Bodenerosion, Erdrutsche und Überschwemmungen.

Diese beiden Waldzonen hingen früher zweifellos zusammen, und der Übergang von einer Vegetationszone zur andern vollzog sich allmählich über das ganze Mittelland hin. Mit der Zunahme der Bevölkerung im Mittelland ist diese Übergangszone schließlich der Rodung zum Opfer gefallen, und heute sind der südliche und der nördliche Wald vollständig verschieden zusammengesetzt. Denn anders ist in den beiden Zonen der Boden, anders die Höhen, und unterschiedlich sind die Niederschläge verteilt.

Die Terai-Wälder sind berühmt für ihr Salholz (Shorea robusta, Bild 24) und für ihre Eichen. Gegen die Mahabharat-Kette hin dehnen sich weite Rhododendron-Wälder. Dieser südliche Urwald im Terai und in der Siwalik-Zone ist nicht besonders dicht; ihm fehlt Buschwerk und Bodenvegetation (Bild 24). Besonders in den Siwalik-Hügeln ist der Boden zu jung; er enthält an der Oberfläche viel Geröll und fast keinen Humus. Erst in der Mahabharat Lekh tritt Unterholz auf, und auch dieses hauptsächlich über 2000 Metern.

Der nördliche Wald dagegen besitzt außerordentlich dichtes Unterholz. Abseits der Wege muß jeder Schritt mit dem nepalischen Buschmesser, mit dem Khukri, erkämpft und freigelegt werden. Ja sogar die kleineren Wege müssen jedes Jahr neu aus dem Dikkicht gehauen werden, so rasch wächst hier das Unterholz, besonders der Bambus, nach. Der Himalaya-Wald reicht von rund 2000 Metern bis zur Waldgrenze auf 3900 Metern (Fig. 7). In einzelnen Tälern befindet sich sogar eine geschlossene Urwalddecke bis gegen

Fig. 7
Schematischer Querschnitt der Vegetation

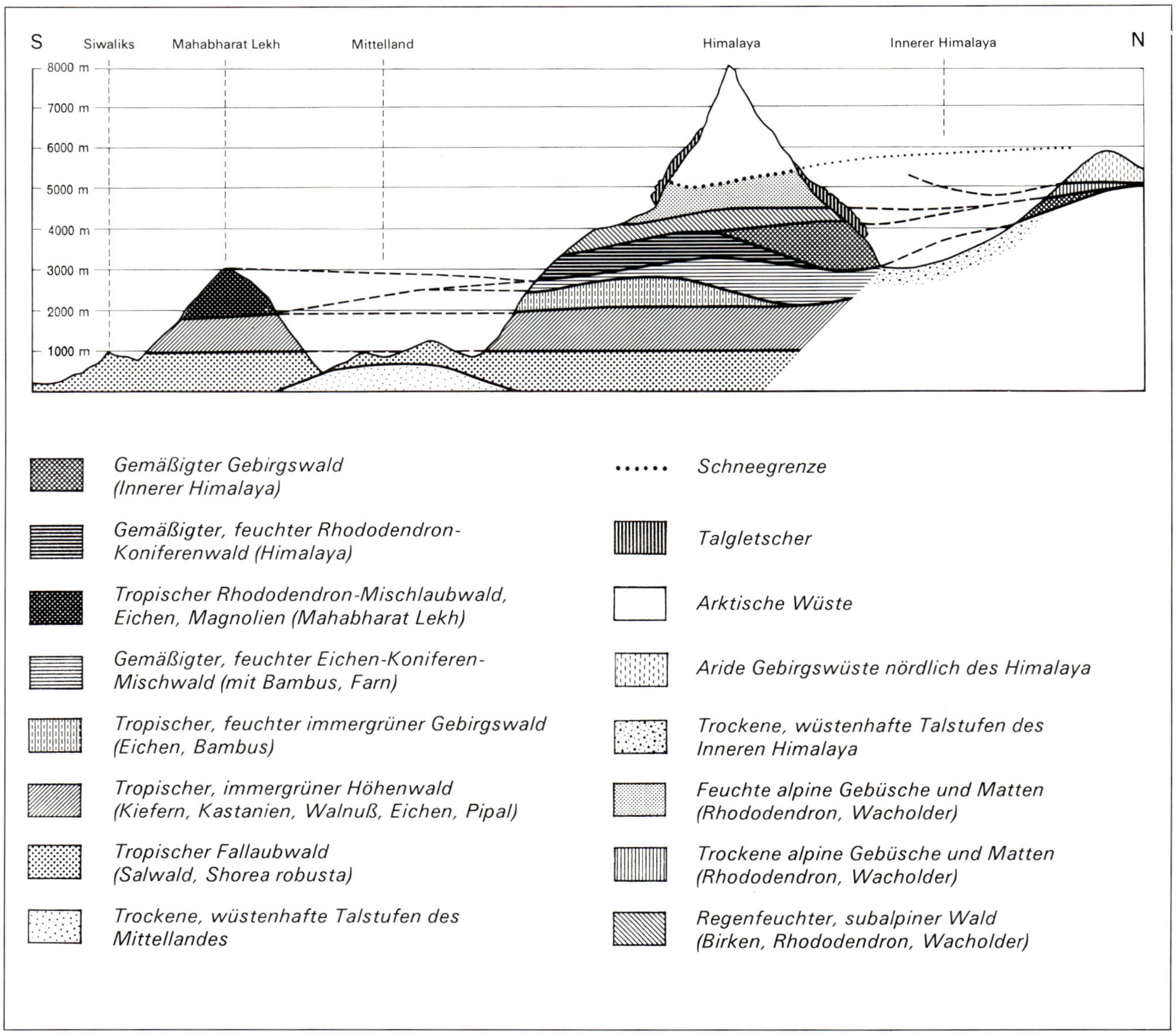

1000 Meter hinunter, besonders an den sehr steilen Südflanken von Annapurna und Dhaulagiri, aber auch im Osten, südlich des Makalu. Immergrüner Gebirgslaubwald wächst bis auf rund 3000 Meter, darüber folgen bis auf 3700 Meter die Nadelwälder: prächtige Tannen, Lärchen und vor allem die berühmten Himalaya-Zedern. Darüber, das heißt von etwa 3500 bis 4000 Metern, herrschen wiederum Rhododendren vor; aber hier sind es bloß noch Büsche von höchstens 5 Metern Höhe. Der Bambus ist ein erstaunlicher «Durchläufer»; man findet ihn von Talgründen auf 1000 Metern bis fast zur Baumgrenze hinauf.

Die dem Profil beigefügten Höhenzahlen (Fig. 7) zeigen, daß sich die Gliederung der Vegetation vor allem nach der Höhe richtet, wobei allerdings lokale Faktoren bisweilen beträchtliche Abweichungen verursachen. Aber im allgemeinen verlaufen die Grenzen zwischen den verschiedenen Vegetationsstufen nicht horizontal, sie steigen vielmehr von Süden nach Norden an. Neben den durch die Höhe bedingten Vegetationsunterschieden sind aber auch solche in Ost-West-Richtung deutlich erkennbar. Sie werden vor allem verursacht durch die größere Niederschlagsmenge im Osten des Landes. So werden zum Beispiel die westlichsten Lärchen des Himalaya (Larix griffithii) im Meridian von Zentralnepal gefunden, nämlich im Oberlauf des Buri Gandaki, nördlich des Ganesh Himal.

Vom Werden des Himalaya

Geschichtliche Entwicklung. An der Eroberung und Erforschung des Himalaya haben sich Forscher und Bergsteiger vieler Nationen gemessen. In Nepal allerdings hat dieser Kampf erst 1950, also relativ spät, eingesetzt; dann aber erfolgte Schlag auf Schlag die Eroberung der Gipfel. Wer erinnerte sich nicht mehr der dramatischen Bezwingung der Annapurna, des ersten Achttausenders, durch die Franzosen im Jahre 1950 (wo übrigens mein Sherpa Aila am Rücktransport des schwer havarierten Hertzog beteiligt war)! Am Mount Everest hat man richtigerweise den Engländern den Vortritt gelassen, nicht nur wegen ihrer jahrhundertealten Waffenbrüderschaft mit Nepal, sondern vor allem auch deshalb, weil sie schon seit 1921 von der Nordseite her die ganze Pionierarbeit geleistet hatten. Ganz allgemein haben überhaupt die Engländer Großartiges vollbracht durch die Herstellung brauchbarer Karten und durch die Erforschung von Pflanzen, Tieren und Menschen am Himalaya. Die Erstellung der Triangulation und darauf aufbauend der Quarter Inch Map (1 : 253440) durch den Survey of India stellt eine vermessungstechnische Pionierleistung dar, die nicht ihresgleichen hat. Dabei war es selbst den Engländern damals nicht erlaubt, nepalisches Territorium zu betreten; es mußten ausschließlich indische Landmesser mit der Aufgabe betraut werden. Eine Meßtischaufnahme in einem so gebirgigen und unübersichtlichen Land ist an sich schon eine sehr schwierige Angelegenheit; um so größere Bewunderung verdient die glänzende Organisation aus der Ferne. Freilich haben hie und da Bergsteiger, die gewohnt waren, «alpine» Maßstäbe anzulegen, geringschätzig über diese Karte geurteilt. Aus meiner Erfahrung heraus kann ich jedoch bestätigen, daß sie zu 90 Prozent korrekt war; nur in einzelnen Hochgebirgsregionen nördlich der Hauptkette weist sie geringfügige Fehler auf. Auch in der Schreibweise der Namen ist der Survey of India äußerst sorgfältig vorgegangen. Man hat zum Beispiel nicht gezögert, das im Englischen unbekannte «ö» zu übernehmen, um lokaler Schreibweise und Aussprache möglichst gerecht zu werden (Kangchendzönga).

Bevor wir an die wissenschaftliche Analyse des erhabensten Gebirges der Erde herantreten, sei ein Gedicht aus der altehrwürdigen Rigveda zitiert, ein Gedicht, welches die Schöpfung der Natur durch den allmächtigen Gott Indra verherrlicht. Nach der Legende sind die Gebirge des Schöpfergottes Prajpatis älteste Nachkommenschaft. Diese waren geflügelt; sie flogen auf und ließen sich nieder, wo immer es ihnen beliebte. Da schnitt Indra ihnen die Flügel ab. Mit diesen Gebirgen festigte er die Erde. Aus dem, was die Flügel gewesen waren, entstanden die Gewitterwolken. Daher schweben diese um das Gebirge; denn es ist ihr Ursprungsort. Darum regnet es am meisten im Gebirge.
Indra gilt als Schöpfer der Gebirge und Befreier der Ströme aus dem Verlies, in dem der Drache Vritra (in den nachfolgenden Versen Ahi genannt) sie festhielt. Mit seinem Donnerkeil schuf er Betten für die Flüsse. Die zum Meere eilenden Ströme werden mit Kuhherden verglichen (nachfolgende dritte Strophe):

Der Gott, der, kaum geboren, kühnen Sinnes
Zuerst den Mut auch in den Göttern weckte,
Vor dessen Hauche beide Welten bebten
Ob seiner Kraft — das ist, ihr Völker, Indra.

Der festigte die Erde, welche wankte,
Und stehen ließ die taumelnden Gebirge,
Der weiten Luft die Masse und dem Himmel
Die Stützen gab — das ist, ihr Völker, Indra.

Der Ahi schlug, die sieben Ströme freiließ
Und aus der Höhle Grund die Herde holte
Und Feuer zeugte zwischen Erd' und Himmel,
Ein Beutemacher — ist, Ihr Völker, Indra.

Vor ihm verneigen Himmel sich und Erde,
Vor seinem Hauche beben die Gebirge,
Der schuf die Sonne und die Morgenröte,
Der Wasser Lenker — ist, ihr Völker, Indra.

Geologische Feldarbeit. Für meine eigene geologische Feldarbeit hatte ich im Laufe der Jahre eine spezielle Technik entwickelt. Von Kathmandu im Zentrum des Landes ausgehend, schob ich meine Aufnahme systematisch nach Westen und Osten vor. Im dichtbesiedelten nepalischen Mittelland bereitete die gewünschte Reiseroute (vorwiegend in Süd-Nord-Richtung) keinerlei Schwierigkeiten.

35 Enzian. Natürliche Vegetation im Langtrang-Tal auf 4000 m. Die Aufnahme wurde nach der Regenzeit, Ende Oktober, gemacht; sie zeigt Gentiana cf. ornata Wallich.

36 Coelogyne spec. Orchideen sind im Nepal-Himalaya durch zahlreiche Arten und in natürlicher Vegetation vertreten. Man findet sie vom Terai (Ganges-Ebene, 200 m über Meer) bis über 3000 m, von der Mahabharat Lekh bis zum Himalaya. Unsere Aufnahme wurde im Januar gemacht; die Blüte wurde bei Ra, am Karnali (800 m) in Südwestnepal, in einer tiefen Schlucht gefunden. Sie ist 5–6 cm lang; es handelt sich um eine Art, die auf mannshohen Büschen wächst.

37 Rhododendron arboreum Smith, Baumförmiger Rhododendron. Einzelner Blütenstand eines Baumes des Mahabharat-Typus mit tiefroten Blüten (vgl. Bilder 34 und 140). Die großen Bäume dieser Alpenrosenart standen bei Kaphli in Westnepal, auf 2200 m, im Februar in Blüte.

38 Osbeckia stellata D. Don, Sternhaarige Osbeckie, bei Dhundras in Westnepal auf 1200m Höhe. Man findet sie weitverbreitet im Mittelland, vorzugsweise in Hecken am Wegrand. Es handelt sich um eine zu den Melastomatazeen (Schwarzmundgewächsen) gehörende einheimische Art. Sie ist in Indien bis China beheimatet. Osbeckia stellata bildet dichte, mannshohe Büsche; die Blüten erreichen bis 4 cm Durchmesser.

39 Butea spec. (Leguminosae). Dieser Hülsenfrüchtler wird in der natürlichen Vegetation der Urwälder des westnepalischen Terai angetroffen. Die leuchtend orangeroten, bis 6cm langen Blüten wachsen auf großen Bäumen unmittelbar aus dem Holz. Aufnahme bei Tsamali, 300m ü. M., im Januar.

Ich marschierte fast ausschließlich auf den Graten, einerseits weil hier die besseren Aufschlüsse vorhanden sind, und anderseits, weil die Grate einen guten Ausblick auf beide Seiten gewähren. Im Hochgebirge aber mußte ich die Gratrouten notgedrungen verlassen; ich war auf die Wege angewiesen, welche durch die gewaltigen Schluchten nach Norden zum tibetischen Plateau führen (Bild 57). Wenn immer möglich versuchte ich, die gleiche Route nur einmal zu begehen und nahe der tibetischen Grenze vom einen Quertal ins benachbarte zu gelangen. Diese Übergänge waren meist hohe Gletscherpässe, und sie bereiteten mir und namentlich meinen Trägern teilweise Schwierigkeiten (Bilder 3 u. 47)

Meine Arbeitstechnik bestand darin, daß ich während des Marschierens mit dem Geologenhammer laufend die Gesteine untersuchte – das Profil klopfte, wie der Geologe sagt – und die gefundenen Ergebnisse im Feldbuch notierte. Die Gesteine wurden makroskopisch roh bestimmt. Von wichtig erscheinenden Aufschlüssen wurden Gesteinsproben gesammelt. Gleichzeitig trug ich die gefundenen Schichten und Strukturen in die topographische Karte 1:250 000 des «Survey of India» ein – die entstehende geologische Karte von Nepal. Auf guten Aussichtspunkten zeichnete ich Panoramen und erstellte auch photographische Rundsichten. In Richtung des vorher begangenen Querschnittes konnte die Geologie ohne besondere Schwierigkeiten sowohl in die Panoramaskizzen als auch in die geologische Karte eingetragen werden. Die Detail- und Routenaufnahme jenes benachbarten Grates stand mir ja zur Verfügung. Auf der gegenüberliegenden Seite, im geologischen Neuland, bestand die geologische Erkenntnis vorderhand in einer plausiblen Annahme, in einer Extrapolation. Immerhin ließen sich markante geologische Schichten, z. B. harte Quarzitbänke oder weiche Glimmerschiefer, vom Standort aus über das Tal hinüber bis zum nächstbenachbarten Grat verfolgen. Wenn ich dann bei der nächsten Routenaufnahme jenen Grat untersuchte, bestand die Arbeit im wesentlichen in der Verifikation der vorher vermuteten, extrapolierten Verhältnisse. Gleichzeitig extrapolierte ich dann von jenem Grat aus wiederum auf die Seite des Neulandes. So wurde jede meiner Routenaufnahmen einerseits eine Verifikation oder Korrektur des zwischen ihr und der vorhergehenden Route gelegenen Gebietes und anderseits eine Extrapolation auf die Seite des Neulandes. Durch diese systematische Aufnahme konnte eine ziemlich lückenlose, flächenmäßige Bedeckung erlangt werden. Der seitliche Zwischenraum zwischen den einzelnen Routenaufnahmen (durchschnittlich 15–25 Kilometer) richtete sich in erster Linie nach den atmosphärischen Sichtverhältnissen, nach den Aufschlüssen und der Kompliziertheit der Geologie. Von April bis Juni, wenn die Sicht im nepalischen Mittelland infolge des Sommerdunstes nur wenige Kilometer beträgt, müssen die Querschnitte sehr eng gelegt werden. Auf dem tibetischen Plateau dagegen, wo von Aussichtspunkten aus einzelne Kalkformationen über Distanzen bis über 50 Kilometer beobachtet werden können, sind zu einer flächenmäßigen Aufnahme nur sehr wenige Querschnitte nötig. Deshalb verlegte ich die Tätigkeit in der Zeit von April bis Juni ins dunstfreie Hochgebirge, und später verzichtete ich während dieser ungünstigen Zeit überhaupt auf Feldarbeit. Die beste Zeit für wissenschaftliche Arbeit im Himalaya ist der Herbst für das Hochgebirge und der Winter für das niedere Vorland.

Auf die Wegverhältnisse muß auch Rücksicht genommen werden. Im urwaldbedeckten Terai und namentlich in den Siwaliks kann man sich außerhalb der Wege und Bäche praktisch nicht bewegen (Bild 23). Das gleiche gilt von der sehr steilen und mit dichten Urwäldern bedeckten Südflanke des Himalaya.

Auf den zahlreichen Expeditionen für meine geologische Feldaufnahme zwischen 1950 und 1959 habe ich zu Fuß eine Distanz von mindestens 14 000 km zurückgelegt, was einem Marsch vom Nordpol nach Kapstadt gleichkommt. Im ganzen bin ich dabei mindestens 950 km gestiegen, was etwa dem Hundertfachen der Höhe des Mount Everest – ausgehend von Meereshöhe – entspricht. Alle anderthalb Monate war ein gutes Paar schweizerische Bergschuhe aufgebraucht,

was für die 8 Jahre meiner Feldarbeit die Gesamtzahl von 28 Paar Schuhen ergab. 1235 Tage verwendete ich zur eigentlichen Feldarbeit und 1200 mal wurde das Camp an einem neuen Ort aufgerichtet und wieder abgebrochen (wobei stets dasselbe schweizerische Qualitätszelt gebraucht wurde).
Meine 20 Feldbücher enthalten 2437 geologische Routenaufnahmen, Skizzen und Panoramen; 300 Fossilien wurden gesammelt. Was diese Zahlen im einzelnen bedeuten mögen, sei im Folgenden an der Beschreibung einer einzigen meiner 8 größeren mehrmonatigen Expeditionen illustriert.

Expedition 1954. Meine Expedition 1954, die von Mitte März bis Mitte Juli dauerte, führte mich in gänzlich unbekannte Gebiete nordwestlich der Dhaulagiri-Gruppe, wo das nepalische Territorium bis 100 km weit nördlich der Hauptkette des Himalaya reicht und einen in jeder Hinsicht tibetischen Charakter aufweist.
Mitte März, zu Beginn der Expedition im indisch-nepalischen Tiefland, erkrankten alle Träger an schweren Darminfektionen. Trotzdem wurde aber losmarschiert, und nach einem Monat waren alle mit Hilfe der modernen medizinischen Mittel, die ich mit mir führte, wiederhergestellt. Doch zuletzt war auch ich noch angesteckt worden, und zwar – als nicht in den Tropen geborener Mensch – weitaus am heftigsten. Starke Brechdurchfälle, Übelkeit und Ohnmachtsanfälle lösten einander ab. Es war aber nicht möglich, auch nur einen Tag auszusetzen, da ich sonst mein weitgestecktes Programm unmöglich hätte durchführen können. Auch würden die Marschleistungen der Träger immer geringer werden, wenn sie sähen, daß sich der Sahib Ruhe gönnt und nicht weiterarbeitet bei schlechtem Befinden. Außerdem ist vor dem im Juni ausbrechenden Monsun jeder einzelne Tag kostbar.
Meinen dringend benötigten Nachschub an Medikamenten, Verpflegung und Photomaterial hatte ich auf Ende April in den Distriktsort Jajarkot bestellt; und zwar sollte ein junger nepalischer Geologe von Jajarkot an mich auf meiner weiteren Expedition begleiten (er hätte schon von Anfang an mit mir kommen sollen, aber da er «not feeling so well nowadays» war – wie viele Nepali zu sagen pflegten –, sollte er mich eben erst in Jajarkot treffen). Doch niemand traf ein in Jajarkot, auch nachdem ich eine volle Woche vergeblich gewartet hatte.
Glücklicherweise war der Gouverneur von Jajarkot sehr freundlich und hilfsbereit und half mir wenigstens mit Eßwaren aus, so gut er konnte. Ich konnte nicht länger warten, sondern mußte meinen langen Weg nach Norden, hinter die Hauptkette des Himalaya, fortsetzen. Nach vorübergehender Besserung verschlechterte sich mein Gesundheitszustand immer mehr, je weiter nördlich ich gelangte. Der Tiefpunkt war erreicht, als ich Ende Mai den nepalisch-tibetischen Grenzposten Mugu erreichte, 160 km nordwestlich des Dhaulagiri. Der Grenzposten hatte eine funktionierende Funkverbindung mit der indischen Botschaft in Kathmandu (damals waren alle nepalischen Grenzposten an der tibetischen Grenze von indischen Funkern besetzt). Ich erklärte dem indischen Unteroffizier meine mißliche Lage und bat ihn, während der nächsten Funkverbindung eine SOS-Meldung nach Kathmandu zu senden. Am nächsten Morgen um 10.00 Uhr war Funkzeit. Mein Schrecken war nicht gering, als Kathmandu antwortete: «No time to receive your message».
Was sollte ich tun? Hier warten, bis Kathmandu schließlich doch Zeit fände, meinen Hilferuf zu empfangen, oder den Weg unter die Füße nehmen? Ich hatte die Wahl, entweder zu versuchen, in südlicher Richtung die indische Grenze zu erreichen, oder aber meinen ursprünglichen Plan zu verwirklichen, den Weg über das unbekannte Dolpo-Gebiet hinter dem Dhaulagiri nach Muktinath weiterzuverfolgen. Die Entscheidung mußte rasch gefällt werden. Beide Routen hätten mindestens 3 Wochen Marsch erfordert, und ein Durchkommen schien überhaupt fraglich, denn südlich des Himalaya war der Monsun schon ausgebrochen, sichtbar an dem allnächtlichen Wetterleuchten in den bizarren Wolkentürmen über dem Himalaya fern im Süden.
Meine Lage wurde immer kritischer; Medika-

◁40 Der Himalchuli (7864 m), von Süden gesehen.

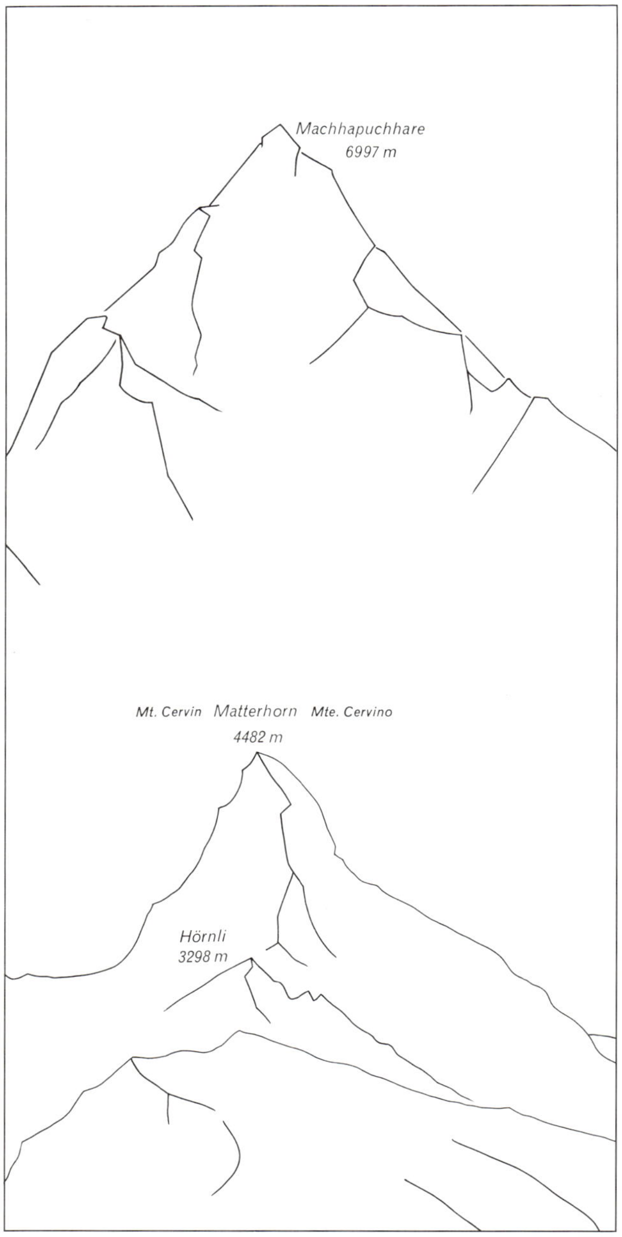

41 Machhapuchhare, 6997m über Meer. Machhapuchhare bedeutet «Fischschwanz». Von einem westlicheren Standort aus gleicht der scharfe Doppelgipfel auffallend einem Fischschwanz. Die Horizontaldistanz vom Betrachter in der 800 m über Meer gelegenen Pokhara-Ebene beträgt nur rund 25 km, der Fuß des Hanges im Hintergrund liegt etwa in der Mitte. Es erhebt sich also hier eine einzige Talflanke von 1000 auf 7000 m. Das Matterhorn ist hier im gleichen Maßstab dargestellt wie der Machhapuchhare auf dem Bild. Nicht nur der Höhenunterschied wird dadurch deutlich; man erhält vor allem auch eine Ahnung von den unvorstellbar gewaltigen Gesteinsmassen, welche bei der Entstehung des Himalaya in die Höhe getürmt wurden. Als der Machhapuchhare 1957 von einer englischen Expedition unter Col. J. O. M. Roberts bezwungen wurde, machte die Mannschaft etwa 50m unter dem Gipfel halt, wie es mit der Gurung-Bevölkerung vereinbart worden war. Der Gipfel gehörte den Göttern.

41

mente und auch das Geld gingen langsam zur Neige. Mühsam schleppte ich mich Tag für Tag weiter über zahlreiche, zum Teil bis 6000 m hohe Pässe. Mit letzter Energie raffte ich mich immer wieder auf, war ich doch vom Flugplatz Pokhara oder einer Bahnstation unten in Indien mehr als drei Wochen Fußmarsch entfernt. Liegenbleiben hätte mein sicheres Ende bedeutet. Ich mußte, wie überhaupt auf allen Expeditionen, mein eigener Arzt sein, was bei dem immer geringer werdenden Bestand an Medikamenten sehr deprimierend war. Noch nie in meinem Leben hatte ich mich so einsam und verlassen gefühlt.

Mehrere Male stand ich frühmorgens auf, um mich für den Abmarsch vorzubereiten — und fand mich dann aus einer Bewußtlosigkeit erwachend auf dem Zeltboden liegen. Die Verlassenheit kam in solchen Momenten besonders zum Ausdruck, wenn Aila mir dann Bratkartoffeln brachte, um mich wieder auf die Beine zu stellen («this makes you very strong»), obschon er wußte, daß ich seit vielen Wochen nichts anderes mehr als gekochte Kartoffeln vertrug.

Ich mußte aber nicht nur mit meinen eigenen Schwierigkeiten kämpfen; meine Träger waren durch Abstürze, Verletzungen und Höhenkrankheit oft gänzlich entmutigt und kaum mehr weiterzubringen. Wir hatten auch verschiedene Gletscher zu überqueren, was immer äußerst schwierig war, zogen doch die Träger die Schuhe aus, die ich ihnen für diesen Zweck gegeben hatte; sie vermeinten, viel sicherer barfuß zu gehen nach ihrer sonstigen Gewohnheit. Meine Spritze war sozusagen täglich in Aktion mit Koramin und Penicillin.

Landschaftlich und geologisch gesehen, gehörte dieser dreiwöchige Marsch hinter der Hauptkette des Himalaya zum Großartigsten, was ich je gesehen hatte. Es ist eine rein tibetische Landschaft. Die Einwohner sind eingewanderte Tibeter, also Buddhisten, und so fehlen auch die geheimnisvollen tibetischen Klöster nicht. Ich hatte aber leider keine Zeit, mich irgendwo aufzuhalten und länger mit der Bevölkerung zu sprechen. Der Weg führte meist auf Höhenzügen mit einer unvergleichlichen Fernsicht nach Norden in die unendliche tibetische Weite, und im Süden ragte blendendweiß die leuchtende Dhaulagiri-Gruppe aus der braunen Wüstenlandschaft heraus. Nachmittags war die etwa 50 km lange Dhaulagiri-Gruppe meist in eine ungeheure Wolkenwand gehüllt, und oft war ein fernes Donnerrollen zu hören, ein Zeichen des dort schon ausgebrochenen Monsuns. Doch nördlich des Himalaya herrschte herrlichstes Wetter. Am 20. Juni war ich auf einem etwa 6000 m hohen Gipfel (einem der unzähligen namenlosen Sechstausender Nepals) nahe dem letzten Paß vor dem Tal des *Kali Gandaki*, Thakkhola genannt. Im Norden war die weite Senke von Mustang zu sehen (Bild 56) und im Süden der Anfang der gewaltigen Kali-Schlucht zwischen Annapurna und Dhaulagiri, in der sich wieder eine ungeheure Wolkenwand befand. Es war ein denkwürdiger Tag für mich; zum erstenmal seit zweieinhalb Monaten hatte ich wieder richtigen Hunger und fühlte mich gesundheitlich endlich besser. Auch war es beruhigend, sich auf dem weit und breit einzigen Weg zu wissen, der von Tibet nach Indien über nepalisches Gebiet führt und normalerweise auch im Monsun noch begehbar ist. Die Tibeter brachten damals Salz auf Yaks und Maultieren herunter und tauschten es gegen Reis ein. Der Kaliweg war einer der meistbegangenen Handelswege (Bilder 147 u. 152). Ich war schon vor zwei Jahren hier gewesen bei bereits ausgebrochenem Monsun, und so — glaubte ich — dürften nun keine unliebsamen Überraschungen mehr zu erwarten sein. Ich nahm es auch nicht allzu tragisch, daß der mit SOS-Ruf nach Muktinath bestellte Nachschub vor einer Woche zwar wirklich dort eingetroffen war, die beiden betreffenden Träger jedoch am Tage vor meiner Ankunft, nach einer Woche vergeblichen Wartens, wieder den Rückmarsch nach Kathmandu angetreten hatten. Denn in Muktinath wurden Gerüchte herumgeboten, ich hätte meinen Rückmarsch von Mugu nach Süden, also nach Indien gewählt.

Die Medikamente waren zwar sozusagen gänzlich aufgebraucht; aber in kurzer Zeit sollte ich ja in Pokhara sein. Daß der schlimmste Teil meiner Expedition erst noch kommen

◁◁42 *Der Dhaulagiri, 8167 m über Meer. Die Aufnahme wurde an einem kalten Dezemberabend vom Nordostfuß des Berges aus gemacht. Die Sonnenstrahlung verursachte in der ruhigen Luft eine Wolke von gewaltigem Ausmaß. Sie reichte vom Gipfel noch weitere 4000 m in den Himmel, bis zu 12000 m, also mehr als das Doppelte der höchsten über den Alpen ziehenden Haufenwolken. Sieht der Riese nicht einem rauchenden Vulkan ähnlich?*

◁43 *Yaks in der Talschaft von Khunsa nordwestlich des Kangchendzönga, mit Jannu (7710 m).*

würde, ahnte ich nicht. Immer näher marschierten wir der ungeheuren Wolkenwand bei Tukucha—Lete entgegen. Noch war strahlend blauer Himmel, doch der Wechsel in die dunkle, regenschwangere Monsunatmosphäre vollzog sich dann fast innerhalb einer einzigen Marschstunde. Die tibetische Weite mit ihrem Trockenklima lag hinter uns; nun traten wir in Urwald mit Tannen, Rhododendren und Farnen, und alles war feucht. Eine ganz andere Welt umgab uns. Im Camp arbeitete ich noch wie gewöhnlich bis spätabends und machte alle meine geologischen Aufzeichnungen. Da erschienen zwei völlig durchnäßte Träger aus dem Tiefland und suchten Unterschlupf bei uns. Sie berichteten, der Monsun hätte gehaust wie nie seit Menschengedenken; alle Brücken über die Seitenflüsse seien zerstört, der Weg an vielen Stellen infolge von Bergstürzen und Erdrutschen unpassierbar, und selbst die große eiserne Hängebrücke bei Kiplang sei weggeschwemmt. Meine Zuversicht begann zu sinken. Die *Kali-Schlucht* ist wohl die gewaltigste Schlucht der Erde. Die Luftlinie zwischen den Achttausendern Annapurna und Dhaulagiri beträgt nur etwa 25 km, und dazwischen liegt der Kali-Fluß bei Dana nur 1300 m hoch! Von meiner früheren Begehung her war mir bekannt, daß der Weg zum Teil in Galerien in die senkrechten Felswände gehauen ist oder an ungeheuer steilen Bergflanken entlangführt. Vor mir tauchte der wenig angenehme Gedanke auf, diese Schlucht nicht mehr passieren zu können und ohne Geld und mit angeschlagener Gesundheit nördlich des Himalaya das Ende des Monsuns abwarten zu müssen.

Am andern Morgen vor Abmarsch erklärte ich meinen Trägern, daß wir die augenblickliche Aufhellung benutzen müßten, um so rasch wie möglich die Schlucht doch zu passieren, bevor noch weitere Verheerungen eintreten würden. Meine Worte schienen aber nicht viel Eindruck auf sie zu machen; sie nahmen sie mit undurchdringlichen Gesichtern, mit asiatischem Gleichmut entgegen und marschierten eher noch langsamer als sonst.

Als wir den Seitenfluß bei Lete erreichten, war die Brücke schon fortgeschwemmt; ständig kollerten auf allen Seiten kleine Erdrutsche zu Tal. Jeder versuchte auf eigene Faust irgendwie durchzukommen. Mühsam bahnten wir hierauf unsern Weg durch Urwald und Maisfelder. Die eigentliche Schlucht liegt erst weiter unten. Ganze Talflanken mit Häusern und Maisfeldern waren abgerutscht. In der Luft war ein ungeheures Tosen von den Wildbächen, Wasserfällen, Erdrutschen und Bergstürzen. Mit knapper Not entkam ich selbst einem Erdrutsch: in einem Maisfeld marschierend, beobachtete ich, wie plötzlich am Terrassenrand die Bäume und der hochstehende Mais zu schwanken begannen. In größter Eile schwang ich mich auf einen Felsvorsprung, während der ganze Hang unter und hinter mir zu Tale fuhr in den tiefgelegenen Fluß.

Es dauerte eine Weile, bis ich mich von dem Schrecken erholt hatte und an einen Weitermarsch an sicherere Stelle denken konnte. Was war wohl mit meinen Trägern hinter mir passiert? Wurden sie vom Erdrutsch erfaßt? Im nächsten Bauernhaus wollte ich auf sie warten. Stunden verstrichen, ohne daß meine Leute erschienen. Ich befürchtete das Schlimmste. Da trat plötzlich Aila von der Bergseite her auf das Haus zu, und als er mich erblickte, meinte er grinsend: «Very glad to see you, Sir, I thinking you finished.» Aila wußte, daß ich vorausgegangen war, konnte aber nicht wissen, daß ich dem Erdrutsch entkommen war. Die Träger indessen konnten den Erdrutsch nicht traversieren, da der blankgescheuerte Felsen zutage trat. Sie mußten einen großen Umweg in die Höhe antreten, um zu dem Bauernhaus zu gelangen, wo ich mich befand.

Gegen Mittag hörte der Regen auf. Auf mein unablässiges Drängen hin bequemte sich der Dorfälteste schließlich mit orientalischer Langsamkeit, die Erstellung eines neuen Notsteges zu organisieren. Doch bevor es soweit war, setzte neuer Regen ein, und die Gefahr für den Brückenschlag wurde zu groß, da die einzig mögliche Übersetzstelle zwischen zwei Wasserfällen lag, von denen ständig Felsbrocken und Steine herunterpolterten (Bild 2).

Am nächsten Morgen wurde von der Bevölkerung des jenseitigen Dorfes ein Notsteg errichtet. Als ich selbst erschien, zogen sie ihn jedoch sofort zurück. Mit kleinen Briefen, an Steine gebunden und über das tosende Wildwasser geworfen, brachten wir hierauf eine mühsame Unterhandlung zustande (der Lärm der tosenden Wasserfälle machte eine mündliche Unterhaltung unmöglich). Sie verlangten zuerst 5 Rupien, dann 10, 20, 50 und schließlich 100 Rupien als Brückenzoll, da sie erkannten, daß ich um jeden Preis hinüberwollte. Ich willigte in alles ein (mit 6 Rupien in der Tasche!) und gedachte selber einen Preis festzusetzen, wenn ich erst am andern Ufer drüben sei. Doch inzwischen begann — während dieser langwierigen Verhandlungen — wieder wolkenbruchartiger Regen, und so war auch für diesen Tag ein Übersetzen nicht mehr möglich.

Nun gab ich meinem Sherpa und den Trägern Befehl, bei Tagesanbruch Bäume zu fällen und selbst einen Steg zu errichten. Am andern Morgen um 8 Uhr lagen aber alle noch in tiefstem Schlafe. Als ich sie weckte, kratzte sich Aila verlegen im Haar, und die Träger grinsten frech. Da riß mir die Geduld, und ich ohrfeigte den Unverschämtesten kräftig, was alle mit einem Schlag auf die Beine und zur Arbeit brachte. Die Bäume waren bald gefällt, und nun sollten sie, mit Zweigen zusammengeflochten, über den reißenden Fluß gebracht werden (Bild 12). Zwei Träger standen etwas weiter oben, um die unten arbeitenden vor herunterpolternden großen Steinen zu warnen. Es war ein ungeheures Tosen; doch einmal an der Arbeit, stellten sich die Träger sehr geschickt an. Wegen kleinerer Steine wichen sie gar nicht aus. Nur bei großen herunterstürzenden Felsbrocken sprangen sie zur Seite, oft im letzten Moment. Nach drei Stunden war es geschafft; niemand war verletzt worden.

Nach tagelangem Warten konnten wir nun endlich auf unserem zwischen zwei Wasserfällen gelegenen Notsteg den Fluß überqueren. Doch es war noch lange nicht der letzte! Weiter talabwärts wurden die Verheerungen immer größer, und viele Bäche mußten auf einzelnen, unbefestigten Baumstämmen überquert werden. Ich drängte vorwärts, und die Träger, nachdem sie nun auch die Gefahr erkannt hatten, marschierten in einem Tempo wie nie vorher. Auch sie wollten lieber heim zu ihren Familien, als hier das Ende des Monsuns abzuwarten. Mit großer Erleichterung erreichten wir endlich über die einzige noch bestehende Hängebrücke von Tatopani (Bild 152) das sichere östliche Ufer des Kali-Flusses. Nun waren wir gerettet und in zwei Tagen erreichten wir Pokhara, wo ich von den englischen Ärztinnen und Krankenpflegerinnen mit großer Herzlichkeit in ihrer Missionsstation empfangen wurde. Anderntags, ganz unerwartet in der Monsunzeit, hörten wir Motorenlärm in der Luft, und ein Flugzeug landete, das mich dann in 50 Minuten nach Kathmandu brachte, während die Träger zu Fuß nach zehn Tagen die Hauptstadt erreichten. In Nepal gab es ein freudiges Wiedersehen (wenigstens von der andern Seite) mit dem nepalischen Geologen, der mich im Stich gelassen hatte. Er tat, als ob nichts geschehen wäre. Nachdem ich Nepal 1962 verlassen hatte, wurde er zum Direktor des Nepal Bureau of Mines ernannt und hat ein Buch über die Geologie von Nepal geschrieben.

Bei Ankunft in Kathmandu waren meine Fingernägel infolge Unterernährung unter heftigen Schmerzen schwarz geworden — eine Art Beriberi-Krankheit. Jedoch im Kantonsspital in Zürich, wohin ich schnellstens gebracht wurde, erholte ich mich schon in 2 Wochen. Die rasche Wiederherstellung schreibe ich allerdings kaum der guten Behandlung mit konsequenter Schleimsuppendiät zu, sondern der Bratwurst mit Bratkartoffeln, womit ich mich im Bahnhofbuffet noch eilig stärkte, bevor ich mich in die Spezialabteilung (im Klartext: Absonderungshaus) des Kantonsspitals begab.

Thron der Götter und Bodenschätze. Wo die Götter wohnen, müssen auch Schätze verborgen sein, und das Volk, das fest an seine mythischen und legendären Überlieferungen glaubt, stellt sich vor, der Himalaya sei reich an Gold und Edelsteinen. Früher besaß Nepal tatsächlich verschiedenartige kleine handwerkliche Bergbaubetriebe. Eisen wurde zu Brückenteilen, landwirtschaftlichen Geräten, Butterlampen und Kanonen verarbeitet. Heu-

◁44 Die Kangshung-Flanke der Everest-Gruppe. South Col in der Bildmitte, rechts davon Mt. Everest (8848 m), links davon Lhotse (8501 m). Im Mittelgrund der Chomo-Lönzo-Gletscher, der das Kangshung-Haupttal abriegelt und am Gegenhang einen Bergsturz ausgelöst hat. – Im Vordergrund buddhistische Grabmäler.

45 Einsames Camp auf 4400 m am Ganesh Himal mit Blick auf den Gurkha Himal. Links der Himalchuli (7893 m), rechts der Manaslu (8156 m), dazwischen der namenlose Gipfel von 7514 m. Die ganze Gruppe wird Gurkha Himal genannt, weil das historische Städtchen Gurkha nur 45 km südlich davon liegt.

46 Rastplatz bei Pokhara. Dieser Platz liegt an der Handelsroute von Pokhara über das Thakkhola und Mustang nach Tibet. Im Hintergrund die Südflanke der Annapurna.

te lohnen sich solche kapitalarmen, jedoch arbeitsintensiven Kleinbetriebe nur noch in jenen abgelegenen Gebieten, die durch Transporthindernisse vor billigen Importen geschützt sind. Und auch dort müßten und sollten sie durch protektionistische und andere begünstigende Maßnahmen von der Regierung gefördert werden.

Es ist eine irrige Annahme, wenn man meint, in Ländern, die früher solche blühenden Kleinbetriebe aufgewiesen haben, diese ohne weiteres durch eine moderne Bergbauindustrie wiederbeleben zu können. Moderne Entwicklung von Verkehr, kapitalintensivem, vollmechanisiertem Abbau und entsprechende Verarbeitungsmethoden haben den Charakter solcher Unternehmen völlig verändert. Natürlich sind in den letzten Jahrzehnten mit modernen Explorationsmethoden in zahllosen Gebieten der Erde neue Entdeckungen gemacht worden, und auch die moderne Technik benötigt heute Rohstoffe, von deren Bedeutung man noch vor wenigen Jahrzehnten keine Ahnung hatte, wie z. B. das Uran. Kein Unternehmer wird jedoch sein Geld anlegen (und auch ein Staat sollte es nicht tun), wenn die Erzvorkommen nicht von großer Bedeutung sind und wenn sie ferner nicht in einer günstigen Lage für den Transport und nicht in Ländern mit politischer Stabilität – fern von Zonen politischer Unrast – gelegen sind.

Die für Nepal geringen Aussichten, je eine bedeutende Bergbaunation zu werden, hängt natürlich mit der Entstehungsgeschichte des Himalaya zusammen. Bildung und Ablagerung von Erzlagerstätten ist das Resultat eines Dutzende, ja Hunderte von Millionen Jahren dauernden physikalischen oder chemisch-physikalischen oder aus beiden kombinierten Prozesses der Anreicherung von bestimmten Mineralien, die in der gesamten Erdkruste zwar praktisch überall, jedoch in nur sehr dünner gleichmäßiger Verteilung vorhanden sind. Nur in solchen Gebieten und Gebirgen also, die sich im Laufe der Erdgeschichte über lange Zeiträume einer gewissen Ruhe erfreuen durften, konnte dieser Prozeß ungestört vor sich gehen. Dies trifft auch für Hochgebirge zu, wenn sie in relativ ungestörten Blöcken oder Teilblöcken längs großer Verwerfungen einfach gehoben worden sind, wie es z. B. in den Anden der Fall ist (Fig. 14). So dauerte die Bildung der Zinnlagerstätten von Bolivien vom Zeitalter der Trias (vor 200 Millionen Jahren) bis vor etwa einigen hunderttausend Jahren. Die reichen Kupferlager von Chile nahmen ihren Anfang im Zeitalter des Jura vor 170 Millionen Jahren und dauerten fort bis zum Pliozän vor 5 Millionen Jahren.

In den Alpen und im Himalaya dagegen spielten sich sehr komplizierte Vorgänge ab, über deren Ursachen und genauen Ablauf die Wissenschaftler sich heute noch nicht einig sind. In dieser Art Gebirgsbildung sind weiträumige Gesteinsformationen zunächst mit in die Tiefe gezogen worden (Subduktion) und dabei durch hohen Druck und hohe Temperaturen und Durchtränkung mit feuerflüssigem Magma umgewandelt worden (Metamorphose). In der zweiten, sehr jungen Phase der Gebirgsbildung wurden diese umgewandelten Formationen wieder in die Höhe gepreßt, ausgestoßen und – was das Entscheidende ist – durch horizontale Kräfte über Distanzen bis über 100 km jüngeren Gesteinsformationen überschoben. Die überschobenen Massen nennt man Decken (nappe auf französisch und englisch). In diesem Prozeß wurden die Gesteine der überschobenen Decken auseinandergerissen, durchknetet und ausgewalzt (Bild 60).

Selbst wenn sich nun in den Gesteinsformationen, die heute den Himalaya aufbauen, seit 200 Millionen Jahren in aller Ruhe Erzlagerstätten (wie in den Anden) gebildet haben sollten, so wurden sie infolge Durchknetung und Auswalzung bei der Überschiebung, die erst vor höchstens 10 Millionen Jahren begonnen hat, zerstört. Das gleiche ist übrigens auch von Erdöllagerstätten zu sagen: Selbst wenn solche in Nepal existiert haben sollten, so sind sie im Rahmen der jungen Gebirgsbildung an die Oberfläche gelangt und damit verflüchtigt oder in aufgestückelten Strukturen ausschließlich in großer Tiefe zu finden. In welchem Ausmaß vormals mächtige Gesteinsformationen auseinandergerissen und ausgequetscht wurden, davon mag Bild 60 einen Begriff geben. Die braunen Gesteinslin-

Fig. 8
Befunde der geologischen Routenaufnahme

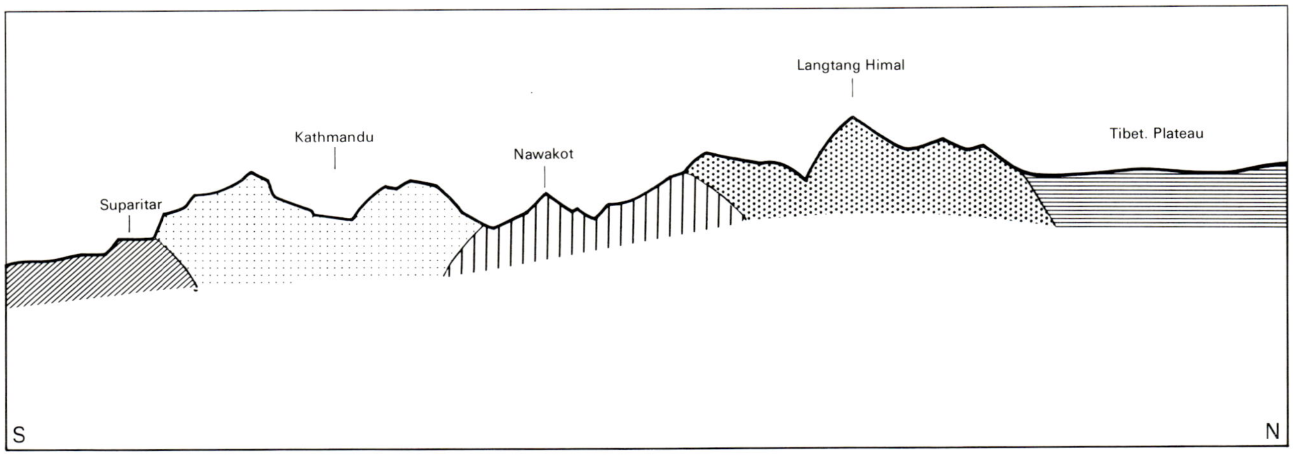

Fig. 9
Interpretation gemäß Blocktektonik

Tibetische Sedimente
Kristallin der Hauptkette
Permo-Karbon der Nawakot-Zone
Kristallin und Paläozoikum der Kathmandu-Zone
Permo-Karbon der Suparitar-Zone
Grundgebirge
Hebung

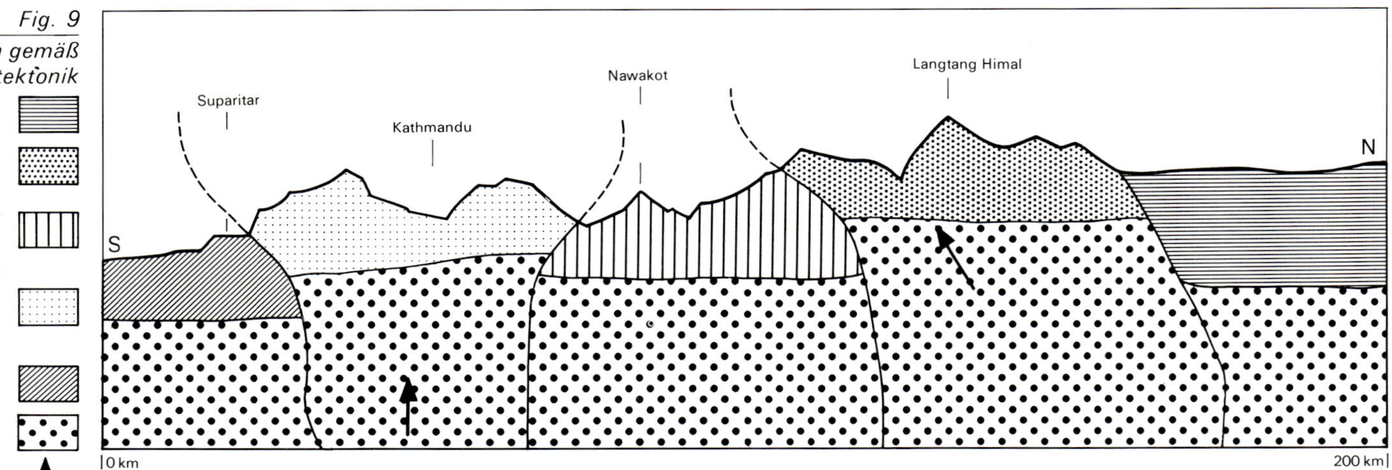

sen sind Dolomitschürflinge, die vor der Gebirgsbildung eine Mächtigkeit (Dicke) von mehreren hundert Metern besessen haben. Die Frage also, ob man es im Himalaya mit Deckenstruktur oder mit einfacher Blockhebung zu tun hat, ist nicht nur von akademischem Charakter, sondern von grundlegender Bedeutung für die Beurteilung des bergbaulichen Potentials.

Geologisches Puzzle. Ich gebe unumwunden zu, daß ich als Geologe, der mit dem Deckenbau der Alpen bestens vertraut ist, im Jahre 1950 nicht unbefangen an meine Aufgabe im Himalaya herangetreten bin. Tatsächlich läßt sich zunächst auch im Himalaya aufgrund nur einer einzigen oder nur weniger geologischer Routenaufnahmen die Gebirgsbildung ebensogut durch einfache Hebungen längs Verwerfungen als auch durch Überschiebungen erklären. Dies gilt vor allem für den Querschnitt von Kathmandu.

Wenn man das geologische Profil von Suparitar im Süden bis zum Langtang Himal im Norden (Fig. 8) «abklopft» (wie man dies unter Geologen nennt), so lassen die geologischen Befunde, rein an der Oberfläche und an diesem einzigen Profil gesehen, durchaus verschiedene Interpretationen zu. Die an der Oberfläche sichtbaren Gesteinsformationen und ihre Lagerung zeigen (Fig. 8) von Süden nach Norden zunächst die jüngeren Schichten (Karbon—Perm) der Suparitar-Zone. Das Becken von Kathmandu ist von älteren Schichten und namentlich in der Sheopuri Lekh von Graniten und Gneisen aufgebaut. Die Nawakot-Zone wiederum zeigt die gleichen Gesteinsformationen wie die Suparitar-Zone. Im Gosainkund-Langtang-Gebiet wieder folgen verschiedene Kristallinformationen — ähnlich derjenigen von Kathmandu (Fig. 8).
Die Frage, die sich stellt, lautet nun: Sind die Formationen von Suparitar identisch mit den-

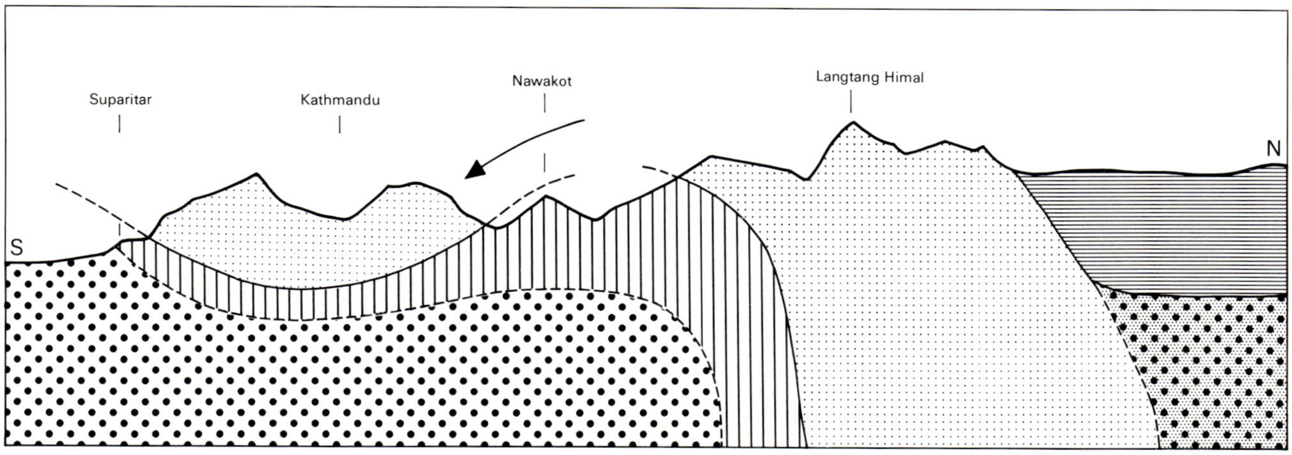

Fig. 10
Interpretation des Kathmandu-Kristallins als Deckenüberschiebung. Der Pfeil zeigt die Überschiebungsrichtung an.

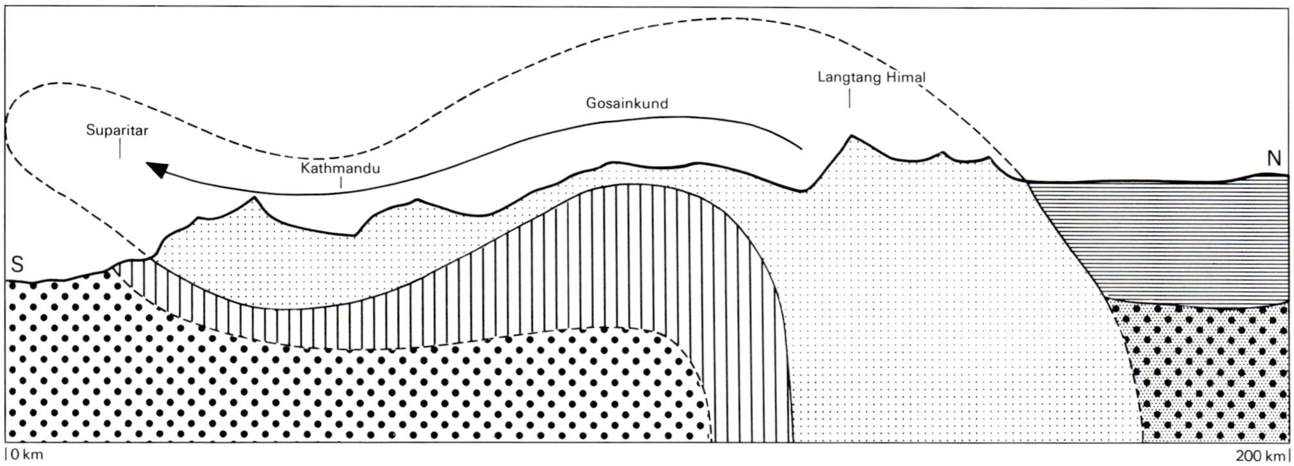

Fig. 11
Die tektonische Verbindung des überschobenen Kathmandu-Komplexes mit seiner Wurzelzone.

Tibetische Sedimentzone
Kathmandu-Decke
Nawakot-Zone/ Decke
Grundgebirge
Schubrichtung

jenigen von Nawakot oder nicht? Wenn sie es *nicht* sind, dann wird der Anhänger der Blocktektonik triumphieren: Der kristalline und paläozoische alte Block von Kathmandu ist ein längs Verwerfungen einfach gehobener Block (Horst) mit randlicher Ausfächerung (Fig. 9). Das gleiche gilt in diesem Falle auch für die Kristallinmasse von Gosainkund—Langtang. Sollte es sich jedoch im Feld erweisen, daß Suparitar-Zone und Nawakot-Zone identisch sind, und kann irgendwie weiter westlich oder östlich ihre direkte Verbindung gefunden werden, dann ist die Kathmandu-Zone eine überschobene Decke; ihre Grenze zur Nawakot-Zone ist dann nicht eine einfache Verwerfung, sondern eine Überschiebungsfläche (Fig. 10). Diese letzteren Zusammenhänge habe ich im Feld schon während meiner ersten Expedition gefunden. Überdies konnte auf dem Gosainkund die lückenlose Verbindung des Kristallins von Kathmandu mit demjenigen des Langtang festgestellt werden; das Kristallin der Hauptkette wird damit zur Wurzelzone der Kathmandu-Decken, von wo aus diese über weite Distanzen nach Süden überschoben worden sind (Fig. 11).

Schon 1954 hat der Autor Profile durch Nepal publiziert, welche die Deckenstruktur beinhalten. Bei meiner Begehung des ganzen Landes fand ich die Deckenstruktur immer wieder aufs neue bestätigt. Die Resultate sind bisher in zwei Bänden publiziert worden (Toni Hagen: Report on the Geological Survey of Nepal, Volume I: Preliminary Reconnaissance; Volume II: Geology of the Thakkhola. Herausgegeben von der Denkschriften-Kommission der Schweizerischen Naturforschenden Gesellschaft, 1969). Eine Vielzahl von Geologen haben unterdessen gewisse Teilgebiete von Nepal geologisch detailliert aufgenommen. Zahlreiche meiner Detailbefunde müssen korrigiert werden.

Wunschdenken indessen verführte die Regierung von Nepal dazu, eher den Anhängern

Fig. 12

Tektonisches Profil durch den westnepalischen Himalaya

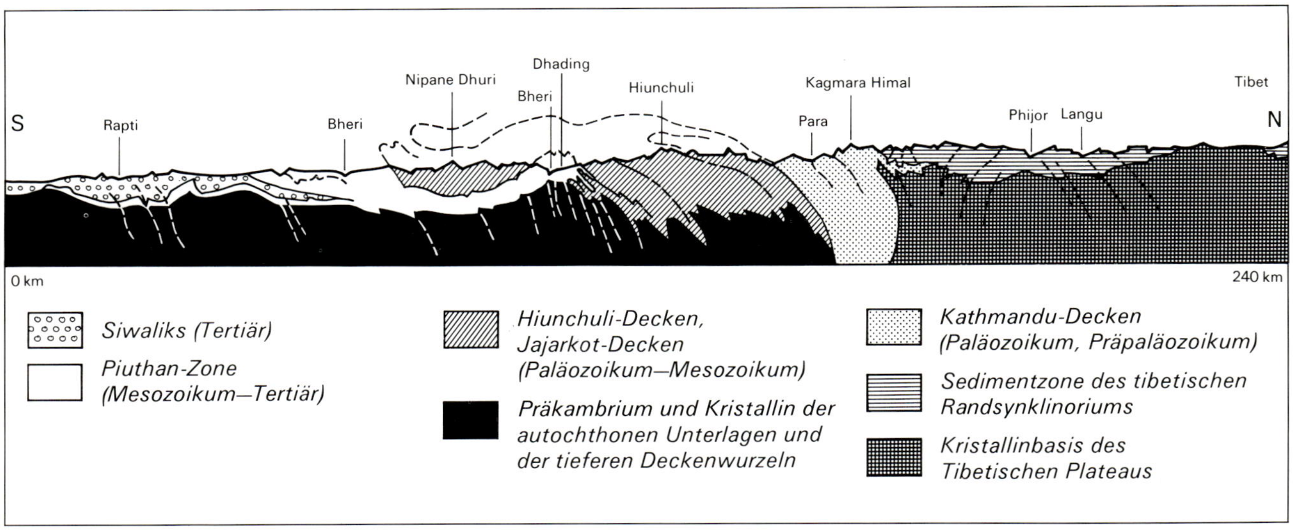

Fig. 13

Tektonisches Profil durch die Schweizer Alpen

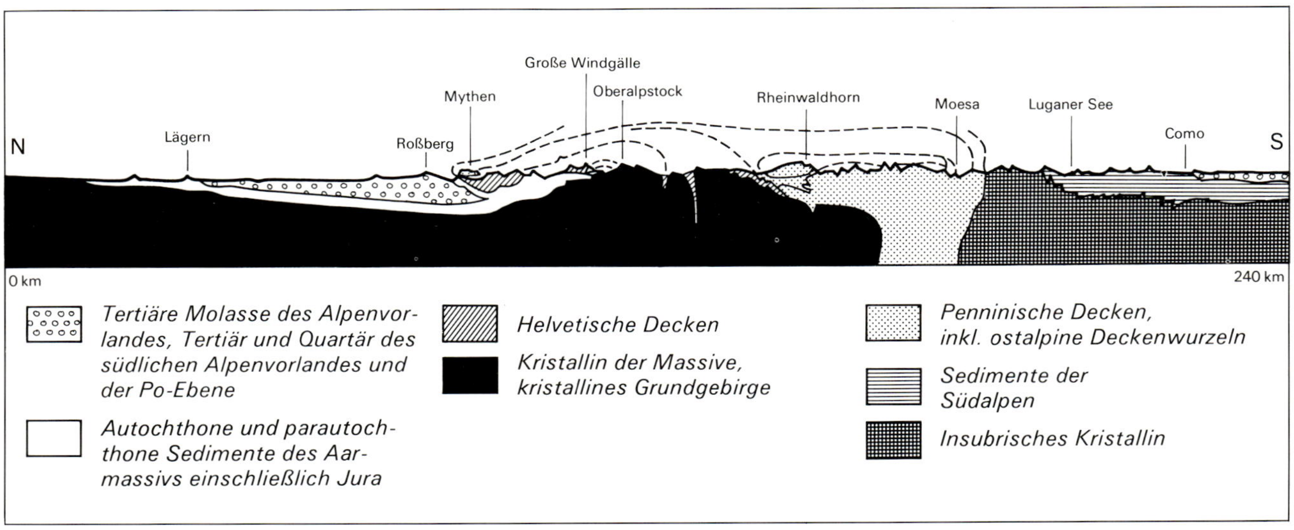

Fig. 14

Tektonisches Profil durch die Anden (Bolivien–Peru). Man beachte die Breite des Andengebirges, das im vorliegenden Querschnitt mit 600 km diejenige der Alpen und des Himalaya um das Zweieinhalbfache übertrifft.

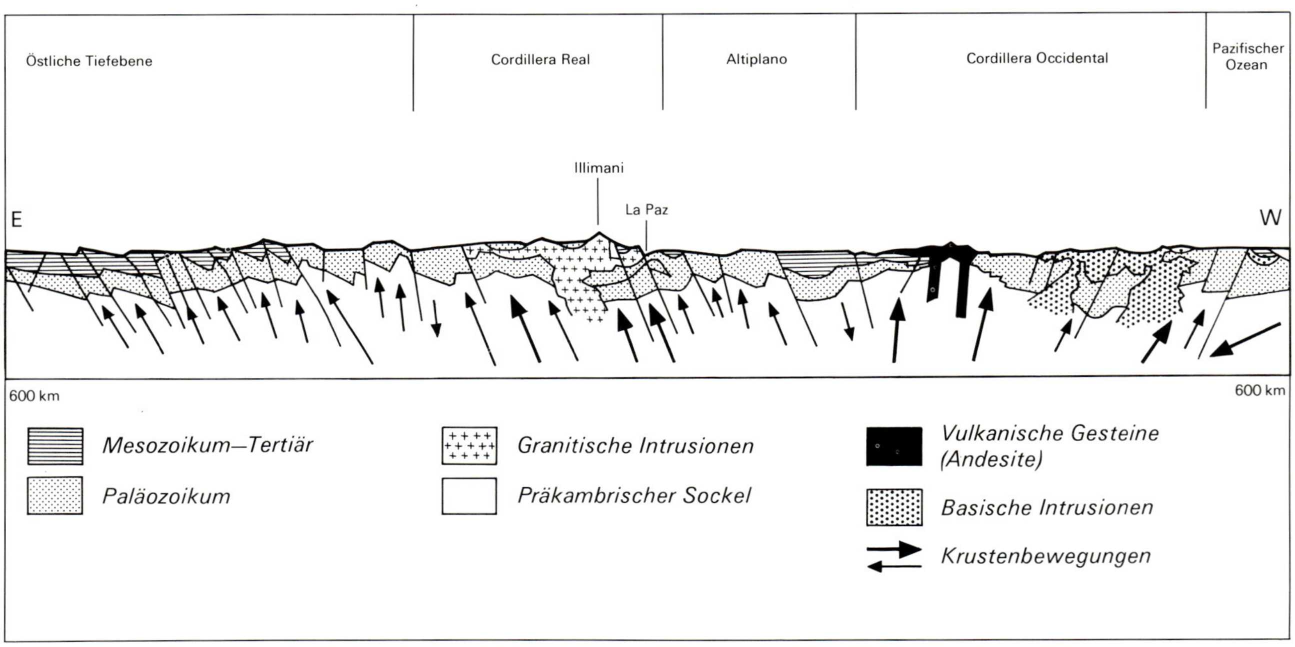

der einfachen Blocktektonik, d.h. vor allem den russischen Geologen zu glauben. Dies hat die Regierung und mehrere bilaterale Geldgeber Dutzende von Millionen Dollar gekostet für Experten, Ausrüstung, Straßenbau (Phulchok 3000 m) und einen großen Neubau für das «Nepal Bureau of Mines». Immer wieder wurden von den fremden Experten falsche Hoffnungen in bezug auf Bodenschätze geweckt. Der Vertreter des Entwicklungsprogramms der Vereinten Nationen verfiel nicht nur dem Wunschdenken, sondern ignorierte meine jahrelange Tätigkeit in Nepal völlig. Er schrieb im UNDP Country Programme für Nepal für die Periode des Fünfjahresplanes 1976/1980:

«To date no systematic mineral exploration work has been carried out in Nepal. In the last two decades a series of geological surveys and feasibility studies were conducted with bilateral assistance — USAID, India, USSR and the People's Republic of China.»

1974 wurde von der UNO in Kathmandu ein spezielles Seminar abgehalten, um «endlich» Klarheit zu schaffen über Geologie und Bodenschätze. Der Autor wurde selbstredend nicht eingeladen, um eventuelle Schlußfolgerungen nicht zu «stören». Wiederum wurde für 1974/1977 vom Entwicklungsprogramm der UNO ein «Geological Survey»-Projekt aufgezogen zum Preis von 1,15 Millionen Dollar. Nach intensiven Feldstudien, die der erfahrene Schweizer Geologe Jovan Stöckli als Mitglied dieses UNO-Survey-Teams durchführte, schreibt er in seiner zusammenfassenden Publikation (1979) über den Komplex von Kathmandu die lapidare Schlußfolgerung: «. . . a large thrust mass as originally conceived by Hagen . . .».

Blocktektonik gegen Kontinentaldrift. Die Deckenstruktur setzt horizontale Mobilität voraus, und bis in die sechziger Jahre gab es keine plausiblere Erklärung für die Ursachen als die geniale Kontinentaldrift-Theorie des deutschen Forschers Alfred Wegener. 1915 erschien sein klassisches Werk «Ursprung der Kontinente und Ozeane». Die damalige allgemeine Lehrmeinung hielt aber seine Theorie für ein typisches Beispiel von phantastischer und wirrer Argumentation. Wegener war jedoch keineswegs ein Phantast, vielmehr einer jener Wissenschaftler, die ihre Probleme in wahrhaft interdisziplinärer Weise angingen, mit einer Vielseitigkeit, die heute vielen spezialisierten Forschern völlig fremd zu sein scheint. Er nützte alle Sparten der damaligen Erdkunde, um seine Theorie zu untermauern, und die letzte Neubearbeitung seines Buches datiert vom Jahre 1928.

Er ging von der Vorstellung aus, daß bis zum Zeitalter des Karbons, also vor rund 300 Millionen Jahren, die Antarktis, Indien, Afrika und Südamerika in einem einzigen Superkontinent vereinigt waren (Gondwana). Dieser Superkontinent brach nach Wegener in mehreren Phasen auseinander. Vor 150 Millionen Jahren, in der Jurazeit, hätten Australien, Indien und Afrika mit der Abspaltung von der Antarktis begonnen. In der nachfolgenden Kreidezeit (100 Millionen Jahre) wären Afrika und Südamerika losgebrochen «wie Schollen eines geborstenen Eisfeldes».

Anhänger und Gegner der Kontinentaldrift lagen sich Jahrzehnte in den Haaren und lieferten sich zeitweise einen Kampf, der fast als «heiliger Krieg» bezeichnet werden könnte. Ich selbst mußte dies mit meinen Publikationen ebenfalls erleben, denn meine Konzeption der Deckenstruktur in Nepal wurde von russischen und japanischen Geologen abgelehnt.

Im Jahre 1967 indessen postulierten namentlich amerikanische und englische Wissenschaftler eine «Revolution in der Geologie». Die Geotektonik, wie die Wissenschaft der Gebirgsbildung genannt wird, kam in Bewegung durch Tiefbohrungen und vor allem durch Untersuchungen der Ozeanböden mit Tiefseebohrungen und durch geomagnetische Messungen. So erwies sich der Mittelatlantische Rücken als eine Naht, wo durch Ausfließen von sogenanntem Mantelmaterial fortwährend neuer Ozeanboden geschaffen wird. Mit einem Schlage wurde nun das Auseinanderdriften der Kontinente zu beiden Seiten des Atlantischen Ozeans bestätigt. Computeranalysen gewisser Niveaulinien der beiderseitigen kontinentalen Schelfe ergaben dann wissenschaftlich den Beweis für das

◁ 47 Blick vom Gangja La (5800 m) nach Norden in das Langtang-Tal. Der Gipfel der Shisha Pangma (8013 m, rechts) ragt in die obere Wolkenschicht.

48 Der Manaslu (8125 m), ▷ von Samargaon aus gesehen.

49 Chörten bei Muktinath. Im Hintergrund Dhaulagiri (8172 m) und Tukuchetse.

50 Makalu (8470 m) und Chomo Lönzo (7815 m), vom Südosten über dem Arun-Tal gesehen. Links hinter dem Makalu der Lhotse (8501 m).

51 Takpali Gömpa am Südfuß des Ganesh Himal (7406 m).

52 Kangchendzönga (8585 m, rechts) und Jannu (7710 m, links) von der Singalila-Kette (westlich Darjeeling) aus gesehen.

53 Blick über den Pumo Ri (7145 m) in das Rongphu-Tal und über die Tsangpo-Senke bis zum Transhimalaya.

54 Die Nordostflanke des Chomo Lönzo (7815 m).

55 Die nepalische Seite der Everest-Gruppe. Von links nach rechts: Mt. Everest (8848 m), South Col, Lhotse (8501 m), Nuptse-Westgrat, dazwischen Oberteil des Khumbu-Gletschers.

56 Die Wüstenlandschaft im Oberteil des Thakkhola nördlich von Chhuk. Blick nach Norden.

52

58

57 *Die Durchbruchsschlucht des Tamba Kosi zwischen Gauri Sankar und Choba Bamare.*

58 *Der Rara-See (3000 m) in Nordwestnepal. Hinter der schmalen Rippe, welche den Rara-See im Hintergrund abschließt, folgt der Steilabfall in das Karnali-Tal auf nur etwa 1900 m bei Ruga. Im Hintergrund links ist das Langu-Tal sichtbar. Der Rara-See entwässert sich nicht etwa über die niedrige Schwelle im Hintergrund, sondern nach rechts in das viel flachere Kater-Tal. Wir haben es hier mit einer typischen seitlichen Flußanzapfung zu tun, wie etwa im Inn-Tal bei Maloja: Der Langu-Fluß floß ursprünglich über das Gebiet des heutigen Rara-Sees in das Kater-Tal. Der Mugu Karnali hat jedoch durch seine stärkere Erosionskraft (mehr Niederschlag und mehr Gefälle) sich rückwärts eingefressen und den früheren Lauf des Langu-Flusses oberhalb des Rara-Sees angezapft.*

schon von Wegener postulierte Zusammenpassen dieses Puzzles (womit wieder einmal festgestellt wird, daß Computer kein Ersatz für Genialität sind). Verschieden im neuen Modell der globalen Tektonik gegenüber Wegener war u. a., daß nicht nur die Kontinente als Ganzes wandern, sondern Kontinente *und* Meeresböden in einzelne Platten aufgeteilt sind, die sich entlang gewaltiger Bruchsysteme und Verwerfungen bewegen (Plattentektonik). Die von Wegener postulierte Mobilität von Erdkrustenteilen wurde also bestätigt.
Indessen schießen die Anhänger des neuen geotektonischen Modells weit über das Ziel hinaus, wenn sie alle Gebirgsbildung auf Erden nur dem Entstehen neuer Ozeanböden (Ocean Floor Spreading) zuschreiben. Bei Deckengebirgen handelte es sich nicht nur um eine einfache Kompression, sondern um ein vorhergegangenes wechselwirkendes Auseinanderreißen mit Einsinken von Sedimentationströgen (sog. Geosynklinalen) und Kompressionsphasen. Auch zeigen vor allem die Anden eine völlig andere Struktur als die Alpen oder der Himalaya, obschon sie von den Anhängern der Plattentektonik in denselben Tiegel geworfen werden (Fig. 14). Die Anden weisen Blocktektonik auf mit fast ausschließlich vertikalen Krustenbewegungen. Die geringen horizontalen Bewegungen sind nur Randerscheinungen der Vertikalbewegungen. Auch fehlen sowohl im Himalaya als

◁

auch in den Alpen die Gesteinsart der Andesite (der Name rührt von den Anden her) sowie auch die ausgedehnten Vulkanreihen (Fig. 14). Man beachte ferner, daß die Anden im Meridian von Bolivien einen Querschnitt von 600 km aufweisen, also erheblich mehr als die 240 km der Profile durch die Alpen und durch den Himalaya (Fig. 12—14).

Der Himalaya wächst aus dem Himalaya-Meer. Aus den bisherigen Kenntnissen lassen sich nun bei der Entstehung des Nepal-Himalaya etwa folgende wichtige Phasen unterscheiden: Noch vor 40 Millionen Jahren lag der indische Subkontinent weit unten auf der südlichen Halbkugel und ist seither nach Norden gewandert. Basaltproben aus dem Indischen Ozean ergaben eine Geschwindigkeit vor 40 Millionen Jahren von 26 cm / Jahr und vor 20 Millionen Jahren noch von 16 cm / Jahr. Vor der Kollision Indiens mit Eurasien ist Indien mit einer Geschwindigkeit von 15 mm / Jahr noch nach Norden gewandert, nach der Kollision nur noch 4 mm / Jahr. Damit verglichen, muß der Bewegungsmechanismus der Alpen als bescheiden bezeichnet werden: die Apulisch-Adriatische Scholle (als Teil des afrikanischen Kontinents) näherte sich dem europäischen Kontinent mit einer Geschwindigkeit von etwa 5 cm pro Jahr. Die daraus resultierende Krustenverkürzung (d. h. die Komprimierung von horizontalen Distanzen) im alpinen Raum wird aber immerhin auf 300 km geschätzt. Im Himalaya-Raum war der Zusammenprall der Urkontinente und Schollen gewaltig, was nicht nur von der alles überragenden Höhe, sondern auch von der Längsausdehnung des Himalaya abzuleiten ist. Auch weist der Himalaya gegenüber den Alpen insofern einen wesentlichen Unterschied auf, als die höchste Gebirgskette nicht gleichzeitig auch Wasserscheide ist.
Nachdem nun also der Urozean zum Himalaya-Meer verengt worden war, wurde sein Boden durch zahlreiche Brüche und Verwerfungen in Ost-West-Richtung zerhackt. Ein Teil des Meeresbodens wich in die Höhe aus und erschien als erstes Gebirge des Himalaya-Raumes: das tibetische Randgebirge war geboren! Die an diesem Gebirge entstandenen Flüsse ergossen sich symmetrisch auf beide Seiten, ins Ganges-Meer im Süden und ins tibetische Meer im Norden (Fig. 15), und der abgelagerte Schutt wurde zur Siwalik-Formation. In einer zweiten Phase wurde dann der horizontale Zusammenschub dermaßen verstärkt, daß gewaltige Gesteinsmassen aus dem Nordrand des indischen Subkontinents (der sogenannten Wurzelzone) zusammengestaucht, gehoben und weit (bis zu 100 Kilometern) nach Süden überschoben wurden (Fig. 16). So entstanden die großen Decken des Urhimalaya! Gleichzeitig oder wenig später vollzog sich die Hebung des tibetischen Plateaus, indem die nördlich an das tibetische Randgebirge grenzenden Sedimentgebiete gehoben wurden. Das Gebirge selbst erreichte nun Höhen bis zu 6000 Metern (Fig. 16). Es übertraf also den weiter südlich gelegenen Urhimalaya mit seinen vielleicht nur 4000 Metern beträchtlich, und es wurde zur markanten Wasser- und Klimascheide. Die nördlicher gelegenen Gebiete trockneten aus.
Durch diese Hebung des tibetischen Plateaus erfuhr aber das Gewässernetz eine unsymmetrische Umgestaltung. Die nach Süden fließenden Gewässer erhielten ihres größeren Gefälles, aber auch der erhöhten Niederschläge wegen eine bedeutend stärkere Erosionskraft. Sie war so mächtig, daß die Flüsse ihr Bett ebenso rasch tiefer legen konnten, wie der Urhimalaya wuchs. Damit war aber auch die Anlage der Durchbruchstäler gegeben, wobei ältere, von Norden nach Süden verlaufende Querstörungen eine große Rolle spielten. Zu dieser Zeit war also der Himalaya wahrscheinlich noch nicht das höchste Gebirge. Erst später holte die Natur zum entscheidenden erdgeschichtlichen Ereignis aus, und die Deckenwurzeln wurden um mindestens 3000 Meter in die Höhe gepreßt (Fig. 17). Fast alle Achttausender Nepals liegen in der Wurzelzone der Decken; ihre Aufpressung erfolgte erst in «allerjüngster» geologischer Zeit, vor etwa 600 000 Jahren, also sozusagen unter den Augen der Menschheit in ihrem Frühstadium (der Pekingmensch lebte um diese Zeit). So stürmisch erfolgte die Auftürmung, daß die Querflüsse nicht immer Zeit

59

59 Die Bheri-Verwerfung. Quer durch das Bheri-Tal in Westnepal zieht sich die Verwerfung, die nur wenige Jahrzehnte alt sein kann (wahrscheinlich entstanden zur Zeit des Nepal-Bihar-Erdbebens von 1934). Die Verwerfung folgt genau dem sogenannten Main Boundary Thrust, also der Überschiebung der Deckenformationen über die Siwalik-Zone (Molasse). Der vorgesehene Staudamm von Lakharpata liegt genau in dieser Verwerfung.

fanden, ihr Bett in den Durchbruchschluchten entsprechend tiefer zu legen, und es entstanden nördlich der Wurzelzone – im Gebiet der Täler des Inneren Himalaya – ausgedehnte tektonische Stauseen, wie z.B. im Thakkhola (Bild 56). Die Durchbruchsflüsse aber ergossen sich in das südlich gelegene Ganges-Meer und füllten dieses allmählich auf. Schuttfächer in der Siwalik-Zone (der Molasse des Himalaya) weisen auf ehemalige Flußmündungen hin.

Eine letzte gebirgsbildende Phase sollte indessen das Flußnetz im Süden noch einmal grundlegend umgestalten. Der aufgetürmte Himalaya sank gegenüber dem Vorgelände, dem Gebiet der Deckenfronten, beträchtlich ein; es entstanden das Mahabharat-Gebirge und das nepalische Mittelland (Fig. 18). Die bisher nach Süden fließenden Ströme fanden ihren Weg in die Ganges-Ebene versperrt, sie stauten sich am Nordfuß der Mahabharat Lekh zu großen Seen (ich habe diese Seen mit den Alpenrandseen verglichen; jedoch ist im Himalaya, im Gegensatz zu den Alpen, bei deren Entstehung Glazialerosion nicht beteiligt gewesen). Der bekannteste unter ihnen war der einstige Kathmandu-See (Tafel, S. 100). Alle Gewässer sammelten sich in Längstälern am Nordfuß der Mahabharat Lekh, ähnlich wie etwa die Aare am Südfuß des Jura die Flüsse aus dem schweizerischen Mittelland sammelt. Nur an drei schwachen, geologisch

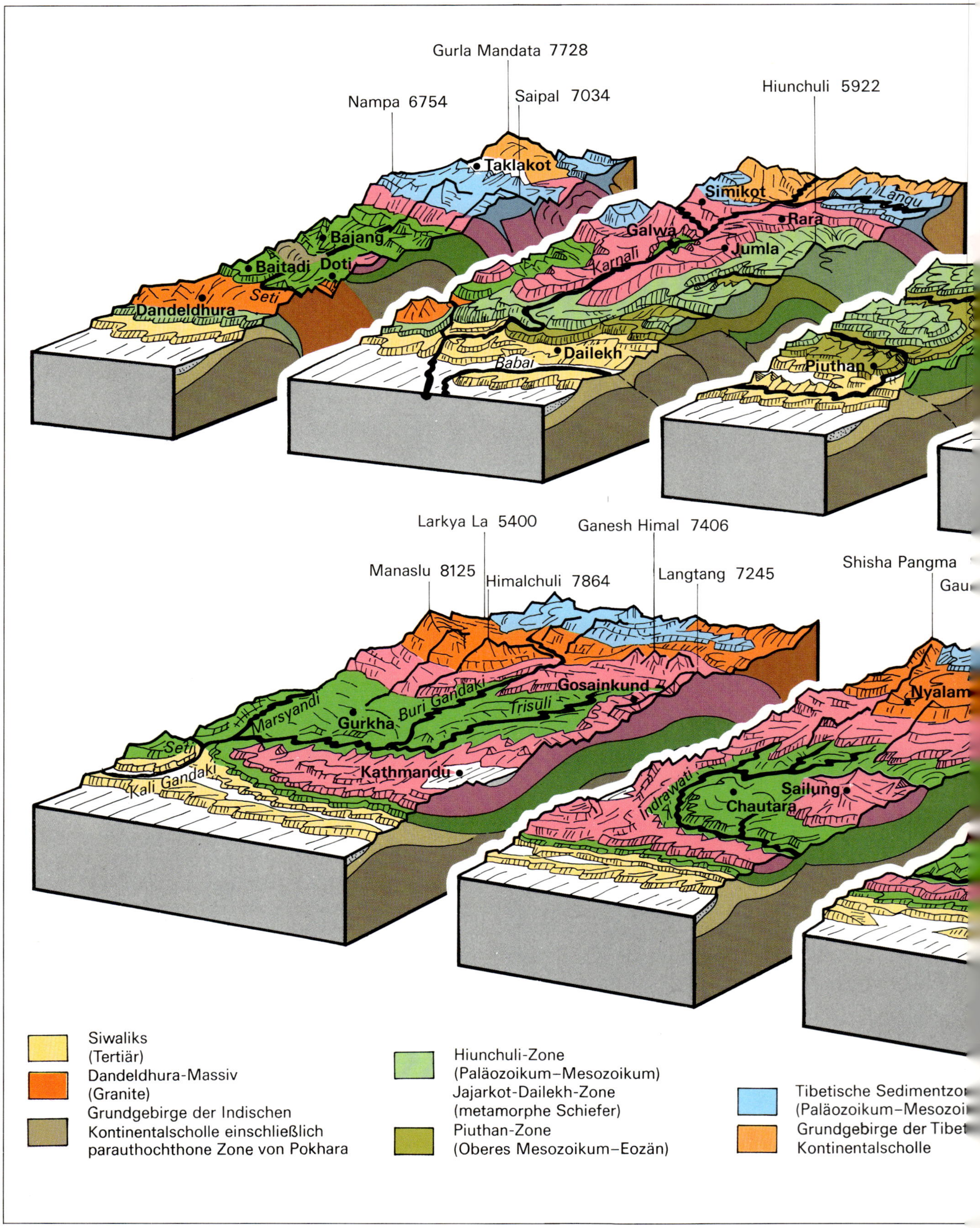
Gurla Mandata 7728
Nampa 6754
Saipal 7034
Hiunchuli 5922
Taklakot
Simikot
Langu
Rara
Galwa
Jumla
Karnali
Bajang
Baitadi
Doti
Seti
Dandeldhura
Dailekh
Babai
Piuthan
Larkya La 5400
Ganesh Himal 7406
Manaslu 8125
Himalchuli 7864
Langtang 7245
Shisha Pangma
Nyalam
Gosainkund
Marsyandi
Gurkha
Buri Gandaki
Trisuli
Seti
Kali Gandaki
Kathmandu
Indrawati
Sailung
Chautara
Siwaliks (Tertiär)
Dandeldhura-Massiv (Granite)
Grundgebirge der Indischen Kontinentalscholle einschließlich parauthochthone Zone von Pokhara
Hiunchuli-Zone (Paläozoikum–Mesozoikum)
Jajarkot-Dailekh-Zone (metamorphe Schiefer)
Piuthan-Zone (Oberes Mesozoikum–Eozän)
Tibetische Sedimentzo
(Paläozoikum–Mesozoi
Grundgebirge der Tibet
Kontinentalscholle

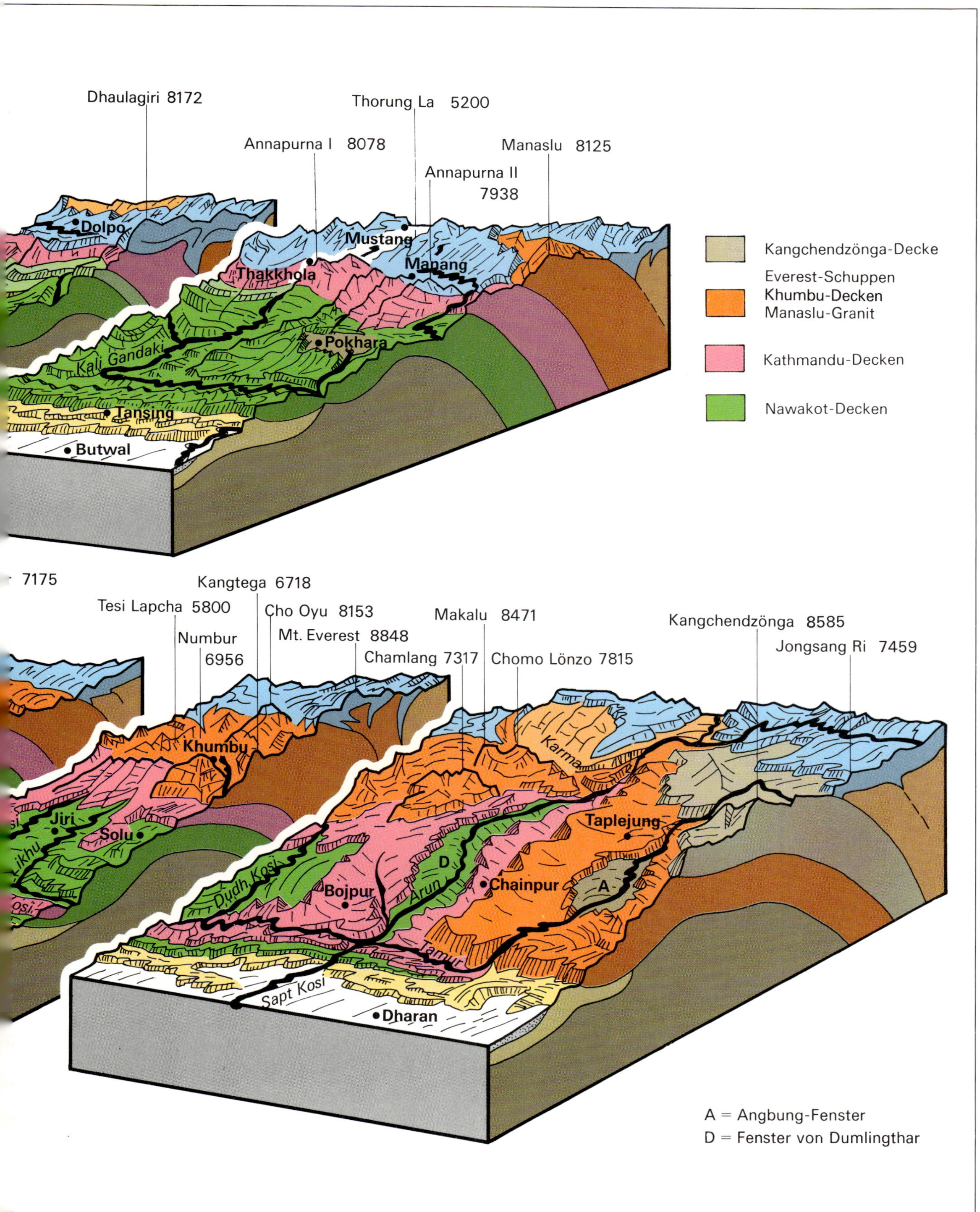
Dhaulagiri 8172
Thorung La 5200
Annapurna I 8078
Manaslu 8125
Annapurna II 7938
Dolpo
Mustang
Manang
Thakkhola
Pokhara
Kali Gandaki
Tansing
Butwal
Kangchendzönga-Decke
Everest-Schuppen
Khumbu-Decken
Manaslu-Granit
Kathmandu-Decken
Nawakot-Decken
7175
Kangtega 6718
Tesi Lapcha 5800
Cho Oyu 8153
Makalu 8471
Numbur 6956
Mt. Everest 8848
Chamlang 7317
Chomo Lönzo 7815
Kangchendzönga 8585
Jongsang Ri 7459
Khumbu
Karma
Jiri
Solu
Likhu
Taplejung
Dudh Kosi
Bojpur
Arun
D
Chainpur
A
Tamur
Sapt Kosi
Dharan
A = Angbung-Fenster
D = Fenster von Dumlingthar

Fig. 15

Das Tibetische Randgebirge wird aus dem Himalaya-Meer zu einer Höhe von ca. 2000 m herausgehoben und wird zur Wasserscheide zwischen Tsangpo / Brahmaputra und Ganges.

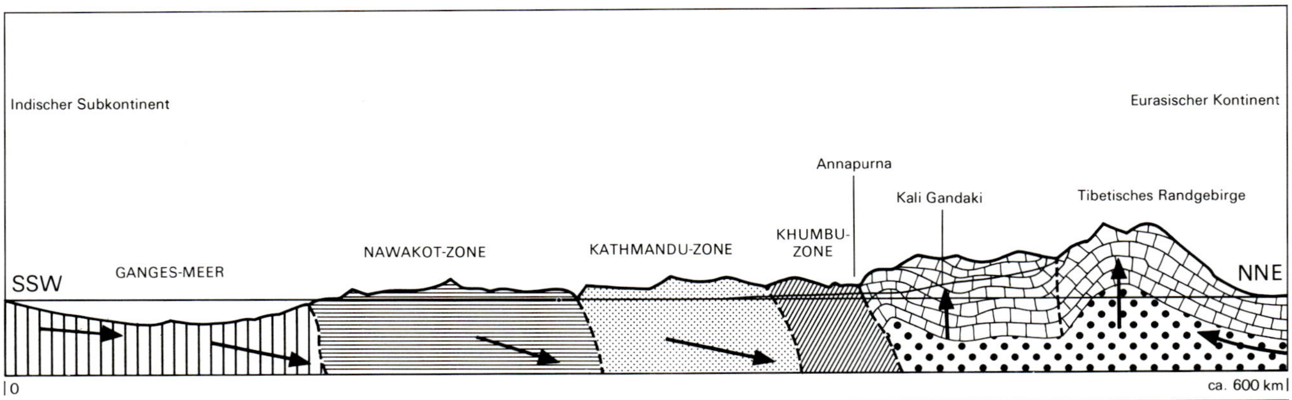

Fig. 16

Durch fortgesetzte Kompression werden die Decken in der Wurzelzone herausgepreßt und bis 100 km nach Süden überschoben. Das Tibetische Plateau wird samt Randgebirge um etwa 4000 m gehoben.

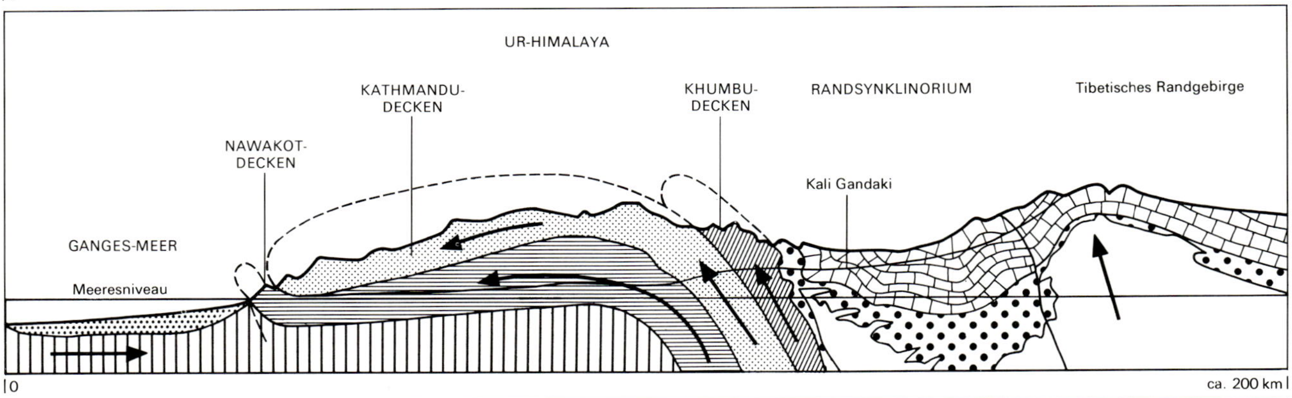

Fig. 17

Die Wurzelzone wird erneut um ca. 2000 m gehoben und bildet damit die Hauptkette des Himalaya.

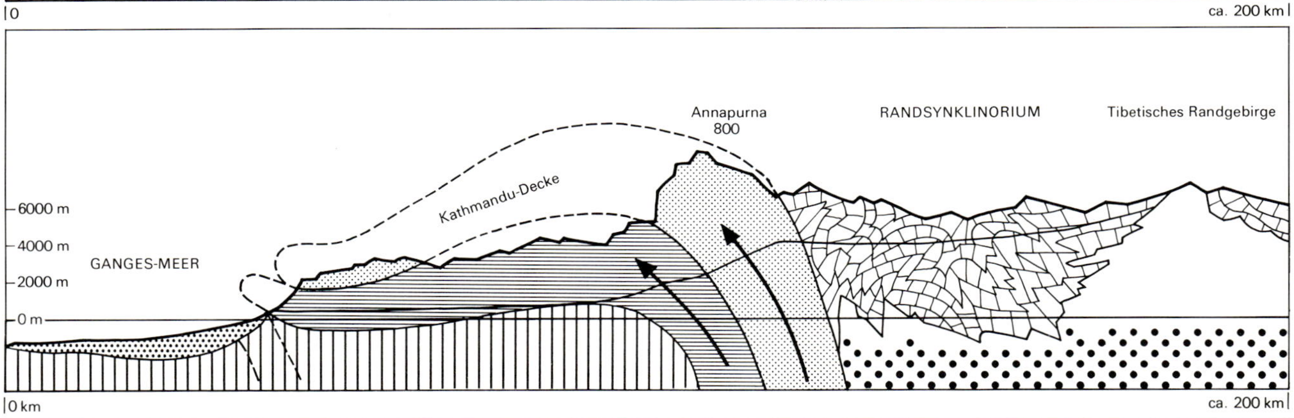

Fig. 18

Das Mittelland sinkt gegenüber der Mahabharat-Kette ein (oder letztere wurde gegenüber dem Mittelland gehoben). Entstehung des Sees von Kathmandu und anderer Seen im Mittelland. Diese Bewegungen dauern heute noch an, wie an Erdbeben und rezenten Verwerfungen zu sehen ist.

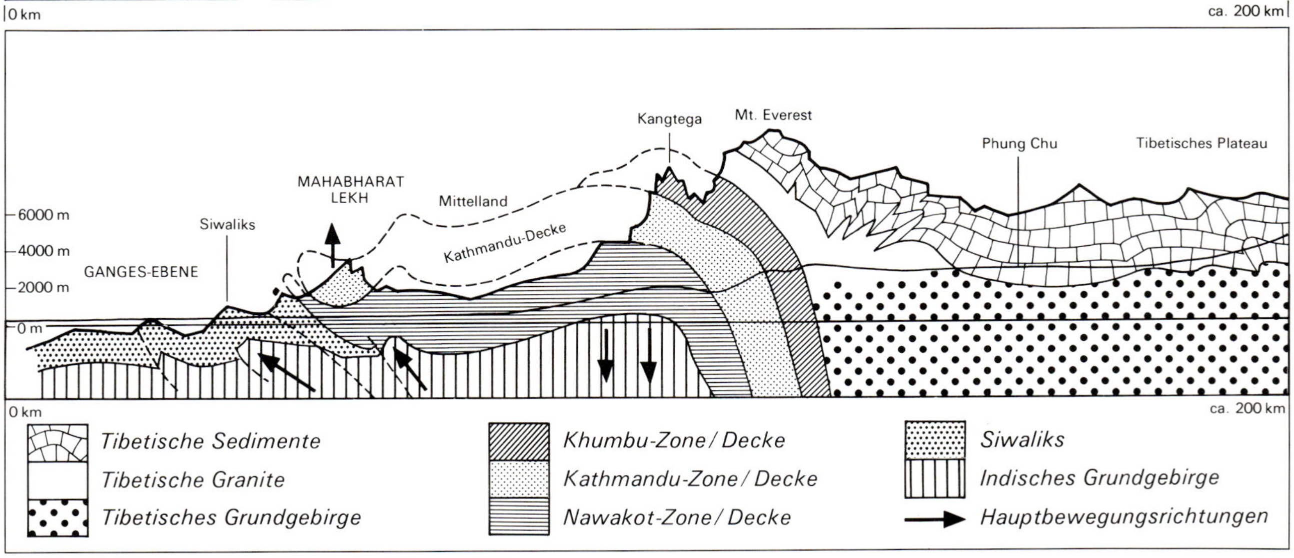

prädestinierten Stellen vermochten die Hauptflüsse Karnali, Narayani und Sapt Kosi die Mahabharat Lekh zu durchbrechen (Tafel, S. 100, Bild 22).
Die Hebung der Mahabharat Lekh aber dauert noch weiter an. Seit der Verlandung des Kathmandu-Sees vor etwa 200 000 Jahren hat sie sich um wenigstens 200 Meter gehoben; dies kann an den nach Süden ansteigenden Schichten der entsprechenden Seeablagerungen deutlich beobachtet werden. Die Zone ist übrigens ein Erdbebenherd, und auch dies ist ein Zeichen des Fortganges von tektonischen Bewegungen (Bild 59). Auch in der Siwalik-Zone dauern die tektonischen Bewegungen an, was an der Überschiebung über das rezente Alluvium zu erkennen ist (Bild 61). Die Gebirgsbildung im Himalaya ist also bis heute noch nicht abgeschlossen, was an den Durchbruchschluchten und an den rezenten Erdbeben und bedeutenden Verwerfungen zu erkennen ist. Die rezente Verwerfung (Erdbeben 1934?) am Main Boundary Thrust am Bheri-Fluß, Westnepal (Bild 59), liegt übrigens genau dort, wo für das Großkraftwerk Lakharpata die Staumauer vorgesehen ist!
Obschon zum gleichen, sogenannten alpinen Gebirgszug gehörig, ist der Himalaya jünger als die Alpen, ja er ist sogar das jüngste Kettengebirge der Erde. Daraus erklären sich die phantastisch steilen Formen. Diese wurden nicht nur aus einer größeren Gebirgsmasse herauserodiert, sondern es sind Hebungsinseln — voneinander getrennt durch die Durchbruchstäler, welche bedeutenden Querstörungen folgen. Auch die Alpen wurden erst vor etwa 3 Millionen Jahren in einer letzten Phase zum heutigen Hochgebirge emporgehoben. Gemäß neuesten Präzisionsnivellierungen beträgt deren heutige Hebung 0,5–1,5 mm pro Jahr. Solche Messungen fehlen im Himalaya bis heute noch.

Eine menschlich faßbare Zeitskala

Wir haben nun mit Hunderten Millionen Jahren jongliert; doch je mehr man sich in geologischen Zeiträumen bewegt, desto weniger werden diese menschlich faßbar. Zum besseren Verständnis wollen wir nun die Erdgeschichte mit dem Ablauf eines Jahres in Beziehung bringen und setzen den Anfang der Erde, also die Entstehung der ersten Gesteine nach der Abkühlung vor rund 2000 Millionen Jahren, auf den Jahresanfang und den Beginn unserer Zeitrechnung (Christi Geburt) auf den 31. Dezember, 24.00 Uhr. Ein Menschenleben dauert in diesem Maßstab nicht mehr als eine Sekunde.

Erste Gesteine	2000 Mill. Jahre	1. Januar
Aravalli-Gebirge (Indien)	1200	Anfang Juli
Corycium Enigmaticum	1100–1200	Mitte Juli
Trilobiten	600–250	20. Aug.–17. Nov.
Erste Fische	500	Anfang Oktober
Amphibien	310	9. Nov.
Reptilien	280	12. Nov.
Säuger	190	28. Nov.
Vögel	160	1. Dez.
Tibetisches Randgebirge (Thorung-Phase, erstes Gebirge aus der Himalaya-Geosynklinale)	70	19. Dez.
Alpenfaltung (Hauptphase)	20–25	27. Dez.
Nawakot-Kathmandu-Überschiebung	10–16	29. Dez., frühmorgens
Erste Vorfahren des Menschen (Oreopithecus) in den Untersiwaliks	10–15	29. Dez., 17.00 Uhr
Tibetische Phase	800 000 Jahre	31. Dez., 20.39 Uhr
Sinanthropus	700 000 Jahre	31. Dez., 21.04 Uhr
Everest-Phase	800 000–500 000	20.39–21.54 Uhr
Erste Eiszeit	500 000	22.04 Uhr
Neandertaler	300 000	22.45 Uhr
Mahabharat-Phase, Kathmandu-See (Mahabharat-Kette in den letzten 5 Minuten etwa noch 300 m gehoben)	weniger als 200 000	23.10 Uhr
Letztes Interglazial	90 000–25 000	22.50–23.37 Uhr
Letzte Eiszeit (max. Vorstoß)	20 000–30 000	23.54 Uhr
Älteste Hochkultur in Nähe Himalaya (Harappa)	4000	23.59 Uhr
Einwanderung der Arier nach Indien		–12 sec.
Geburt Buddhas in Südnepal		– 1 sec.
Geburt Christi		31. Dez., 24.00 Uhr
Everest erstmals erwähnt von Jesuitenpatres in Peking im Jahr 1717		+25 sec.
Everest als höchster Berg erkannt vom Survey of India (1852)		+27 sec.
Everest zum erstenmal bestiegen von Hillary und Tensing (1953)		+29 sec.

(Tabelle aus: Toni Hagen, Mount Everest, Orell Füssli Verlag)

60

61

60 Die tektonische Durchknetung und Auswalzung der Gesteinsformationen. Die braunen Dolomitlinsen sind Reste von Gesteinsformationen, die vor der Gebirgsbildung mehrere hundert Meter dick waren.

61 Die rezente Überschiebung der tertiären Siwalik-Formationen (graue Sandsteine oben) über die rezenten Schotter der Ganges-Ebene (bräunlicher Schutt mit losen Steinen unten).

Das erste Lebewesen erscheint erst Anfang Juni – das sogenannte «Corycium Enigmaticum» (übersetzt «das rätselhafte Säckchen»). Aus der Tabelle ist ersichtlich, wie ungeheuer lange Zeit z. B. die Trilobiten gelebt haben, nämlich rund drei Monate, verglichen mit den nur drei Tagen des Menschengeschlechts. Die Urmenschen haben (am Abend des 29. Dezember) die Auftürmung der Wurzeln in der Everest-Phase miterlebt!

In unserer Zeitrechnung mag die Haupthebung in der Everest-Phase etwa anderthalb Stunden gedauert haben. In dieser Zeit wurde der Ur-Everest um rund 3000 m gehoben. Allerdings wäre es falsch, sich vorzustellen, der Himalaya sei in Naturkatastrophen ruckweise gehoben worden. Die Hebung war aber gleichwohl von solchen Katastrophen begleitet (Erdbeben, Bergstürze, Überschwemmungen, Flußverlegungen, Vulkanausbrüche, Urgesteinsergüsse usw.). Man kann sich von der Intensität solcher Naturkatastrophen vielleicht eine Vorstellung machen, wenn man die erfahrungsgemäß durchschnittlich alle 70 Jahre sich wiederholenden Erdbeben im Himalaya (letztes Nepal-Bihar-Erdbeben im Jahre 1934) auf unsere Zeitskala überträgt. Jede Sekunde erfolgt ein solches Erdbeben.

Nicht minder eindrücklich sind die Abtragungszahlen in unserm «erdgeschichtlichen Jahr». Die von Heinrich Jäckli berechnete jährliche Abtragung der Alpen Mittelbündens von 1 Millimeter ergibt in der obigen Zeitskala einen flächenhaften Gebirgsverlust von 240 Metern pro Stunde. Die für das Karnali-Bekken im Nepal-Himalaya berechnete jährliche flächenmäßige Abtragung von 1,6 Millimetern entspricht in der obigen Zeitskala einem flächenhaften Gebirgsverlust von beinahe 400 Metern pro Stunde. Unter Berücksichtigung der Tatsache, daß die flächenmäßige Abtragung mit zunehmender Ausebnung des Gebirges und mit abnehmendem Gefälle der Flüsse im Laufe geologischer Zeiten geringer wird, dürfte der Himalaya in unserer Zeitrechnung tatsächlich innerhalb höchstens zweier Tage völlig eingeebnet sein, was der allgemeinen Ansicht entspricht, daß Gebirge innerhalb von 13 Millionen Jahren bis zur Peneplain (Fastebene) abgetragen werden.

Yeti und Menschheitsentwicklung. Als 1891 auf Java der erste Schädel eines Pithecanthropus (jetzt: Homo erectus) gefunden wurde, glaubte man, das sei das verbindende Glied zwischen Mensch und Affen, und gab ihm deshalb den Namen «Affenmensch» (= Pithecanthropus). Im Gefolge von Darwins sensationellem Werk (1859) «Die Entstehung der Arten durch natürliche Auslese» und dem von 1871 «Die Abstammung des Menschen und die geschlechtliche Zuchtwahl» war von den Gegnern seiner Theorien das «fehlende Zwischenglied» («missing link») als Beweis gefordert worden. Aber bald stellte sich heraus, daß weder dieser Schädel von Java noch die ihm ähnlichen, ab 1929 in China gefundenen («Peking-Mensch») das «missing link» waren, sondern von bereits echten Menschen stammten, die allerdings vor einigen hunderttausend Jahren gelebt hatten.

Seit 1924 ist jedoch aus Afrika ein fossiler Urmensch bekannt, der mit dem wissenschaftlichen Namen Australopithecus (= «Südaffe») heißt und dessen bisher älteste Reste vom Rudolf-See ein absolutes Alter von 5,6 Millionen Jahren besitzen. Aber auch er war nicht mehr Tier (im Gegensatz zu seinem Namen), sondern schon ein aufrecht gehender Mensch, wenn auch ein recht urtümlicher.

Heute nimmt die Wissenschaft an, daß mit hoher Wahrscheinlichkeit die Vorfahren dieser sehr frühen Menschen in einem Wesen zu suchen sind, das Ramapithecus genannt wird und von dem in Asien (Siwalik-Gebirge), Afrika (Kenia) und Europa (Ungarn) fossile Skelettreste gefunden worden sind, deren geologisches Alter bis zu 15 Millionen Jahre beträgt.

Aber seit vielen Jahren geht das Gerücht um, es gebe doch ein noch lebendes «missing link», und zwar in Nepal, in den Schluchten und Hochtälern des Daches der Welt, im Himalaya.

Bergsteiger haben auf den Gletschern und Hochpässen des Himalaya geheimnisvolle Spuren nicht nur gesehen, sondern auch photographiert. Man glaubt oder man hofft, sie könnten von Affen oder sogenannten «Schneemenschen» stammen und vielleicht Spuren des fehlenden Zwischengliedes sein – und zwar nicht in der fragwürdigen Form eines Fossils, sondern in Fleisch und Blut. Aber noch ist es nicht soweit! Zwar behauptet die Bevölkerung am Himalaya, und namentlich die Sherpa um das Everest-Gebiet, einiges über dieses geheimnisvolle Wesen, das sie «Yeti» nennen, zu wissen. Die Sherpa sind überzeugt, daß der Yeti aufrecht geht, äußerst aggressiv ist und sich durch eine Sprache verständigt. Wenn man nachts zusammen mit Sherpa in ihrer dunklen Behausung sitzt, und das Herdfeuer knistert und man hört den eisigen Wind, der vom Himalaya herabpfeift und in Fugen und Ritzen saust und heult, dann erzählen sie gerne ihre Gruselgeschichten vom Yeti: wie er die Bewohner einer Alphütte aufgefressen hat, wie ein kleines Mädchen vom Yeti entführt worden sei und so weiter. Da hält es schwer, nüchtern und kritisch zu bleiben und sich der Romantik des Augenblickes nicht hinzugeben.

Im Dezember 1956 bestieg ich allein mit meinem Sherpa Aila an der Ostseite des Nangpa La einen kleinen Gipfel von etwa 5800 m, um einen Überblick über die Geologie des Gebietes zu gewinnen. Es war schon spät am Nachmittag, einer jener herrlichen Herbsttage im grandiosen Hochgebirge mit einer kristallklaren Luft, wie man es in den Alpen nur selten antrifft. Während ich mit meinen geologischen Skizzen beschäftigt war, beschaute sich Aila mit meinem Feldstecher die Umgebung, besonders die in weiter, ferner Tiefe gelegenen Alphütten. Dies fiel mir auf, denn nie zuvor hatte Aila meinen Feldstecher benutzt. Auf meine Frage, was denn dies zu bedeuten hätte, meinte er nur kurz, fast ohne aufzublikken: «Looking Yeti, Sir.» Nun blickte aber ich auf. War dies vielleicht meine einmalige Chance, einen Yeti wirklich zu sehen? Auf meinen fragenden Blick erklärte Aila dann weiter: «Now very good season for Yeti, Sir; now Yeti very hungry; now eating man, Sir.» Er wies dann auf die Alphütten weit unten am Karawanenweg des Nangpa La und erzählte mit todernstem Gesicht, daß der Yeti dort unten vor drei Jahren nachts zwei Hirten total aufgefressen hätte. Oh nein, er sei nicht selbst dabei gewesen, erklärte er auf meine Frage, aber ein Vetter habe es ihm erzählt. Zur

Sicherheit fragte ich immerhin, ob er die Pistole bei sich hätte. (Er trug meine Pistole stets zuunterst in seinem Rucksack. Ich brauchte sie in all meinen Nepal-Jahren nur einmal und nur als Show, denn nach meiner Ansicht reist man in ländlichen Gebieten der dritten Welt am sichersten völlig unbewaffnet.) Auf meine Frage also meinte Aila trokken: «No pistol, Sir; down with the luggage.» Obschon ein junger Mann des 20. Jahrhunderts und dazu noch ein Wissenschaftler, trieb eine leichte innere Unruhe mich zu etwas größerer Schnelligkeit bei meinen geologischen Skizzen an. Aila fuhr dann fort, gruselige Geschichten vom Yeti von sich zu geben, während er mit dem Feldstecher weiter intensiv herumsuchte. Ohne den Feldstecher abzusetzen, fuhr dann Aila fort zu erzählen, wie der Yeti vor einigen Jahren in seinem Heimatdorf Thami (das erste Dorf talabwärts vom Nangpa La) nachts ins Dorf gedrungen sei und – da die Türen verrammelt gewesen seien – begonnen hätte, das Dach eines Hauses abzudekken. Durch großen Lärm mit Pauken, Trommeln und Trompeten des angebauten Tempels konnte dann der Yeti in die Flucht getrieben werden.

Es war lange mein Wunsch gewesen, einen Yeti zu sehen. Damals (in den fünfziger Jahren) erzählten fast alle der wenigen Expeditionen im Everest-Gebiet von irgendeinem Erlebnis mit dem Yeti. So hatte ich denn nachts in den Camps im Khumbu stets meine beiden Alpa-Kameras mit schußfertig montiertem Blitzgerät in Griffnähe. Das Gefühl, jetzt vielleicht einem Yeti, der nach allen Schilderungen doch ziemlich agressiv sein mußte, zu begegnen, löste ebensoviel Unruhe wie frohe Erwartung in mir aus. Es ging schon gegen Abend, und ohne Zweifel würde es fast Nacht werden, bevor wir die obersten Alphütten erreichen konnten. Ich brachte also meine geologischen Aufzeichnungen zu einem beschleunigten Abschluß, und wir stürmten so rasch als möglich zu den erwähnten Alphütten hinunter, wo meine übrigen 9 Träger das Camp aufgeschlagen hatten – ohne einem Yeti begegnet zu sein.

Neben den Sherpa haben Bergsteiger und sensationshungrige Journalisten die Yeti-Legenden stark bereichert. Ausführliche Schilderungen heroischer Kämpfe von Bergsteigern mit dem Yeti fanden sich selbst in sonst seriösen Jagdzeitschriften. Merkwürdig ist nur, daß trotz all dieser Begegnungen mit dem Yeti noch keine einzige Photographie von ihm veröffentlicht wurde. Die einzige «Abbildung», die ich auf all meinen Reisen zu Gesicht bekommen habe, befindet sich in dem berühmten Sherpa-Kloster von Tengpoche zu Füssen des Mount Everest: In einem mythologischen buddhistischen Bild ist ein merkwürdiges Tier dargestellt, das einer Kreuzung zwischen Wolf, Bär und Affe gleicht. Auf meine Frage erklärte man mir sofort, dies sei der Yeti!

Tatsächlich hat aber noch kein Mensch bis heute den Yeti wirklich gesehen. Geht man den Geschichten der Sherpa am Mount Everest ernsthaft nach, stellt man den Erzähler und fragt man ihn aus, so lautet die Antwort immer: «Nein, nicht ich selbst habe den Yeti gesehen; es war der Vater meines Vetters, und der wohnt jenseits des Gebirges, und er ist vor zwei Jahren gestorben.» Die Sherpa sind überhaupt rasch bereit, irgendwelche Spuren dem Yeti zuzuschreiben. Einmal, als ich mit meinem Sherpa Aila allein einen der Gletscher im Lamjung Himal (Annapurna-Kette) überquerte, stießen wir unvermittelt auf eine deutliche Fährte im Schnee. Ich konnte mir nicht erklären, wer sie hinterlassen hatte, und ich fragte Aila. Er antwortete: «This is the Yeti, Sir.» Weshalb er davon so überzeugt sei, wollte ich wissen. Aila schaute umher und zeigte mit seinen Händen auf die umliegende Landschaft aus Fels, Eis und Schnee (eine Mondlandschaft hätte nicht lebensfeindlicher aussehen können) und meinte dann mit der größten, ja völlig überzeugenden Selbstverständlichkeit: «Nobody else here, Sir.»

Tatsächlich weiß man heute nur, daß es den Yeti geben muß; denn die Spuren auf den Gletschern und im Schnee rühren zweifellos von einem Lebewesen her. Aber was es ist: Affe, Bär oder Menschenaffe, das ist noch völlig ungewiß. Auch die Felle, die man angeblich gefunden hatte, wurden später als Fälschungen entlarvt. Natürlich verbringt das geheimnisvolle Wesen sein Leben kaum auf den Gletschern, sondern eher in den wilden, unbewohnten und unzugänglichen Urwaldtälern, zum Beispiel südlich und südöstlich der Everest-Makalu-Gruppe. Die vergletscherten Hochpässe werden wahrscheinlich nur beim Wechsel von einem Tal ins andere traversiert. Möglicherweise entpuppt sich der Yeti als harmloser und vor allem als weniger sensationell, wenn er einmal von einer wirklich wissenschaftlich geführten Expedition gefunden worden ist. Jedoch vorderhand, selbst wenn es überhaupt gar keinen Yeti gäbe, müßte er erfunden werden als Touristenattraktion. Die offiziellen nepalischen Touristenplakate üben wirklich eine große Anziehungskraft aus: «Nepal, das Land des Mount Everest und des Yeti.»

Ethnologische Drehscheibe Asiens. Wesentlicher und eines gründlichen Studiums würdiger ist der nepalische Mensch. Um die ethnologische Vielfalt und kulturelle Entwicklung Nepals zu verstehen, muß man sich stets wieder der fremden Einflüsse bewußt werden, die hier eine entscheidende Rolle spielten. Wie alle großen Gebirge, so war auch der Himalaya nicht nur Trennwand; er kanalisierte gleichzeitig Verbindungen zwischen hüben und drüben (ähnlich wie der Gotthard in der Alten Eidgenossenschaft). Er diente gewissermaßen als Brücke zwischen verschiedenen Welten, und im Frieden wie im Krieg hat dieser Durchgangsverkehr die Völker, die die Himalaya-Pässe hüteten, stark beeinflußt.
Merkwürdigerweise spielten früher die Geländeverhältnisse für das Reisen keine so große Rolle wie heute. Als sich der gesamte Verkehr noch zu Fuß oder auf Trag- und Reittieren abwickelte, mochte eine Reise von Nepal nach Lhasa oder Peking kaum beschwerlicher gewesen sein als eine solche durch die fieberverseuchten Tiefebenen nach Bombay. Erst als Auto und Bahn die Ebenen eroberten, während die Berge der großen technischen Schwierigkeiten wegen vernachlässigt blieben, erfolgte die Isolierung und Abschließung der Gebirgswelt und der darin wohnenden Völker. So war im Altertum der Verkehr von Kathmandu aus mit Tibet und China ebenso intensiv wie mit den Fürstentümern in der indischen Tiefebene.
Der vorderindische Subkontinent wird von Volkstämmen bewohnt, die verschiedenen Rassen angehören. Die vorgeschichtlichen Einwohner, die in den rigvedischen Texten Dasa oder Dasyu genannt werden, sollen kleinwüchsig und dunkelhäutig gewesen sein. Als zwischen etwa 2000 und 1500 v. Chr. von Nordwesten her indogermanisch sprechende Völker, Hindu oder – wie sie sich selbst nannten – Churriter einfielen, sogen sie die Urbevölkerung auf oder drängten sie in ungünstigere Siedlungsgebiete zurück. Über die Pässe des Himalaya sickerten immer wieder Gruppen ein, die aus den asiatischen Steppen stammten, so daß heute der Subkontinent im wesentlichen von Vertretern der europiden Großrasse (Indide), der Urbevölkerung (Weddide, Melanide) sowie am Südrand des Daches der Welt von Angehörigen der mongoliden Großrasse bewohnt wird. So findet man zum Beispiel im Südwest-Terai weddide Typen, während gewisse Brahmanen oder manche Kshatriya (Bilder 66, 72) ohne weiteres in einer Stadt Mitteleuropas beheimatet sein könnten. Thamang vom Trisuli (Bild 75) zeigten die mongoliden Merkmale reiner als Gruppen, die weiter nördlich leben, und endlich gibt es Rai und Limbu, die mit Chinesen zu verwechseln sind.
Ich habe mich während meiner jahrelangen Streifzüge kreuz und quer durch Nepal eingehend mit diesen Fragen befaßt, und ich habe jeweils systematische Erhebungen darüber angestellt, welcher Volksgruppe die Bewohner der durchwanderten Gebiete angehören. Dabei habe ich festgestellt, daß sich die Leute auch in abgelegenen Tälern ihrer Gruppenzugehörigkeit voll bewußt sind. Mit der Zeit war es mir möglich, die Volksgruppe aus den Gesichtszügen, dem Wuchs und der Kleidung zu bestimmen. Die drei wichtigsten in Nepal lebenden Volksgruppen unterscheiden sich äußerlich vornehmlich durch ihre Augenform: mit deutlich ausgeprägter Mongolenfalte, weniger deutlicher Falte und ohne Falte, d.h. offenes Auge. Die Mongolenfalte bedeckt in der Regel den freien Rand des Oberlides, zieht über den inneren Augenwinkel hinweg

◁62 *Mädchen der Gulunge-Rai aus dem Hongu-Tal, Ostnepal.*

und verwächst unter Bildung einer halbmondförmigen Randfalte mit der seitlichen Nasenhaut. Weil dadurch die Lidspalte stark verengt wird, spricht man auch vom Schlitzauge (Bilder 62, 71, 75). Innerhalb der mongoliden Großrasse gibt es jedoch Gruppen, bei denen der innere Augenwinkel nicht bedeckt ist, die Deckfalte des Oberlides dafür jedoch im seitlichen Abschnitt tief herabhängt und dadurch die Lidspalte ebenfalls verschmälert wird (Bilder 68, 73). Das Auge der Europiden ist im Gegensatz zum Auge der Mongoliden meist weit geöffnet (Bild 67); in seltenen Fällen, hauptsächlich bei Säuglingen oder bei einer Krankheit, die man deswegen Mongolismus nennt, kann eine isolierte Randfalte auftreten und die mittleren Partien von Ober- und Unterlid miteinander verbinden. Sie heißt Epicanthus medialis. Die echte Mongolenfalte ist ein Rassemerkmal der Mongoliden; weniger stark ausgeprägt kommt sie bei der mongoliden Altschicht (Palämongolide) vor. In Nepal ist das besonders bei den Newar (Bild 73) der Fall; aber Palämongolide sind auch sonst im Südhimalaya verbreitet in Sikkim, Bhutan, Assam, Burma, in Südchina und Tibet.

In dieser Zusammenstellung sind die Überreste einiger zahlenmäßig unbedeutender Primitivstämme nicht aufgeführt. Diese heute noch zahlreichen kleinen Splittergruppen leben von der Jagd, von Knollen, Wurzeln, Blättern und Früchten. Sie sind kleingewachsen, von dunkler Hautfarbe, und nach den Augen zu schließen, gehören sie zu den Palämongoliden. Feste Häuser besitzen sie nicht; sie leben in primitiven Baumhütten, in Höhlen oder unter Felsüberhängen.

Es mag ferner auffallen, daß die Bezeichnung «Gurkha», unter der die Nepali als Krieger berühmt geworden sind, in dieser Tabelle nur an untergeordneter Stelle figuriert. Oft spricht man von Nepal als von der Heimat der Gurkha, als ob Nepali und Gurkha dasselbe wäre. Dieser weitverbreitete Irrtum ist darauf zurückzuführen, daß die englische Armee alle in Nepal rekrutierten Soldaten Gurkha nannte. Diese Bezeichnung stammt aber eigentlich von dem Städtchen Gurkha, von dem im Jahre 1766 die Eroberung Nepals ausging (Bild 101). In den sogenannten «Gurkha-Regimentern», die in der britischen und indischen Armee Dienst leisten, findet man nur wenige Gurkha im ethnologischen Sinne. Die meisten Soldaten gehören altnepalischen Völkern an, also den Gurung, Thamang, Rai, Mangar, Limbu und vereinzelt den Sherpa und Newar. So ist der «Gurkha»-Unteroffizier im Bild 68 ethnologisch ein Gurung aus dem Gebiet südlich Pokhara. Wir trafen ihn während seines Urlaubs in seinem Heimatdorf.

Nur wenige Länder weisen auf engem Raum eine derartige rassische, ethnologische, sprachliche und kulturelle Mannigfaltigkeit auf wie Nepal, und man darf das Land deshalb füglich als ethnologische Drehscheibe Asiens bezeichnen. Seine Bevölkerung läßt sich in die tibeto-nepalische und in die indonepalische Gruppe einteilen. Diese Zweiteilung deckt sich – von gewissen Überschneidungen abgesehen – mit der sprachlichen: die eine Gruppe, mit mongoliden und palämongoliden Augen, gehört zur tibeto-birmanischen Sprachfamilie; die andere, die durch das offene, europide Auge gekennzeichnet ist, verständigt sich in Sprachen, die vom indogermanischen Stamm abgeleitet sind. So wurde zum Beispiel Sanskrit 1950 von den Gebildeten teilweise sogar noch als Umgangssprache gebraucht.

Die Aufteilung innerhalb der beiden Hauptgruppen kann nun allerdings nicht ohne wei-

Tibeto-nepalische Völker		
Tibetische Gruppen	Altnepalische Gruppen	
Bhotiya Sherpa Thakal	Newar Thamang Gurung Mangar Sunwar	Rai Limbu Bura Rukha Tharu

Indo-nepalische Völker	
Nepalische Gruppen	Indische Gruppen
Brahmanen Kshatriya (einschl. Gurkha) Khas Chetri Thakur	Inder im engeren Sinn Garhwal Kumaon

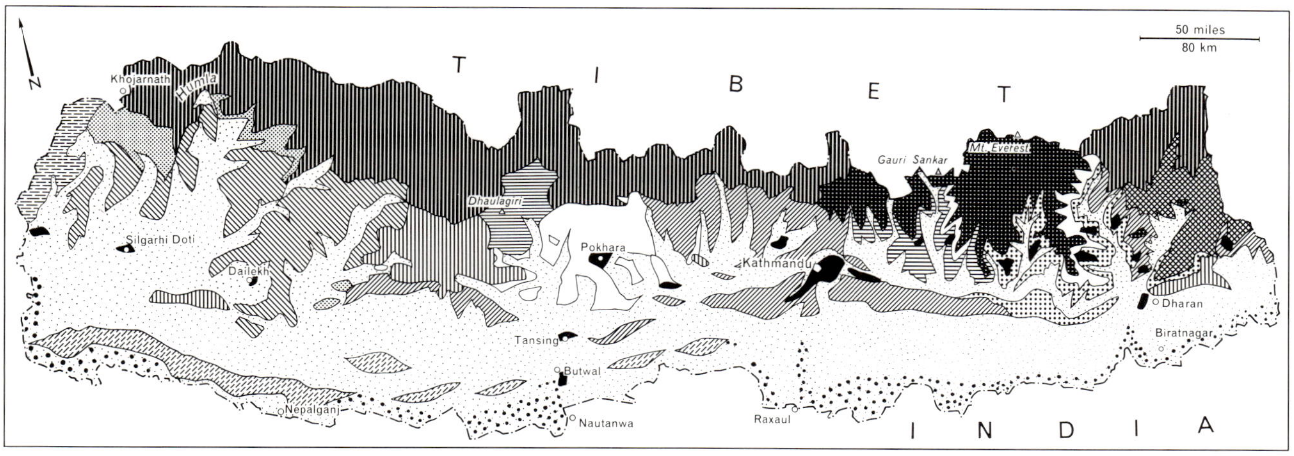

Fig. 19
Karte der Völker und ethnischen Gruppen

Tibeto-nepalische Völker

Altnepalische Gruppen

- *Newar*
- *Thamang*
- *Gurung*
- *Mangar*
- *Sunwar*
- *Rai*
- *Limbu*
- *Bura, Rukha*
- *Tharu*

Tibetische Gruppen

- *Bhotiya*
- *Sherpa*
- *Thakal*

Indo-nepalische Völker

Nepalische Gruppen

- *Brahmanen, Kshatriya (einschl. Gurkha), Khas, Chetri*
- *Thakur*

Indische Gruppen

- *Inder im engeren Sinn*
- *Garhwal, Kumaon*

teres nach einheitlichen oder ausschließlich nach anthropologischen Gesichtspunkten erfolgen; denn Untersuchungen und vor allem Messungen fehlen fast vollständig und liegen in bescheidener Zahl lediglich vom Volk der Newar vor.

Dennoch sind natürlich auch in den Untergruppen anthropologische Unterschiede vorhanden, wie wir später bei der Beschreibung der einzelnen Volksgruppen sehen werden. Ihre Hauptmerkmale sind neben der Physiognomie die Sitten und Gebräuche, die Religion und Kleidung, der Haustyp und selbstverständlich ihre Sprache. Sämtliche Untergruppen der tibeto-nepalischen Völker zum Beispiel reden unter sich ihre eigene Sprache. Die nebenstehende Tabelle wird die Übersicht über die verschiedenen Gruppen der Bevölkerung Nepals erleichtern.

Ungewöhnliche Besiedlungsformen. Die Karte der ethnischen Gruppen (Fig. 19) zeigt ein auf den ersten Blick chaotisches, von ethnologischen Karten anderer Länder abweichendes Bild. Man findet hier fast keine geschlossenen Siedlungsräume, sondern die einzelnen Volksgruppen sind unregelmäßig über das Land verteilt und zudem merkwürdig ineinander verzahnt. Der Grund für diese eigenartige Zersplitterung ist darin zu suchen, daß jede Volksgruppe die ihr gemäße Höhenstufe bevorzugt. Die Siedlungsgrenzen sind daher in weiten Teilen Nepals identisch mit Höhenschichtenlinien (Fig. 20 bis 22). Die Gebirgszüge und Flußsysteme teilen Nepal in eine größere Zahl von natürlichen Räumen, von denen nicht alle für die Besiedlung gleich günstig geeignet sind. Diese ausgeprägte landschaftliche Gliederung hat auf die Verteilung der Volksgruppen einen entscheidenden Einfluß ausgeübt. Drei Längszonen scheinen für die Bewirtschaftung besonders prädestiniert: das Mittelland, der Terai und die Hochtäler des Innern Himalaya.

Im Mittelland, dem Herzen Nepals, mit seinem günstigen Klima und dem natürlichen Schutz der Gebirge, haben sich schon früh altnepalische Volksstämme angesiedelt: die eigentliche nepalische Urbevölkerung. Die tibetischen Untergruppen und die andern Volksgruppen, die indo-nepalischen Stämme, sind erst später ins Gebiet des heutigen Nepal eingedrungen. Lange Zeit führten diese Volksstämme im nepalischen Mittelland ein geruhsames Dasein. Sie konnten es sich leisten, nur die mittleren, klimatisch besonders günstigen Höhen zu bewirtschaften. Niemand machte ihnen den Lebensraum streitig und zwang sie, etwa die malariaverseuchten Täler im Süden oder die unwirtlichen Regionen des Hochgebirges unter den Pflug zu nehmen. Erst die Religionskriege außerhalb Nepals zwischen den Muslims und den alteingesessenen indischen Fürstentümern setzten dieser «splendid isolation» ein Ende. Die in ideologischen Kriegen am meisten gefährdete soziale Oberschicht, die Brahmanen (Priester) und die Kshatriya (Krieger), floh in den abgelegenen und ruhigeren Himalaya hinauf. Als Tieflandbewohner mieden diese Flüchtlinge jedoch das eigentliche Gebirge, sie siedelten sich nur unter 2000 Metern an.

63 *Tibetischer Yaktreiber einer Salzkarawane von Limitang bei Simikot, Nordwestnepal.*

Von der hinduistisch-indonepalischen Bevölkerung sind daher in Nepal fast ausschließlich die obersten Kasten vertreten. Ganze Talschaften sind nur von Brahmanen bewohnt, während in andern großen Gebieten die Kshatriya-Bevölkerung vollkommen rein erhalten geblieben ist. Ihre sozial gehobene Stellung konnten sie freilich in dem neuen Lande nicht immer behalten, denn sie waren gezwungen, selbst für ihren Lebensunterhalt zu sorgen. Offenbar ist ihnen dies nicht immer leicht gefallen; man trifft besonders in ländlichen Talschaften im Osten und Westen des Landes Brahmanen-Bevölkerung, welche einen tieferen Lebensstandard aufweist als irgendeine andere Volksgruppe Nepals. In den Städten allerdings konnten vor allem die Brahmanen ihre führende Stellung bewahren und zum Teil sogar ausbauen.

Im allgemeinen verlief die Invasion aus dem Süden friedlich; hin und wieder aber verschafften sich auch ganze Volksstämme gewaltsam Eintritt ins nepalische Mittelland, zum Beispiel die Gurkha. So vermischten sich denn im Laufe der Zeit die Eindringlinge mit den eingesessenen Völkern, oft wurden sie auch von ihnen absorbiert. Am reinsten hat sich natürlich die exklusive Kaste der Brahmanen erhalten.

Die Ureinwohner Nepals sahen sich nun einem übermächtigen Druck aus dem Tiefland ausgesetzt, dem sie weichen mußten. Zeugen einer solchen Verdrängung und damit einer Verschiebung der Grenze zwischen altnepalischem und indo-nepalischem Kulturgebiet findet man noch in mehreren Tälern Ostnepals: Zahlreich sind im Einzugsgebiet des Sun Kosi verödete Chörten und Gebetsmauern in Höhen unter 1500 Metern, in Gebieten also, die heute ausschließlich von indo-nepalischen Völkern bewohnt werden. Es sind Erinnerungen an die einstmals hier vorherrschenden Anhänger der Bon-Lehre der Thamang und Rai. In jüngster Zeit ist der Druck aus dem Süden sogar noch stärker geworden, verursacht durch die Übervölkerung in Indien und ihre schwierige Ernährungslage. Auf der andern Seite ist freilich der Ausdehnung des Siedlungsraumes nach Norden durch die Höhe und das damit verbundene Klima eine natürliche Grenze gesetzt. Im Mittelland wirkt sich vorderhand diese Invasion aus Indien noch nicht so stark aus, wohl aber im Terai. Parallel dazu kommt die Durchsetzung der nepalischen Handelszentren mit indischen Händlern (Marwar). Diese haben es in der Regel leicht, denn außer den Newar zeigen sich die altnepalischen Volksstämme den Marwaris nicht gewachsen. Aber nicht nur aus dem Süden, auch aus dem Norden ist — weniger intensiv jedoch — ein Bevölkerungsdruck wahrnehmbar. Für die Tibeter mit ihrem rauhen Klima ist das nepalische Mittelland fast ein Paradies. So haben denn auch schon im frühen Mittelalter Stämme aus dem innern Tibet den Weg nach Süden eingeschlagen und sich in den Himalaya-Tälern niedergelassen; zum Beispiel die Sherpa in Ostnepal oder die Thakal in Zentralnepal (Fig. 19 bis 21). Zu einer Vermischung mit den altnepalischen Stämmen des Mittellandes ist es jedoch nicht gekommen; denn die Eindringlinge aus dem Norden nahmen nur Gebiete über 2400 Meter in Besitz, und in diesen Höhen bauten die Ureinwohner keine Dörfer, ausgenommen in den Durchbruchstälern, wo die Siedlungen der beiden Volksgruppen unmittelbar aneinandergrenzen.

Die allmähliche Infiltration von reinen Tibetern (Bhotiya) dauert heute noch an, und auch die nepalischen Täler des Innern Himalaya entvölkern sich, mit Ausnahme des Khumbu, in Südrichtung. Dies dürfte vor allem mit der fortschreitenden Verschlechterung des Klimas im nördlichen Himalaya zusammenhängen, vielleicht aber auch mit dem schon erwähnten Raubbau in den Wäldern des Innern Himalaya. In jenen Tälern findet man zum Beispiel große terrassierte Hänge und ganze Ruinenstädte, Zeugen einstiger landwirtschaftlicher Nutzung des Bodens. Die chinesische Besetzung von Tibet hat natürlich die Auswanderung nach Nepal verstärkt. Dies ist für die altnepalischen Völker mit Recht Grund zur Beunruhigung, denn bebaubares Land in passenden Höhen südlich des Himalaya wird zunehmend karger. Trotz dieser prekären Lage sind aber rassische Unruhen in Nepal noch nicht bekannt geworden, und die Toleranz ist beispielhaft.

64

64 Diese Kinder auf einer Schulbank bei Bhojpur, Ostnepal, vermitteln eine Vorstellung von der rassischen Vielfalt in Nepal: neben mongoliden Gesichtern finden sich fein geschnittene Köpfe der Indo-Nepali von europidem Charakter. Von links nach rechts: Rai (altnepalische Volksgruppe), Brahmane (europide / indide Priesterkaste), Chetri (indo-nepalische Mischkaste), Thamang (altnepalische Volksgruppe) und Sunwar (Kami, Berufskaste der Schmiede und Goldschmiede).

In Westnepal, wo die altnepalischen Völker überhaupt fehlen, besteht zwischen den indo-nepalischen Gruppen der Brahmanen, Kshatriya, Chetri und Thakur einerseits und den tibetischen Gruppen anderseits eine große Siedlungslücke: Weite Gebiete zwischen 2000 und 3400 Meter sind nicht dauernd, d.h. mit festen Wohnsitzen bewohnt, sondern werden nur im Sommer zur Sömmerung des Viehs benutzt, z. T. mit sporadischer Kartoffelproduktion verbunden (zum Beispiel im Becken von Jumla und in den Gebirgen des Hiunchuli, ferner im Gebiet von Dhor Patan). Und die Brahmanen, zum Beispiel am Rara-See (Bild 58), die dort so große Höhenlagen (3000 m) bewohnen, die ihnen an sich gar nicht entsprechen, haben sich in keiner Weise an diese Höhen angepaßt, weder landwirtschaftlich noch in der Kleidung.

Wenn man die Umstände würdigt, die zur Ansiedlung einer Volksgruppe in einem bestimmten Gebiet geführt haben, erscheint die ethnische Karte der Fig. 19 durchaus nicht mehr verworren. Die indo-nepalischen Gruppen bedecken den Hauptteil des Mittellandes, ferner den gesamten Terai. Die altnepalischen Gruppen finden sich in höheren Lagen des Mittellandes und namentlich an der Südflanke des Himalaya (Fig. 20). Die Bhotiya dagegen, die reinen Tibeter, bevölkern Gebiete nördlich der Hauptkette, insbesondere die Täler des Innern Himalaya (Fig. 19). Die Thakal und Sherpa wiederum haben als Siedlungsgebiet besonders günstige Täler ausgewählt, nämlich die wichtigen Handelsrouten nach Tibet. Die Völkerkarte zeigt überdies, daß die altnepalischen Gruppen auf Zentral- und Ostnepal beschränkt sind; westlich des Einzugsgebietes des Kali Gandaki sind sie nicht mehr vertreten (Fig. 19–21).

Die Newar. Ihr ursprünglich geschlossenes Siedlungsgebiet war das Nepaltal, und auch heute noch bewohnen sie nur einen verschwindend kleinen Teil des übrigen Landes (Fig. 19). Zur altnepalischen Gruppe gehörig, besitzen die Newar das palämongolide Auge. Sie sind klein und graziös, das gut profilierte Gesicht leicht gelblich, die Nase klein und – im Gegensatz zum ebenfalls altnepalischen Stamm der Rai – nicht tief gesattelt (Bild 73). Viele indo-nepalische Elemente sind von den Newar absorbiert worden, und daher sind denn auch die Gruppenmerkmale nicht überall rein erhalten geblieben. Man findet unter ihnen große, kräftige Gestalten, Typen mit offenem Auge und oft sogar ausgesprochen orientalide Gesichter. Trotz ihrer hervorragenden Rolle in der Geschichte und Kultur Nepals bildeten die Newar immer nur eine kleine Minderheit. Und doch ist fast die gesamte Kultur des Mittellandes ihr Werk. Nur dort, wo sie sich angesiedelt haben oder wo ihr Mythos geweihte Plätze schuf – an Quellen zum Beispiel, an Flüssen, Seen, in Schluchten oder auf Berggipfeln –, findet man Zeugen kulturellen Lebens. So weist zum Beispiel der Terai, wo keine Newar wohnen, nur wenige heilige Stätten auf.

Erstaunlich ist der Aufstieg der Newar zu einer der höchsten Kulturstufen Asiens. Ihre Mythologie ist ungewöhnlich reich, und sie geht zurück bis in die Anfänge der historischen Zeit. Die Überlieferungen berichten von der Geburt der Menschheit, von der Entstehung der Welt und des Nepaltales (Bild 89). Die Legende, die vom ehemaligen See im Kathmandu-Tal erzählt, ist vielleicht ein Hinweis darauf, daß sich die Newar hier als erste angesiedelt haben.

In der Nutzung des Bodens sind die Newar allen andern Volksgruppen weit voraus. Im Nepaltal zieht man fast alle Gemüse und Früchte der gemäßigten und subtropischen Zonen; diese Vielfalt ist aber dort, wo größere, geschlossene bäuerliche Newar-Siedlungen fehlen, ganz unbekannt. Weit verbreitet ist im Nepaltal auch die künstliche Bewässerung, die es erlaubt, im Jahr zwei Ernten einzubringen (Bild 90). Die Bewässerungsgesetze sind in gewissem Sinne denjenigen im schweizerischen Wallis ähnlich; sie sind das Werk der sogenannten Gothi-Vereinigung, einer altertümlichen Stammesorganisation, die man mit den mittelalterlichen Bruderschaften oder den handwerklichen Gilden und Zünften vergleichen kann. Eigenartig berührt es, daß die Newar, trotz ihrer hohen Kultur, im Ackerbau auf archaischer Stufe stehengeblieben sind.

65

65 Tharu-Mädchen aus dem West-Terai.

66 *Brahmane von Patan.*
67 *Chetri-Braut von Riri.*

66

67

Die Felder werden ausschließlich mit dem *Kodali* bestellt, einer schaufelartigen Eisenhacke mit kurzem Stiel, die ihre Form seit der Steinzeit kaum verändert hat. Der Pflug ist im Nepaltal bis heute noch fast unbekannt, obschon er auf den flachen und ziemlich großen Feldern sehr gut eingesetzt werden könnte. Jedenfalls wäre seine Verwendung im Kathmandu-Tal eher gerechtfertigt als auf den Hügeln des übrigen Mittellandes mit ihren winzigen Äckern. Diese aber werden von den andern Volksgruppen weitgehend mit Holzpflug und Ochsengespann bearbeitet. Der newarische Hackbau ist neben dem Grabstock eine der altertümlichsten Methoden, die Felder zu bestellen.

Heute sind die Newar in zwei große religiöse Gruppen aufgeteilt, nämlich in die Anhänger von Shiva (hinduistische Gottheit) und in die Anhänger Gautama Buddhas. Es gibt daher unter ihnen sowohl Brahmanen-Priester als auch buddhistische Lama und Mönche. Beide Gruppen kennen merkwürdigerweise ein ausgeprägtes Kastensystem, das dem ursprünglich buddhistischen Newar-Volk von außen aufgezwungen worden ist. Eine Sonderkaste bilden die Händler, und sehr angesehen ist jene der Ackerbauern. Dies mag erklären, warum die newarische Landwirtschaft am weitesten entwickelt ist. Zu den niedrigen Kasten gehören die Schlächter, die Trommelmacher, Feger und Abdecker, und ganz zuunterst stehen die Straßenkehrer. Die restlichen Unterteilungen des Volkes erfolgen nach Klans, wie zum Beispiel die Malla, Shresta, Pradhan und so weiter.

Die Newar haben für ihre Wohnhäuser, Tempel und Paläste auch einen eigenen Baustil entwickelt, nämlich Backsteinbauten mit Holzfachwerk und den charakteristischen Fensterkonstruktionen (Bilder 95, 97, 99 und 100). Besonders bekannt ist der nepalische Stupa (Bilder 91 und 93). Der Pagodenstil hat wahrscheinlich seinen Weg von Nepal nach Ostasien genommen, indem Newar-Künstler von den Mongolenkaisern nach Lhasa und Peking gebracht worden sind. Aber auch in allen andern Gebieten der Metall-, Stein- und Holzbearbeitung waren die Newar Meister (Bilder 94 und 96). Die Gold- und Silber-

schmiedearbeiten – das Goldene Tor am Durbar von Bhadgaon in Bild 96 zum Beispiel – und die vielen Malereien sind beredte Zeugnisse ihrer Kunstfertigkeit.
Die Literatur der Newar ist umfangreich, und frühzeitig schon entwickelten sie eine eigene Schrift. Astrologie pflegten sie besonders eifrig, und auch heute läßt man günstige Daten für Reise, Familienanlässe und wichtige Entscheidungen durch Astrologen bestimmen. Nicht nur Kultur und Handwerk liegen den Newar: sie sind auch tüchtige Kaufleute, und sämtliche Newar-Niederlassungen außerhalb des Nepaltales verdanken ihre Entstehung dem Handel (Fig. 32). Ihre Städte findet man überall dort, wo wichtige Handelswege sich kreuzen, zum Beispiel die Nord-Süd-Verbindungen mit den innernepalischen Längsrouten. Die heutigen Distriktzentren – auch Pokhara – haben sich aus solchen Newar-Kolonien entwickelt, und einige dieser Orte, Chainpur in Ostnepal (Bild 79) etwa oder Bandipur in Zentralnepal, gehören zu den lieblichsten Kleinstädten, die man sich vorstellen kann. Sie halten mit ihren malerischen Häusern und ihren steinplattenbelegten Straßen den Vergleich mit den schönsten mittelalterlichen deutschen oder schweizerischen Städten wohl aus.
Natürlich beschränkten die handeltreibenden Newar ihre Tätigkeit nicht auf das eigene Land; sie haben sich an allen Eisenbahnstationen der nepalischen Grenze entlang niedergelassen, und viele von ihnen besitzen Ablagen in großen indischen Städten wie Kalkutta und Patna. Sogar von Lhasa aus trieb bis zum Jahre 1959 eine große Newar-Kolonie Handel mit Indien.

Die Thamang. Auch die Thamang gehören zur altnepalischen Gruppe. Ihr Siedlungsgebiet bedeckt große Flächen und umschließt im Nepaltal zum Teil die Zone der Newar (Fig. 19). Heute findet man sie in der Mahabharat-Kette, südlich von Kathmandu, und sogar in Ostnepal und im Terai. In dieser südlichen Zone haben sie sich jedoch erst in jüngerer Zeit verbreitet; ihre ursprüngliche nepalische Heimat liegt an der Südflanke des Ganesh Himal (Bild 51) und wird im Osten vom

68

69

68 Gurung von Ghan Pokhara, Unteroffizier in der britischen Gurkha-Brigade.

69 Thakur von Tibru (Karnali, Westnepal) mit der typischen nepalischen Wasserpfeife.

70 *Tibeterin von Simikot, Nordwestnepal.*

71 *Tibetischer Lama von Bodnath, mit Gebetsmühle.*

70

71

Trisuli-Fluß und im Westen vom Buri Gandaki begrenzt. Hier ist auch der ursprüngliche Haustyp der Thamang unverändert geblieben: chaletartige, geschmackvolle Häuschen mit flachen Giebeldächern und schönen Holzveranden (Bild 81). Sogar die Steine auf den schindelbedeckten Dächern nach Art der Schweizer Chalets fehlen nicht.

Am Ganesh Himal ist nicht nur die Kultur der Thamang und ihre usprüngliche Religion am reinsten erhalten geblieben, dort trifft man auch noch die urwüchsigen Gestalten (Bild 75) mit außerordentlich stark mongoliden Zügen, mit breitem Gesicht, untersetzt und kräftig. In den südlichen Siedlungsgebieten haben sie sich dagegen offenbar mit andern Volksstämmen vermischt und sind verfeinert worden. Auch den eigenen Haustyp haben sie dort aufgegeben und sich der Bauweise der indo-nepalischen Stämme angeglichen.

In ihrem engeren Siedlungsgebiet bewohnen die Thamang Höhen zwischen 1400 und 2500 Metern, und sie pflanzen dort hauptsächlich Mais, Hirse und Gerste. Einzelne Täler am Ganesh Himal sind von der Invasion durch indo-nepalische Volksgruppen noch nicht erfaßt worden, und hier bewirtschaften die Thamang ausnehmend große Höhenbereiche. Sie haben hier eine Art von Wechselwirtschaft entwickelt, wie wir sie in gewissen Alpentälern auch finden. In mittleren Höhen pflanzen sie die schon genannten Produkte, im Talgrund besitzen sie Reisfelder, und über den Dörfern bis an die Waldgrenze hinauf liegen die Kartoffeläcker. Diese großen Höhenunterschiede zwingen die Bauern, ihren Wohnsitz jährlich mehr als einmal zu wechseln, und sie besitzen denn auch, je nach der Höhenlage ihrer Güter, sehr verschiedenartige Haustiere: Wasserbüffel, Rind, Ziege, Schaf und Tsauri (Kreuzung zwischen nepalischem Rind und Yak). Die Überlieferungen erzählen, daß die Thamang ursprünglich aus den Gebieten im Innern Tibets kamen. Noch jetzt werden sie von ihren indo-nepalischen Nachbarn «Bhote» genannt, und auch dieser Ausdruck weist auf ihren tibetischen Ursprung hin; denn «Bhote» wird zum Beispiel auch dem Namen nepalischer Flüsse angehängt, um anzudeuten, daß sie in Tibet entspringen, zum Beispiel Bhote Kosi. Nach dem Mythos war eine Kuh die Urmutter der Thamang. Sie hat drei Söhne geboren, Tshenggu, Lunggu und Tulgu, den Stammvater der Thamang.

In den abgelegenen nördlichen Tälern haben die Thamang den alten Glauben bewahrt, der dem innerasiatischen Schamanismus verwandt ist. Diese sogenannte Bon-Religion ist die vorbuddhistische Glaubenslehre im Tibet, und die Bon-Po, die Anhänger dieser Religion, wissen sich ständig von Geistern umgeben, mit denen sie durch Zaubersprüche in Verbindung treten. Als der Buddhismus im siebenten Jahrhundert in Tibet eindrang, nahm er viele dieser Geister in seine Lehre auf, und die Bon-Priester anderseits paßten ihre Religion der neueren buddhistischen Lehre an. Dies führte allmählich zu einer Verschmelzung, und in den nördlichen Tälern, zum Beispiel im Trisuli, ist denn auch die Thamang-Religion äußerlich kaum vom tibetischen Buddhismus zu unterscheiden: Lamaismus, Klöster, Chorten, Gebetsmauern und Gebetsmühlen findet man hier wie dort; immer enthalten diese Mühlen den buddhistischen Spruch «Om Mani Padme Hum», was sinngemäß übersetzt heißt: Oh Kleinod im Lotos Hum. Auch in den tieferen Zonen hat sich die ursprüngliche Thamang-Religion mit anderen Lehren – vor allem mit der hinduistischen – vermischt.

Die Gurung. Die Heimat der Gurung ist die Südflanke der Annapurna-Gruppe, im Osten durch den Ankhu-Fluß, im Westen durch den Kali-Gandaki-Fluß begrenzt. Ihr Siedlungsgebiet schließt sich also westlich an jenes der Thamang an (Fig. 19), und sie haben sich nach Süden, Westen und Osten ausgebreitet. Man findet sie im Querschnitt der Annapurna über das ganze Mittelland verteilt, bis zur Mahabharat Lekh (Bild 86). Einzelne zerstreute Kolonien liegen sogar fast an der Grenze von Sikkim, nördlich von Ilam. In ihrem eigentlichen Siedlungsgebiet leben die Gurung in großen Dörfern, den größten von Nepal überhaupt. Sie liegen hoch, an relativ steilen Hängen, inmitten der Mais- und Hirsefelder, und von hier aus bewirtschaften die Gurung in den Talsohlen ihre Reisfelder. Als Vieh halten sie sich vornehmlich Wasserbüffel, die sie – eine Ausnahme für Nepal – im Sommer an der Südflanke der Annapurna auf Bergmatten bis zu 3800 Metern hinauf weiden lassen. Die Wände der stattlichen, meist zweigeschossigen Häuser bestehen aus sauber gearbeiteten Trockenmauern, und ihre Dächer sind mit Schieferplatten bedeckt. Neben dem normalen Haustyp mit rechteckigem Grundriß haben die Gurung westlich von Pokhara, also im Südteil ihres Siedlungsgebietes, einen eigenartigen Typ mit elliptischem Grundriß und mit kegelförmigem Strohdach entwickelt (Bild 76). Die Gurung zeigen stark mongoliden Einschlag. Sie sind klein, ihre Gesichtsfarbe ist leicht gelblich, und man findet unter ihnen Typen mit deutlichen oder abgeschwächt mongoliden Zügen (Palämongolide). Die Frauen und Mädchen – außergewöhnlich anziehend, wie Bild 86 beweist – schmücken sich gerne mit großen, geschmiedeten Haarspangen aus Messing oder Gold.

Die Südflanke der Annapurna mit ihren ausgiebigen vormonsunalen Niederschlägen gestattet eine besonders intensive landwirtschaftliche Nutzung des Bodens; zu einem Teil ist dies der Grund dafür, daß der Lebensstandard der Gurung höher ist als derjenige anderer altnepalischer Stämme. Wesentlicher aber ist in dieser Beziehung die Tatsache, daß die Gurung besonders viele Söldner gestellt haben (Bild 68). Die alten Soldaten sind jetzt Nutznießer der hohen Renten, die oft ein Vielfaches des durchschnittlichen landwirtschaftlichen Einkommens ausmachen.

Der größte Teil der Gurung – besonders aber die jüngeren Soldatenfamilien – bekennt sich zum Hinduismus. In abgelegeneren Gebieten jedoch verehren sie noch ihre lokalen Götter und die alten Lama; auch tantrische und ältere Zauberlehren spielen eine Rolle. Im Gurung-Dorf Siklis geriet ich zu Beginn der Monsunzeit nach einem heftigen Gewitter völlig durchnäßt geradewegs in das Neujahrsfest (Bild 86). Wie üblich wurden wir sofort im Haus des Dorfältesten gastfreundlich aufgenommen. Das Fest war in vollem Gange und das Volk befand sich in bester Stimmung – of-

fenbar hatte die Festgemeinde schon reichlich Chang (hausgemachtes Reisbier) getrunken. Die Männer saßen mit ihren Schlagzeugen im Halbkreis auf dem Dorfplatz und hübsche Mädchen, reich geschmückt, drehten sich langsam dazu im Tanz, wobei sie stetig ihre Stellung vom Sitzen zum Stehen und umgekehrt wechselten. Dazu sangen die Männer ihre stets gleichen Volksmelodien. Dies dauerte praktisch ohne Unterbruch die ganze Nacht hindurch, am Morgen allerdings mit etwas müden Stimmen. Die Mädchen waren unterdessen in einen tranceartigen Zustand geraten; und als die Sonne schon hoch stand und ich die Aufnahme (Bild 86) noch machen konnte, klang das Fest endlich aus, d. h. nur bis zum Abend, wo es dann wieder seine Fortsetzung fand.

2◁ **Die Mangar.** Die Mangar sind die westlichste
3 der größeren altnepalischen Volksgruppen; die Splittergruppen der Rukha und Bura, östlich des Saipal, sind unbedeutend (Fig. 19). Als Nachbarn der Gurung leben sie an der West- und Südflanke der Dhaulagiri-Gruppe. Zerstreute Kolonien finden sich jedoch bis nach Ostnepal und in den ostnepalischen Terai hinunter, und ein größeres, geschlossenes Siedlungsgebiet liegt in der weiten Karnali-Schleife, zwischen Dhundras und Chhapre. Einen selbständigen Haustyp haben die Mangar nicht entwickelt, sondern die Bauweise von ihren Nachbarn übernommen. Am Westende der Dhaulagiri-Gruppe und im Oberlauf des Uttar-Ganga wohnen sie in massiven Häusern mit Flachdächern, deren Formen den benachbarten Tibeter-Siedlungen im Norden nachgebildet sind. An der Südflanke der Dhaulagiri-Gruppe, im Mayangdi-Tal, bauen sie hingegen ihre Häuser wie die Gurung aus Trockenmauern und bedecken sie mit Schieferplatten.

Die Mangar sind, wie die Gurung, als tapfere Soldaten in britischen Diensten bekannt geworden; daneben aber besitzen sie auch bedeutendes handwerkliches Geschick: sie sind die nepalischen Brückenbauer und Schmiede, und der primitive Bergbau liegt weitgehend in ihren Händen. Aus den südlicheren Gebieten, im Unterlauf des Bheri und des Karnali also, zieht alljährlich eine große Zahl von Mangar in den Terai, um dort aus Bambus Tragkörbe und Matten für den Verkauf in den Grenzbasars herzustellen. In ihrer nördlicheren großen Siedlung dagegen, dem bedeutenden Handelsort Tarakot am Barbung-Fluß, haben sie sich in Wohnweise, Kleidung und Religion weitgehend den Tibetern angepaßt; wie diese leben auch sie vom Salzhandel. Man findet hier zahlreiche Lamasereien mit Mangar-Lama; in den tieferen Zonen jedoch herrscht Hinduismus tantrischer Richtung vor.

In ethnischer Hinsicht sind die Mangar den Newar verwandt; wie bei diesen ist auch bei ihnen das klassisch-mongolide Auge selten. Ich habe bereits darauf hingewiesen, daß die Verteilung der Stämme in Ostnepal ganz anders ist als im Westen des Landes, wo die altnepalischen Völker überhaupt fehlen. Westlich des Einzugsgebietes des Kali Gandaki leben nur noch indo-nepalische Stämme und Tibeter (Bhotiya). Ihre Siedlungsräume grenzen zum Teil aneinander, und manchmal sind weite dazwischenliegende Gebiete überhaupt unbesiedelt. Diese Tatsache hat merkwürdigerweise große volkswirtschaftliche Bedeutung: nur altnepalische Stämme stellten Söldner, und so hatten und haben also nur sie Anteil am finanziellen Segen des Söldnertums. Daher ist auch der Lebensstandard im Westen im allgemeinen bedeutend niedriger als im Osten des Landes.

Die Kiranti (Rai und Limbu). Gewöhnlich faßt man die beiden ostnepalischen Volksgruppen der Rai und Limbu, die beide stark mongoliden Einschlag zeigen, unter ihrem früheren Namen Kiranti zusammen. Die Rai besitzen besonders tiefe Nasenwurzeln (Bild 61), und die Limbu sind gekennzeichnet durch sehr breite Backenknochen und große abstehende Ohren. Die Rai-Mädchen sind berühmt ihrer Schönheit wegen (Bild 62). Die Männer galten in den Gurkha-Regimentern als besonders tapfer, und die Limbu vor allem sind wegen ihrer Wildheit bekannt und gefürchtet.

Nach ihren Überlieferungen waren es die Kiranti und nicht die Newar, die als erste das

72 Kshatriya von Gurkha, Kriegerkaste der europiden (indiden) Rasse.

73 Newar-Mädchen von Kathmandu.

74 Brahmanen-Mädchen von Ranigaon (Südostnepal).

75 Thamang aus Gatlang (Trisuli-Tal).

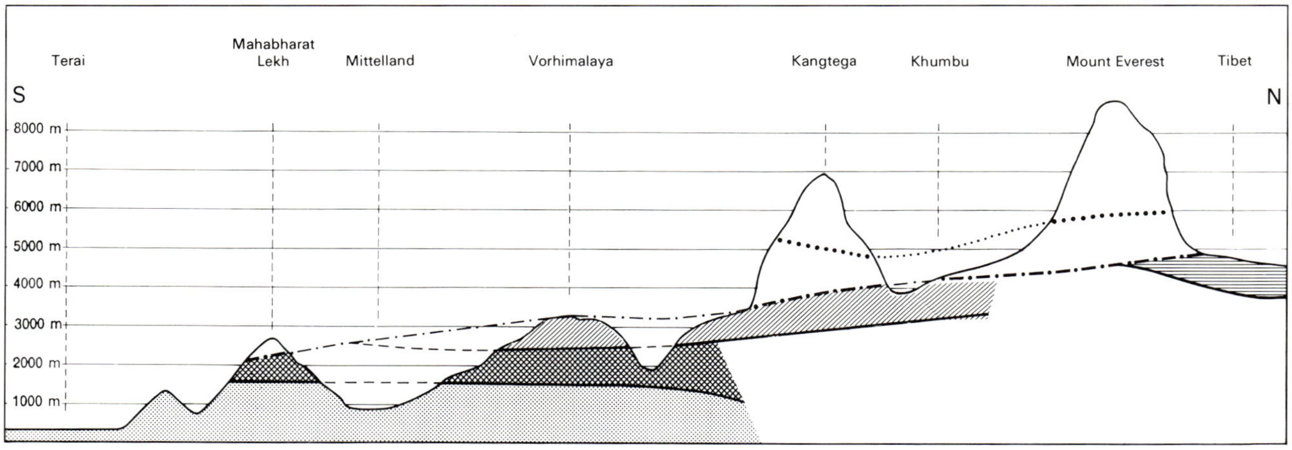

Fig. 20

Ethnologischer Querschnitt durch Ostnepal

Schneegrenze •••••
Siedlungsgrenze –·–·
Bhotiya
Sherpa
Altnepalische Gruppen
Rai, Thamang
Indo-nepalische Gruppen

Nepaltal besiedelten. Tatsächlich weist vieles darauf hin, daß sie von 700 vor Christus bis 100 nach Christus die herrschenden Geschlechter des Landes stellten (vgl. Abschnitt über die Geschichte). Mit Bestimmtheit läßt sich dies allerdings nicht nachweisen, denn manchmal wurden auch die Newar zu den Kiranti gezählt.

Die Legende berichtet vom Urahnen der Kiranti, Parungo, und dessen Frau Sim Nima, die zusammen an einem ausgetrockneten See (Kathmandu-See?) wohnten. Als ihre drei Söhne, Lapche, Jimdar und Meche, groß geworden waren, schickten sie sie in die Ferne, ihr eigenes Land zu finden und zu bebauen. Auf ihrer Wanderung gelangten die Jünglinge zu einem wilden Bananenbaum. Sogleich schickte sich Lapche an, ihn umzuhauen; aber sein Bruder Jimdar sagte zu ihm: «Wenn du mutwillig zerstörst, was die höheren Mächte errichtet haben, dann bleiben wir nicht länger bei dir.» Sie zogen ohne Lapche weiter; später aber trennten auch sie sich und ließen sich jeder in einem andern Gebiete nieder. So entstanden denn die drei Völker Lapche (Lepcha), Jimdar (Kiranti) und Meche. Die Lepcha bewohnen heute die Gebiete von Sikkim, unmittelbar östlich der nepalischen Grenze, und die Jimdar ließen sich im Nepaltal nieder. Die Limbu, ursprünglich einer der zahlreichen Stämme der Kiranti, bildeten später ein selbständiges Volk, das auch eine eigene Sprache entwickelte.

Rai und Limbu sind wohl gemeinsamen Ursprungs; sie wohnen aber heute getrennt, zu beiden Seiten des Arun-Flusses.

Die Rai siedeln westlich des Arun im Einzugsgebiet des Sun Kosi (Fig. 19 und 21) in mittleren Höhen von 1400 bis 2400 Meter. Sie unterscheiden sich in mancher Hinsicht von den übrigen altnepalischen Gruppen, auch wenn sie keinen eigenen Haustyp entwickelt haben. Sie sind ein fröhliches Volk und lieben große Feste, an denen viel Fleisch verzehrt und dazu Chang (hausgemachtes Bier) und Rakshi (Branntwein) getrunken wird. Köstlich ist die «Brautschau», die Art, wie die jungen Burschen um ihre Mädchen werben. Auch bei den Rai haben ja die hübschen Mädchen mehr als einen Verehrer, und diese treffen sich nun in Gegenwart der Umworbenen und ihrer Eltern auf einem offenen Platz. Der erste stimmt ein Lied an, dessen Text er verfaßt hat, und das Mädchen erwidert, indem es die Gegenstrophe singt. Weiß der Bursche darauf nichts mehr zu antworten, dann gilt er als besiegt und hat den Platz zu verlassen. Seinem Auserwählten aber bleibt das Mädchen die Antwort schuldig, und nun ist es besiegt und muß seine Frau werden. Solche neckischen Sängerspiele waren übrigens früher auch bei den altnepalischen Volksgruppen um Kathmandu beliebt; aber leider ist dieser fröhliche Brauch seit 1950 im Aussterben begriffen und fast ganz verschwunden.

Die Limbu siedeln im östlichsten Nepal zwischen dem Arun-Fluß und der Grenze von Sikkim (Fig. 19). Ihre von den Kiranti gesonderte Entwicklung erfaßte nicht nur die Sprache, sondern auch Religion und Mythologie. Nach ihrer Ursprungslegende schuf der Ober-

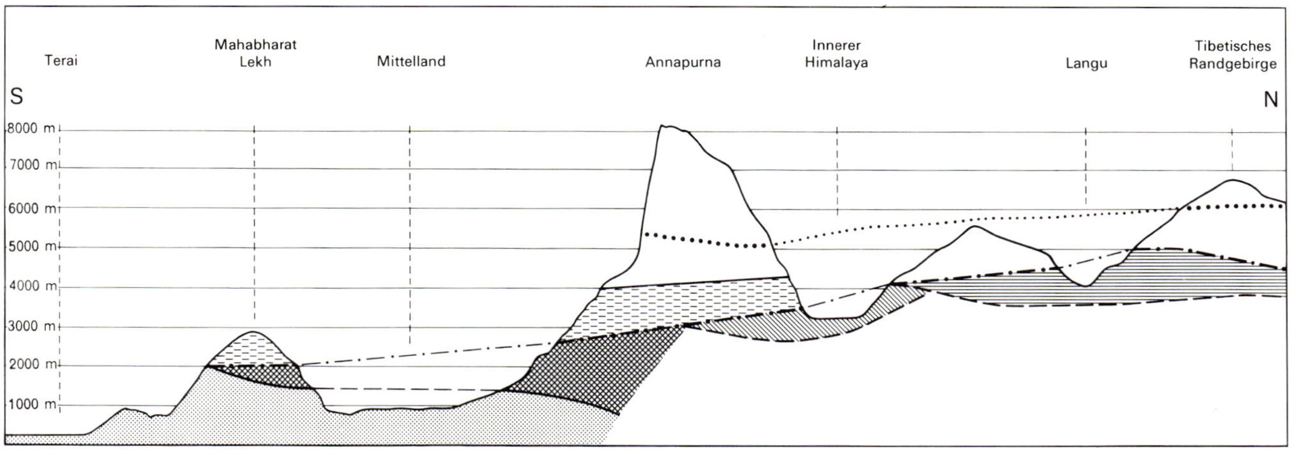

Fig. 21

Ethnologischer Querschnitt durch Zentralnepal

Schneegrenze

Siedlungsgrenze

Bhotiya

Waldgürtel

Thakal

Altnepalische Gruppen

Gurung, Thamang

Indo-nepalische Gruppen

gott Niwa Buma zuerst die Erde, dann das Wasser, und nachher formte er den Menschen aus lauterem Gold. Noch ehe jedoch dieser Mensch zu sprechen vermochte, also bevor eine Seele in ihm wohnte, zerstörte eine ungeheuerliche Gestalt eines Pferdes diesen goldenen Menschen; denn es war eifersüchtig, weil ihn Gott so prächtig erschaffen hatte. Gott wurde sehr böse über das Pferd, und er bestrafte es. Von nun an mußte es auf allen vieren gehen, nicht mehr wie vordem auf seinen Hinterfüßen; und es sollte in aller Zukunft Menschen und seine Lasten tragen. Dann schuf Gott wieder einen Menschen; diesmal aus Asche und Vogelmist. Das war Limbu; und Gott gab ihm eine Frau, damit sein Geschlecht sich vermehre.

Die Limbu verehren Gott durch zahlreiche Opfer; lamaistische Rituale sind verbreitet, und man findet auch Mönche und Lamasereien. Daneben sind aber starke Einflüsse des Buddhismus von Tibet und hinduistisch-tantrischer Rituale aus dem Süden wahrnehmbar. Vor etwa 200 Jahren hatte ein Mönch sogar eine eigene Limbu-Schrift erfunden; sie wurde aber kaum bekannt und ist nur in wenigen Manuskripten erhalten geblieben. Die Limbu haben ihr eigenes Landeigentumssystem entwickelt, die Kipat-Gemeindekorporationen. Das Land wird von den Korporationen an ziemlich ungeschützte Pächter vermietet, was an sich nicht sehr günstig für eine ersprießliche landwirtschaftliche Entwicklung ist.

Die Wohnkultur der Limbu ist neben jener der Sherpa die höchste in Nepal, denn sie haben einen eigenen sehr schönen Haustyp entwickelt (Bild 78). Nur hängt dies wahrscheinlich weniger mit dem Menschenschlag als mit dem Klima zusammen. Ostnepal hat ja sowohl im Sommermonsun wie auch im Winter bedeutend mehr Niederschlag als der Westen, und dies begünstigt nicht nur den Reis, sondern auch die Wintersaat.

Die Tharu. Die Tharu, die einzige altnepalische Gruppe, die im Terai lebt, werden von ihren Nachbarn gefürchtet; man schreibt ihnen magische Kräfte zu. Gründliche Blutgruppen-Untersuchungen haben gezeigt, dass die Tharu zu den altnepalischen Gruppen gehören; und zweifellos stecken in ihrem Blut noch viel ältere Elemente, von den Ureinwohnern herrührend. Neben dem offenen, europiden Auge findet man hier und da das palämongolide, d. h. das schwächer ausgebildete mongolide Auge. Obwohl sie zweifellos eher dem palämongoliden Typus zuzurechnen sind, verleitete ihre relativ dunkle Hautfarbe meine einfachen Träger — Bergbauern der Gurung und Thamang — beim Anblick einer amerikanischen Zeitschrift mit Farbigen von Little Rock zu der spontanen Bemerkung: «American Tharu.»

Die Tharu und ihre Frauen sind tüchtige Jäger, Fischer und Bauern. Zum Fischen benützen sie große, kunstvoll an Holzrahmen montierte Netze, die möglicherweise auch als Vorbild für die Haarnetze gedient haben (Bilder 29 und 65). Haartracht und Kopfbedeckung der Frauen mit hochliegendem Knoten und grobmaschigen schwarzen Schleiern erinnern an den Kopfputz der Spanierinnen. Die

Fig. 22

Ethnologischer Querschnitt durch Westnepal

Schneegrenze ····
Siedlungsgrenze —·—
Bhotiya
Unbewohnt
Indo-nepalische Gruppen

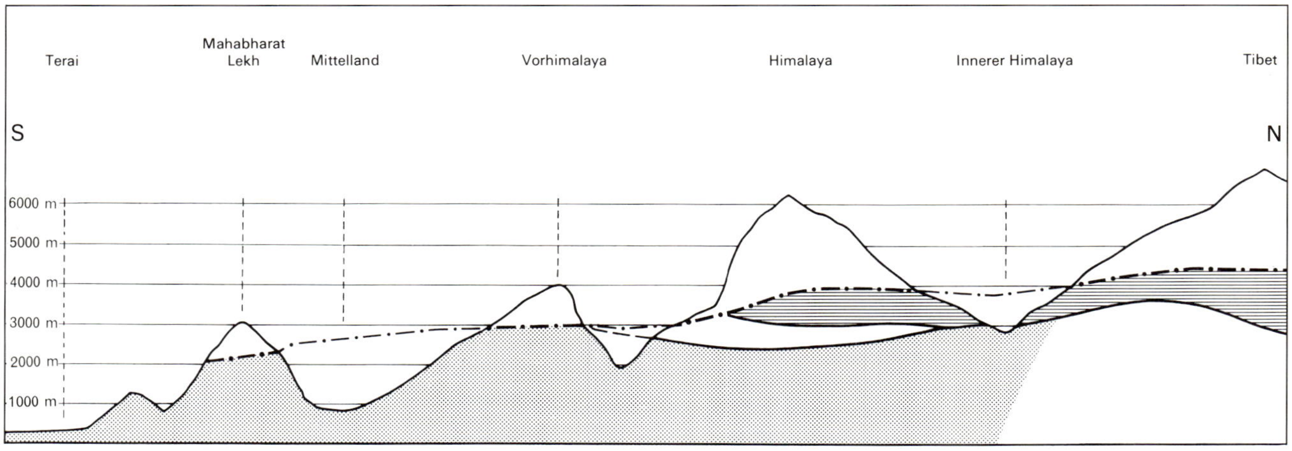

Männer tragen ihre strähnigen blauschwarzen Haare am Hinterkopf durch ein rotes Band gebündelt; wir kennen diese Haartracht auch bei uns: Pferdeschwanz!

Splittergruppen. Es würde den Rahmen dieses Buches sprengen, wollte ich alle Splittergruppen innerhalb der altnepalischen Volksstämme, zum Beispiel die Sunwar, die Rukha und Bura und so weiter, eingehender behandeln. Immerhin sei erwähnt, daß das Hauptsiedlungsgebiet der Sunwar am Oberlauf des Sun Kosi liegt (Fig. 19). Sie haben sich als vorzügliche Schmiede und Goldschmiede einen Namen gemacht und sich sogar in einer besonderen Schmiedekaste, Kami genannt, zusammengeschlossen. Dagegen sind die Bura und Rukha (in Westnepal) bisher fast unbekannt geblieben.

Die indo-nepalischen Völker. Die Einwanderung indo-nepalischer Völker, vor allem ihrer Krieger, Priester, Gelehrten und Mönche, die sich aus den Unruheherden und Kriegsgebieten der nordindischen Tiefebene ins Bergland flüchteten, vollzog sich nicht immer friedlich. Hin und wieder drangen ganze Stämme ein und eroberten den Boden für ihre Siedlungen. Die Geschichte nennt als erste die Thakur, die heute das Einzugsgebiet des Bheri-Flusses in Westnepal bewohnen (Fig. 19).
Diese Einwanderer aus dem Süden sind zum Teil von der einheimischen Bevölkerung aufgesogen worden, zum Teil aber haben sie sich zur herrschenden Oberschicht durchgekämpft. Oft haben auch eingewanderte kriegerische Stämme die überlegene Kultur der unterjochten Völker angenommen und sie unter ihrer Herrschaft sogar zu neuer Blüte gebracht. Besonders in der Newar-Gemeinschaft sind viele kriegerische Klans aufgegangen. Durch diese Vermischung der ursprünglichen Bevölkerung mit den Eindringlingen entstanden neue Kasten und Volksgruppen, denen eigene Namen verliehen wurden.

Die Brahmanen, die mit den siegreichen Kriegerstämmen aus dem Süden eingewandert sind, haben es verstanden, ihre soziale und religiöse Vorzugsstellung auch in Nepal zu behaupten, ja es ist ihnen sogar gelungen, das indische Kastensystem einzuführen und zum Beispiel die ganze Newar-Gesellschaft damit zu durchdringen. So erhoben sie, um sich Gönner und Wohltäter zu schaffen, die führenden Schichten der altnepalischen Bevölkerung zu Kshatriya (Bild 72). Diese wurden jedoch von den reinblütigen Kshatriya aus der indischen Tiefebene nicht als gleichwertig betrachtet, und man gab ihnen daher den neuen Namen Khas.
Die Brahmanen zeichnen sich durch feingeschnittene Gesichter aus und ihre europide (indide) Abstammung ist oft unverkennbar (Bilder 64, 66, 74). Sie spielten auch zu König Mahendras Zeiten eine große Rolle als religiöse Berater und Astrologen. Kein wichtiger Staatsakt, keine Reise des Königs wäre ohne Einklang mit astrologischen Erkenntnissen durchgeführt worden.
Völlig anders verlief die Entwicklung der Brahmanen in Westnepal. Dort war es nicht

gelungen, ihre führende Stellung zu behaupten. Auch siedelten sie in denjenigen Höhenlagen (z. B. 3000 m ü.M. am Rara-See), die in Zentral- und Ostnepal sonst von den altnepalischen Völkern bewohnt sind. In Westnepal sind in höher gelegenen Teilen des Mittellandes ganze Dörfer von Brahmanenfamilien bewohnt, und diese zeichnen sich vor allem durch Armut und Primitivität aus. Die dortigen Brahmanen haben sich offenbar nur schwer an die harten klimatischen Bedingungen assimiliert. So sind ihnen z. B. die warmen, selbstgemachten wollenen Kleider, wie sie etwa die Gurung oder Thamang entwickelt haben, nicht bekannt.

Die Chetri. Die Chetri bilden das Gros der heutigen Bevölkerung des Mittellandes, vor allem in den tieferen Lagen. Man findet sie aber auch im Terai. Der Name Chetri dürfte von Kshatriya abgeleitet sein, also von der Bezeichnung der ursprünglichen reinen Kriegerkaste in Indien. Auch die Khas werden den Chetri zugerechnet.

In die Gruppe der Khas wurden auch alle Kinder aus Mischehen von Brahmanen oder Kshatriya mit Angehörigen der Newar, Gurung, Mangar, Thamang, Rai und Limbu eingeteilt. Darum variieren auch die äußeren Merkmale der Chetri so stark (Bilder 64, 67). Innerhalb der Khas formten sich ebenfalls viele Klans, und einige von ihnen, die Pande, Khattri, Kunwar und Rana, haben die Geschichte Nepals der beiden letzten Jahrhunderte bestimmt. Als die Shah in Gurkha die Herrschaft an sich rissen, wurden sie vornehmlich durch die lokalen Khas unterstützt. Die Khas von Gurkha entwickelten ihre eigene Sprache, die dem ursprünglichen Hindi der Rajputen verwandt war, aber doch wesentlich davon abwich. Sie wurde später als Gurkhali oder Nepali Nationalsprache.

Die Thakur waren ursprünglich ein immigrierter indo-nepalischer Stamm. Sie lebten und leben noch heute vor allem in Westnepal. Aber sie haben sich sehr stark mit der altnepalischen (mongoliden) Gruppe vermischt, so daß sie heute in mancher Hinsicht den Chetri von Zentralnepal entsprechen.

Im Chamlia-Tal im äußersten Westen haben die Thakur einen besonders gefälligen Haustyp entwickelt, der an die Sherpa-Behausungen erinnert (Bild 82). Es sind zweistöckige Häuser mit den Viehställen und Heuställen im Erdgeschoß und der Wohnung im Obergeschoß. Die Häuser weisen edle Proportionen mit Veranden auf und sind mit Holzschnitzereien geschmückt. Oft sind mehrere Häuser an den Hängen in Reihen aneinandergebaut.

Die tibetischen Volksgruppen. Ohne Krieg drangen diese Gruppen von Norden her ins heutige Nepal ein und besiedelten unbewohnte Gebiete von über 3000 Meter Höhe. Sie nahmen alle Gebiete nördlich der Hauptkette in Besitz, der Täler des Innern Himalaya also und die Zonen südlich der Hauptwasserscheide zwischen Tsangpo und Ganges (Fig. 19). Die hohen Gebirge erlaubten es den Siedlern eines Tales natürlich nicht, mit ihren östlichen oder westlichen Nachbarn Verbindung aufzunehmen, und so entwickelten sie sich denn ziemlich eigenständig. Beispiele dafür lassen sich zur Genüge finden: Da ist zum Beispiel die originelle Haartracht der Humla-Tibeter im äußersten Nordwesten (Bild 63). Da ist der Kopfschmuck der tibetischen Einwohner von Dolpo (wie das Langu-Becken genannt wird), aus schwerem Messing oder Gold gearbeitet. In Mustang, am Oberlauf des Kali Gandaki, konnte sich sogar ein halbautonomes Fürstentum entwickeln (Bilder 144 und 145), und Manang, hinter der Annapurna-Kette, ohne Ausgang nach Tibet, wurde zur Heimat eines Schmugglerstammes. Am ausgeprägtesten jedoch ist die eigene Entwicklung bei den Thakal und den Sherpa; sie sind schon im Mittelalter als geschlossener Stamm eingewandert. Die beiden Gruppen haben große Ähnlichkeiten miteinander: Sie ließen sich an wichtigen, leicht begehbaren Handelsrouten zwischen Indien und Tibet nieder, und sie haben ihre eigene, dem Tibetischen verwandte Sprache entwikkelt. Religion und Kultur entsprechen dem tibetisch-buddhistischen Lamaismus.

Die Thakali, die an der wichtigen Mustang-Route, der leichtesten Verbindung zwischen Indien und Tibet durch Nepal, wohnen, sind

76

76 *Pamdur (1400 m), eine Gurung-Siedlung in Zentralnepal.*

natürlich vornehmlich Händler (Fig. 19 und 32). Terrassierte Hänge zeugen davon, daß sie früher auch Ackerbau trieben; dieser ist aber wegen des trockenen Klimas vollständig verschwunden.

Die Thakali sind ein aufgewecktes und recht wohlhabendes Völklein; sie bauen stattliche Häuser mit Flachdächern und weiten Innenhöfen (Bilder 150, 151).

Der rege Nord-Süd-Verkehr durch die gefährliche Kali-Gandaki-Schlucht (Bild 152) brachte es mit sich, daß die Thakali viele Elemente der indischen und altnepalischen Kultur aufgenommen haben. So findet man zum Beispiel in ihrem Zentrum Tukucha, in dem übrigens ein selbsternannter Dorfältester regiert, einen pagodenartigen Bau, der indischen Gottheiten geweiht ist. Das Heiligtum Muktinath (Bilder 147, 148, 150), ebenfalls im Gebiet der Thakali gelegen, wird von Lama aus Tibet, Nepalesen der verschiedensten Gruppen sowie Pilgern und Sadhu aus Indien besucht. Die Anziehungskraft, die Muktinath auf alle diese Völker als heilige Stätte ausübt, verdankt es einer Flamme, die von natürlichem Erdgas genährt wird. Aus demselben Felsspalt wie das Gas ergießt sich eine Quelle. Der Oberlama des Heiligtums erklärte mir: «Gott (wobei sowohl Buddha als auch die hinduistischen Gottheiten gemeint sind) hat zum Zeichen seiner Allmacht das Wasser zum Brennen gebracht.»

Streifzug durch Geschichte und Kultur

Naturgeschichte und Legende. Die Geschichte Nepals ist bis zum Anfang des 19. Jahrhunderts im wesentlichen die Geschichte des Tales der Hauptstadt Kathmandu. Seine Bedeutung kommt schon in seinem Namen zum Ausdruck: Die Bevölkerung bezeichnet allgemein das Kathmandu-Tal als «Nepal Valley» oder kurz als Nepal. So kann es zum Beispiel geschehen, daß ein Bauer, den man 30 Kilometer von Kathmandu entfernt antrifft, auf die Frage, wohin er gehe, lakonisch antwortet: «Nepal tsannee – ich gehe nach Nepal.» Und hier im Nepaltal auch vollzog sich der erstaunliche kulturelle Aufstieg dieses Bergvolkes. Reichlich fließt der Strom der Legenden, die über den Ursprung des Landes und des Volkes berichten.

Das Kathmandu-Tal verdankt seine Fruchtbarkeit einem ehemaligen, jedoch seit vorhistorischen Zeiten verlandeten See, der die fruchtbare Erde hinterlassen hat. Auch nach der Legende (oder Legenden) enthielt das Tal ursprünglich einen See. Inmitten dieses Sees gab es jedoch eine Insel, auf der sich in Vorzeiten der sagenhafte Ur-Buddha Vairocana aus einer Lotusblüte enthüllte. Als der Bodhisattva Manjusri, der Herr der Sprache und Erleuchtung aus Tibet, der von der göttlichen Erscheinung Svayambu auf der Insel gehört hatte, kam, um an dieser Stelle dem Ur-Buddha zu huldigen, durchbrach er mit einem Schwerthieb die Bergkette bei Chobar. Mit dem Wasser verschwanden die Schlangen und Ungeheuer, und zurück blieb das fruchtbare Tal. Damit war das Tal für die menschliche Besiedlung geöffnet. Auf der vormals freistehenden Insel, die nunmehr zu einem freistehenden Hügel geworden war, gründete Manjusri zu Ehren der göttlichen Erscheinung Svayambu dem Ur-Buddha einen Stupa-Tempel. Daraus wurde Svayambunath (Bild 92), eines der ältesten Kulturdenkmäler im südostasiatischen Raum.

Heute beherbergt das Tal von Kathmandu (durchschnittlich 1400 m ü. M.) 2500 größere Baudenkmäler und heilige Stätten (Bild 86). Eine Bevölkerung von rund 600 000 ist auf dem engen Raum von nur 560 km² zusammengedrängt. Kathmandu, 723 gegründet, zählt heute rund 150 000 Einwohner.

Der kulturelle Aufstieg. Eine eigentliche geschichtliche Darstellung von Nepal fehlt jedoch; denn die lokale Chronik Vamjavali mit ihren trockenen Aufzählungen der Herrscher und ihrer Tugenden kann kaum als solche angesprochen werden. So ist man denn in bezug auf die Frühgeschichte auch heute noch hauptsächlich auf die Berichte von Fremden angewiesen, auf Darstellungen chinesischer oder indischer Pilger, auf die Schriften von Gesandten und christlichen Missionaren usw. Zweifellos liegen bedeutende geschichtliche Dokumente in den alten Tempeln; aber die Erforschung und Deutung der Inschriften und Manuskripte hat erst jetzt richtig eingesetzt. Man nimmt an, daß im Nepaltal von 700 vor Christus an die Kiranti herrschten, Vorfahren also der heutigen Rai und Limbu, zu denen man auch die Newar zählte. In der vedischen Literatur – den heiligen Schriften der eingewanderten Arier – werden die Kiranti erstmals erwähnt, und im Mahabharata, einem der beiden großen hinduistischen Epen, sind sie als die Bewohner des nordöstlichen Himalaya geschildert. Sie regierten bis etwa 100 nach Christus, und wahrscheinlich ist schon unter ihren ersten Herrschern der Buddhismus in Nepal eingeführt worden. Jedenfalls reichen die ältesten Geschichts- und Kulturdokumente, die von der Geburt des Gautama Buddha (560 vor Christus) berichten, in diese Zeit zurück. Seine Geburtsstätte liegt bei dem kleinen Ort Rummindei (auch Lumbini genannt), im nepalischen Terai, unweit der indischen Grenze. Dort fand der deutsche Forscher Alois Anton Fürer 1895 in einem Dickicht die Gedenksäule, die der Apostelkaiser Ashoka um 250 vor Christus zur Erinnerung an seine Pilgerfahrt zur Geburtsstätte des Erleuchteten hatte errichten lassen. Buddha soll auf seinen Wanderungen auch das Nepaltal besucht haben, und es scheint, daß Ashoka seinen Spuren auch dort nachgegangen ist. Jedenfalls werden ihm die vier alten *Stupa* von Patan zugeschrieben (Bild 93). Andere Stupa, wie Svayambunath und Bodnath (Bild 91), werden ebenfalls dem indischen Kaiser Ashoka (ca. 250 Jahre vor Christus) zugeschrieben. Die Stupa gehören zu den ältesten Kulturdenkmälern im südost-

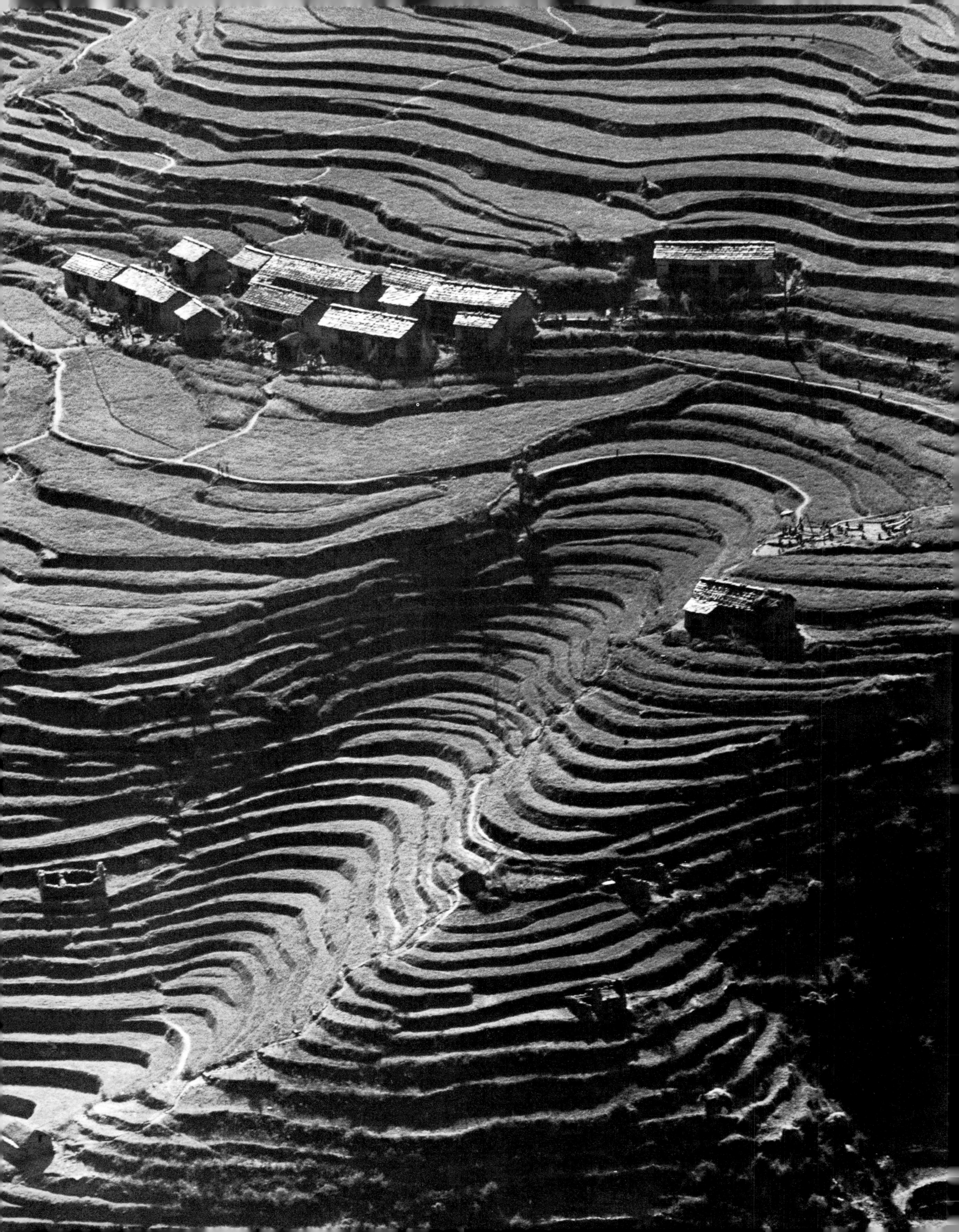

77 *Netakot (1600 m), eine Chetri-Siedlung in Westnepal.*

asiatischen Raum. Der tibetische Chörten (Reliquienschrein, Bilder 49, 114, 144, 162), der alle Karawanen- und Handelswege im Himalaya säumt, hat den indischen Stupa zum Vorbild. Der Stupa hat sich aus dem vorbuddhistischen altindischen Grabhügel entwikkelt. Darunter wurden heilige Asketen, aufrecht sitzend, begraben.

Bei den 4 Stupa von Patan (Bild 93) handelt es sich nicht um eigentliche Stupa, wie sie als Grabdenkmäler über den Reliquien von Buddha errichtet worden sind, sondern die Gruppierung in 4 Stupa (Nord, Süd, West, Ost) deutet auf eine sogenannte Chaitiya hin, die an die vier Zeitalter der Welt erinnert.

Um aber eine gültige Antwort auf Ursprung und genaues Datum der Stupa zu erhalten, müßten diese geöffnet werden. Dies ist vorläufig jedoch unmöglich, denn es ist allgemein verboten, Grabkammern der Stupa zu öffnen. Die beste Gelegenheit, die Kammern nach Reliquien oder nach Stiftungsurkunden zu durchsuchen, ist im Jahre 1825 verpaßt worden, als man den Stupa von Svayambunath öffnen mußte, um den in einem Sturm zerborstenen Stamm zu ersetzen, der die Krone des Denkmals trägt.

Der größte Stupa (buddhistisches Heiligtum) von Nepal steht bei Bodnath, einige Kilometer nordöstlich von Kathmandu (Bild 91). Nur die Luftaufnahme läßt die wirkliche Bedeutung des Stupa erkennen. Die Form seines Sockels entspricht nämlich dem Mandala, der geometrischen Kombination von Kreisen und Quadraten, die im Buddhismus das Universum und die geistigen Kräfte symbolisieren. Der dreifache äußere Kreis (Behausungen für die Pilger, die Ringstraße und die äußerste Mauer mit den Nischen für die unzähligen Gebetsmühlen) stellt das Rad der Wiedergeburten dar, den nie endenden Zyklus von Leben und Tod, von dem die Lehre Buddhas zu erlösen trachtet. Der quadratische Aufbau symbolisiert die Erde, der Kuppelaufbau das Wasser und die dreizehn spitz zulaufenden Stufen im Turm entsprechen Stufen der Erleuchtung als Symbol des Feuers. Diese Stufen münden in einen als Schirm stilisierten Ring – Symbol des Elements Wind – und werden durch das Doppelsymbol von Sonne und Mond, die himmlische Sphäre darstellend, gekrönt. Das Unendliche und Ewige wird vom eigentlichen Stupa verkörpert, der, typisch für Nepal, mit vier Paaren allessehender Augen versehen ist. Die lotosförmigen Augen verkörpern Weisheit.

Die chinesischen Überlieferungen jener Zeit schildern die Bewohner Nepals als abstoßend, wild und verschlagen; aber die Prachtentfaltung am Hof und die Eigenart der Bauten machten doch großen Eindruck auf die Besucher. Der König besaß ungeheure Reichtümer, Perlen, Edelsteine und Gold. Das Volk liebte leidenschaftlich Musik und Tanz, und man beschäftigte sich allgemein intensiv mit Astrologie. Dieselben Eigenschaften fallen dem Besucher an den Newar heute noch auf.

Die Herrscher, die auf die Kiranti folgten, waren meist aus Indien eingewandert; aber die Geschichte der folgenden Jahrhunderte ist in Dunkel gehüllt. So weiß man zum Beispiel von der Lichavi-Periode, die von 350 bis 630 nach Christus dauerte, heute noch gar nichts. Auch die Thakuri stammten aus Indien, und sie sind im Gegensatz zu den Lichavi heute in Westnepal noch allgemein verbreitet (Fig. 19). Sie drangen als Eroberer ins Nepaltal ein und bildeten eine neue Oberschicht, die die höher stehende Kultur der Newar allmählich übernahm. Der Begründer ihrer Dynastie, Amshuvarman (630), scheint ein aufgeschlossener und toleranter Herrscher gewesen zu sein. Selbst ein eifriger Verehrer des Shiva-Kultes, duldete er die Lehre Buddhas nicht bloß, sondern er förderte sie kräftig.

In diese Zeit (7. Jahrhundert) fällt die Entstehung der großen Steinskulptur von Buddhanilkhantha, einige Kilometer nordöstlich von Kathmandu (Bild 98). Es ist eine über 5 Meter große liegende Statue des Gottes Narayan (wie Vishnu in Nepal genannt wird), der von den Hindus Nepals verehrt wird. Die Statue liegt auf einem Bett der Schlange Anantna, dem Symbol der Ewigkeit, und die Schlange schwimmt in einem künstlichen Teich in einem stimmungsvollen Innenhof mit großen Bäumen. Die Hindu-Pilger bringen Reisopfer und das Laub der heiligen Pflanze Basilikum dar und küssen Füße und Haupt von Narayan.

Aus dieser Zeit (7. Jahrhundert) datieren die

78 Limbu-Haus bei Taplejung, Ostnepal.

79 Newar-Städtchen Chainpur (1300 m), Ostnepal.

78

ersten geschichtlichen Aufzeichnungen chinesischer Mönche, die die damals schon berühmten nepalischen Pilgerstätten besuchten. Im Bestreben, seinen Einfluß auszudehnen und seine Beziehungen zu erweitern, gab der Thakur-Herrscher Amshuvarman im Jahre 630 seine schöne Tochter Bhrikuti als zweite Frau dem König von Tibet und Gründer von Lhasa, Srongbtsan Sgampo. Zusammen mit seiner ersten Frau, einer kaiserlich chinesischen Prinzessin, bemühte sich Srongbtsan Sgampo eifrig um die Verbreitung des Buddhismus in Tibet. Wir wissen über diese Periode einigermaßen Bescheid, weil die Chinesen nach den Tang-Annalen im Jahre 646 im Nepaltal die erste Gesandtschaft errichteten. Es ist durchaus möglich, daß der nepalische Pagodenstil schon damals von den Chinesen übernommen wurde.

Als Folge seiner guten Beziehungen zu China stieg auch das Ansehen Nepals in Indien, wo man nun die nepalischen Herrscher als vollwertige Kshatriya anerkannte. Die neueren Vorgänge zeigen eine verblüffende Ähnlichkeit mit der damaligen Situation: Durch den Ausbau seiner Beziehungen zu dem mächtigen nördlichen Nachbarn erwirkte Nepal eine Verbesserung zum Beispiel des indisch-nepalischen Handelsvertrages.

Als Folge dieses höheren Ansehens vertieften sich allmählich – durch eheliche Verbindungen klug gefördert – die kulturellen Beziehungen zwischen Indien und Nepal. (Der Name Nepal taucht übrigens zum erstenmal im Jahre 879 auf, und er bedeutet den Beginn einer neuen Ära.) Wie eng damals die kulturellen und politischen Verbindungen Nepals zu Indien waren, geht daraus hervor, daß die republikanischen Stammesorganisationen im Nepaltal beträchtlich geschwächt wurden, als in Indien die Gupta-Dynastie eine kräftige Erneuerung des Shiva-Kultes und ein ausgesprochen monarchisches System einführte. Unter den buddhistischen Mönchen Nepals waren damals zwei Glaubensrichtungen verbreitet: das sogenannte «kleine Fahrzeug», die puritanische konservative Urform, und das «große Fahrzeug», die liberalere nördliche Richtung, die außer fünf Buddhas noch *Bodhisattvas* und andere göttliche Wesen kannte. Das Volk aber huldigte zum Teil weiterhin den alten Geistern der Naturreligion. So fand denn die dritte Phase des Buddhismus, das «Diamant-Fahrzeug», in Nepal einen vorbereiteten Boden. Besonders der Mönch Atisha, Vertreter der «Donnerkeil-Lehre» und Förderer des Tantrismus, verbreitete die neue Richtung, in der magische Formeln und Weihekulte eine große Rolle spielten. Die neue Lehre paßte sich den alten Volkskulten so stark an, daß sie zum Beispiel auch die Verehrung von weiblichen Gottheiten und erotische Riten aufnahm. Noch heute findet man an den Balken der Pagodentempel Holzschnitzereien, die fremdartige erotische Handlungen darstellen.

79

Die Lehre Buddhas freilich wurde durch solche Wandlungen mehr und mehr des ursprünglichen Gehaltes beraubt; die «Gegenreformation», die Entwicklung des Brahmanismus, war die natürliche Folge. Im Gegensatz zu Indien vermochte sich diese Erneuerungsbewegung in Nepal allerdings nicht durchzusetzen; im Gegenteil, die tantrischen Zauberlehren breiteten sich weiter aus. Selbst als ums Jahr 1200 Abhaya Malla die Thakur-Herrscher verdrängte und die aus Indien stammende orthodox-hinduistische Dynastie der Malla errichtete, behauptete sich der Buddhismus weiterhin kraftvoll.
Der Name Malla bezeichnet auf Sanskrit Boxer, Athlet oder Sieger. Und mit den Malla, deren Geschlecht aus der Geschichte Südindiens bekannt ist, beginnt für Nepal eine neue Ära. Anfänglich begegneten die Malla-Herrscher allerdings großen Schwierigkeiten. Fürsten aus Indien, einheimische Khas, Mangar und natürlich auch die verbannten Thakur-Familien machten ihnen die Herrschaft in Nepal streitig. Sogar der Moslem-Führer Sultan Shamsuddhin Illyas von Bengalen fiel in Nepal ein und plünderte und brandschatzte.
Bedeutsam für die Entwicklung des Landes in dieser unruhigen Zeit war die Einführung der brahmanischen Hierarchie durch den aus Tirhut vertriebenen König, welcher der mohammedanischen Invasion weichen mußte. Aber erst Jaya Sthithi Malla vermochte die Ordnung wiederherzustellen, und in der Folge führten die Malla-Könige das Land einer unvergleichlichen kulturellen Blüte entgegen, die über 300 Jahre dauerte.
Jaya Sthithi Malla ordnete im 14. Jahrhundert die Gesellschaft des Landes streng nach den orthodoxen Kastengesetzen. Alle Buddhisten wurden ihren Berufen entsprechend in 85 Kasten der Hindu eingeteilt; viele dieser Kasten bestehen allerdings heute nicht mehr. Die Mönche heirateten nun und wandten sich Berufen zu, sie wurden Gold- und Silberschmiede, und mit ihren Familien bevölkerten sie die ehemaligen buddhistischen Klöster. Daneben verrichteten sie wie bisher ihren Dienst in den Tempeln.
Unter den Malla-Königen ist besonders Jaksha Malla zu erwähnen. Während der 50 Jahre seiner Regierungszeit erweiterte er den Machtbereich weit über das Nepaltal hinaus. 1488 teilte er das Reich unter seine vier Erben, und die vier kleinen Königreiche von Kathmandu, Bhadgaon, Patan und Banepa hielten sich bis zur Eroberung durch die Gurkhas. Sie wetteiferten miteinander im Bau von schönen Schlössern und Tempeln, und an ihren Höfen waren Dichter und Musiker gern gesehene Gäste.

80

80 Große Schaukel bei Charikot, zur Zeit des Divali-Festes. Im Hintergrund der Gauri Sankar (7145 m).

Bei so toleranten und kunstbeflissenen Königen boten natürlich die Mythologien des Hinduismus, Buddhismus und Tantrismus eine unabsehbare Fülle von Motiven, wie z. B. für ornamentale Fenster und andere Verzierungen aller Art. So gehört z. B. das in Bild 94 gezeigte holzgeschnitzte Fenster zum alten Königspalast in Kathmandu, dem Durbar. Im Lauf der Zeit ist rings um den Palast eine Tempelstadt entstanden, und das Ganze ist heute unter dem Namen Hanuman Dhoka bekannt. Leider wurde der geschlossene architektonische Eindruck durch den Anbau eines weißgetünchten Monumentalbaus im neuklassizistischen Stil des letzten Jahrhunderts verdorben. — Die heutige Königsfamilie wohnt nicht mehr im Durbar, aber die Beglaubigungsschreiben der neuernannten Botschafter werden noch heute in festlich traditionellem Rahmen im Durbar überreicht.

Bild 103 zeigt die über 3 Meter große Frontverzierung des großen Götterwagens Machendranath. Das Fest des Machendranath ist eines der volkstümlichsten der Nepali. Alte mystische Fruchtbarkeitskulte für Regen und gute Ernte, auch hinduistische und buddhistische Symbole liegen ihm zugrunde. Die meiste Zeit des Jahres verbringt Machendranath, einer der vielen Großzauberer der tantrischen Lehre, in einem Tempel bei Bungamati. Im letzten Monat des nepalischen Jahres, März/April, wird seine beseelte Holzstatue in einer Prozession nach Patan gebracht. Dort wird sie am Vollmondtag durch ein Bad in Milch neu belebt. Unterdessen sind die beiden Götterwagen zusammengesetzt und mit ihrem Turmaufbau versehen worden. Die Statue wird in den einen Wagen verbracht; die Prozession zieht nun von Stadtteil zu Stadtteil und erreicht nach mehreren Tagen schließlich Jawalakhel. Mit prunkvollen Festen und religiösen Tänzen geht die Feier zu Ende und erreicht ihren Höhepunkt, wenn das Hemd des Gottes öffentlich gezeigt wird, worauf die Statue wieder nach Bungamati zurückgebracht wird. Alle Hindernisse, Telefondrähte, elektrische Leitungen usw., die den Weg der Prozession kreuzen, müssen weggeschafft werden, da der Turmaufbau bis zu 15m hoch ist. Stürzt er ein, so bedeutet das nach dem Volksglauben, daß ein Landesunglück bevorsteht.

In Bild 102 ist eine Holzplastik eines unbekannten Newar-Meisters dargegeben (Originalgröße 90cm). Ein großartiges Beispiel aus zahllosen Kunstwerken unbekannter Schöpfer, die die alten Tempel im Nepaltal schmükken. Die Figur stellt eine der Baum- und Fruchtbarkeitsgöttinnen dar (Yakshi), halbgöttliche Wesen aus dem Gefolge des Gottes des Reichtums (Vaishravana). Sie bewohnen die Erdtiefe und hüten die in ihr verborgenen Schätze. Ähnlich den Gnomen der deutschen Volkssage gelten sie als hilfreiche, gutartige Wesen.

Nyatpola, der höchste Tempel in Nepal (Bild 95), wurde 1703 von Bhupatindra Malla gebaut, wozu ein dem Gott Bhairava geweihter Tempel den Anlaß gab, der das Land vor Unbill schützen sollte. Das Pagodendach erinnert an ähnliche Bauwerke in Ostasien. Fachleute nehmen an, die Pagodenform habe ihren Ursprung in Nepal. Die fünf Figurenpaare, die den Treppenaufgang bewachen, sind der indischen Mythologie entnommen. Zuunterst sind zwei sagenhafte Helden dargestellt, die zehnmal so stark sind wie gewöhnliche Menschen. Dann folgen zwei Elefanten, dann zwei Löwen, zwei Drachen und schließlich die beiden Tiger- und Löwengöttinnen Baghini und Saghini. Jedes Paar ist zehnmal so stark wie das vorhergehende, tieferliegende. Die Göttinnen zuoberst sind demnach zehntausendmal so stark wie gewöhnliche Menschen.

Die Stadt Bhadgaon (Bild 89), heute vermehrt auch Bhaktapur genannt, wurde schon 889 von König Ananda Malla gegründet. Jedoch Bupatindra Malla war der größte Bauherr von Bhadgaon. Er herrschte 34 Jahre und errichtete vor seinem Durbar (Königspalast) sein Standbild (Bild 97).

Das Goldene Tor am alten Königspalast in Bhadgaon (Bild 96) ist ein Meisterwerk newarischer Goldschmiedekunst. Es datiert aus dem Jahre 1756 und wurde durch König Ranjit Malla errichtet.

Der Durbar hat auch dadurch historische Bedeutung, daß hier 1768 die drei letzten Malla-Könige Zuflucht gesucht hatten, nachdem Kathmandu dem Gurkha-König Prithwi Narayan in die Hände gefallen war.

Wenn die Gurkha das Land eroberten, so ist dies nicht nur ihrer Überlegenheit zuzuschreiben, sondern vor allem auch dem Umstand, daß die Malla-Königreiche miteinander rivali-

sierten und sich im entscheidenden Augenblick nicht auf eine gemeinsame Verteidigung einigen konnten.
Wichtiger Teil des kulturellen Erbes ist u. a. auch die Toleranz auf religiösem Gebiet. Als ich noch in den frühen fünfziger Jahren das Heiligtum Swayambhunath bei Kathmandu besuchte, war ich überrascht, neben den Abbildungen hinduistischer Gottheiten auch solche von Buddha, Christus und Gandhi zu finden. Auf meine Frage erklärte man mir mit größter Selbstverständlichkeit: «All the same, Sir.»
Zweimal habe ich in Nepal Weihnachten mit meiner Familie unter dem Christbaum gefeiert. Alle meine Angestellten feierten mit, als ob es ihr eigenes Fest wäre, und von meinen Freunden in der Regierung erhielt ich Glückwünsche für eine «merry Christmas». Das war nicht nur Höflichkeit, das war mehr: die Achtung vor dem Glauben des andern.
In Nepal ist unter diesen Umständen, wo «all the same, Sir» ist, eine genaue Teilung zwischen Hindu und Buddhisten fast unmöglich. Natürlich sind die Bhotiya in der tibetischen Volksgruppe reine Buddhisten; die Brahmanen und Kshatriya in der indo-nepalischen Bevölkerung dagegen sind orthodoxe Hindu. Die altnepalischen Stämme jedoch und die Mischlinge verehren Buddha, die Götter der Hindu und eine große Zahl alter Geister und Gottheiten und tantrischer Zauberer. Fragt man einen Nepali über die Abgrenzung zwischen den verschiedenen Religionen, so schüttelt er höchstens den Kopf; eine solche Frage scheint ihm sinnlos. Zum besseren Verständnis dieser Haltung führe ich einige Zeilen des großen französischen Forschers Sylvain Lévi an, die er in seinem bedeutenden Werk über Nepal geschrieben hat: «Als Erben der griechischen Logik und des jüdischen Monotheismus wenden wir auf fremde Bekenntnisse instinktiv das Prinzip des Widerspruchs an; danach ordnen sich Götter und Gläubige in abgeschlossene Gruppen, die bis zum Antagonismus voneinander verschieden sind. Statistiken von komischer Ernsthaftigkeit berechnen die Gesamtzahl der Buddhisten, der Konfuzianer, der Schintoisten. Ein Hindu, ein Chinese, ein Japaner vermag den Sinn dieser

81

82

83

81 Syabru (2200 m), Thamang-Siedlung im Trisuli-Tal.

82 Chetri-Siedlung bei Pharping, Kathmandu-Tal.

83 Thakur-Siedlung im Chamlia-Tal, Westnepal.

84 Chetri-Kremation am Kali Gandaki bei Riri. Die Trauernden wohnen der Verbrennung nackt bei und rasieren den Kopf bis auf einen Pferdeschwanz.

85 Zwei Knirpse spielen «Kremation». Schon als Kinder haben die Hindus eine weniger furchtsame Einstellung zum Tode als wir im westlichen Abendland.

84

85

Zahlen nicht einzusehen; denn diese starre Aufteilung ist dem Geist des Fernen Ostens fremd. Undeutlich spürt der Mensch beim Anblick der Natur eine unendliche, verwirrende Fülle von Kräften, die sich jederzeit auf Kosten seiner Schwäche auswirken können; sein Pantheon ist weit geöffnet, es hat stets Platz für neue Gäste. Der Priester aber ist nicht ein Seelenarzt, sondern ein Fachmann des Ritus; wie die Gottheit, der er dient, hat er sein besonderes Gebiet, in dem er sich auszeichnet, und überläßt dem Nachbarn gern das seinige.»

Wie weit fremde Denkarten schon in die Verwaltung eingedrungen sind, ist aus den Veröffentlichungen des «Central Bureau of Statistics», Kathmandu ersichtlich, wo mit tierischem Ernst Zahlenangaben über die Religionszugehörigkeit des nepalischen Volkes gegeben werden.

Das kulturelle Erbe der religiösen Toleranz ist schon stark im Verfall. Von Staats wegen ist der Wechsel der Religion sowie das Missionieren verboten; evangelische Missionare, die sich nicht an dieses Verbot hielten, wurden ins Gefängnis geworfen. Ich möchte nicht mißverstanden werden und nehme jene christlichen missionarischen Eiferer nicht in Schutz. Die Gesetze eines Landes müssen von Ausländern respektiert werden. Aber jenes Gesetz ist der kulturellen Tradition des nepalischen Volkes nicht würdig.

86 Tanz von Gurung-Mädchen in Siklis, Zentralnepal.

Kulturelles Erbe in Gefahr. Wir haben vom erstaunlichen kulturellen Aufstieg der paradiesischen und sagenumwobenen Talschaft von Kathmandu gelesen. Wie groß die kulturelle Leistung des kleinen Völkleins der Newari tatsächlich war, mag aus der zahlenmäßigen Bedeutungslosigkeit dieses Volkes abgeleitet werden. Griechen und Römer waren Großmächte. Ihre großen Hauptstädte hatten weiträumiges Hinterland, von dem die zivilisatorischen und kulturellen Aktivitäten getragen wurden. Die Reiche der Malla waren stets sehr klein, drei Königreiche auf einem Raum von nur 500 km²!

Auch heute noch ist die Bevölkerung der drei alten Königsstädte klein geblieben, nämlich Kathmandu 150000, Patan 50000 und Badgaon 40000 Einwohner. Sucht man in der europäischen Kulturgeschichte eine Parallele, so findet sie sich nur beim reichen Kulturschaffen der Stadtstaaten wie z. B. Florenz zur Zeit der Renaissance.

Im Gegensatz zu den großen Reichen der Antike muß also die kulturelle Tätigkeit sehr breit im Volk verankert gewesen sein. Sie kann weder die Arbeit einer kleinen Elite (obschon diese eine ganz bedeutende Rolle spielte) noch der Sklavenheere beim Bau der großen Werke gewesen sein. Nur mit aktiver Teilnahme eines großen Teils des Volkes konnten die rund 2500 (heute katalogisierten) Heiligtümer und größeren Kulturdenkmäler, die das Kathmandu-Tal beherbergt, geschaffen werden. Unter der Annahme, daß die Bevölkerung des Tales die heutige Zahl von 600000 Einwohnern früher wohl nie überschritten, wahrscheinlich aber überhaupt nie erreicht hat, gibt es ein Baudenkmal auf 200 Menschen, oder ein Denkmal auf 30 Familien. Dies ergibt eine Dichte von Kulturdenkmälern, wie es in Athen oder Rom wohl kaum je erreicht worden ist.

Die Newari waren aber nicht nur Meister im handwerklichen kulturellen Schaffen (ihre größten Tempel, auch der fünfstöckige Nyatpola, Bild 95, sind bei keinem Erdbeben eingestürzt); nicht minder Bewunderung erfordert die Art und Weise, wie sie ihre Kultur in völliger Harmonie mit der Natur geschaffen haben. Ihre Talschaft ist damit auch zur Wiege einer bedeutenden Zivilisation geworden. Der fruchtbare Boden und das Wasser schufen die Grundlage für diese erstaunliche Zivilisation. Ungeschriebene Gesetze sorgten dafür, daß das Gleichgewicht mit der Umwelt über Jahrhunderte erhalten geblieben ist, trotz intensivster Ausnutzung der Naturgrundlage. Flüsse und Gewässer, Quellen und Teiche wurden als heilig und unantastbar erklärt. Daraus entstanden Kultstätten wie z. B. Godavari, Balaju, Pharping, Buddhanil khantha (Bild 98). Aber auch andere Naturschönheiten, wie Forste, Grotten, Hügel und Felsen, galten als heilig, als Zeichen der Götter. Öfters ist das Heiligtum nur ein Spalt oder ein Loch im Boden; ein eigenwillig geformter unbehauener Stein vielleicht, als Zeichen, zu Mutter Erde in inniger Beziehung zu stehen. Das Leben des Volkes im Kathmandu-Tal ist von religiösen Gebräuchen und Mythen durchdrungen, keine tägliche Handlung im Haushalt, kein Ereignis in der landwirtschaftlichen Tätigkeit (z. B. Aussaat, Ernte), das nicht von religiösen Riten begleitet und durchdrungen worden wäre. An den zahlreichen religiösen Festen vibriert das Volk geradezu im Miterleben der alten Mythen und Legenden und sogar die tote Materie der Heiligtümer scheint in das Vibrieren einbezogen zu sein. Diese Stimmung hat Han Suyin in ihrem Roman «Wo die Berge jung sind» besonders meisterhaft geschildert.

Die Städte wurden meist auf höher gelegenen Plateaus angelegt (Bild 99), um möglichst viel tiefer gelegenes und bewässerbares Land für Reisanbau zu nutzen. Sie standen aber immer zu angrenzenden heiligen Flüssen und Wäldern in Beziehung. Zu jeder größeren Siedlung gehört auch der Verbrennungsplatz an einem heiligen Fluß (z. B. Pashupatinath für Kathmandu). Aus den gleichen Gründen der Beschränktheit des Nutzlandes wurden die Siedlungen auch auf kleinstem Raum zusammengedrängt und die Häuser mehrgeschossig in die Höhe gebaut. So erreichen die Newarstädte mit 567 Einwohnern je Hektar eine größere Wohndichte als die meisten mit Wolkenkratzern bestückten Großstädte der Welt. Die Siedlungen selbst wurden in funktionelle konzentrische Ringe aufgeteilt, wo Priester

87 Hanuman, der Affengott.

88 Monsun-Ende im Kathmandu-Tal.

89 Monsun im Kathmandu-Tal bei Bhadgaon.

90 Winter im Kathmandu-Tal.

90

im Zentrum (bei den Heiligtümern), Händler, Handwerker, Bauern und Straßenreiniger zwar getrennt wohnen, zusammen jedoch funktionell ein harmonisches Ganzes bilden. Mit bis 80% Anteil von Bauern an der Stadtbevölkerung unterscheiden sich die alten Newarstädte grundsätzlich von alten europäischen Städten.

Die Bürger dieser Siedlungen hielten ihre getrennten Funktionen durch Generationen hindurch aufrecht, was die Kastengesetze unzweifelhaft noch gefördert hat. Diese strenge Ordnung hat ein Ineinandergreifen und Überwuchern des einen Teils über den andern wirksam verhindert. Das Wachstum der Bevölkerung führte (bisher) also nicht zu den Slumbildungen an den Stadträndern, den typischen Wachstumserscheinungen der großen Städte der dritten Welt. Wo diese Gefahr durch Bevölkerungsdruck entstand, wurden funktionelle integrale Satellitenstädte angelegt, mit der gleichen Organisation wie die Ausgangsstadt. Die Newari haben also das fertiggebracht, wovon die modernen Architekten und Städteplaner in den Industrieländern nur träumen, bestenfalls noch theoretische Abhandlungen schreiben können! Unseren neuen Siedlungen außerhalb der Städte (z. B. den Schlafstädten) gehen diese funktionell integralen Strukturen völlig ab.

Neben den drei alten Königsstädten wurden im Kathmandutal im Laufe der Generationen 29 neue Siedlungen angelegt. Wenn auch Reisanbau die Haupttätigkeit deren Bevölkerung ist, so haben sich doch in einzelnen Städten Spezialitäten entwickelt, wie etwa die Töpferei in Thimi oder die Baumwollweberei in Sankhu.

Progressive Entwicklungsideologen mögen das starre funktionelle Kastensystem als entwicklungshemmend bezeichnen für eine «egalitäre Gesellschaft». Tatsache aber ist, daß dieses unegalitäre System (bisher) in hervorragender Weise das Gleichgewicht zwischen Umwelt und Zivilisation bewahrt hat.

Die vielstöckigen Newarhäuser weisen nur einen geringen Grundriß auf (Bilder 88, 112). Die Räume des Erdgeschosses beherbergen die landwirtschaftlichen Geräte und die Ernte. Die Schlafräume sind im ersten Obergeschoß untergebracht; Wohnraum und Küche im zweiten Obergeschoß. Eßplatz und Gebetsraum finden sich im Dachgeschoß. Die Häuser haben meist Innenhöfe, wo die Bewohner als Großfamilie zusammenleben. Die Großfamilie verschafft den Mitgliedern eine beträchtliche soziale Sicherheit. Einzelne Mitglieder mögen Funktionäre oder Händler sein. Diese bringen das Bargeld für die sonst großteils bäuerlichen Familien. Auch die nichtbäuerliche Großfamilie (z. B. eine Beamtenfamilie) besitzt irgendwo noch ein Stück Land, dank dessen Produktion Unregelmäßigkeiten in der Lohnauszahlung durch die Regierung nicht tragisch genommen werden.

Bei aller Hochachtung gegenüber der heiligen Natur haben es die Newari gleichzeitig verstanden, sich die gleiche Natur untertan zu machen. In jahrhundertelanger Arbeit wurde die Natur umgeformt, wie etwa durch die feine, hochpräzise Terrassierung (Bild 89), Voraussetzung für intensiven Reisbau. Die Terrassen haben aber auch gleichzeitig die Funktion, während der Monsunzeit das Wasser der schweren Regengüsse zurückzuhalten. Sie dienen also auch der Verhinderung der Bodenerosion. Der Viehhaltung sind Grenzen gesetzt, weil die Futterbasis fehlt.

Deshalb, und auch weil viele Terrassen eine zu kleine Ausdehnung haben, wird auch heute noch die Felderbestellung mit der Hacke (Kodali genannt) durchgeführt. Die Newari haben, als einziges Volk in Nepal, Gemüsebau gepflegt.

Ein feinverzweigtes Netz von Bewässerungskanälen wurde angelegt. In zahlreichen Newarsiedlungen wurden die Bewässerungskanäle durch die engen Gassen der Siedlungen gezogen, wo sie gleichzeitig der Wasserversorgung und als Kanalisation dienten.

Indessen ist jedes Bewässerungssystem nur so weit wirksam, wie Ordnung und Disziplin in der Wassernutzung reichen. Auch in dieser Hinsicht waren die Newari Meister. Ausgeklügelte Wassernutzungsrechte – aber auch Pflichten zum Unterhalt der Bewässerungsanlagen – regelten den Wasserhaushalt auf das genaueste. Was das bedeutet, kann man daraus entnehmen, daß die meisten der großen Bewässerungsprojekte der UNO und der

Weltbank die in sie gesetzten Erwartungen bei weitem nicht erfüllen, weil es trotz aller technischer Vollkommenheit der Anlagen an der Ausbildung und vor allem an der Disziplin der Wassernutznießer fehlt. Auch im jetzigen Fünfjahresplan gibt ja die Regierung ihrer Enttäuschung Ausdruck über den geringen Wirkungsgrad der bisher gebauten Bewässerungsanlagen.
Bis 1951, dem Anbruch des modernen Zeitalters in Nepal, lebte das Volk (nicht nur im Kathmandu-Tal) im Gleichgewicht mit der Umwelt. Die «Inwelt», als Gegensatz zur Umwelt, war zwar nicht ideal, aber bei weitem nicht so schlecht, wie moderne Heilsbringer es wahrhaben wollen. Heute jedoch hat sich die Umwelt infolge Übernutzung des Bodens und Raubbau an Wald und Holz mit nachfolgender Bodenerosion (Bild 139) katastrophal entwickelt. Dies paralysiert nicht nur die materiellen und sozialen Errungenschaften der modernen Entwicklung, sondern mag in Zukunft eine gesunde Entwicklung überhaupt unmöglich machen.
Es ist natürlich ein leichtes, über die «unvernünftigen» Nepali zu Gericht sitzen zu wollen wegen Raubbau an Boden, Holz und Wald. In Anbetracht der Bevölkerungsexplosion ist vermehrte Nutzung einfach eine Überlebensfrage. Brennholz zum Kochen ist eine Lebensnotwendigkeit und eine Energiealternative ist trotz der vieldiskutierten angepaßten Techno-

91 Das buddhistische Heiligtum von Bodnath bei Kathmandu.

91

92 Im Kathmandu-Tal. Auf dem Hügel im Mittelgrund das Heiligtum Svayambunath. Im Hintergrund der Ganesh Himal (7406 m).

93 Einer der vier Stupas von Patan, deren Gründung dem Apostelkaiser Ashoka zugeschrieben wird, der 250 vor Christus eine Pilgerreise zur Geburtsstätte Gautama Buddhas in Rumindei (auch Lumbini genannt) unternahm und damals auch das Kathmandu-Tal besuchte. Die vier Stupas von Patan enthalten keine Reliquien von Buddha, sondern sind Denkmäler, Chaitiyas genannt, welche die vier Zeitalter der Erde darstellen.

logie mit Sonnenenergie, Biogas usw. überhaupt nicht in Reichweite.
Völlig unentschuldbar jedoch ist die Zerstörung der Umwelt, die vom Menschen durch Einführung völlig falsch verstandenen Fortschritts verursacht worden ist. Die Respektlosigkeit gegen angestammte kulturelle Traditionen hätte kaum mehr zum Ausdruck kommen können als durch das Niederreißen ganzer Stadtteile, um Platz für Prestige-Avenues zu schaffen, oder durch die Plazierung der Zementfabrik beim geheiligten Ort Chobar (wo Manjusri mit seinem Schwert das fruchtbare Nepaltal schuf). Rauch und Abgase von der Zementfabrik ergeben in diesem Kaltluftbekken (das etwa mit Mexico oder Los Angeles verglichen werden kann) die idealen Kondensationskerne für einen derartigen Smog, daß die früher so zauberhaft klare Atmosphäre des Kathmandu-Tales fortan nur noch aus Geschichtsbüchern zur Kenntnis genommen werden kann (Bilder 109 und 110).
Respektlos gegenüber dem kulturellen Erbe war auch die Verschandelung der früher prachtvollen freien Wiesenanlagen um die südliche der vier Stupa von Patan durch militärische Bauten, durch Errichtung eines Exerzierfeldes und daneben einer Transformatorenstation mit wildem Gewirr von Starkstromleitungen. Bild 93, das diesen altehrwürdigen Stupa, eines der ältesten Baudenkmäler Südostasiens, zeigt, hat historischen Wert.

92

Im Sinne der «Modernisierung» wurde das Kathmandutal von einer wahren Betonorgie erfaßt. Neue Siedlungen, moderne Hotels und Einzelbauten in häßlicher Betonkonstruktion nehmen sich wie Geschwüre aus in den sonst noch fast intakten Städten und Siedlungen. Alte Baumalleen wurden rücksichtslos umgehauen, um einem modernen Stadion Platz zu machen (Bild 111). «Brot und Spiele», d. h. vor allem Spiele sind heute offensichtlich wichtiger als Bewahrung des kulturellen Erbes!

Der früher große grüne Platz (Tundikhel) inmitten Kathmandus wurde durch groteske, fremdländische Betonbauten und -umzäunungen verunstaltet und die herrlichen alten Baumbestände wurden radikal umgehauen. Altehrwürdige Städte und Stadtplätze erlebten dasselbe Schicksal (Bild 112). Nur wenige moderne Bauten wurden so konzipiert, daß sie in die Umwelt passen, wie z. B. das Annapurna-Hotel und besonders das Malla-Hotel (Bild 113).

Das verhängnisvollste Einzelereignis in der Zerstörung der baulichen kulturellen Substanz wurde durch den offiziellen Besuch von Königin Elizabeth II. im Jahre 1961 ausgelöst. Im Rahmen eines völlig unsinnigen «Beautifying Plan» (Verschönerungsplan) wurden ganze alte Stadtteile abgerissen, und das Schwelgen in teurem Beton kannte keine Grenzen.

94

96

97

Es ist zwar zuzugeben, daß mangelnde Respektlosigkeit gegenüber dem alten architektonischen kulturellen Erbe schon von gewissen Rana gepflegt worden ist, wie etwa die über 40 Paläste der Rana zeigen. Das Singha Durbar (Bild 107), der Palast des letzten Maharajas Mohan Shumsher, der auch nach 1951 als Regierungspalast diente, aber im Jahre 1974 fast ganz abgebrannt ist, hatte wenigstens einen gewissen Stil. Die alten Rana-Paläste wurden jedoch nicht in die alten Städte gebaut, sie gingen also nicht auf Kosten der alten kulturellen Substanz, sondern die Rana-Familien errichteten sie ausnahmslos außerhalb oder mindestens am Rand der Städte.
Es gibt zwar heute Bestrebungen, alte Kulturdenkmäler zu restaurieren, wie etwa das erfolgreiche englische Projekt mit dem alten Königspalast in Kathmandu und das sehr gut konzipierte deutsche Projekt in Badgaon zeigen. Von den rund 2500 Kunstdenkmälern des Tales sind bisher durch die UNESCO und andere rund 800 photographiert und katalogisiert. Doch eine wirkliche Sanierung der alten Städte würde viel mehr Geldmittel erfordern, als dem Land tatsächlich zur Verfügung stehen.
Wasserversorgung und Kanalisationen in den alten engen Gassen zwischen den hohen Häusern sind aufwendig und kostspielig, jedoch absolut notwendig, um die Städte heute lebenswert zu gestalten. Vor allem ist zum Schutz der Städte ein rigoroses Verbot der Regierung gegen jede weitere Verbetonierung vonnöten.
Doch solche Regierungen und Völker sind sehr rar, sowohl in der dritten Welt als auch bei uns. Soweit ich die Welt kenne, hat sich bisher nur die Regierung in Sanaa (Nordyemen) zu einem derartig kühnen Entschluß durchgerungen.
Die moderne Entwicklung im Kathmandu-Tal hat schon heute tiefgreifende äußere, jedermann sichtbare, ungute Entwicklungen ausgelöst. Sie wird auch das innere Gefüge der menschlichen Gesellschaft ergreifen, d.h. vor allem im desintegrierenden, zerstörerischen Sinn, ohne bisher wirkliche modernere Alternativen bieten zu können.

94 Holzschnitzereien am alten Königspalast (Durbar) von Kathmandu.

95 Nyatpola, der mit fünf Geschossen höchste Tempel von Nepal, wurde 1703 von König Bhupatindra Malla in Bhadgaon erbaut. Die fünf Figurenpaare, die den Treppenaufgang bewachen, sind der indischen Mythologie entnommen. Am Fuß der Treppe sind zwei sagenhafte Helden dargestellt, die zehnmal so stark sind wie die Menschen. Dann folgen zwei Elefanten, zwei Löwen, zwei Drachen und schließlich die beiden Tiger- und Löwengöttinnen Baghini und Saghini. Jedes Paar ist zehnmal so stark wie das vorhergehende, tieferliegende. Die Göttinnen zuoberst sind demnach zehntausendmal so stark wie gewöhnliche Menschen.

96 Das Goldene Tor am alten Königspalast von Bhadgaon (vgl. Bild 97).

97 Standbild des Königs Bhupatindra Malla in Bhadgaon, welcher zu Beginn des 18. Jahrhunderts herrschte. Sein Denkmal steht vor dem Durbar, dem einstigen königlichen Palast, dessen Goldenes Tor (vgl. Bild 96) ein Meisterwerk nepalischer Goldschmiedekunst darstellt. Bhupatindra Malla pflegte die schönen Künste und zeigte sich vor allem auch andern Religionen gegenüber tolerant. Der Durbar hat historische Bedeutung: hier suchten 1768 die drei letzten Malla-Könige Zuflucht, nachdem Kathmandu dem Gurkha-König Prithwi Narayan in die Hände gefallen war.

98 Narayan auf seinem Schlangenbett im Teich von Nilkantha. Unter dem Namen Narayan erscheint in Nepal der große Hindu-Gott Vishnu. Eine Besucherin küßt gerade mit ihrer Stirn den Fuß des Gottes (links im Bild). Andere Besucher haben Narayan mit Blumen und Girlanden und mit der roten Opferfarbe geschmückt. Dieses Heiligtum ist das einzige, das der König von Nepal nicht besuchen darf, da er selbst als eine Inkarnation Vishnus gilt.

99 Kirtipur, mit Gosainkund und Langtrang (7245 m), ist eine der schönen Newar-Städte im Kathmandu-Tal. Die architektonische Reinheit dieser Städte war bis vor kurzem mustergültig. Die Wohnhäuser werden vom Pagodentempel überragt. Die Bevölkerung besteht zum größten Teil aus Bauern, die sich auf den umliegenden terrassierten Feldern dem Anbau von Reis, Winterweizen und Gemüse widmen.

100 Reich mit Holzschnitzereien aus der indischen (hinduistischen) Mythologie verzierter Tempel in Patan.

101 Gorakhnath, das heilige Schloß von Gurkha. Das Schloß, Wiege des heutigen Nepal, liegt auf einem Hügel (1600 m ü.M.), beim Städtchen Gurkha. Gorakhnath, von dem der Name Gurkha abgeleitet ist, war einer der 84 Großzauberer, die besonders im Tantrismus der Buddhisten und Hinduisten verehrt werden. Die Legende berichtet, daß in grauer Vorzeit Gorakhnath das Nepaltal besuchte. Das Volk schenkte ihm jedoch keine Beachtung, und so zog er sich verärgert in eine Berghöhle im Gebiet des heutigen Gurkha zurück. Durch seine Zaubermacht brachte er die Naga, Herren über Wasser und Regen, in seine Gewalt und verhinderte, daß im Nepaltal Regen fiel. Noch heute zeigt man den Pilgern eine Höhle, in der Gorakhnath hauste und wo der «heilige Herd der Gurkha» errichtet wurde (im Bild unter dem großen Felsblock am rechten Ende der Stützmauer).

Die Gurkha-Herrschaft. Der kulturellen Blüte des Nepaltales wurde ein Ende gesetzt, als die Gurkha (im engeren ethnologischen Sinne) das Land eroberten. Der Feldzug nahm seinen Ausgang vom Städtchen Gurkha, von dem die Legende berichtet, daß es von Gorakhnath zu Füßen des heiligen Schlosses gegründet wurde (Bild 101). Dort hatte sich ein kriegerischer Stamm der rajputischen Kshatriya angesiedelt, der aus Chitor (Indien) 1303 durch den Sultan Alau-d-din vertrieben worden war. Die Rajputen flohen zunächst ins schützende Gebirge des heutigen Zentralnepal und zogen dann während mehrerer Generationen in Etappen über Nuwakot, Kaski und Lamjung ins Gebiet von Gorakhnath. Von den lokalen Khas unterstützt, gelang es ihnen 1559, den in Gurkha ansässigen Fürsten, den Khadga Raja, zu überwältigen.

Gorakhnath, das heilige Schloß von Gurkha (Bild 101), Wiege des heutigen Nepal, liegt auf einem Hügel, 1600 m ü.M., beim Städtchen Gurkha. Gorakhnath, von dem der Name Gurkha abgeleitet ist, war einer der 84 Großzauberer, die besonders im Tantrismus der Buddhisten und Hinduisten verehrt werden. Die Legende berichtet, daß in grauer Vorzeit Gorakhnath das Nepaltal besuchte. Das Volk schenkte ihm jedoch keine Beachtung, und so zog er sich verärgert in eine Berghöhle im Gebiet des heutigen Gurkha zurück. Durch seine Zaubermacht brachte er die Naga, Herren über Wasser und Regen, in seine Gewalt und verhinderte, daß im Nepaltal Regen fiel. Noch heute zeigt man den Pilgern eine Höhle, in der Gorakhnath hauste und wo der «heilige Herd der Gurkha» errichtet wurde (im Bild 101 unter dem großen Felsblock am rechten Ende der Stützmauer).

Nachdem die Gurkha, wie die rajputischen Krieger von nun an genannt wurden, sich während zweier Jahrhunderte ruhig verhalten hatten, trat ihr König Prithwi Narayan im Jahre 1766 zu einem Eroberungsfeldzug an, der ihn bald zum Herrscher über das ganze Land machte. In weiteren Feldzügen eroberte er Teile Indiens, nämlich den Terai, Kumaon, Garhwal, Simla und Sikkim, aber auch weite Gebiete des tibetischen Hochplateaus und die Täler des Inneren Himalaya.

Gegen Ende des 18. Jahrhunderts, zur Zeit seiner größten Expansion also, war das Königreich ungefähr doppelt so groß wie heute. Die Sprache der Gurkha – ein abgewandeltes Hindi, das zur indo-arischen Sprachgruppe gehört und mit Sanskritzeichen geschrieben wird – wurde zur Staatssprache erhoben.

Der gegenwärtige König von Nepal ist ein direkter Nachkomme von Prithwi Narayan, der in wenigen Jahren die Grundlage für das Reich geschaffen hat, so wie es heute besteht. Seine unmittelbaren Nachkommen jedoch waren unfähige Herrscher, und nach seinem Tod im Jahre 1771 folgte ein Jahrhundert blutiger Geschichte. Kinder saßen auf dem Thron, oft sogar Wahnsinnige, und da Bigamie erlaubt war, führten rivalisierende Königinnen mit Intrigen und Mord einen fanatischen Kampf um die Macht im Staate. Es war unvermeidlich, daß Prithwi Narayan und seine Politik, die auf Mehrung des Besitzes und Erweiterung des Einflusses ausgerichtet war, mit einer andern, ebenso expansionslüsternen Macht in Konflikt geraten mußte: mit der alten Ostindischen Kompanie! 1768, als Prithwi Narayan die Malla-Königreiche eroberte, setzten die Engländer die erste Streitmacht gegen ihn ein. Die Gurkha schlugen dieses erste britische Detachement zurück, und sie blieben auch in weiteren Zusammenstößen erfolgreich. Die Engländer sahen ein, daß nur eine gewaltige Überlegenheit dieses kleine Bergvolk zu besiegen vermochte, und nun rückten sie mit 30000 Mann und mit 60 Kanonen an. Ihnen standen 12000 Gurkha-Soldaten gegenüber. Mit nur 600 Mann hielten die Gurkha lange Zeit eine der Festungen und brachten den Engländern unter General Gillespie große Verluste bei: als die Lage aussichtslos geworden war, schlugen sich die 90 überlebenden Gurkha noch durch den Belagerungsring.

Auch zwei weitere englische Expeditionen vermochten nicht, die Gurkha endgültig zu besiegen. Erst der überlegenen Taktik General Ochterlonys gelang es, sich den Weg zur Hauptstadt Kathmandu freizukämpfen. Die Gurkha zogen aus ihrer Niederlage sofort den richtigen Schluß und verhinderten die Besetzung Kathmandus durch die Unterzeichnung

des Friedensvertrages von Sagauli im Jahre 1816. Auf Grund dieses Vertrages mußte Nepal Sikkim und Teile des Terai abtreten, und es mußte sich auch einen britischen Residenten in Kathmandu gefallen lassen.
Der Krieg der Briten gegen die Gurkha und vor allem seine Auswirkungen erinnern an den Sieg der Franzosen über die Schweizer bei St. Jakob an der Birs. Wie die Franzosen, so waren auch die Engländer von der Kriegstüchtigkeit ihrer Gegner beeindruckt, und sie verstanden es, aus dem besiegten Feind einen Verbündeten zu schaffen, der ihnen für weitere Feldzüge hervorragende Soldaten lieferte. Aber auch die Gurkha erkannten die wirtschaftliche Bedeutung des Söldnerdienstes, und noch heute bilden die Einnahmen ehemaliger Söldner aus britischen und indischen Pensionen in weiten Gebieten das eigentliche wirtschaftliche Rückgrat des Landes.
Glücklicherweise zeigten die englischen Residenten Verständnis und Langmut. Ohne sich in die inneren politischen Verhältnisse einzumischen, begünstigten sie die Stabilisierung des jungen Königreiches. Viele von ihnen waren auch ausgezeichnete Kenner des Landes und haben die ersten grundlegenden wissenschaftlichen Arbeiten über Nepal geliefert. Die Machtkämpfe zwischen rivalisierenden Königinnen und führenden Adelsgeschlechtern gingen allerdings trotz der äußeren Konsolidierung der Verhältnisse weiter.

Rana-Dynastie und Söldnerdienste. Jang Bahadur Rana, ein junger Adeliger, leitete einen neuen Abschnitt der Geschichte Nepals ein. Schon zu seinen Lebzeiten erzählte man Geschichten von seiner unerhörten Tapferkeit; so soll er zum Beispiel den Tiger nur mit dem nepalischen Buschmesser erlegt haben. Als er Ministerpräsident war, versuchte die damalige Königin, ihn in Intrigen einzuspannen, und forderte ihn auf, die beiden Söhne der älteren, inzwischen verstorbenen Königin umzubringen und ihren eigenen Sohn auf den Thron zu setzen. Jang Bahadur widersetzte sich und drohte der Königin sogar, sie wegen Anstiftung zu Mord unter Anklage zu stellen. Natürlich versuchte sie sich nun auch des unbotmäßigen Ministerpräsidenten zu entledigen; die Verschwörung wurde jedoch aufgedeckt, und der Rat des Landes verbannte das Herrscherpaar nach Indien.
Der König kehrte zwar 1847 wieder nach Kathmandu zurück, aber er war nicht viel mehr als ein Gefangener des Ministerpräsidenten und jedenfalls nicht mehr in der Lage, auch nur den geringsten politischen Einfluß auszuüben. Nur bei Empfängen überließ ihm Jang Bahadur repräsentative Pflichten. Diese merkwürdige Abhängigkeit des Königshauses von der jeweiligen Regierung dauerte bis 1950. Jang Bahadur war im ganzen ein großmütiger und aufgeschlossener Diktator — aber eben doch ein Diktator! Er war Herr über Leben und Tod der Untertanen, er allein regelte die Beziehungen zum Ausland, erklärte Kriege oder unterschrieb Friedensverträge. 1850 reiste er mit großem Gefolge und echt orientalischem Prunk nach London und überbrachte Königin Viktoria eine Botschaft des Königs von Nepal. Jang Bahadur war der erste große Hindu-Machthaber, der es wagte, das Abendland zu besuchen. 1856 verlieh er sich selbst den erblichen Titel eines Maharaja, und dadurch wurde auch das Amt des Ministerpräsidenten erblich. Er starb 1878 an den Ufern des heiligen Bagmati in Kathmandu, und nach dem Brauch der Hindu bestiegen seine drei Witwen mit ihm den Scheiterhaufen. Die Erbfolge hatte Jang Bahadur so geregelt, daß der Titel des Maharaja immer auf den nächstjüngeren Bruder überging; erst wenn kein legitimer Bruder da war, folgte der älteste Vertreter der nächsten Generation. Dieses zunächst merkwürdig anmutende Erbfolgegesetz hatte jedoch seine Berechtigung: Gewitzigt durch die schon erwähnten unseligen Erbfolgeverhältnisse in der Gurkha-Dynastie, wollte Jang Bahadur der Möglichkeit entgegentreten, daß Kinder an die Macht gelangten. Freilich konnte auch er nicht verhindern, daß unter seinen Nachfolgern wiederum Machtkämpfe entbrannten. Hin und wieder wurde einem jüngeren Bruder die Wartezeit zu lang, und dann versuchte er eben, den Lauf der Ereignisse zu beschleunigen. So bestiegen denn auch nicht die direkten Nachfahren von Jang Bahadur den Ministerpräsi-

dentenstuhl, sondern die Söhne seines zweiten Bruders, des Generals Dhir Shamsher, der unter Jangs Nachfolger Oberkommandierender gewesen war. Traditionsgemäß galt der Inhaber dieses Postens als mutmaßlicher Nachfolger des Ministerpräsidenten. Als sich nach Dhir Shamshers Tod die Söhne Jang Bahadurs regten, wurden sie von General Dhirs Söhnen ermordet. Die Dynastie der Shamsher nun schenkte dem Lande in Chandra Shamsher (1901 bis 1929) einen großen Ministerpräsidenten. Mit eiserner Hand und staatsmännischer Weisheit stellte er Ordnung und Sicherheit wieder her; er beseitigte die internen Zölle, eine Einnahmequelle der korrupten Beamten, und er begann, Staatsdienste und besondere Leistungen in Geld zu entlohnen und nicht mehr wie bisher durch die Abgabe taxfreien Bodens, sogenannten Birta-Landes.

Fast alle technischen Errungenschaften in Nepal bis 1950 sind das Verdienst Chandra Shamshers; so baute er zwei kleinere Kraftwerke zur Versorgung Kathmandus mit Elektrizität, er ließ das Telephon einrichten und baute eine Straße von der indischen Grenze bis Bhimphedi, am Fuße des Gebirges. Auf die Weiterführung der Straße über die Mahabharat-Kette hinaus bis ins Nepaltal verzichtete er wohl absichtlich, um die Abgeschlossenheit des Landes nicht anzutasten. Um den Materialtransport zu erleichtern, errichtete er die elektrisch betriebene Schwebebahn von Dharsing nach Thankot, die heute immer noch in Betrieb steht. 1959 ließ die Regierung über die gleiche Strecke durch technische Hilfe der USA eine leistungsfähigere Schwebebahn erstellen, nachdem der Bau der kostspieligen modernen Straße nicht die erhoffte wirtschaftliche Erleichterung gebracht hatte. Dies zeigt, wie vorausschauend und klug Chandra Shamsher damals seine Entschlüsse faßte. So beschränkte er die Erschließung des Landes nicht bloß auf das Nepaltal: Weit abgelegene Distriktzentren wie Jajarkot, Pokhara und Dhankuta wurden mit Trinkwasser versorgt, und die kühnen Hängebrücken mit Stahlseilen, die auch von Tragtieren benützt werden können, bilden noch heute das Rückgrat des Verkehrsnetzes in Nepal; ihre Zahl ist allerdings in den letzten Jahren stark zurückgegangen, da niemand für ihren Unterhalt sorgte.

Diebstahl, Raub und andere Verbrechen sind in Nepal fast unbekannt; und groß ist daher die rechtliche und allgemeine Sicherheit. Dieser erfreuliche Zustand ist aber nicht nur dem offenen und guten Charakter der Nepali zuzuschreiben, er ist wesentlich auch das Verdienst des Maharaja Chandra Shamsher, der das Chandra-College, die erste höhere Schule Nepals, gründete, und der die Sklaverei abschaffte. Sie war allerdings in Nepal nicht so unmenschlich wie anderswo, aber immerhin konnten die großen Landbesitzer ihre Untertanen zu Frondienst aufbieten und ihren ganzen Besitz, auch die Haustiere, requirieren.

Das ringsum abgeschlossene Bergland Nepal, dessen ganzes Leben derart stark mit religiösen Traditionen und magischen Vorstellungen durchflochten ist, kann nicht mit westlichen Staaten verglichen werden. Das muß man berücksichtigen, wenn man die Reformen Chandra Shamshers betrachtet; sie waren damals geradezu revolutionierend! Noch heute kämpft ja die demokratische Regierung schwer gegen veraltete Vorstellungen an, die die Erschließung und Entwicklung des Landes hemmen. Es ist daher begreiflich, daß Chandra Shamsher damals nicht in allen Bereichen durchzudringen vermochte. So war es ihm zum Beispiel nicht möglich, die Armee zu reorganisieren und den erfahrenen Kämpfern der Mangar, Gurung, Thamang, Rai und Limbu Offiziersposten anzuvertrauen. Alle höheren Ränge in Armee und Verwaltung blieben das Vorrecht von Mitgliedern und Verwandten des Königshauses, der Rana-Dynastie und sonstiger Adelsfamilien. Deshalb wimmelte es damals in Nepal von «Generälen» im Säuglingsalter; und nur wenige höhere Offiziere konnten auf einen wirklichen Felddienst zurückblicken.

Nach Chandra Shamsher regierten noch vier Maharajas aus seiner Dynastie, die allerdings bei weitem nicht seine Fähigkeiten besaßen. Wenn sie auch voll guter Vorsätze seinen Weg weitergehen wollten, so vermochten sie sich doch gegen die Widerstände innerhalb der eigenen Familien nicht durchzusetzen.

102 Yakshi, die Fruchtbarkeitsgöttin. Ähnlich den Gnomen des deutschen Volkstums gelten diese Gottheiten als gutartige, hilfreiche Wesen (Originalgröße der Holzfigur 90 cm).

103 Der große Götterwagen des Machendranath, Großzauberer der tantrischen Lehre. Dessen beseelte Holzstatue steht normalerweise in einem Tempel bei Bugamati; im letzten Monat des nepalischen Jahres (März–April) wird sie jeweils nach Patan überführt mit der Fürbitte um Regen und gute Ernte im folgenden Jahr.

Die Adeligen befürchteten natürlich mit Recht, daß jede Neuerung ihnen eine weitere Beschränkung ihrer ererbten Vorrechte brächte, und sie wehrten sich dagegen verbissen und zäh. Einige der aufgeschlosseneren Rana waren daher gezwungen, nach Indien ins Exil zu gehen.

Alle Maharajas der Rana-Dynastie waren sich der Vorteile einer Freundschaft mit Britisch-Indien bewußt, auch wenn sie nicht nachließen, die eigene Unabhängigkeit sorgsam zu hüten. 1857 leistete Jang Bahadur Rana den Engländern sogar militärische Hilfe zur Unterdrückung des großen Aufstandes, und zum Dank dafür erhielt Nepal einen schönen Streifen des Landes zurück, das es 43 Jahre vorher, im Frieden von Sagauli, hatte abtreten müssen. Um den Engländern aber trotzdem seine Unabhängigkeit zu beweisen, gewährte Jang Bahadur den flüchtigen Führern des Aufstandes Asyl. Häufig wurden Engländer zu großartigen Jagden in den Terai eingeladen. Als König Georg V. 1911 zur Kaiserkrönung in Indien weilte, war er zehn Tage lang Maharaja Chandras Gast im Terai. Allen Komfort bot man im Feldlager dem hohen Gast, fließendes kaltes und warmes Wasser und elektrisches Licht. Zur Jagd waren 600 Elefanten und 10000 Gurkha-Soldaten aufgeboten worden. Die persönliche Jagdbeute des englischen Königs bestand aus 21 Tigern, 10 Rhinozerossen und 2 Bären. General Kesher, der Sohn des Maharajas, schenkte dem Zoologischen Museum in London eine kostbare Sammlung von Rhinozerossen, Elefanten, Bären, Tigern, Leoparden, Schneeleoparden und verschiedenem Kleinwild. Georg V. dagegen ehrte den Maharaja, indem er ihm das Großkreuz des Viktoria-Ordens verlieh, 2000 moderne Gewehre und 5 Millionen Patronen schenkte.

Überhaupt zeigte sich England Nepal gegenüber stets wohlwollend. Als Belohnung für die Hilfeleistung während des Weltkrieges 1914 bis 1918 erhielt Nepal einen neuen Freundschaftsvertrag mit Britisch-Indien, der die britische Residentschaft in Kathmandu in eine Gesandtschaft umwandelte. Ferner verpflichtete sich die Kolonialregierung bedingungslos, Nepal jährlich eine Million Rupien zu zahlen, und sie gewährte Nepal freien Transit durch Indien für die Einfuhr von Waffen, Munition, Maschinen, Apparaten und Industrieausrüstungen. Wie großzügig diese Regelung war, wurde den Nepali erst bewußt, als im Jahre 1947 die Rechte der britisch-indischen Kolonialverwaltung in die Hände des jungen indischen Staates übergingen. Die Schwierigkeiten, die gewisse indische Behörden den nepalischen Transitgütern bereiteten, haben nicht immer zur Verbesserung der Beziehungen beigetragen. Die aufrichtige Freundschaft zwischen Britisch-Indien und Nepal ist keineswegs auf die Oberschicht beschränkt geblieben. Auf meinen ausgedehnten Wanderungen in Nepal habe ich mich immer wieder überzeugen können, mit welcher Rührung pensionierte Gurkha-Soldaten an ihre Dienstzeit unter britischen Offizieren zurückdenken, mit wieviel Begeisterung sie ihre Erlebnisse erzählen und wie stolz sie ihre Englischkenntnisse vorbringen. Noch heute spricht das Landvolk nicht von der indischen Rupie, im Gegensatz zur Rupie Nepals, sondern von der «Company-*Mohar*», der Währung der alten Ostindischen Kompanie (*Mohar* ist eine halbe Rupie).

Einige Zahlen mögen die Leistungen der Gurkha-Soldaten in britischen Diensten verdeutlichen und zeigen, wie eng das Schicksal vieler Nepali mit jenem Englands verbunden war. Die ersten Soldaten wurden von den Engländern schon im Jahre 1814, also noch während des Krieges gegen Nepal, angeworben. Allerdings handelte es sich ausschließlich um Rekrutierungen, die die Gurkha selbst in jenen unterjochten Gebieten vorgenommen hatten, die heute nicht mehr zu Nepal gehören. Trotzdem bleibt es erstaunlich, daß dieselben Soldaten, die unter ihrem Führer Amar Sing Thapa das Land gegen die englischen Invasoren unter General Ochterlony verteidigt hatten, im gleichen Feldzug noch mit ihrem früheren Feind marschierten. Ein diplomatisches Meisterstück, wie es die Engländer mehrmals fertiggebracht haben!

Die Gurkha-Brigade umfaßte zehn Regimenter zu je zwei Bataillonen. Das letzte Regiment wurde erst 1908 gegründet. Zwei Regimenter rekrutierten sich aus Rai und Limbu in Ostne-

102

103

pal, eines aus Khas, der Rest aus Mangar, Thamang und Gurung.

Im Ersten Weltkrieg kämpften die Gurkha in Frankreich, Gallipoli, Palästina, Beluchistan, in den Wüsten von Suez, in Mesopotamien und an den Ufern des Kaspischen Meeres. Während des Krieges fanden sich in den Rekrutierungslagern der britisch-indischen Armee in Gorakhpur und Ghum zweihunderttausend Gurkha ein. Am Ende des Zweiten Weltkrieges standen 45 Gurkha-Bataillone in britischen Diensten. Sie haben in Afrika und Asien fast an allen Fronten gekämpft: im Irak, in Malaya, Persien, Zypern, bei El Alamein, Tobruk, in Italien und Griechenland. In Burma lernten die Japaner im Gurkha den überlegenen Dschungelkämpfer kennen, und in Singapur waren die Gurkha die letzten, die das Feuer einstellten. In Italien ist ihr Name mit dem harten Kampf um den Monte Cassino verbunden.

Im Jahre 1947, als Indien selbständig wurde, hat man die alte Gurkha-Brigade aufgeteilt: sechs Regimenter traten zu der neuen indischen Armee über, vier Regimenter blieben in britischen Diensten. Diese haben sich seither bei der Unterdrückung des kommunistischen Aufstandes in Malaya ausgezeichnet. Wenn Malaya sich heute der Freiheit erfreut, so ist das nicht zuletzt das Verdienst der Gurkha.

Zwischen 1915 und 1945 wurden den Gurkha zwölf Viktoria-Kreuze verliehen, und die britischen Offiziere bestätigen einhellig, daß die Gurkha die besten und tapfersten Soldaten sind, die sie befehligt haben.

Einer der ergreifendsten Momente beim Staatsbesuch von Königin Elizabeth II. von England in Nepal im Jahre 1961 war ihre Begegnung mit den Gurkha-Veteranen aus zwei Weltkriegen. Etwa ihrer 30, alles Träger von Viktoria-Kreuzen oder anderen hohen Auszeichnungen, waren von ihren Heimen in den Bergen heruntergestiegen; einige mußten einen mehrtägigen Fußmarsch bewältigen, um «ihre» Königin treffen zu können.

Da standen sie nun auf dem Flugfeld von Pokhara in Reih und Glied, so stramm als ihre altersgekrümmten Glieder es ihnen noch gestatteten. Einige unter ihnen waren Krüppel geworden im Dienste Ihrer Majestät und standen nun in freudiger Erwartung auf ihrem Bein. Hell leuchteten ihre Augen aus ihren runzeligen und zerfurchten Gesichtern auf, als «ihre» Königin mit ihnen ein paar Worte wechselte. (Bild 105). Über 300000 Nepalesen haben auf den Schlachtfeldern des Zweiten Weltkrieges gekämpft, und 40000 von ihnen sind gefallen.

Heute sind Bestrebungen im Gange, diese Söldnerdienste allmählich abzubauen, und vom ethischen Standpunkt aus ist dies sicher zu begrüßen. Wirtschaftlich jedoch müßte eine zu brüske Reduzierung der Söldner Nepal einer Katastrophe in die Arme treiben. Im Jahre 1974 beliefen sich die Gurkha-Überweisungen auf US$ 16 Millionen — das entspricht 1,1% des nationalen Bruttoeinkommens. Ein geradezu idealer Rekrutierungsboden hingegen wäre Nepal für eine zukünftige Armee oder Polizeitruppe der Vereinten Nationen. Unbestechlich, treu und unbeeinflußt von politischen Lockungen würden die Gurkha ihren Dienst versehen, und mancher Unruheherd könnte allein schon durch die Anwesenheit der Krieger aus Nepal beseitigt werden.

Trotz der durch die Natur gegebenen und künstlich verstärkten Abgeschlossenheit des Landes brachten die Söldner den verführerischen Hauch der Fremde und westlicher Zivilisation nach Hause. Diesen Lockungen konnten die Führer des Landes auf die Dauer nicht widerstehen, und nach Jang Bahadur Rana machte sich denn auch Maharaja Chandra Shamsher auf den Weg nach England. Diese Fühlungnahme mit der übrigen Welt brachte unter anderem auch einen neuen Baustil nach Nepal, und die Rana ließen zahlreiche neuklassizistische Paläste bauen. Diese Gebäude — der Singha-Durbar etwa, der Regierungspalast — sind sicher nicht unschön; aber sie passen nicht zu den prachtvollen alten Bauten der Newar. Natürlich versuchte man nun auch, die westliche Wohnweise nachzuahmen, und an Stelle der ursprünglichen schönen Newar-Möbel tauchten da und dort Wohnungseinrichtungen in europäischem Jugendstil auf. Es gab sogar Adelige, die Flügel und Klaviere kommen ließen, obschon kaum jemand darauf spielen konnte.

104 Das Sherpa-Dorf Khumjung (3800 m), beherrscht von der Ama Dablam (6856 m). Im Mittelgrund das Sherpa-Kloster von Tengpoche (3867 m), das religiöse Zentrum der Sherpa.

105 *Königin Elisabeth II. von England und König Mahendra schreiten 1962 in Pokhara die Reihe der Gurkha-Veteranen ab, welche in zwei Weltkriegen sowie im Burma- und im Malayakrieg hohe Auszeichnungen erworben haben. 300000 Gurkha haben auf den Schlachtfeldern des Zweiten Weltkrieges gekämpft und 40000 haben dabei ihr Leben verloren.*

105

Spiegelbild der Überschneidung zwischen alten orientalischen Kulturen und modernen abendländischen Einflüssen ist das Staatswappen: Auf europäischem Wappenschild mit dem Himalaya als Hintergrund ist der hinduistische Gott Shiva mit dem Dreizack abgebildet. Auf dem einen der beiden Spruchbänder unter dem Schild steht auf lateinisch: «Dulce et decorum est pro patria mori», auf dem andern in Sanskrit: «Die Mutter und das Mutterland sind wichtiger als der Himmel.» Über dem Schild ist ein Fußabdruck Buddhas gezeichnet mit zwei gekreuzten Schwertern, die von Sonne und Mond flankiert werden. Die Herrscher, die auf Chandra Shamsher folgten, suchten ihre Vorzugsstellung dadurch zu behaupten, daß sie das Land nach außen abschlossen und fremden Besuchern die Einreise verweigerten. Sie hofften, auf diese Weise die gefährlichen Einflüsse einer Umwelt fernzuhalten, die überall in sozialem Umbruch stand. Dies war natürlich in dem kleinen Lande ohne wesentliche Militär- und Polizeimacht nur so lange möglich, als die größeren Nachbarn diese freiwillige Rückständigkeit wohlwollend duldeten. Die Lage änderte sich indessen, als Indien unabhängig wurde und die Chinesen in Tibet einmarschierten. Nun wurde auch Nepal vom Sturmwind des neuen Geistes erfaßt, der in Asien zahlreiche freie Nationen schuf; und mit einem Male stand es vor der größten Umwälzung seiner Geschichte. Es bildete sich eine politische Opposition, die zusammen mit exilierten Rana den Kampf gegen das despotische Regime aufnahm. Verzweifelt versuchte die alte Rana-Dynastie nach dem letzten Weltkrieg, sich an der Macht zu halten, indem sie die Führer der Opposition nicht nur in Haft nahm, sondern auch körperlichen Züchtigungen unterwarf. Immerhin muß zur Ehrenrettung des letzten Maharaja, Mohan Shamsher, erwähnt werden, daß er kaum bewußt ein blutrünstiges Regime der Unterdrückung aufrechterhielt, sondern daß er einfach Anhänger eines veralteten Systems war, das in dieser Welt keinen Platz mehr hat. Als er unter dem Druck der Verhältnisse 1951 abdankte, erklärte er, er sehe ein, daß seine Zeit vorüber sei und daß er den fortschrittlichen Kräften, die das Land einer lichteren Zukunft entgegenführen wollten, nicht im Wege stehen dürfe. Nach seiner Abdankung ging er nach Indien ins Exil, wo er später in Frieden gestorben ist.

Die Beziehungen zu China. Die offiziellen Beziehungen Nepals zu China sind älter als diejenigen zum Süden. Wenn man auch über ihren Beginn nichts Sicheres weiß, steht doch fest, daß die erste chinesische Gesandtschaft im Nepaltal im Jahre 646 errichtet wurde. Das chinesische Reich strahlte im Altertum so viel Macht, Glanz und Ansehen aus, daß die kleinen Nachbarn im Süden und Westen es für gut fanden, sein Wohlwollen durch Geschenke zu erringen und zu erhalten, obschon China keinerlei territoriale Ansprüche in diesem abgelegenen Winkel der Welt stellte. Bereits im Jahre 651 sandte der Nepalkönig Narendra zum erstenmal Geschenke nach Peking. Es waren Zeichen der Freundschaft, keineswegs Tribute, und seine Abgesandten brachten nicht minder wertvolle Geschenke aus China zurück. Dieser Brauch dauerte bis zum Sturze der Mandschu-Dynastie, also bis ins 20. Jahrhundert. Tibet gegenüber war die Haltung Chinas allerdings weniger friedlich, und mehrmals hat es, nicht immer erfolgreich, mit Waffengewalt seine Ansprüche auf dieses Gebiet geltend gemacht.

Noch anders war das Verhältnis zwischen Tibet und Nepal. Nach der Mythologie stammt der Schöpfer des Nepaltales, der Gott Manjusri, aus Nordosttibet. Im 7. Jahrhundert schon bestanden verwandtschaftliche Beziehungen zwischen den rivalisierenden Königshäusern; aber es gelang keinem der beiden Staaten, den andern für längere Zeit zu unterjochen. Einem allzu leichten Übergriff stand schon der natürliche Wall des Himalaya entgegen.

Die kulturellen und wirtschaftlichen Beziehungen zwischen den zwei Ländern waren bis in die letzten Jahre sehr rege. So galten zum Beispiel schon im 17. Jahrhundert die von den Malla-Königen geprägten Münzen als das einzige Zahlungsmittel in Tibet. Dieses Münzmonopol brachte Nepal natürlich beträchtliche Gewinne, und bald einmal ließ sich in Lhasa eine große Kolonie von Newar-Händlern und nepalischen Kunsthandwerkern nieder. Ein beachtlicher Teil der tibetischen Kunstwerke, die heute die Museen der Welt schmücken, ist zweifellos von diesen Newar-Künstlern in Lhasa geschaffen worden. Als der Gurkha-König Prithwi Narayan in Nepal die Gurkha-Währung einführte, versuchte er erst mit wirtschaftlichen Maßnahmen, den Tibetern diese Währung aufzuzwingen. Er verbot ihren Händlern die Einreise nach Nepal, und jenen, die es trotzdem wagten, ließ er die Ohren abschneiden. Als diese Maßnahmen nicht die erhoffte Wirkung zeigten, schickte er seine Soldaten aus, um die reichen Klöster Tibets zu plündern.

Die Angreifer kamen allerdings nicht bis nach Lhasa; unterwegs wurden sie von chinesischen Unterhändlern aufgehalten. Sie zogen es klugerweise vor, den mächtigen Nachbarn nicht durch Starrköpfigkeit zu reizen, und sie erklärten sich mit dem Versprechen Tibets zufrieden, jährlich einen Tribut zu entrichten. Der Dalai Lama jedoch, über dessen Kopf hinweg man diese Vereinbarung getroffen hatte, verweigerte die Zahlung. Die Gurkha überfielen daraufhin Tibet nochmals und plünderten unter anderem das berühmte Kloster von Tashi Lhunpo. Da griff China ein, und seine Armee unter General Fu-Kang'an überschritt im Juli 1793 den Kyirong-Paß. Im Trisuli-Tal, etwa 30 Kilometer nördlich von Kathmandu, brach der letzte Widerstand der Gurkha im Artilleriefeuer der Chinesen zusammen, und erst jetzt, als der Weg zur Hauptstadt dem Feinde offenstand, ersuchte die Regierung von Nepal um Frieden. Vorher hatte der König in seiner Verzweiflung sogar die Engländer zu Hilfe gerufen. Der Sieger zeigte sich jedoch großzügig und ließ die Gurkha in Ruhe. Diese waren klug genug, die Freundschaft des fernen Kaisers anzuerkennen, der sie vor dem Zugriff des immer mächtiger werdenden Nachbarn im Süden schützte.

Der eigentliche Verlierer war Tibet; denn China ließ eine starke Garnison zurück und erstellte ein dichtes Netz von Grenzposten im Himalaya.

Die Gurkha begannen nun wieder, dem Kaiser in Peking Geschenke darzubringen. Alle fünf Jahre verließ die Mission das Nepaltal, um auf dem traditionellen Weg, der fast durch den ganzen Kontinent führte, ihre Geschenke nach Peking zu bringen und vor dem Drachenthron niederzulegen. Sie benötigte bis zur Grenze von Tibet zwei Tage; nach weiteren 24 Tagen erreichte sie Lhasa. Dort hielt sie sich gewöhnlich einen Monat lang auf, und der chinesisch-kaiserliche Kommissar ließ das Inventar der Geschenke aufnehmen. In 64 Etappen gelangte sie bis zur chinesischen Grenze, wo eine Eskorte sie erwartete und in weiteren 72 Etappen durch Szetchuan und Honan an ihr fernes Ziel geleitete. In Peking durften die Abgeordneten einmal vor den Augen seiner Majestät erscheinen, ehe

106 Königin Elisabeth II. nimmt anläßlich ihres Staatsbesuches in Nepal im Februar 1961 die Parade in Kathmandu ab.

107 Der Singha Durbar, im Jahre 1900 erbaut als Residenz und Regierungspalast des Maharajas, im Jahre 1974 abgebrannt.

106

107

sie sich auf den Rückweg machten. Nach achtzehnmonatiger Abwesenheit erreichten sie endlich wieder ihre Heimat, und der feierlichen Prozession, die sie in die Hauptstadt geleitete, ritt der König auf einem Elefanten voran. Die Teilnahme an diesen Expeditionen galt nicht nur als Auszeichnung, sie war auch einträglich: Frei von allen Abgaben und Zöllen durften die Teilnehmer ihr eigenes Gepäck einführen.

1855 ließ Jang Bahadur seine Truppen nochmals in Tibet einmarschieren. Der 1856 abgeschlossene Friedensvertrag räumte Nepal das Recht ein, in Lhasa einen Residenten mit eigener Gurkha-Wache zu halten. Wiederum mußte Tibet einen jährlichen Tribut zahlen, und es wurde verpflichtet, Nepal Handelserleichterungen zu gewähren. Die in Lhasa ansässige Newar-Kolonie wurde der Rechtsprechung des Residenten unterstellt.

Die Lage änderte sich, als 1950 die Chinesen Tibet besetzten. Schon zwei Jahre später traf die Tributzahlung von 10000 Rupien nicht mehr in Nepal ein. Die Newar-Kolonie in Lhasa büßte nicht nur ihre Vorrechte ein, sondern ihr Handel wurde auch starken Einschränkungen unterworfen. 1952 bis 1954 kam der vorher rege Austausch zwischen den beiden Ländern zu einem vollständigen Stillstand, erholte sich aber in den folgenden Jahren wieder. Einen endgültigen Abbruch der Handelsverbindungen brachte die Revolution in Tibet im Jahre 1959. Die nepalischen Händler in Lhasa wurden ausgewiesen, der Sitz des Residenten geschlossen. Seither ist die tibetische Grenze von einer Kette militärischer Posten gegen Süden abgeriegelt. Der lokale Handelsaustausch ist minimal, trotz dem Bau der Straße Kathmandu—Lhasa.

Darüber hinaus hat China zeitweise Anspruch auf einige Täler des Innern Himalaya und auf das ganze Massiv des Mount Everest erhoben. Dieser Anspruch läßt sich jedoch in keiner Weise rechtfertigen, denn die sogenannte Mac-Mahon-Linie ist vernünftig und klar gezogen, und die Bevölkerung in den betreffenden Tälern weiß nicht nur genau, zu welcher Seite sie bisher gehört hat, sondern ebenfalls, wohin sie in Zukunft gehören will. Auch beim Mount Everest ist die Sache klar: Die Grenze verläuft auf dem Hauptkamm, und die ganze Südflanke der Everest-Gruppe mit dem Khumbu gehörte seit jeher zu Nepal. Nepal und China haben sich inzwischen über den Grenzverlauf geeinigt.

Vom mittelalterlichen Feudalstaat zum heutigen Nepal. Bei Ausbruch des Umschwunges im Jahre 1950 hat König Tribhuvan mit indischer Hilfe nach Delhi entweichen können. Als ein Jahr später Mohan Shamsher die politische Bühne Nepals verließ, übernahm zunächst die Kongreßpartei die Führung in der jungen Demokratie. Sie setzte den König wieder in sein Amt ein, und es fehlte nicht an Versuchen, dem Land eine wirkliche

Demokratie zu schenken. Aber es ist auch bei allem gutem Willen schwierig, ein Feudalregime, das jahrhundertelang ein Land beherrscht hat, auszulöschen. Es fehlte nicht an Rivalitäten und Streitigkeiten in der führenden Partei, und so zerfiel sie denn bald einmal in Splittergruppen. Jede Regierung machte sich notwendigerweise unbeliebt, wenn sie, um das versprochene Programm der Entwicklung durchzuführen, als erste Maßnahme Steuererhöhungen beschließen mußte. Nach verschiedenen Regierungswechseln leitete König Tribhuvan zeitweise mit indischen Ratgebern selbst die Geschicke des Landes.
Als er 1956 starb, nahm der erst 35jährige Kronprinz Mahendra Bir Bikram Shah Deva mit einem kleinen Stab von Ratgebern die Regierung des Landes in seine Hand. Im Jahre 1955 wurde Nepal Mitglied der Vereinten Nationen und ihrer zahlreichen Unterorganisationen. Zu den Staaten, mit denen Nepal schon damals diplomatische Beziehungen pflegte (England, Indien, USA und Frankreich), traten seither noch alle europäischen Länder und alle asiatischen Nationen.
Die Vorbereitungen für die Durchführung freier Wahlen – der ersten Wahlen in der Geschichte Nepals – wurden kräftig vorangetrieben. Wer dieses gebirgige Land durchwandert hat, der kann einigermaßen ermessen, welchen Schwierigkeiten sich die verantwortlichen Männer gegenübersahen. Nicht nur fehlen alle Transport- und Verbindungsmittel, darüber hinaus setzt sich die Bevölkerung zu ungefähr 95 Prozent aus Analphabeten zusammen. Um so bemerkenswerter ist das Geschick, mit dem alle diese Probleme überwunden wurden. Ich habe mich selbst überzeugen können, wie hervorragend diese Wahlen organisiert waren; auch im abgelegensten Hochtal konnte der Bauer unbeeinflußt seine Stimme abgeben.
Diese Wahlen (Mai 1959) stellten einen Markstein dar in der Geschichte Nepals. Mit großer Mehrheit sprach das Volk der inzwischen reorganisierten Kongreßpartei sein Vertrauen aus, und sie stellte die erste gewählte Regierung auf, mit dem fähigen und mutigen B. P. Koirala, der Seele des Freiheitskampfes, als Ministerpräsidenten.

108

108 *Die Steuerverwaltung im alten Regime.*

Im Dezember 1960 jedoch löste König Mahendra die Regierung Koirala auf, setzte die Verfassung außer Kraft und übernahm persönlich die Regierungsgewalt. König Mahendra versuchte, sein Vorgehen damit zu rechtfertigen, daß nach seiner Meinung Nepal für parlamentarische Einrichtungen nach westlichem Muster noch nicht bereit sei und daß es ein demokratisches System benötige, das den nepalischen Traditionen besser Rechnung trage. Deshalb begründete der Monarch ein parteiloses, demokratisches System, dessen Träger die Panchayats, d. h. die Dorfräte sind.
Neben den politischen Veränderungen, die Nepal seit 1951 durchgemacht hat, darf aber

109 Die klare Atmosphäre über dem Kathmandu-Tal. Die Familie des Autors genießt einen Sonnenaufgang (1953). Im Hintergrund Himalchuli und Ganesh Himal.

110 Das Kathmandu-Tal im Jahre 1976. Der Rauch der Zementfabrik erfüllt das ganze Tal mit einem verheerenden Smog. Deutlich ist erkennbar, wie der Rauch herausquillt und Kondensationskerne bildet.

109

110

der Aufbau einer funktionierenden Regierung mit Planung, Budgetierung und Rechenschaftsablegung nicht vergessen werden. Gegenwärtig läuft der fünfte Fünfjahresplan (1976/80). Um ihre Aufgabe in Nepal ist keine Regierung zu beneiden, stellt das Erbe mittelalterlicher Feudalherrschaft doch noch einen großen Hemmschuh für die moderne Entwicklung dar. Unter dem alten Regime flossen die gesamten Steuereinnahmen in die Taschen der Maharajas. Es wurde weder Rechenschaft darüber abgelegt noch ein Budget aufgestellt. Eine Einkommenssteuer existierte überhaupt nicht; die Staatseinnahmen beruhten auf einer Landsteuer, die vornehmlich von den kleinen Bauern bezahlt wurde. Fast ein Drittel des Bodens bestand aus sogenanntem «Birta-Land», aus steuerfreien Grundstücken also, welche die Herrscher als Belohnung verteilten. In den letzten dreißig Jahren hat der Bergbauer im Mittelland für seine Steuern keinerlei Gegenwert erhalten. Im Jahre 1959 wurden Einkommens- und Vermögenssteuer eingeführt, besonders auf Grundstücke und Paläste. Die Taxfreiheit des Birta-Landes wurde abgebaut und Gebühren auf Wasser, Elektrizität, Radio und Fahrzeuge erhoben.

Der Dorfbevölkerung im Mittelland fehlt jedoch noch heute weitgehend jedes Gefühl für gemeinsame Aufgaben. Wenn zum Beispiel ein durch den Sturm gefällter Baum einen vielbegangenen Handelsweg versperrt, fällt es niemandem ein, das Hindernis zu beseitigen. Jahrelang steigen die Bauern mit ihren Lasten mühsam über den Baum. Außerhalb des Nepaltales fand man einen Gemeinschaftsgeist nur in den nördlichen Tälern, wo Sherpa, Thakal und Tibeter zu Hause sind. Sicher hat die Gruppe selbst mit ihren Charaktermerkmalen eine entscheidende Rolle bei der wirtschaftlichen Entwicklung bestimmter Gebiete gespielt. Aber auch die Verteilung der Volksgruppen ist in dieser Hinsicht bedeutungsvoll: konstruktiver Gemeinschaftssinn hat sich nur in solchen Gebieten entwikkeln können, wo eine größere, geschlossene Gruppe einheitlicher Bevölkerung lebt. Dies war bei den Newar und auch bei den Sherpa der Fall. Im Mittelland jedoch, wo verschiedene Stämme dasselbe Tal besiedeln, getrennt nur durch die von ihnen jeweils bevorzugte Höhenlage, ist nie ein Gemeinschaftsgefühl entstanden. Die Brahmanen im Talgrund haben nichts gemein mit den nur wenig über ihnen wohnenden Rai und noch viel weniger mit den Sherpa in den höheren Lagen desselben Tales. Kaum eine Wegstunde sind diese Volksgruppen vielleicht voneinander entfernt, und doch trennen sie Sprache, Wirtschaft, Religion und Kultur.

Damit ist ein Hauptproblem für die Entwicklung von Nepal aufgezeigt: technische Maßnahmen allein, ohne Beteiligung der Bevölkerung, vermögen weder das Land zu entwikkeln noch die drohende ökologische Katastro-

phe aufzuhalten. Technik und Bewußtseinsbildung mit aktiver Mitarbeit an der Basis müssen Hand in Hand gehen.
Nachdem sich das Panchayat-System 1967 durchgesetzt hatte, nahm König Mahendra das Gespräch mit den früheren Parteien wieder auf. Die meisten politischen Häftlinge, teilweise nach langer Haft ohne Gerichtsverfahren, wurden freigelassen. Viele in Indien im Exil lebende frühere Mitglieder der Nepali-Kongreßpartei konnten in ihre Heimat zurückkehren. Jedoch kamen sie politisch nicht mehr zum Zuge, obschon König Mahendra seine von ihm eingesetzten Minister öfters auswechselte. Die Ansichten des Königs und Koiralas in bezug auf Regierungsform und Grundrechte des Staatsbürgers waren offensichtlich nicht miteinander vereinbar.
Das politische Leben blieb weitgehend steril, was auch durch öfteren Wechsel des Ministerpräsidenten nicht geändert wurde und namentlich in der jungen Generation zu einer gewissen Unrast geführt hatte. Tatsächlich hat sich auch das vom Regime so vielgepriesene Panchayat-System als nicht besser erwiesen als das vorhergehende. Die Mächtigen und Reichen konnten, sowohl in den Dörfern der Panchayat als auch in Kathmandu, ihren Einfluß verstärken. Und da von Pressefreiheit keine Rede war, wurde jede Kritik im Keime erstickt. Korruption hat vermehrt Einzug gehalten in der Verwaltung. Ende Mai 1979 hat König Birendra (gekrönt 1972) einen aus 15 Mitgliedern bestehenden Wahlausschuß zur Vorbereitung eines Referendums über die Wiedereinführung des 1960 abgeschafften Parteiensystems ernannt. Während der Referendumskampagne soll völlige Meinungsfreiheit an öffentlichen Kundgebungen, in Presseinterviews oder Artikeln gewährleistet sein. Dagegen bleiben die Beschränkungen für Vereins- oder Organisationsbildung weiter in Kraft. Es ist zu hoffen, daß der mutige Schritt König Birendras seine Früchte zum Wohle des Landes tragen wird, und daß die dann eventuell neugewonnenen Freiheiten nicht von Minderheiten in destruktivem Sinne mißbraucht werden. Die politischen Alternativen sind angesichts der beiden übermächtigen Nachbarn begrenzt.

111

112

113

111 Seelenlose Beton-Wohnbauten ersetzen die altehrwürdigen Stadtteile, und moderne Betonkonstruktionen (Stadion) erdrücken die alten Kulturdenkmäler. Schlecht unterhaltene Motorfahrzeuge verursachen ein Übermaß an Luftverschmutzung.

112 Geschmacklose Betonbauten wirken wie Schandpfähle auf den altehrwürdigen Plätzen (Bhadgaon).

113 Das geschmackvolle Malla-Hotel (Erbauer Architekt Robert Weise).

Khumbu – Heimat der Sherpa

Am besten von allen nepalischen Volksgruppen sind die Sherpa bekannt. Sie haben sich schon zu Beginn der zwanziger Jahre als gebirgskundige Hochträger für die zahlreichen Himalaya-Expeditionen bewährt. Der frühere Himalaya-Club in Darjeeling hat ein vorbildliches System der Rekrutierung und Buchführung der Sherpa aufgebaut, das den Bergsteigern aus aller Welt unschätzbare Dienste leistete. Jeder Sherpa erhielt ein Dienstbüchlein, in dem alle seine Leistungen und Qualifikationen mit unbestechlicher Sachlichkeit eingetragen wurden, und viele dieser Sherpa-Dienstbüchlein sind heute lebendige Dokumente aus der Erschließungsgeschichte des Himalaya.
In der Weltpresse taucht der Name Sherpa immer nur zusammen mit Expeditionen auf, und so hat sich denn die falsche Meinung verbreitet, *Sherpa* sei eine Bezeichnung für Hochgebirgsträger oder Bergführer. Dem ist aber, wie wir bereits gesehen haben, nicht so. Die Sherpa, deren hervorragende Charaktereigenschaften sie als Hochträger berühmt gemacht haben, bewohnen drei verschiedene Regionen im Hochgebirge Ostnepals, nämlich das Tal des Khumbu am Südfuß der Everest-Gruppe; das Solu, welches südlicher, im Oberlauf des Solu-Flusses, zwischen der Kangtega-Gruppe und dem Mittelland, liegt, und als drittes Gebiet den Tallauf des Dudh-Kosi, Pharak genannt, der die beiden andern Landschaften miteinander verbindet. Daneben haben sich die Sherpa auch an der Südflanke des Himalaya nach Osten und Westen hin ausgebreitet. Die westlichsten geschlossenen Sherpa-Siedlungen befinden sich nördlich von Kathmandu, im Gebiet von Helmu. Im Osten bildet der tiefe Graben des Arun eine natürliche Grenze. Der Name *Sherpa* deutet wahrscheinlich auf ihre Herkunft aus Osttibet: *Shar* heißt Ost und *pa* Volk, die Stammesbezeichnung besagt also «Menschen aus dem Osten».
Die Talschaft des Khumbu hat einen geschlossenen Charakter, und dies begünstigte die Entwicklung einer selbständigen Kultur und einer gesonderten gesellschaftlichen und wirtschaftlichen Struktur. Seine Höhen von über 3800 Metern zwang den Bewohnern eine ganz bestimmte Form der Wirtschaft auf, nämlich Karawanenhandel mit Tibet. Dies wiederum brachte die Sherpa in engen Kontakt mit den tibetischen Klöstern – mit dem bekannten Kloster Rongbuk (Bild 53) zum Beispiel – und förderte so die kulturelle Entwicklung im Khumbu selbst. Heute beherbergt das Tal einige der berühmtesten buddhistischen Klöster, und ihre Bedeutung ist durch den Niedergang des Buddhismus in Tibet noch gewachsen. So hat der Abt des Klosters Rongbuk Zuflucht im Kloster Tengpoche gefunden.
Das Khumbu ist das eigentliche Herz des Sherpa-Landes; die Hochträger stammen denn auch vorwiegend aus diesem Tal, und nur selten findet man einen aus dem Solu. Fast vier Monate lang im Jahr liegt der Boden des Khumbu unter einer Schneedecke, und noch längere Zeit ist er hartgefroren. Dies zwang die Sherpa zu einer besondern Art von Landwirtschaft, die man als saisonale Wechselwirtschaft bezeichnet. Wie die Bergbauern in den Alpentälern, vor allem im Wallis, besitzen viele Sherpa Grund und Boden im fruchtbaren Tal, und sie verbringen die Sommermonate mit ihren Viehherden auf den Maiensäßen und den noch höher gelegenen Alpweiden. Diese höher gelegenen Nebensiedlungen heißen Phu; sie reichen bis an die Grenze des ewigen Schnees. Die höchstgelegenen Sommersiedlungen am Khumbu-Gletscher findet man noch auf 4900 Metern.
Die Häuser hier oben sind aus unverputzten Bruchsteinmauern gebaut und mit Holz- oder Steinplatten bedeckt. Steinmauern umschließen die Heuwiesen, und das erhöht noch ihre Ähnlichkeit mit schweizerischen Maiensäßen. Im übrigen Nepal ist das Heuen sozusagen unbekannt; nur im äußersten Westen, an der Api-Gruppe, fand ich noch Bergheuer. Die Ernährung in diesen extremen Höhenlagen wird zum Teil durch kleine Kartoffeläcker sichergestellt.
Es ist ein kleines Volk, das hier im Khumbu lebt, nur 2205 Menschen (1960)! Sie wohnen in 596 Häusern, und das zeigt, daß bei den Sherpa kinderreiche Familien fehlen. Die in meinem Dienst stehenden Sherpa besaßen höchstens zwei Kinder. Khumjung, das be-

115

116

◁ 114 Die Kangtega (6797 m), gesehen vom Kloster Tengpoche (3867 m). Ein Chörten des Klosters im Vordergrund.

115 Bibliothek in einem buddhistischen Kloster in Walungchung. Die «Bücher» in den Regalen sind Stapel von losen Pergamentblättern, reichverziert mit farbigen Illustrationen, zwischen zwei Bretter gelegt und in Tücher eingewickelt.

116 Eine Sherpani beim Zubereiten von Tee. Die Inneneinrichtungen der Sherpa-Häuser zeigen einen bemerkenswerten Wohlstand mit schönem altem Kupfer- und Holzgeschirr und kostbaren Teppichen. Zur Standardausrüstung gehören die Holzkohlentöpfe (Vordergrund), auf denen die Teekannen rund um die Uhr, Tag und Nacht warm gehalten werden.

117 Sherpa-Mönche meißeln den Gebetsspruch «Om Mani Padme Hum» in einen Felsen am Weg zum Kloster Tengpoche. Man findet ihn überall an den Gebetsmauern entlang der Karawanenrouten in Nepal und früher in Tibet.

117

deutendste Dorf (Bild 104), hat 93 Häuser, und der durch die Expeditionen bekannt gewordene Flecken Namche ist vor allem Handelszentrum. Es ist tatsächlich ein kleines Volk hier oben, und um so erstaunlicher ist die Tatsache, daß es sich Weltgeltung zu verschaffen vermochte!

Im allgemeinen sind die Sherpa-Dörfer locker gebaut, und Felder liegen zwischen den einzelnen Häusern. Häufig findet man auch Einzelsiedlungen. Der Haustyp weicht sowohl äußerlich als auch im Innern von allen andern Hauskonstruktionen in Nepal ab. Es sind große, zweigeschossige Häuser, mit weißverputzten Bruchsteinmauern und flachem Giebeldach, das mit Schindeln oder Holzplanken bedeckt ist. So charakteristisch ist das Sherpa-Haus, daß man auch außerhalb des Khumbu Sherpa-Siedlungen schon aus großer Entfernung erkennt. Im Erdgeschoß befinden sich die Wirtschaftsräume, das obere Stockwerk enthält einen einzigen großen Wohnraum. In einer Ecke an der Seite des Treppenaufganges ist die Feuerstelle, das eigentliche Zentrum des Familienlebens, untergebracht. Die Innenausstattung zeigt große Ähnlichkeit mit derjenigen schöner alter Berghäuser im Wallis. Auf geschnitzten Holzregalen glänzt prächtiges Messing- und Kupfergeschirr (Bild 116). Den Wänden entlang stehen geschnitzte Holztruhen, in denen Kleider und Hausrat aufbewahrt werden. An einer Längsseite, anschließend an den Feuerplatz, steht eine Bank hinter einem schmalen Tisch. Die Gastfreundschaft der Sherpa ist grenzenlos; jeder Besucher, Fremder oder Einheimischer, gehört sogleich zur Familie und nimmt seinen Sitz am Feuerplatz ein. Der stets griffbereite, hölzerne *Chang*-Krug macht die Runde, und jede Mahlzeit wird geteilt. Hier am gemütlichen Herd im Familienkreis, in den die Gäste eingeschlossen sind, werden die Geschäfte abgewickelt, die Frauen stillen ihre Kinder, auf derbe Witze folgt lautes Lachen, und hin und wieder, wenn die Stimmung steigt, beginnt ein Sherpa bedächtig eine der schaurigen Yeti-Geschichten zu erzählen.

In den Nebensiedlungen unter den Hauptdörfern, in den sogenannten *Gunsa,* werden Buchweizen, weiße Rüben und ein spinatähnliches Gemüse angebaut. Auch Kartoffeln werden gepflanzt; sie sind erst in jüngerer Zeit hier eingeführt worden, wahrscheinlich von Sherpa, die in Darjeeling ansässig waren. Heute jedoch ist die Kartoffel das Hauptnahrungsmittel der Sherpa, nicht etwa der zwar sehr beliebte *Tsampa,* das roh gegessene oder mit Milch zu einem Brei verrührte Gerstenmehl. Aus Kartoffeln bereiten die Sherpa das schmackhafte Gericht *Gurr.* Rohe Kartoffeln werden geraffelt, Butter und Gewürze kommen dazu, und dann wird der Fladen auf einem heißen Stein geröstet. Sicher haben auch praktische Erwägungen die allgemeine Verbreitung des *Gurr* gefördert: Es geht in diesen Höhen (Khumjung z. B. liegt auf 3900 Meter) mit dem tiefen Siedepunkt des Wassers natürlich viel länger, um die Kartoffeln gar zu kochen.

Daß die Viehherden auf den Bergmatten weiden, hat zu einer Gemeinschaft geführt, die große Ähnlichkeit mit den alten schweizerischen Allmenden und Korporationen aufweist. Gemeinsam besitzen die Bewohner eines Sherpa-Dorfes Weidegründe und Wald; dieser ist besonders wichtig, da Brennholz im Khumbu sehr rar ist. Wie wir noch sehen werden, tragen die Dorfgemeinschaften zu ihrem kostbaren Wald durch besondere gesetzliche Regelung und durch die Bestellung eines Waldhüters Sorge. In ähnlicher Weise wird übrigens auch die Nutzung der Weidegründe geregelt.

Viehzucht und Viehhandel werden im Khumbu durch verschiedene Faktoren begünstigt. Einmal sind die Täler dank der Moränenbedeckung fruchtbar und ermöglichen die Bildung weiter Alpweiden. Daneben aber gedeiht in diesen Höhen kaum etwas anderes als kräftiges Berggras. Nun ist das Khumbu-Becken durch den vielbegangenen Nangpa La (La = Paß) mit Tibet verbunden, wo infolge des ariden Klimas und der dürftigen Steppenvegetation kaum Viehzucht betrieben werden kann. Aufzucht und Export von Vieh nach Tibet lag also nahe; darüber hinaus versorgt aber das Khumbu auch das tiefergelegene Sherpa-Gebiet des Solu mit Rindern. Neben dem reinen Yak – Hochgebirgsrind – sind besonders Kreuzungen mit nepalischen Rindern sehr gesucht. Hiervon sind nur die *Zhum,* die weiblichen Kreuzungsprodukte, fruchtbar; diese geben auch mehr Milch als die reinblütigen Eltern. Die männlichen Mischlinge *(Zopkio)* eignen sich besonders als Tragtiere. Milchtiere werden infolgedessen besonders ins Mittelland verkauft, während die Tragtiere für die Handelskarawanen in Tibet Absatz finden.

Der Besitz von Yak ist bei den Sherpa eine Prestigefrage; Viehzucht und Alpwirtschaft sind edlere Beschäftigungen als Ackerbau. Häufig legen Sherpa, die in Expeditionen Dienst geleistet haben, ihre Ersparnisse in Form von Viehherden an.

Selbstverständlich spielen auch die Milchprodukte, besonders die Yak-Butter, eine bedeutende Rolle in der eigenen Ernährung. Yak-Butter wird aber auch verwendet für die Zubereitung des gesalzenen tibetischen Tees und vor allem zur Speisung der Opferlämpchen in den Klöstern. Daneben wurde sie in großen Mengen nach Tibet exportiert. Im Sommer werden die Yak geschoren, und aus ihrem Haar stellt man handgewobene, dauerhafte Decken und Teppiche her.

Die Religion verbietet es den Sherpa, Tiere zu töten; aber das Fleisch lieben sie trotzdem. Daher ließ man jedes Jahr Metzger aus Tibet kommen, um einige Yak zu schlachten. Getrocknetes und geräuchertes Yak-Fleisch ist außerordentlich schmackhaft und erinnert an das Bündner Fleisch (luftgetrocknetes Fleisch).

Ihren für nepalische Verhältnisse hohen Lebensstandard verdankten die Sherpa jedoch nicht nur der Landwirtschaft, sondern vor allem dem Handel. Ihre Lage am Nangpa La, einem zwar 5806 Meter hohen, sogar vergletscherten, aber doch leichten Paßübergang nach Tibet, erlaubte ihnen einen intensiven Handel. Sie sind neben den Thakali an der Mustang-Route der einzige Stamm, der einen organisierten Handel mit Tibet und sogar mit Indien aufgebaut hatte.

An den zahlreichen andern, meist leichteren Paßübergängen nach Tibet ist auf nepalischer Seite der Salzhandel kaum organisiert worden. Heute gehört dieser Handel der Vergangenheit an. In den ersten Jahren der chinesischen Besetzung von Tibet wurde die Grenze für den Paßverkehr und Handel geschlossen. Jetzt ist sie wieder geöffnet, doch wurde der gesamte Handel verstaatlicht. Ohne Zweifel ist dadurch das ganze wirtschaftliche Gefüge der Sherpa (vor allem im Khumbu, weniger im Solu) schwer erschüttert worden. Trotzdem scheint es mir angebracht, den früheren Handel der Sherpa in ein paar Sätzen näher zu beschreiben.

Natürlich haben die Sherpa außer Vieh- und Milchprodukten keine eigenen Güter, mit denen sie Handel treiben könnten. Sie waren daher in erster Linie Zwischenhändler, sie tauschten Produkte zwischen Tibet, dem nepalischen Mittelland und Indien. Aus Tibet importierten sie hauptsächlich das in Nepal fehlende Salz. Daneben figurierte Wolle an wichtiger Stelle. Exportiert wurden neben dem eigenen Vieh und der Butter vor allem Reis, Papier, Zucker, Farbstoffe und Petroleum. In früheren Zeiten spielte das im nepalischen Bergwerk Those gewonnene Eisen ebenfalls eine wichtige Rolle; seit längerer Zeit aber liegt dieser einstmals einträgliche Eisenhandel der Sherpa mit Tibet völlig darnieder. Der Grund hierfür ist wohl darin zu suchen, daß der neu erschlossene Weg nach Tibet über Kalimpong wesentlich leichter ist. Übrigens ging auch der Salzhandel mit dem südlichen Mittelland schon lange vor der Schließung der tibetischen Grenze zurück; denn seit der Verbesserung der Verkehrswege aus dem Süden ist das indische Salz billiger geworden.

Die Sherpa tauschten das Salz zum Teil gegen Reis ein, wobei sich der relative Wert der Austauschprodukte natürlich nach dem Umschlagplatz richtete. Im Norden war Salz billig und Reis wegen des langen Herkunftsweges ziemlich kostbar; je weiter man jedoch nach Süden in die Reisgebiete gelangte, desto teurer wurde das Salz. In Kyetrak z. B., der ersten tibetischen Siedlung nördlich des Nangpa La, wurden für vier Hohlmaß Reis sieben bis acht Maß Salz eingetauscht. In den von Rai bevölkerten Dörfern des Mittellandes tauschten die Sherpa drei bis vier Hohlmaß Mais, Hirse oder Reis gegen ein Maß tibetischen Salzes ein.

Durch den Handel mit Tibet wurden aber auch Verbindungen mit China geschaffen. Im Khumbu findet man in den Häusern der wohlhabenden Sherpa denn auch erstaunlich viele chinesische Produkte, vor allem kostbares, bemaltes Porzellan, Schmuck, Seidenstoffe und Goldbrokate. Sogar die charakteristischen blauen Stoffe der Volksrepublik haben Eingang gefunden.
Aufs Handwerk verstehen sich die Sherpa dagegen im allgemeinen weniger gut. Zwar bauen sie ihre Häuser zum Teil selbst, aber es gibt unter ihnen kaum Gold- oder Silberschmiede und noch viel weniger gewöhnliche Schmiede. Die herrlichen Malereien in den Klöstern wurden meist von tibetischen Mönchen oder Newar-Künstlern ausgeführt.
Im Jahre 1951 ist in Nepal das alte Feudalsystem abgeschafft worden, und 1961 wurde vom König das Panchayat-System eingeführt. Die Regierung versucht nun dieses Panchayat-System auch den Sherpas aufzuzwingen. Dies ist nicht nur ein völlig überflüssiges, sondern auch schädliches Unterfangen. Das Aufzwingen eines fremden Systems, das seinen Ursprung im Mittelland unter völlig anderen geographischen und ethnologischen Verhältnissen hat, ist sinnlos, denn dadurch werden die alten, mustergültig entwickelten Dorf- und Gemeinde-Strukturen vollends zerstört – ohne eine wirkliche Alternative anbieten zu können. Die Sherpa haben ihre Dorfgemeinschaften schon lange vorher auf demokratischer Grundlage aufgebaut. In dieser Beziehung sind sie allen andern Volksgruppen in Nepal weit voraus. Im ganzen Mittelland kennt man sonst kaum freiwillige kommunale Vereinbarungen über die Nutzung der Wälder und Weidegründe. Bei den Sherpa geht alle Autorität von der Gesamtheit der Dorfbewohner aus, und wie in modernen Demokratien ist bei ihnen die gesetzgebende Gewalt von der ausführenden getrennt. Eine öffentliche Dorfversammlung erläßt die Gesetze; sie wählt auch zwei besonders geachtete Bürger als Dorf- und Waldhüter.
Der Dorfhüter regelt die Benutzung der gemeinsamen Weidegründe, und er bestimmt auch den Tag im Juli, an dem das letzte Vieh aus dem Dorf getrieben werden muß; denn das reifende Getreide soll vor streunenden Kühen geschützt werden.
Der Waldhüter sorgt dafür, daß innerhalb der Schutzzone keine unbewilligten Schläge ausgeführt werden und daß nur dürres Leseholz aus dem Schutzwald heimgenommen wird. Ihm steht es auch zu, für Haus-, Brücken- oder Tempelbau die nötigen Stämme freizugeben. Er darf auch die Holzvorräte in den Häusern, die ihm verdächtig scheinen, inspizieren, und er hat sogar das Recht, Verstöße mit Strafen zu belegen. Für seine Entscheide ist er keiner höheren Behörde verantwortlich. Auch die Dorfversammlung kann seine Anordnungen nicht rückgängig machen, sondern ihrer Unzufriedenheit höchstens dadurch Ausdruck geben, daß sie ihn das nächstemal nicht wiederwählt.
Die Bedeutung dieser lokalen Forstgesetze und deren Durchsetzung kann nicht hoch genug eingeschätzt werden, ist doch unkontrollierter Raubbau an Wald und Holz eine der größten Gefahren für Nepals Zukunft.
Zentral erlassene Forstgesetze, wenn sie nicht vom Verantwortungsbewußtsein der lokalen Gemeinschaft getragen werden, sind wirkungslos, wie die Erfahrung gerade in Nepal gezeigt hat.
Das Familienleben der Sherpa unterscheidet sich wesentlich von dem der übrigen Volksgruppen. Jedes neuvermählte Paar gründet so rasch wie möglich einen eigenen Hausstand; denn die Sherpa sind zu starke Individualisten, als daß sie sich in einer mehrere Generationen umfassenden Sippengemeinschaft, wie sie sonst in Nepal und auch in Indien üblich ist, wohlfühlen könnten. In bezug auf sexuelle Moral sind die Sherpa großzügig. So steht es jedem erwachsenen, unverheirateten Sherpa frei, in sexuellen Verkehr zu treten, sofern er die Gebote der Sippschaft befolgt und sofern die Liebenden nicht verschiedenen sozialen Klassen angehören. Liebespaare haben es daher nicht nötig, versteckte Winkel aufzusuchen, und die jungen Männer steigen des Nachts, wenn das Herdfeuer verlöscht ist, unbekümmert in den allgemeinen Wohnraum.
Trotz dieser erstaunlichen Großzügigkeit werden nicht sehr häufig außereheliche Kinder

geboren. Sind sie einmal da, so hält sich niemand darüber auf. Voreheliche Kinder werden sogar fast als normal betrachtet, denn oft verstreicht eine lange Zeit zwischen Verlobung und Heirat. Im allgemeinen sind die jungen Sherpa in der Wahl ihrer Ehepartner frei, und nur selten besteht eine Verlobung schon im Kindesalter, wie dies im hinduistischen Mittelland noch weit verbreitet ist.

Nach der Verlobung, die dadurch vollzogen wird, daß die Eltern des Mädchens einen hölzernen Topf voll Chang entgegennehmen, erhält der junge Mann das Recht, seine Braut nachts in ihrem Elternhause zu besuchen. Doch bedeutet Verlobung keineswegs sexuelle Treue; sie ist bloß die Bekundung des Willens, einander zu heiraten. Die Heirat erfolgt im allgemeinen erst, wenn die Brautleute sich überzeugt haben, daß sie zueinander passen. Offenbar billigt man beiden Partnern das Recht auf eine gründliche und umfassende Prüfung zu, denn Seitensprünge während der Verlobungszeit werden nicht allzu ernst genommen.

Die Hochzeitsfeier ist eine sehr wichtige und prunkvolle Angelegenheit; an der Zahl der Gäste und an der Üppigkeit ihrer Bewirtung erkennt man den sozialen Stand eines Sherpa. Ich hatte einmal Gelegenheit, der Hochzeit der Tochter meines Sherpa Sonam von Chaunrikharka beizuwohnen. Schon frühmorgens begannen die Vorbereitungen: Gebetsfahnen und Wimpel wurden auf Sonams hölzernen Druckstöcken neu gedruckt; dann wurden die Wimpel unter einem besonderen Zeremoniell an hohen Stangen auf dem Hausdach und auf dem Vorplatz aufgezogen. Eine Prozession fast der ganzen Bevölkerung, unter Führung des Dorflama, bewegte sich hierauf zu einem kleinen Schrein oberhalb des Dorfes, wo Buddha und die lokalen Geister gebeten wurden, ihre Gunst dem jungen Paare nicht zu entziehen. Die Frauen und Mädchen trugen die schönsten seidenen Kleider und all ihren Schmuck aus Gold und Halbedelsteinen. Während der Feier wurde eine ansehnliche Menge des hausgemachten Bieres getrunken. Die Braut aber und ihre Mutter waren zu Hause mit Vorbereitungen beschäftigt. In riesigen Töpfen brodelte der Reis, unzählige Hühner waren geschlachtet worden, und große Fässer voll *Chang* erwarteten die zurückkehrende Gesellschaft.

Der Bräutigam wohnte etwa zwei Stunden entfernt an der gegenüberliegenden Seite des Tales. Er hätte mit seiner Prozession gegen Mittag eintreffen sollen; aber um drei Uhr war er noch nicht da, und da hatte der Brautvater ein Einsehen mit den hungrigen Gästen und eröffnete die Verteilung des Mahles. Natürlich war die Braut nun das Ziel zum Teil recht derber Witze, wie ich aus dem schallenden Gelächter schloß.

Bis spät in die Nacht zog sich das Fest ohne den Bräutigam hin. Erst am andern Morgen traf er dann mit seinem Gefolge ein, und man begrüßte ihn, als ob nichts geschehen wäre. Es sei sehr heiß gewesen, erklärte er lachend, und da hätte die Gesellschaft eben zuviel *Chang* getrunken. Nun wurde nochmals Reis aufgesetzt und von neuem Bier hergeschafft. Sonam konnte sich das wohl leisten; denn das Geld, das er in meinem Dienst erspart hatte, lieh er gegen gute Zinsen aus oder legte es im Handel an. Das ganze Fest also wurde einfach am andern Tag wiederholt, und alle waren damit zufrieden.

Die oft monatelange Abwesenheit der Männer auf hohen Alpen oder auf Handelswegen führten bei den Sherpa zu einer besondern Form der Ehe, der Polyandrie. Besonders häufig trifft man Ehen einer Sherpani mit zwei Brüdern; dies hat den Vorteil, daß immer ein Mann im Hause ist; außerdem verhindert es die Aufsplitterung von Grund und Boden und begünstigt die Bildung natürlicher, zusammenhängender Bauernbetriebe. Die Vielmännerei ist bei den Sherpa durchaus nicht eine Erscheinung der Armut, auch wohlhabende Familien pflegen sie, und Eifersucht zwischen den beiden Ehegatten ist unbekannt. Solche Ehen zeichnen sich im Gegenteil oft durch besonderes Gedeihen aus. Wilden Auswüchsen der Polyandrie sind dadurch Schranken gesetzt, daß in monogamische Ehen später nicht ein zweiter Mann aufgenommen werden kann. Die Kinder werden gemeinsam gehalten; meist wissen nicht einmal die Ehepartner, von welchem der beiden Männer die Nachkommen stammen.

Eheliche Untreue ist kein Scheidungsgrund. Ein betrogener Ehegatte hat bloß das Recht, von seinem Nebenbuhler eine Buße von 30 Rupien zu verlangen. Sehr oft wird jedoch darauf verzichtet, besonders wenn der Verführer ein guter Freund oder gar ein Lama ist. Da verlangt es der gute Ton, daß man die Angelegenheit bei einer Flasche *Chang* gütlich erledigt. Dennoch ist Scheidung auf Wunsch beider oder nur des einen Ehegatten jederzeit möglich. Im ersten Fall erfolgt sie im Rahmen einer kleinen Feier, und die Frau überreicht ihrem Gatten eine Rupie als symbolische Rückzahlung für Auslagen der Hochzeitsfeier. Ist der Gatte mit der Scheidung nicht einverstanden, so muß ihm sein Nachfolger eine Entschädigung von 35 Rupien, also von ungefähr 5 US-Dollar, bezahlen. Es wäre aber ganz irrig zu glauben, eheliche Treue werde in den moralischen Gesetzen der Sherpa nicht gefordert. Wenn auch von einem Ehebruch kein Aufhebens gemacht wird, so erleiden die Beteiligten doch eine Einbuße ihres Vorrates an religiösem Verdienst.

Die tibetische lamaistische Kultur der Sherpa bringt es mit sich, daß in ihrem ganzen Leben religiöse Vorstellungen und Handlungen eine wesentliche Rolle spielen. So hat zum Beispiel jedes Dorf seinen Tempel, und an den Wegen finden sich unzählige Gebetsmauern (Bild 117), Bergbäche treiben Gebetsmühlen, an allen Häusern flattern die Gebetswimpel, und häufig begegnet man auf Bergpfaden freundlichen Mönchen in ihren roten Kutten, die den Rosenkranz durch ihre Finger gleiten lassen und dazu buddhistische Gebete murmeln. Oft versanken sogar meine Sherpa während des Marsches in tiefe Gebete. Viele wohlhabende Sherpa besitzen kleine, in ihrem Hause eingebaute Privattempel. Sie enthalten oft kostbare, auf Stoff gemalte Bilder, sogenannte Thanka. Auch mein Sherpa Sonam besitzt eine solche Privatkapelle. Als besondere Kostbarkeit sind darin tausend kleine Buddhas aus Stein aufgestellt, die in generationenlanger Arbeit von Sonams Familie geschaffen worden sind.

Die gut erhaltene Kultur lebt heute noch, obwohl sie durch den Tourismus schwer gefährdet ist. Noch werden neue Mani-Gebete aus Felswänden herausgemeißelt (Bild 117), noch werden von den Sherpa stets neue Gebetsfahnen von eigenen Druckstöcken gedruckt (Bild 172), und noch beherbergen die Klöster alte Bibliotheken mit wertvollen alten Schriften, die als lose Pergamentblätter zwischen zwei Holzbrettern und in Tücher eingewickelt in Regalen an den Wänden aufbewahrt werden (Bild 115).

Die Zentren der Sherpa-Kultur und der Gelehrsamkeit sind natürlich die Klöster, von denen einige sehr berühmt geworden sind. Tengpoche, das bekannteste Kloster und heute das geistige Zentrum der Sherpa, ist keine vierzig Jahre alt (Bild 173). Es zeugt für den tiefen Glauben und die geistige Vitalität der Sherpa, daß sich solche Neugründungen kraftvoll behaupten, während anderwärts alte Kulturen dem Verfall entgegentreiben.

Die Einrichtung der Klöster ist jedoch anders als in Tibet: die Mönche, die in bungalowartigen Häusern um die Tempel herum wohnen, haben selbst für ihren Unterhalt zu sorgen. Auch dies ist zweifellos ein Ausdruck des Individualismus der Sherpa, die sich nur schwer in eine straffe Organisation mit Massenabspeisung zwingen lassen. Die Sherpa-Mönche führen ihren eigenen kleinen Haushalt, den sie höchstens mit einem Freund teilen. Daraus folgt, daß nur die Söhne wohlhabender Eltern als Mönche in Klöster eintreten können; anderseits gewährleistet aber gerade diese Einschränkung ein gewisses geistiges Niveau. Wer in ein Kloster eintritt, erhält seinen Erbteil aus dem elterlichen Vermögen ausbezahlt. Er kann sich ein gesichertes Einkommen schaffen, indem er dieses Geld ausleiht; denn bei den Sherpa wird dafür ein sehr hoher Zins – bis zu 25 Prozent – bezahlt. Aus Klostermitteln werden nur die Unkosten, die mit sakralen Handlungen verbunden sind, bezahlt: Tee also, *Chang* oder Butter für die Öllämpchen.

Die Ethik der Sherpa ist auf der buddhistischen Lehre aufgebaut und damit wesentlich auf der Idee der Wiedergeburt. Jede gute Tat steigert den Vorrat an religiösem Verdienst, an *Sönam.* Jede schlechte Tat dagegen baut das *Sönam* ab. Beim Tode wird die Bilanz gezogen, und je nach dem Stand des *Sönam*

118 Religiöse Feier in der Gömpa von Beding, Rolwaling. Ein Lama opfert Reis mit Butterlämpchen. Jede Familie bringt Chang (Bier), Torma (Reiskuchen) und Butter mit. Der Chang wird mittels Bambusröhrchen aus großen Töpfen (links) gemeinsam getrunken. Dazu wird gebetet, gesungen und getanzt.

▷ 119 Feldarbeit mit Hacke (Kartoffelanbau) beim Sherpa-Dorf Khumjung (3800 m). Im Hintergrund die Kangtega (6779 m, links) und der Tramserku (6608 m, rechts).

richtet sich das Schicksal des Menschen in einem nächsten Leben. Durch stetes Anreichern von *Sönam* kann man sich schließlich von der Verpflichtung zur Wiedergeburt und damit von allem Leiden befreien. Menschen, die so viel *Sönam* erworben haben, daß sie berechtigt wären, nach ihrem irdischen Tode ins paradiesische Jenseits einzugehen, können zwar auf Wunsch als Reinkarnation ins Leben zurückkehren und als Lama den Menschen dienen. Der Abt des Klosters Tengpoche gilt als solche Reinkarnation.

Die Sherpa mit ihrem Wirklichkeitssinn haben praktische Anleitungen zum Erwerb von *Sönam* ausgearbeitet. Sie betreffen drei Hauptbezirke, nämlich die religiösen Handlungen, die Beziehungen zum Mitmenschen und das Verhältnis zu den Tieren. Nun kann man sich allerdings in den meisten großen Religionen durch die Befolgung der Gesetze Verdienste für das Jenseits erwerben. Faszinierend aber sind bei den Sherpa die Auswirkungen dieser Lehren auf das tägliche Leben: hohe Achtung vor der Würde und Unabhängigkeit des Mitmenschen und tätige, wirkliche Nächstenliebe. So erwirbt man sich zum Beispiel *Sönam,* indem man den Armen hilft, indem man Frieden stiftet und dem Schuldigen verzeiht. Verleumdungen und dergleichen sind daher bei den Sherpa völlig unbekannt. Wenn zum Beispiel ein Mönch und eine Nonne wider das Gesetz in ehelicher Gemeinschaft leben, trägt ihnen das niemand nach. Sie haben das Gelübde gebrochen, und sie werden dafür im nächsten Leben büßen müssen; aber das ist ihre eigene Sache, und die Mitmenschen kümmern sich nicht darum. Streit, Diebstahl, Betrug, Verleumdung, das Töten jeglichen Lebewesens und so weiter sind Handlungen, die einen Abbau an *Sönam* zur Folge haben. Aber noch weiter gehen diese Vorschriften: Wer ein Kind auch nur zum Weinen bringt, verliert an *Sönam.*

Überraschend für dieses Volk der Bergbauern, der Hirten und Händler ist ihr Glaube, Wissen sei der Tugend gleichzusetzen. Aber auch bei ihnen gilt das Wort der Bergpredigt: «Selig sind die geistig Armen»; ein reines Herz ist Gott näher als alle Kenntnis der Schriften. Als im Jahre 1960 die tibetischen Flüchtlinge über den 5900 Meter hohen Nanga La in das Khumbu, die Heimat der Sherpa, hereinzuströmen begannen, übertraf die Flüchtlingszahl die einheimischen Sherpa von nur 2200 Seelen zeitweise im Verhältnis 2:1. Jedoch nicht die geringsten Reibungen und Schwierigkeiten zwischen Flüchtlingen und Sherpa entstanden. Im Gegenteil, die Sherpa teilten getreulich alles mit den Flüchtlingen. Weiter im Süden, im Solu, wo die Flüchtlinge später unter den Solu-Sherpa angesiedelt wurden, nahmen beide gemeinsam an der allgemeinen Entwicklung teil. Im Gegensatz zur Welt des Westens gilt die Bewunderung der Sherpa von Khumbu nicht den Sportgrößen, nicht dem gerissenen Geschäftsmann, dem Star, sondern dem weisen, beherrschten, gütigen Mann des Friedens! Erkennt darin der Leser aus dem technisch entwickelten und scheinbar fortschrittlichen Westen die Überlegenheit jenes kraftvollen Bergvolkes vom Everest über unsere vermaterialisierte Denk- und Handlungsweise? Und sind es nicht die Tugenden, die aus dem Glauben an das *Sönam* erwachsen, welche die Sherpa zu den weltberühmten Hochträgern gemacht haben?

Die Beendigung des freien Handels mit Tibet durch China entzog dem kleinen Volk der Sherpa die wirtschaftliche Grundlage. Auch das Aufzwingen eines nicht autochthonen Verwaltungssystems durch die Zentralregierung in Kathmandu zerstört die bisherigen Strukturen, die auf Eigenverantwortung aufgebaut waren. Befremdlich für die Sherpa ist auch das Aufoktroyieren von rassenfremden Beamten. Der Tourismus schafft zwar Einkommensersatz für die durch die Vorgänge in Tibet ruinierte Wirtschaft, allein die Sherpa sind nun individuelle Arbeitnehmer und Lohnempfänger geworden; damit wird das Verantwortungsbewußtsein gegenüber der Gemeinschaft nicht wie bisher weitergepflegt. Wir sind Zeuge des Untergangs einer hochstehenden, mit der Umwelt in hervorragendem Einklang stehenden Zivilisation und Kultur, ohne daß deren Träger daran die geringste Schuld trifft. Die Sherpa sind unter das Räderwerk äußerer Einflüsse geraten wie vorher die Tibeter.

11

Landwirtschaft

Landwirtschaftliche Gliederung. Die Wirtschaft Nepals ist sehr rückständig; aber von Natur aus ist das Land keineswegs arm. Mittelland und Terai sind günstige Gebiete für die Landwirtschaft. Ausgiebige Vormonsun-Niederschläge verlängern die Anbauperiode, und die großen Höhenbereiche gestalten die Bewirtschaftung sehr vielseitig. Dies erklärt auch die ohne ganzjährige Bewässerung hohe Zahl eines Landesdurchschnitts von 1,32 Ernten pro Jahr. Sie werden durch Regenfeldbau mit geeigneter Fruchtfolge herausgewirtschaftet.

Die in Figur 3 dargestellte Gliederung des Landes in Naturräume hat auch für die Bewirtschaftung Bedeutung: der *Terai* mit seiner langen Trockenzeit, dem Monsunklima und der geringen Höhe von 200 Metern ist typisches Reisland (Bilder 26 und 27). Im Osten, wo die Niederschlagsmenge größer ist, gedeihen Zuckerrohr und Jute, Ausgangsprodukte der bis jetzt einzigen erwähnenswerten Industrie in Nepal. Fast alle Produkte des Terai werden nach Indien ausgeführt; eine Ausnahme bildete nur der Abschnitt südlich von Kathmandu, der bis vor kurzem das Nepaltal belieferte. Im *Mittelland* ist die Bewirtschaftung mannigfaltiger als im Terai: Bis zu 1900 Metern hinauf, also im ganzen Siedlungsbereich der indo-nepalischen Bevölkerung, gedeiht Reis (Bilder 134, 135). Er wird zu Beginn des Monsuns (Anfang Juni) auf Terrassen gepflanzt, wenn diese unter Wasser stehen.

In den mittleren Höhenlagen zwischen 1400 und 2400 Metern – im Siedlungsbereich der altnepalischen Stämme – ernährt sich die Bevölkerung hauptsächlich von Mais. Auch er wird wie Hirse, Weizen und Gerste zu Beginn der Regenzeit auf Terrassen gepflanzt; diese sind jedoch nicht horizontal, sondern schwach geneigt.

Über 2000 Metern werden auf der Südseite des Himalaya nur noch Hirse, Gerste, Buchweizen und Kartoffeln angebaut. Gemüse und Früchte sind im Mittelland wenig bekannt, mit Ausnahme von großen Rettichen, Mula genannt. Dagegen finden sich Bananenstauden fast neben jedem Haus im Mittelland. Pokhara, Kotang und Achham sind berühmt für ihre köstlichen Mandarinen.

In den Tälern des *Inneren Himalaya,* mit Höhen zwischen 2400 und 3900 Metern (Dolpo), werden vor allem Gerste, Weizen und Kartoffeln gezogen (Bilder 119, 151).

Die *Viehhaltung* paßt sich ebenfalls den Höhenlagen an: In den tieferen Tälern des Mittellandes wird vor allem der Wasserbüffel gehalten. Dieser kann jedoch zur Sömmerung bis über 3000 Meter vordringen. In mittleren Lagen, zwischen 1400 und 2400 Metern, treffen wir auf das nepalische Rind, und über 2400 Metern – bei den tibetischen Volksgruppen – wird der Yak gehalten. Auch das Tsauri, eine Kreuzung zwischen nepalischem Rind und Yak, ist weit verbreitet. Dieses Tier besitzt zum Teil die guten Eigenschaften beider Eltern; seine Nachkommen sind jedoch unfruchtbar. Über die wirtschaftliche Bedeutung von Viehzucht und Milchwirtschaft ist im Abschnitt über die Bergbauern von Jiri Näheres ausgeführt. Geflügel findet sich in allen Höhenlagen, vom Terai bis hinauf zu 3600 Metern. Die Eier sind aber sehr klein, und die Jahresproduktion pro Henne beläuft sich auf vielleicht achtzig Stück.

In den fünfziger Jahren stand in allen amtlichen Dokumenten und Berichten, daß die Hügel des Mittellandes defizitär seien und aus dem Terai ernährt werden müßten. Dies hatte damals gewiß seine Richtigkeit für das übervölkerte Kathmandu-Tal, das bedeutende Mengen von landwirtschaftlichen Produkten aus dem Terai und aus Indien einführen mußte. Die für das Kathmandu-Tal geltenden Feststellungen durften aber damals nicht auf das übrige Mittelland ausgedehnt werden. Während meiner Wanderungen durch das ganze Land von 1950 bis 1959 bin ich nie auf Bauern gestoßen, die auf ihren Salz-Reisen landwirtschaftliche Produkte aus Indien oder Tibet mitgeführt hätten; vielmehr führten sie stets Nahrungsmittel *nach* Indien und nach Tibet aus.

Aufgrund des angenommenen beträchtlichen Produktionsdefizits im Mittelland wurde damals gefolgert, daß die langfristige Lösung für Nepal darin bestehe, einen bedeutenden Teil der Bevölkerung aus dem Mittelland auf den jungfräulichen Boden des Terai umzusiedeln. Dies hatte zweierlei verhängnisvolle Fol-

Fig. 23
Karte des Reis-Anbaus
1 Punkt entspricht 2000 Hektar

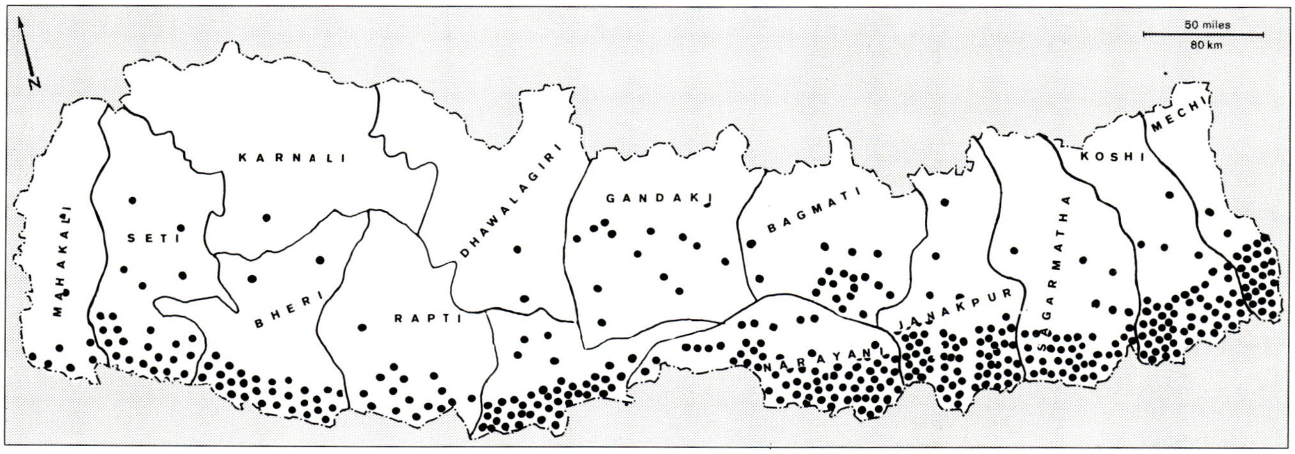

gen: die Verbesserung der Landwirtschaft im Mittelland wurde vernachlässigt, und im Terai wurde schonungslos gerodet für die Neuansiedlung.

Heute ist die Situation in Nepal als Folge der Bevölkerungsexplosion und Bodenerosion von der damaligen völlig verschieden, und der Neuansiedlung des Bevölkerungsüberschusses sind sogar im Terai Grenzen gesetzt. Die nepalischen *Wälder* (Fig. 6) bildeten einst einen Naturreichtum ersten Ranges, besonders im Terai, wo der berühmte Sal (*Shorea robusta,* Bild 24) gedeiht. Vom Forstwirtschaftsprojekt in Hitaura abgesehen, muß das nepalische Forstwesen eher als Holzraubbau bezeichnet werden. Im Karnali-Einzugsgebiet im westlichen Nepal habe ich schon in den fünfziger Jahren gesehen, wie indische Holzhändler ganze Berge von ihren schönen Nadelholzwäldern entblößten. Während in Amerika und Europa für planmäßige Wiederaufforstung der abgeholzten Fläche gesorgt wird, verhindern in Nepal Buschfeuer und streunendes Vieh — vor allem Ziegen — die natürliche Selbsterholung der gerodeten Flächen. Noch in den sechziger Jahren stellte man aufgrund des erfolgreichen Waldnutzungsprojekts von Hitaura Prognosen, nach welchen bei einer jährlichen Zuwachsrate von 10 Millionen Kubikmetern wohlorganisierte Waldwirtschaft für die Regierung einen Jahreserlös von 94 Millionen Dollar ergeben würde. Jedoch schon 1968 belief sich das registrierte Einkommen aus Waldnutzung auf nur 1,9 Millionen Dollar. Inzwischen ist keine Rede mehr von Holzzuwachs. Vergleiche von Luftbildern zwischen 1950 und 1976 zeigen, daß die Waldfläche in dieser Zeit etwa um die Hälfte zusammengeschrumpft ist. Die FAO schätzte schon 1974, daß im Terai nur noch 818 600 ha Wald vorhanden sind und daß jährlich rund 36 000 ha Wald durch Neuansiedler gerodet werden. Im Fünfjahresplan 1976/80 hat die Regierung vorgesehen, im Terai 52 150 ha zu roden um Neuansiedlern Platz zu machen, während Aufforstung im Umfang von nur 20 000 ha vorgesehen ist. In etwa 25 Jahren wird auch der Terai mit Menschen aufgefüllt sein; andererseits wird kein Wald mehr existieren. Das Monsunwasser wird an der Oberfläche rasch abfließen und nicht mehr im bisherigen Ausmaß die Grundwasservorräte erneuern. Damit wird das wohl wichtigste Produktionsmittel für Mehrfachernten im Terai Mangelware werden.

Die Produktion von Grundnahrungsmitteln. Um die Probleme der Ernährung der nepalischen Bevölkerung besser verstehen zu können, muß man wissen, daß das Berg- und Mittelland nur ein Drittel des Nutzlandes besitzt, jedoch zwei Drittel der Bevölkerung ernähren muß. Im Terai ist es umgekehrt.

In Nepal hat die Produktion der 5 wichtigsten Grundnahrungsmittel Paddy (in Indien = ungeschälter Reis), Kartoffeln, Weizen, Hirse und Gerste zwischen 1961 und 1974 — zwar unterschiedlich — zugenommen. Paddy ist mit dreimal größerer Produktion als das nächstfolgende Getreide (Mais) stets noch das weitaus überwiegende Hauptprodukt. Man kann also sagen, Nepal sei ein Reisland

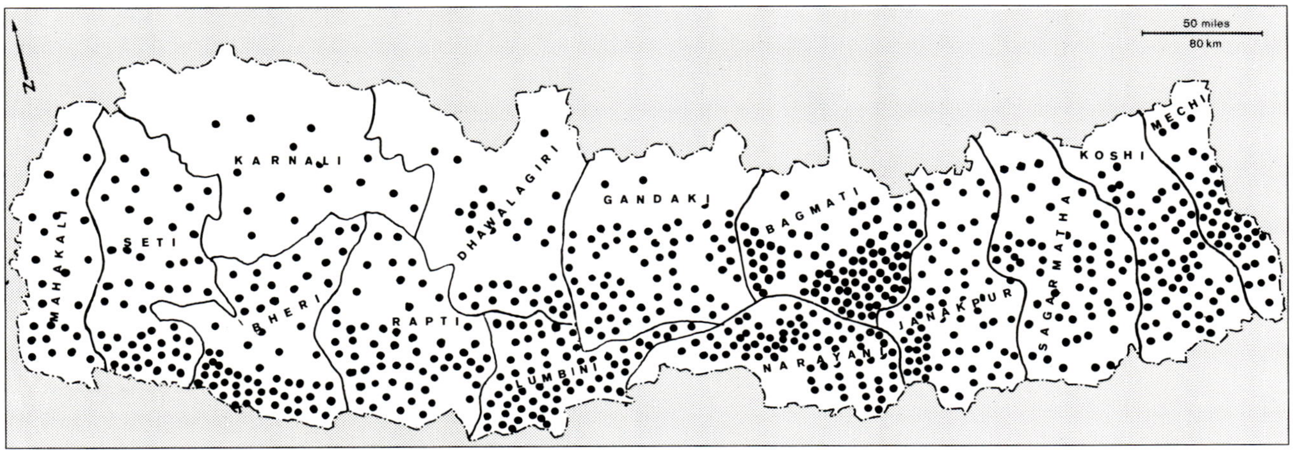

Fig. 24
Karte des Mais-Anbaus
1 Punkt entspricht 2000 Hektar

(Fig. 23). Indessen dient nicht die gesamte Reisproduktion der Ernährung des Volkes, sondern noch 1965 wurden 500 000 Tonnen nach Indien exportiert.

Für die Ernährung der Bauern im Berg- und Hügelland ist jedoch Mais wichtiger als Reis. Die 840 000 Tonnen Mais, die jedes Jahr auf rund 500 000 ha angebaut werden, bilden die Grundnahrung für 7,5 Millionen Bergbauern (Fig. 24). Daß ausgerechnet die Produktion von Mais zurückgegangen ist, muß man als verhängnisvoll bezeichnen (Tabelle S. 180).

Im Landesdurchschnitt wies Nepal 1974 noch eine jährliche Pro-Kopf-Getreideproduktion von 300 kg auf, also einen ganz bedeutenden Überschuß gegenüber dem von der FAO berechneten Minimalbedarf von 180 kg, der erforderlich ist, um die Ernährung des Volkes sicherzustellen. Indessen nimmt die Pro-Kopf-Produktion rasch ab.

Die nepalische Gesamtproduktion von rund 3,6 Millionen Tonnen Getreide im Jahre 1974 mit der daraus resultierenden Pro-Kopf-Produktion von 300 kg soll nicht darüber hinwegtäuschen, daß in weiten Teilen des Mittellandes die Pro-Kopf-Produktion nur 100 kg pro Jahr erreicht, also beträchtlich unter dem von der FAO angenommenen Minimum von 180 kg liegt, welche für die menschliche Ernährung nötig sind.

Wenn ein Land eine jährliche Pro-Kopf-Getreideproduktion von weniger als 180 Kilogramm aufweist, müssen entweder Nahrungsmittel eingeführt werden oder aber es wird gehungert, wenigstens was den ärmeren Teil der Bevölkerung angeht. Anderseits ist eine Pro-Kopf-Produktion von über 180 Kilogramm noch keineswegs eine Garantie dafür, daß im Land nicht gleichwohl gehungert wird — wovon wiederum die arme Bevölkerungsschicht betroffen ist. Falsche Preispolitik von Regierungen mit Tiefhalten der Produktenpreise ohne jegliche Anreize für die Bauern zeigt gleichzeitig zwei negative Wirkungen: der Bauer produziert weniger, und wenn z. B. im Nachbarland höhere Preise geboten werden, schmuggelt er seine Produkte über die Grenze. Beide Sachverhalte treffen für Nepal zu, der letztere besonders für den Terai.

Die traditionellen Produktionsmittel, nämlich Land (42,9%), menschliche Arbeitskraft (38,5%) und tierische Kraft (17,5%), lieferten 99% aller Inputs, während die modernen Inputs (verbessertes Saatgut, Kunstdünger, Pflanzenschutzmittel, Mechanisierung), welche in Form der grünen Revolution in andern südostasiatischen Ländern dramatische Produktionssteigerungen erzielten, nur einen einzigen Prozent betrugen. Und auch dieser einzige Prozent ist hauptsächlich im erschlossenen Kathmandu-Tal angewendet worden, wo fast alles Reisland bewässerbar ist. Im Jahre 1965 befriedigte das *Kathmandu-Tal* nur 61% der Nachfrage an Getreide und dies trotz der Betriebsaufnahme vieler Bewässerungsanlagen. Der eigentliche Durchbruch kam mit der Einführung von neuen hochwertigen, ertragreichen Reissorten und dem hochwertigen mexikanischen Weizen zusammen mit geeigneter Düngerverwendung. Von 1964 bis 1967 vermehrte sich die Reisproduktion um 66%, die Weizenproduktion (meist Winterweizen) um 115%, wodurch der Ertrag von Reis sich auf 3500 kg je Hektar und für Weizen auf 1650 kg je Hektar vermehrte. Noch in den Jahren 1964/65 mußten 44 809 Tonnen Lebensmittel aus dem Terai und aus Indien importiert werden; 1967/68 wurde im Kathmandu-Tal schon ein Überschuß von 2254 Tonnen erzielt. Für das ganze Land jedoch stieg die Getreideproduktion 1961—1974 durchschnittlich nur um 1,35% pro Jahr, während im gleichen Zeitraum die Bevölkerung jährlich um über 2% zunahm. Regional für 1964—1974 waren die jährlichen Wachstumsraten für Grundnahrungsmittel wie folgt:

	Terai	Berg-/Mittelland
Ferne Westregion	3,90%	0,24%
Westregion	3,01%	2,10%
Zentralregion	2,81%	1,48%
Ostregion	2,45%	2,93%

Diese ungünstige ungleichmäßige Verteilung hätte indessen keine Bedeutung, wenn die Bewohner des Mittellandes außer der Landwirtschaft noch andere Erwerbsquellen hätten und damit die Kaufkraft, um die Überschüsse des Terai zu kaufen, und wenn zudem eine Transport-Infrastruktur bestände, um die Überschüsse des Terai zu den Defizitzonen im Gebirge zu verfrachten. Beide Bedingungen sind indessen im nepalischen Gebirgsland nicht erfüllt.

Die Stagnation in der Getreideproduktion hat neben dem Fehlen der Nahrungsmittel in den Bergen, wo die Bevölkerung wohnt, auch zu einer zweiten schlimmen Folge geführt, nämlich zur Abnahme des exportierbaren Überschusses, vor allem von Reis nach Indien. Diese Exporte haben bisher bis zu 70% des Erlöses in harter Währung ausgemacht, die Nepal anderseits wieder für die Einfuhr wichtiger Entwicklungs-Rohstoffe und Güter benötigt. Während 1965 noch rund 500 000 t Paddy nach Indien exportiert worden sind, fiel der Export in den siebziger Jahren auf rund 300 000 t. Dies führte 1974/75 zu einer starken Reduktion der Devisenvorräte.

Für den Aussagewert der obenstehenden Tabelle muß die Ausgangslage mit absoluten Größen der Produktion berücksichtigt werden. Offenbar wies der Ferne West-Terai zu Beginn der Untersuchungsperiode von vornherein eine geringe Produktion auf. Durch Waldrodung und Vergrößerung der Anbaufläche konnte die Produktion rascher gesteigert werden als z.B. im Hügelland, wo man jetzt überall an ökologische Grenzen stößt.

Mehr Aussagekraft hat indessen ein Vergleich der Zunahme der Getreideproduktion mit der Vergrößerung der Anbaufläche und der Entwicklung der Hektarerträge. Dies ist in folgender Tabelle dargestellt:

	1966—1969	1970—1973	% Zunahme/ Abnahme
Mittelland			
angebaut	626 000 ha	691 000 ha	+ 2,5
Produktion	1,174 Mio t	1,246 Mio t	+ 1,5
Ertrag/ha	1875 kg	1803 kg	− 1,0
Terai			
angebaut	1 241 000 ha	1 317 000 ha	+ 1,5
Produktion	2,046 Mio t	2,177 Mio t	+ 1,6
Ertrag/ha	1649 kg	1653 kg	+ 0,06

Aus obiger Zusammenstellung folgt vor allem die starke Zunahme der Anbaufläche im Mittelland, während gleichzeitig die Hektar-Erträge abnehmen: die Bauern im Mittelland müssen wegen Bevölkerungsdruck mehr und mehr marginales Land unter den Pflug nehmen, d.h. steile Hänge, mit sehr kleinen Terrassen, mit schlechten Böden, die bisher nicht benutzt worden sind, sowie Rodungsgebiete über dem bisherigen Anbaugebiet. Deren Nachteile sind schlechtere klimatische Bedingungen.

Im Terai dagegen wurde prozentual weit weniger Neuland unter den Pflug genommen (nur 1,5% verglichen mit 2,5%), obschon im Terai Neuland an sich zur Verfügung steht.

Die Hektarerträge haben im Zeitraum 1961 bis 1974 für die meisten Produkte abgenommen. Eine Ausnahme bildet nur Paddy, wie die Tabelle auf Seite 181 oben zeigt.

Bei Mais, der Grundnahrung der Bergbauern, haben bei einer Zunahme der Anbaufläche um volle 6,5% die Hektarerträge gleichzeitig abgenommen. Noch drastischer kommt dies bei Kartoffeln zum Ausdruck, die im allgemeinen in den höchsten Zonen des Mittellandes

	mittlerer Hektarertrag (kg)		Zu-/Abnahme in %	
	1961	1974	ha-Ertrag	Anbaufläche
Kartoffeln	6526	5685	−12,9	+184
Paddy	1938	1975	+ 0,02	+ 15,8
Mais	1951	1810	− 0,93	+ 6,5
Weizen	1221	1141	− 6,5	+158
Hirse	1286	1136	−11,7	+155
Gerste	1000	929	− 7,1	+ 16,7

angepflanzt werden. Diese marginalen Böden haben mit 12,9% die bedeutendste Abnahme der Hektarerträge aller Grundnahrungsmittel verursacht. Alle genannten Zahlen sind Indikatoren für zunehmende Unwirtschaftlichkeit der nepalischen Berglandwirtschaft.

Die Benachteiligung in der Landwirtschaft und deren Entwicklungspotential im Berg- und Mittelland gegenüber dem Terai kommen auch im Verhältnis von Nutzland, das nur Regenfeldbau gestattet («dry land»), und bewässerbarem Kulturland («wet land») zum Ausdruck. Die Ausdrücke «wet land» und «dry land» werden in den Statistiken der Regierung von Nepal verwendet. «Wet land» kann in der Regenzeit unter Wasser gesetzt werden, in Ausnahmefällen auch in der Trokkenzeit (Bild 135), sofern die vorbeifließenden Bäche Wasser führen. Es handelt sich also vor allem um Reisland mit seinen horizontalen Terrassen und den Wasser zurückhaltenden Erdmauern an den Terrassenrändern (Bild 134). Da man dabei nicht von einer kontrollierten Bewässerung sprechen kann, wird im nachfolgenden der Ausdruck «überflutet», abgekürzt (F), für «wet land» gebraucht, und «Trockenland» (T) für «dry land». Die folgende Tabelle zeigt die Verteilung von überflutetem Land (F) und Trockenland (T) für die verschiedenen Regionen:

Im Ost-Terai sind volle 75% des Landes bewässerbar, während der geringste Anteil im Bergland der fernen Westregion mit nur 21% ausgewiesen wird.

Saisonale Überflutung garantiert eine gute Ernte, unabhängig von Niederschlägen und Dürren. Ganzjährige Bewässerung mit Mehrfachernten auf dem gleichen Feld sind zur Zeit das beste Mittel, um die Produktion von Grundnahrungsmitteln adäquat zu steigern. Aber gerade in dieser Hinsicht ist der Terai mit seinen enormen Grundwasservorräten und den aus dem Bergland in die Ebenen austretenden großen Flüssen in privilegierter Lage.

Die Bergbauern von Jiri. Jiri ist das Gebiet eines landwirtschaftlichen Mehrzweck-Entwicklungsprojektes, etwa 100 Kilometer oder fünf Tagesmärsche östlich von Kathmandu. Es liegt in einer typischen Höhenzone des Mittellandes. Lehrreich an diesem Projekt ist vor allem, daß wir in diesem Teil des Mittellandes – dank der Tätigkeit des schweizerischen bilateralen Hilfsprogramms – mehr von der sozio-wirtschaftlichen Struktur und den Entwicklungsfragen wissen als von irgendeinem anderen Teil Nepals. Es liegen bereits Hunderte von Berichten vor, und 1969 wurde eine umfassende Abhandlung

		Ferne Westregion		Westregion		Zentralregion		Ostregion	
		Hektar	%	Hektar	%	Hektar	%	Hektar	%
Mittelland	F T	23000 85000	21 79	44000 157000	22 78	? ?		49000 143000	38 62
Kathmandu-Tal	F T	–	–	–	–	18000 11000	62 38	–	–
Mittel-Terai	F T	133000 (F)	74	38000 22000	63 27	23000 33000	41 59	24000 27000	47 53
Terai	F T	47000 (T)	26	127000 51000	71 29	? ?		192000 59100	75 25

über die Wirtschaft der Jiri-Region veröffentlicht (Robert Schmid: Zur Wirtschaftsgeographie von Nepal, Zürich 1969). Insbesondere erschien 1976 zum zwanzigjährigen Jubiläum der Schweizerischen Entwicklungshilfe in Nepal eine Publikation mit Beiträgen verschiedener Autoren über die Probleme jenes Gebietes, die als eines der wichtigsten Dokumente über Nepal bezeichnet werden kann, namentlich weil sie — mit Zahlen belegt — auf die drohende ökologische Katastrophe des nepalischen Hügellandes hinweist (SATA: Mountain Environment and Development, 1976).

Das Tal von Jiri liegt 1850 Meter über Meer. Innerhalb der Projektzone von etwa 700 Quadratkilometern reichen die Berghänge bis hinauf zu 4000 Metern, während die tieferliegenden Gebiete sich in der Reiszone befinden. Das Jirital umfaßt also mittlere und höhere Lagen des Mittellandes. Die Landwirtschaft ist dementsprechend diversifiziert. Die Gesamtregenmenge beträgt 2500 Millimeter. Die mittlere Temperatur in Jiri beträgt 13,6° C, wobei das Minimum von Dezember bis März 1 bis 3 Grad unter den Gefrierpunkt fällt. Die Bevölkerungsdichte liegt bei etwa 45 je Quadratkilometer, die Bevölkerungszunahme auf dem erstaunlich niedrigen Durchschnitt von 0,6%. Praktisch die ganze Bevölkerung (95%) lebt von der Landwirtschaft, aber 17 bis 73% davon benötigen Nebeneinkünfte, aus welchen Kerosin, Zigaretten, aber meist — und zunehmend — Nahrungsmittelkäufe bestritten werden. Die landwirtschaftliche Produktion erstreckt sich wie im ganzen Mittelland auf Reis (auf bewässerten Feldern unter 1800 Metern, die während der Regenzeit überschwemmt werden) und auf regenbefruchtetes Getreide auf den terrassierten Hängen zwischen 1800 und 2600 Metern sowie auf Kartoffeln, die höhere Lagen bevorzugen. Die obere Waldgrenze liegt bei 3800 Metern.

Die Bauern von Jiri dürften mit ihrer Fruchtfolge dem Landesdurchschnitt von 1,32 Ernten pro Jahr sehr nahekommen. Es wurden vier verschiedene Zyklen von Fruchtfolgen herausgefunden, wovon die verbreitetste (mit 24%) folgendes Aussehen hat:

	Erstes Jahr	Zweites Jahr	
Januar		Brache	
Februar	Mais		
März			
April		Mais	
Mai			Kartoffeln
Juni			
Juli			
August	Hirse		
September		Hirse	
Oktober			
November			
Dezember	Brache	Brache	

Die Produktion an sich würde eine genügende Ernährung der Bevölkerung gestatten. Die folgenden Produkte und Mengen gehen jedoch verloren oder werden anderweitig verbraucht:

Kartoffeln verkauft als Saatgut in tieferen Lagen 90%
Verlust von Weizen wegen ungeeigneter Lagerung 20—25%
Saatgut zurückbehalten für das nächste Jahr 10%

Verlust aus folgenden Gründen: nachlässig durchgeführte Ernten, Herstellung von Schnaps aus Weizen, Gerste von Vieh und Affen gefressen, Überhandnehmen von Pflanzenschädlingen 10—15%

Milchprodukte spielen eine verhältnismäßig wichtige Rolle als Geldquelle für die Bauern, obwohl der tägliche Etrag sehr niedrig ist: 3 Liter für den Tsauri, 1,3 Liter für den einheimischen Büffel und 0,7 Liter für die nepalische Kuh. Das wichtigste Milchprodukt ist der Ghi, gesottene, ranzige Butter. Die Produktion von Ghi in der Jiri-Zone betrug 25 bis 30 Tonnen im Jahr, was ein lokales Einkommen von 26000 bis 28000 Dollar im Jahr einbrachte bei einem Durchschnittspreis von damals 8,20 Nepal-Rupien (0,85 US-Dollar). Der Exportwert der Jiri-Ghi-Produktion cif indische Grenze belief sich auf 42000 Dollar.

1957/58 begann die Käseherstellung in Thodung. Produktionskapazität ist 10000 Kilo Käse, der aus 35 Herden von je 18 Tsauris (total 630 Tsauris) erzeugt wird. Die ganze Produktion findet guten Absatz zum Preis von bis 2 US-Dollar pro Kilo, 10% Transportkosten inbegriffen.

Die Hauptfrage bleibt: Was kann getan werden für eine Produktionssteigerung von 10 bis 15%, die zur Selbstversorgung fehlen? Ist es überhaupt möglich, die Produktivität um diesen Prozentsatz zu erhöhen, oder besteht kein anderer Ausweg, als die Hügelbewohner zur Neuansiedlung in die jungfräulichen Regionen des Terai zu verpflanzen?

Wenn wir die Gründe für die Nahrungsmittelverluste betrachten (Seite 182), sehen wir ein, daß eine Verbesserung in nur *einem* der folgenden Punkte genügen würde, um die fehlenden 10–15% zu erreichen:

a. besserer Ernteschutz vor Tieren; Pflanzenschutz;
b. Reduktion des «share-cropping» (Teilung der Ernte mit dem Landeigentümer) von 50 auf etwa 33%;
c. verbesserte Lagerung (dies ist möglich, ohne sich mit ausgeklügelten Silokonstruktionen zu befassen. Um ein Beispiel zu erwähnen: Die Hochlandbauern des Jemen, die unter ähnlichen Bedingungen leben und arbeiten, haben durch die Jahrhunderte und ohne fremde Beihilfe ein System der Getreidelagerung entwickelt mit Verlusten von nur 5%, gegenüber einem weltweiten Durchschnitt von 25 bis 30%).

In Anbetracht der prekären Lage im Bereich der Nahrungsmittelproduktion und der fortschreitenden Verarmung der Bevölkerung wäre die Schaffung – oder wenigstens die Erhaltung – von *Kleinhandwerk* als Nebeneinkommen doppelt nötig. Gerade an den folgenden Beispielen mag man jedoch ersehen, wie die Erschließung des Landes durch Infrastruktur und der Anschluß an größere Märkte sehr oft dem für integrale Entwicklung so notwendigen Kleinhandwerk den Garaus macht.

In den Bergen oberhalb *Those* in der Region von Jiri befinden sich etwa 4 Millionen Tonnen *Eisenerz* mit einem Eisengehalt von 68%. Die Verhüttung begann 1893 und nahm einen großen Aufschwung, bis 1924 18 Schmelzöfen in Betrieb waren. Mit 15 Öfen (Holzkohlenbetrieb) wurden bei einer Betriebsdauer von je 20 Tagen im Monat 14 Tonnen Roheisen im Jahr erzeugt. Mit hydroelektrischer Kraft wurden ein elektromagnetischer Ausscheider und verschiedene Drehbänke und Bohrmaschinen betrieben (Bilder 121–123). Produziert wurden Feuerwaffen, Ketten, Hämmer, Pflugscharen, Schaufeln, Brecheisen, Kodalis (Hacken), Hufeisen, Öllampen, die in einem Umkreis von fünf Tagesmärschen rund um Those verkauft wurden. Auch Ketten und andere Teile von Hängebrücken wurden in Those geschmiedet. Bei weiteren Entfernungen von der Produktionsstätte war der Verkauf nicht gewinnbringend. 1936 verlor der Hauptkunde, der Maharaja von Nepal, sein Interesse, denn es war billiger, die Gewehre (von besserer Qualität) aus dem Ausland zu beziehen. 1967/68 blieben nur noch zwei Öfen, und die meisten Schmiede hatten sich nach Kathmandu und Indien verzogen. Die Öffnung von Kathmandu für Importe aus Indien trug zu diesem Auszug bei, denn das eingeführte Eisen wurde allmählich billiger als das aus Those.

Die Eisenpreise von Those 1967/68 waren:

Roheisen, produziert in Those	1–1,2 $
Schmiedeeisen, produziert in Those	1,5 $
Alteisen in Kathmandu (Federn von schrottreifen Autos)	0,45 $
Alteisen, aus Kathmandu importiert (4 Tagesmärsche)	1,0 $
Neueisen, aus Indien importiert	2,0 $

Seither ist die lokale Produktion noch mehr ins Hintertreffen geraten, und der große Brennholzbedarf führt zu Raubbau.

Bis vor ungefähr 60 Jahren wurde *Baumwolle* in vielen Gebieten von Nepal angebaut, und die meisten Bauernfamilien in Nepal webten ihre Stoffe und verfertigten ihre Kleider selbst. Mit der Bevölkerungszunahme wurde alles Land zur Nahrungsmittelproduktion benötigt und der Anbau nahm entsprechend ab. Zudem verdrängten billige Importe aus Indien das einheimische Handwerk. In einem Dorf im Jiri-Gebiet wurde festgestellt, daß allein 1974/75 etwa 600 Handweber ihre Arbeit nicht mehr weiterführten und die übrigen zu nur 25% ihrer Kapazität arbeiteten.

Die Regierung hat zwar ein Programm für neue Baumwollheimindustrien begonnen, doch jedes Jahr hören im gleichen Ausmaß immer mehr Bergbauernfamilien mit der Selbstherstellung von Kleidern auf, wie die Regierung neue Programme einführt. Dies

120

121

122

sollte gar keine Überraschung auslösen, da die Regierung selbst in Form ihrer neuen, mit chinesischer Hilfe in Hitaura gebauten Textilfabrik der ländlichen Heimindustrie Konkurrenz geschaffen hat. Die Kosten der Textilfabrik belaufen sich auf 9,4 Millionen Dollar, und deren Kapazität von 10 Millionen Metern Tuch pro Jahr, produziert durch 2000 Angestellte, wird 10–12% des Bedarfs von Nepal decken.

Heimindustrie für *Wolleverarbeitung* spielte bis etwa 1950 eine große Rolle. Seither ist auch diese im Niedergang, weil es infolge Verlustes von Weiden durch Überweidung und Bodenerosion an Schafwolle fehlt.

Die Jiri-Those-Region hat eine blühende *Papierindustrie*. Aus Seidelbast wird ein sehr geschmackvolles und originelles Papier von Hand hergestellt. 1968 betrug die Produktion 800 000 Bogen von 70x70 Quadratzentimetern, verglichen mit nur 15 000 Bogen zehn Jahre zuvor. Der Gewinn aus dem Verkauf des Papiers in Kathmandu betrug 3600 Dollar (0,9 Dollar je 200 Bogen). Dieser Preis muß als sehr niedrig betrachtet werden, und es besteht kein Zweifel, daß der Verkauf dieser sehr attraktiven Spezialität im Ausland stark gefördert werden könnte (zum Beispiel als Glückwunschkarten).

Jedoch hat das Sammeln des Rohmaterials den Wäldern großen Schaden zugefügt; aber noch schlimmer ist, daß für die Produktion von 200 großen Bogen Handbüttenpapier rund 800 kg Brennholz verbraucht werden. Darum wirkt diese Heimindustrie ökologisch verheerend, sofern man nicht das Rohmaterial systematisch und intensiv anpflanzt, anstatt es nur zu sammeln, ohne für Ersatz zu sorgen, und solange nicht etwa Holzkohle aus entfernteren Gebieten – unter voller Rücksichtnahme auf die Ökologie – verwendet werden kann oder hydroelektrische Energie oder Sonnenenergie.

Wassermühlen benötigen auch Holz zur Konstruktion und für Ersatz alle paar Jahre. Die Holzteile sollten durch Metallteile ersetzt werden. Der Ersatz der weitverbreiteten einfachen Wasserräder durch Turbinen mit Druckleitung hätte jedoch kontraproduktive Wirkung für lokale Arbeitsbeschaffung und Ein-

123

124

125

120 Fabrikation von Räucherstäbchen bei Thudam (3700 m), Ostnepal. Ein Wasserrad treibt einen Pleuel, der einen Holzblock über einem rauhen Granitstein raspelt. Zur Verhinderung von Staub wird durch ein kleines Bambusröhrchen Wasser auf die Raspelfläche geleitet. Das Sägemehl wird mit Stärke und Rauch-Essenzen gemischt und zu Stäbchen gepreßt.

121 Frühere mechanische Werkstätte in Those, Ostnepal: ein Kegelrad diente zur Kraftübertragung vom großen Wasserrad auf die Transmissionswelle verschiedener Maschinen.

122 Dorfschmiede in Those. Mit dem produzierten Eisen stellten Dorfschmiede landwirtschaftliche Geräte, Bestandteile von Hängebrücken und Butterlampen her.

123 In einer elektromagnetischen Trommel wurde das Eisen aus dem Erz ausgeschieden.

124 Herstellung eines Einbaums am Sun Kosi. Mangels Sägen wird das Nutzholz mit Äxten aus den Stämmen gehauen. Dadurch entsteht bis zu 75% Abfall.

125 Bodenerosion im Dang, Mittel-Terai, Westnepal. Abholzung und Beweidung der Wälder führt zur Bodenzerstörung.

126 Schändung der Bäume: man bringt sie durch Entrinden (ring barking) zum Absterben, und dann ist es erlaubt, sie zu fällen.

127 Holzflößerei auf dem Karnali-Fluß. Die Flößer verwenden aufgeblasene Ziegen- und Rinderfelle. Durch indische Unternehmer werden ganze Talschaften entwaldet, ohne daß nachher für Wiederaufforstung gesorgt wird.

126

127

kommenssteigerung. Und wer wird Besitzer solcher Anlagen sein, die eine größere Anzahl von kleineren Mühlen ersetzen werden?

Holzdrechslerei war vor 1950 weit verbreitet. Es wurde Menschenkraft verwendet oder Wasserkraft in Form von simplen Wasserrädern. Mancherlei Haushaltutensilien wurden fabriziert. Holzmangel, aber auch billiger Plastikersatz sind schuld, daß solche Kleinbetriebe mehr und mehr eingehen.

Praktisch alle Völker produzieren ihre *Seile* und *Schnüre* selbst aus einheimischem Pflanzenmaterial, das entweder angepflanzt oder aus den Wäldern geholt wird. So war es auch in Nepal vor 1960. Heute wird das Nutzland zur Nahrungsmittelproduktion gebraucht, und die Wälder sind im Schwinden begriffen. Zudem haben importierte Seile und Schnüre die lokale Herstellung unwirtschaftlich gemacht.

Lederindustrie war als arbeitsintensives Dorfhandwerk vor 1950 weit verbreitet. Jetzt fehlen die nötigen Baumrinden und Kalk zum Gerben. Importprodukte, vor allem aus Plastikmaterial, sind zudem billiger. Im Fünfjahresplan 1976/80 ist zwar die Errichtung von vier kleineren modernen Gerbereien im Betrag von je 0,25 Millionen Dollar vorgesehen, doch wird deren arbeitsbeschaffender Effekt mehr als aufgehoben durch die gleichzeitig vorgesehene Erhöhung der Schuhproduktion in der Fabrik von 250 auf 600 Paar pro Tag, die überdies nur zum Teil aus Leder fabriziert sind, da in großem Ausmaß Plastik verwendet wird.

Noch 1950 sah man auf dem Lande praktisch ausschließlich in kleinen *Töpfereien* lokal hergestellte Kochtöpfe, Wasserbehälter und Geschirr. Heute fehlt das Holz zum Brennen, und importierte Plastikware und Aluminiumware sind billiger.

Bis etwa 1960 war die Gewinnung von Schellack aus entsprechenden Bäumen im nepalischen Bergland weit verbreitet und durch Verkauf nach Indien eine gute Einnahmequelle. Dort ersetzten jedoch chemische Produkte den natürlichen Lack. Die lackliefernden Bäume wurden nicht mehr ersetzt und als Brennholz aufgebraucht. In neuerer Zeit wäre in Ne-

pal selbst ein guter Markt für Schellack vorhanden, jedoch fehlen nun die Bäume.
Metallhandwerk in Messing, Kupfer und Bronze hatte einst eine sehr große Bedeutung – und hätte es heute noch, wenn nicht Mangel an Holzkohle ein ernstes Hindernis darstellen würde. Während früher die Bäume für Holzkohlenherstellung bei den Dörfern zu finden waren, müssen die Köhler heute die Holzkohle mehr und mehr in schwer zugänglichen Gebieten produzieren.
Dachschiefer wurde in manchen Gebieten benutzt, wie z. B. bei den Gurung südlich des Dhaulagiri oder bei den Sherpa. Falsch verstandene Modernisierung (so mit Hilfe von Wellblechdächern) hat nun mancherorts daraus eine Prestigefrage gemacht. Angefangen hat es im Khumbu z. B. mit der von Neuseeland gestifteten Schule, deren Wellblechbedeckung nun von allen Einwohnern, die es sich leisten können, nachgeahmt wird. Dies ist weder besser noch billiger und außerdem geht alles hierfür ausgegebene Geld in die Hauptstadt oder ins Ausland, anstatt lokales Einkommen zu schaffen. Vom ästhetischen Standpunkt sind Wellblechdächer eine Verunstaltung. Khumjung beispielsweise (Bild 100) war früher eines der schönsten Sherpadörfer. Schon 1976 jedoch waren hier etwa 25% aller Häuser mit Wellblech gedeckt, und bei weiterer Zunahme wird das Dorf das Aussehen einer Barackensiedlung annehmen.

Bevölkerungsexplosion. Noch vor 50 Jahren war die Bevölkerungsziffer von Nepal stabil, von 1910 bis 1930 nahm sie sogar leicht ab (Fig. 25). Das Volk befand sich in einem delikaten Balanceakt angesichts der mageren landwirtschaftlichen Ressourcen des Hügellandes. Die meisten Bauern lebten auf Subsistenzniveau, und die wenigen Überschüsse, die sie erarbeiteten, transportierten sie auf ihrem Rücken zu den Austauschplätzen im indischen oder tibetischen Grenzgebiet. Die fruchtbaren Ebenen am Südfuß des Gebirges waren wegen der Malaria nur sehr dünn besiedelt. Der deutsche Forscher Wilhelm Filchner hatte den Terai noch im Jahre 1939 als die «Fieberhölle Nepals» bezeichnet. Jedoch seit etwa 1941 stieg die Bevölkerungszahl mit ei-

128

129

130

128 «Fischerei» in Nepal: aus Baumrinde wird durch Stockschläge unter Wasserzusatz Gerbsäure produziert und in die Bäche geleitet. Die vergifteten Fische werden dann «geerntet».

129 Wassergetriebene Maismühle bei Thudam (3700 m), Ostnepal.

130 Ölpresse bei Rukumkot.

Fig. 25
Das Wachstum der Bevölkerung von Nepal 1910–1986

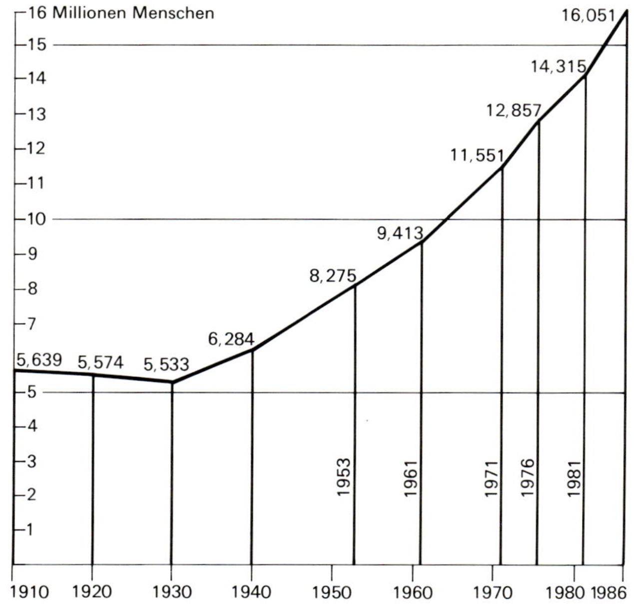

Fig. 26
Die Alterspyramide der Bevölkerung

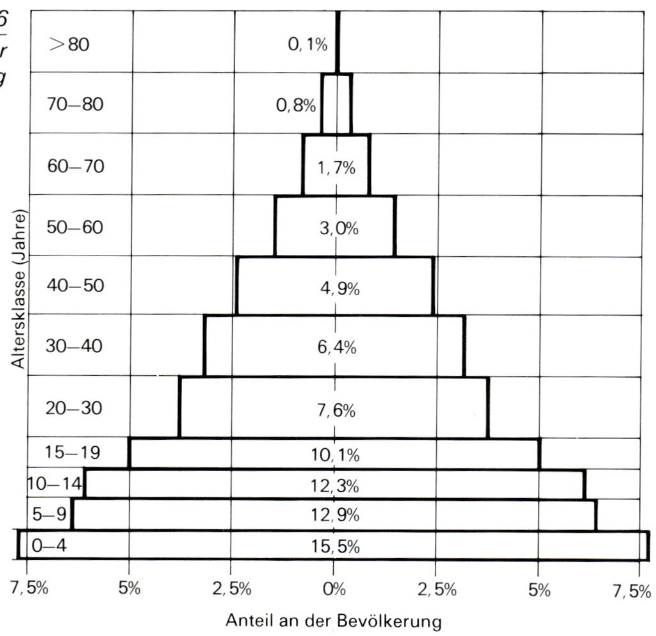

ner jährlichen Zuwachsrate von rund 2% und seit etwa 1960 beläuft sie sich auf 2,6%. Beim jetzigen Wachstum wird sie sich in etwa 35 Jahren verdoppeln. Während im Jahre 1950, als ich Nepal zum erstenmal betrat, die Landwirtschaft weniger als 8 Millionen hungrige Mägen zu versorgen hatte, war diese Zahl bis 1972 schon auf 12 Millionen angewachsen. Heute (1979) werden es wohl über 13 Millionen sein, und die Schätzung für 1986 kommt sogar auf 16 Millionen Menschen, wobei eine Familie im Durchschnitt 7 Köpfe zählt.

Indessen sind die Bevölkerungsdichte und besonders das Wachstum im Lande unterschiedlich verteilt, wie Fig. 27 zeigt: Der Terai weist eine bedeutend dichtere Bevölkerung auf als das Mittel- und Bergland. Auch übertrifft der Bevölkerungszuwachs im Ostterai denjenigen der übrigen Teraigebiete; man kann sagen, der Terai füllt sich auf. Die hohe Rate im Terai hängt natürlich nicht nur mit der lokalen Bevölkerungsexplosion zusammen, sondern ist noch mehr das Resultat der Binnenwanderung aus dem Hügelland. Zu Beginn der sechziger Jahre lebten noch volle 68% im Berg- und Hügelland. Pro Jahr hat dort seither der Bevölkerungsanteil gegenüber dem Terai um rund 1% abgenommen. Gegen die Bevölkerungsexplosion gibt es keine kurzfristige Bremse, da mit der gegenwärtigen Alterspyramide die Weichen bis mindestens Mitte der neunziger Jahre schon gestellt sind (Fig. 26). Mittleres Alter der Bevölkerung ist 24 Jahre und 51% der Bevölkerung sind weniger als 20 Jahre alt.

Die Problematik der Bevölkerungskontrolle geht auch aus den Ausführungen des Fünfjahresplans 1976/80 hervor. Ziele im Gesundheitssektor (Seite 29) sind u. a. die völlige Ausrottung von Pocken, die Tuberkuloseimpfung aller Kinder im Alter bis zu 14 Jahren und die Vorbeugung gegen Malaria bei 6,3 Millionen Menschen; 500000 Kinder im Alter unter 5 Jahren sollen in den Genuß von Kinderpflege kommen. Familienplanung hingegen soll nur bei 700000 Ehepaaren im Alter zwischen 15 und 45 Jahren durchgeführt werden. Dann fährt der Fünfjahresplan auf Seite 30 fort: «Crude Birth Rate will be brought down from 40 to 38 per 1000. Mortality of children will be reduced from 200 per 1000 to 150 per 1000.» Alle Maßnahmen im Gesundheitswesen wiegen also das Programm zur Bevölkerungskontrolle sowohl finanziell als auch in bezug auf die Zahl der betroffenen oder nutznießenden Personen um ein Vielfaches auf.

Die oft geäußerte Theorie, die Bevölkerungsexplosion in der dritten Welt sei die Folge der Ausbeutung und Verarmung im marktwirtschaftlichen System, scheint nach dem Gesagten doch sehr fragwürdig.

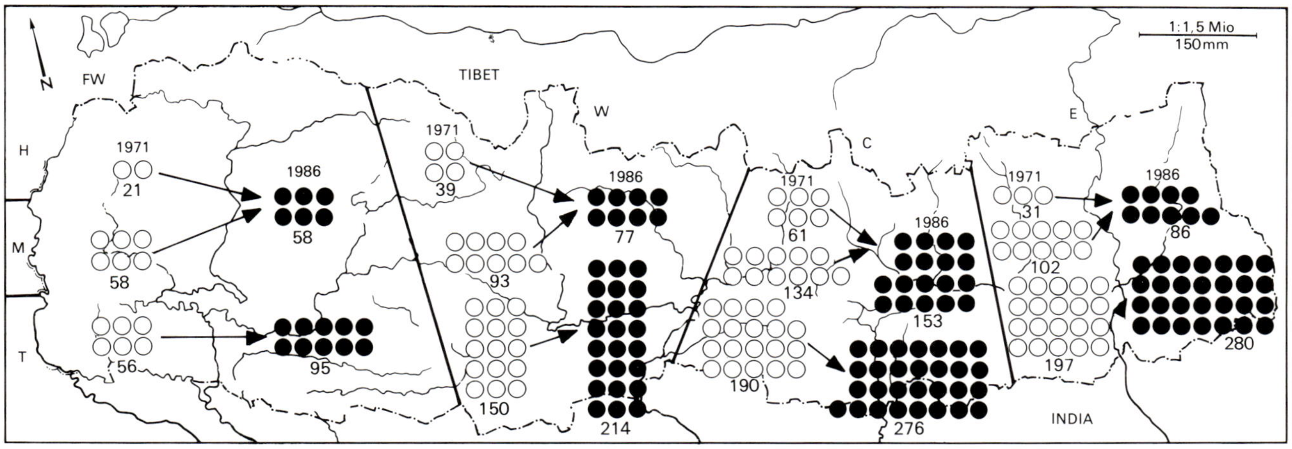

Fig. 27
Bevölkerungsdichte in den verschiedenen Regionen Nepals, 1971 (weiße Kreise) und 1986 (schwarze Punkte).

1 Pkt. = 10 Menschen / km²
FW = Far West
H = Hills
M = Midlands
T = Terai
W = West
C = Centre
E = East

Landwirtschaftliche Betriebsgrößen. Die landwirtschaftlichen Betriebe von Nepal sind durch ihre geringe Größe und die Bauern durch extreme Armut gekennzeichnet. Moderne landwirtschaftliche Inputs (Produktionsmittel) sind dem nepalischen Bauern im Hügelland kaum zugänglich, weil er sie nur wenig kennt, sie transportmäßig außer Reichweite sind und er sie sich auch gar nicht leisten kann. Detaillierte Erhebungen vom Jahre 1971 ergaben eine mittlere Betriebsgröße von 2,17 ha, wobei jedoch zu beachten ist, daß im Kathmandu-Tal das angebaute Kulturland im Mittel 0,66 ha pro Familie beträgt und die Betriebsgrößen im Terai im allgemeinen größer sind als in der Hügelzone. Zudem treten auch im Tiefland noch beträchtliche Unterschiede auf, da das pro Betrieb angebaute Kulturland durchschnittlich 3,19 ha im Ost-Terai und 7,36 ha im West-Terai beträgt.

Die folgende Tabelle zeigt die mittleren landwirtschaftlichen Betriebsgrößen (in Hektar) nach Regionen geordnet (Grobeinteilung):

	Ferne Westregion	West-region	Zentral-region	Ost-region
Mittelland	0,41	0,61	?	0,63
Kathmandu-Tal	–	–	0,66	–
Mittel-Terai	?	4,62	1,65	1,65
Terai	7,36	2,47	?	3,19

Gemäß einer Grobeinteilung besitzen 63,5% aller Bauern durchschnittliche Betriebsgrößen von nur 0,36 ha oder darunter. Die nächstgrößere mittlere Betriebsgröße bis 2,01 ha betrifft 19% aller Bauern. Die übrigen 17,5% aller Bauern verteilen sich auf die wenigen Großgrundbesitzer und auf die landlosen Familien. Das pro Kopf zur Verfügung stehende Kulturland beträgt im Durchschnitt für das ganze Land 0,19 ha, wobei wiederum im Hügelland diese Zahl auf 0,13 ha sinkt und im Terai dagegen auf 0,22 ha steigt.

Die Verteilung der Landbesitzverhältnisse für die verschiedenen Kategorien von Bauern – Mikrobauern, Minibauern, Kleinbauern, Mittelbauern, Großbauern und Großgrundbesitzer – ist in Fig. 28 und 29 dargestellt. Dies sind keine offiziellen Bezeichnungen, sondern sie wurden vom Verfasser so gewählt, weil zwischen den genannten Gruppen signifikante Unterschiede bestehen. Fig. 28 zeigt, daß im ganzen durchschnittlich sowohl für das überflutbare Land als auch für das Trokkenland die Betriebsgrößen von 0,3–1 ha am meisten verbreitet sind, nämlich mit 34% bzw. 18%. Landbesitzer mit vorwiegend überflutbarem Land zeigen die größte Häufigkeit bei Betriebsgrößen von 3–5 ha (Mittelbauern), nämlich volle 49,7%. Die Mittelbauern sind also in bezug auf sichere Ernten deutlich bevorzugt gegenüber den Bauern mit weniger Land. Großbetriebe (Großbauern, Großgrundbesitzer) fallen nicht ins Gewicht.

Dieses Bild ändert sich allerdings ein wenig, wenn wir die Betriebsgrößen und deren Kulturlandbesitz in bezug auf das ganze Land betrachten (Fig. 28). Hier dominieren die Klein- bis Mittelbauern mit Betriebsgrößen zwischen 1 und 5 ha sehr deutlich. Sowohl aus Fig. 28 als auch aus Fig. 29 geht hervor, daß bei kleinerem Besitz das überflutbare Land im allgemeinen größer ist. Aber auch in Nepal

◁ 131 Käsetransport vom Langtang, im Hintergrund der Gang Chhenpo (6397 m).

132 Laub als Viehfutter, Ost-Terai. Die Bauern schneiden alle kleinen Äste von den Bäumen und werfen sie dem unter die Bäume getriebenen Vieh zu.

133 Verkrüppelte Bäume. Die Bauern «ernten» das Laub der Bäume und tragen es als Viehfutter nach Hause.

134 Reisterrassen nach der Ernte (bei Siklis, Zentralnepal).

135 Bewässerte Reisterrassen bei Ramechhap, Ostnepal. Die Terrassen sind sehr präzise gearbeitet, damit das Wasser über die ganze Fläche gleich tief steht. Während der Wolkenbrüche des Monsuns halten die Lehmmäuerchen das Wasser zurück und schützen somit vor Erosion.

136 Nepalische rote Hirse (Kodo) im Kuwari-Tal (2600 m), Westnepal.

137 Detailaufnahme der roten Hirse.

138 Reisfelder vor der Ernte, bei Chautara.

139 Die Bodenerosion frißt zunehmen mehr Kulturland weg. Mahesh Khola, westlich von Kathmandu.

140 Rhododendron arboreum Smith, Baumförmiger Rhododendron. Die Gattung Rhododendron ist im ganzen Himalaya-Gebiet verbreitet und mit zahlreichen Arten vertreten. Am bekanntesten ist Rhododendron arboreum, der in den unteren und mittleren Höhenlagen zu großen Bäumen heranwächst. Der hier abgebildete Baum z. B. hat eine Höhe von 18 m. Mit zunehmender Meereshöhe werden die Büsche kleiner und gleichen schließlich unseren Alpenrosenstauden. Unsere Aufnahme wurde im Mittelland, westlich von Jajarkot, auf 2100 m Höhe gemacht, an der Untergrenze des tropischen Mischlaubwaldes. Der Baum stand Ende März in voller Blüte. Die Blüten erreichen einen Durchmesser bis zu 8 cm. In tieferen Lagen der Mahabharat Lekh findet man die ersten Blumenkronen schon Mitte Januar; gegen die obere Baumgrenze zu öffnen sie sich im April oder Mai. An der Südflanke des Himalaya stehen im April dichte Rhododendronwälder in Blüte und überziehen ganze Talflanken mit einem roten Teppich (vgl. Bilder 34 und 37).

132

133

135

136

137

stellt sich zunehmend das Problem der sich vergrößernden Zahl von landlosen Pächtern und landlosen Landarbeitern. Das Verhältnis zwischen Landbesitzer und Pächter ist in Fig. 30 illustriert. Der Anteil an Pächtern ist im Terai und Mittel-Terai größer als im Mittelland, und auch im letzteren nimmt er von Osten nach Westen ab. Der große Pächter-Anteil im Terai ist übrigens ein Indiz für die dortigen großen Betriebe. Die Landreform von 1964 hat nicht reinen Tisch gemacht, da viele große Güter maskiert werden. Ein kühner Vorstoß wurde 1968 von König Mahendra unternommen, als er Pachtzinse von 50% der Totalernte auf 50% der Haupternte herabsetzte. Es wird dies den Bauern wohl etwas Anreiz geben, aber eine Herabsetzung auf etwa 33% wäre zweifellos eine stärkere Motivation gewesen. Wenn der Pächter gezwungen ist, dem Eigentümer 50% des Erntewertes abzutreten, und keine Rechte besitzt außer der Sicherheit der Pacht, hat er weder ausreichendes Überschußkapital noch einen Anreiz, in das Land zu investieren. Fast so wichtig wie die Herabsetzung des Pachtzinses vom gegenwärtigen Maximum von 50% des totalen Ertrags auf eine vernünftigere Rate von etwa 33,33% der Haupternte wäre die Verleihung gewisser Eigentumsrechte an den Bewirtschafter des Landes. Er sollte das Recht haben, seine Pacht zu verkaufen oder zu übertragen, so daß er aus den von ihm gemachten Verbesserungen oder Investitionen Nutzen ziehen kann. Daß der Ertrag in Reis je Hektar im Terai (2000 Kilo) niedriger ist als in den Bergen (2280 Kilo), ist erstaunlich, denn die Landbaubedingungen sollten im Terai besser sein als an den steilen Hängen des Mittellandes. Der Terai hat außerdem Zugang zu Märkten an den Eisenbahnstationen der indischen Grenze und zu den Produktionsmitteln, wie besseres Saatgut und Dünger.

Eine Erklärung liegt zweifellos in den hohen Steuern im Terai, die keinen Anreiz bilden. Ferner werden die Dorf-Panchayats immer noch vom Gutsbesitzer beherrscht. Diese sind öfters auch die Geldverleiher und deshalb
38 ◁◁ nicht an Verbesserungen interessiert, die den
39 ◁ Pächter ihrer Kontrolle entziehen könnten.
40 Unter diesen Umständen sind Kredite sehr wichtig, da sie den Pächter frei machen und ihm den nötigen Anreiz geben.

Die Wirkung der Landreform von 1965 hat die Erwartungen nicht erfüllt. Bis 1975 wurden nur 10% der zur Verteilung vorgesehenen 250 000 ha an landlose Familien und Pächter abgegeben. Insgesamt gesehen ist in Nepal jedoch der Landbesitz bedeutend weniger unausgeglichen als in vielen anderen Entwicklungsländern, wo zuweilen 10% der Landbesitzer über 90% des Landes verfügen. Jedenfalls im Mittelland hätte «Umverteilung» von Land und Besitztum überhaupt keine positiven Auswirkungen. Wo nichts vorhanden ist, kann nichts umverteilt werden. Das müssen auch die Systemveränderer einsehen.

Viehhaltung. Neben der Produktion von Grundnahrungsmitteln sind Nebeneinkommen (so gering sie auch sein mögen) aus Viehwirtschaft von großer Bedeutung – beispielsweise Ghi, d.h. ranzige, gesottene Butter. Der große Viehbestand ist deshalb, entgegen weitverbreiteter Meinung, nicht nur Prestigeangelegenheit. Die Viehwirtschaft spielt tatsächlich eine bedeutende Rolle, obgleich der tägliche Milchertrag eines Tieres mit 0,5 bis 1 Liter sehr gering ist. Einer wirtschaftlichen Entwicklung der Viehzucht stehen z. T. die hinduistischen Religionsgesetze im Wege, die es verbieten, alte oder kranke Tiere auszumerzen. Der Viehbestand in tieferen Lagen – im Bereich der orthodox-hinduistischen Bevölkerungsgruppe – setzt sich zu stark aus alten und kranken Tieren zusammen, die zwar zu nichts mehr taugen, aber doch mithelfen, die kärgliche Nahrung aufzufressen. Dennoch zeigt gerade die Viehwirtschaft einige vielversprechende Aspekte. Planmäßig wurde sie aber bis jetzt nur von den Sherpa betrieben, die ihr Zuchtvieh nach Tibet und ins Solu-Gebiet im Mittelland ausführten. Aber auch diese Tätigkeit ist durch die politischen Veränderungen zum Erliegen gekommen.

Laut Zensus vom Jahre 1971 belief sich der Totalbestand an Kühen, Wasserbüffeln, Schafen und Ziegen auf 14 Millionen Tiere, durchschnittlich also etwas mehr als ein Tier pro Kopf der Bevölkerung. Auch das Vieh hat seither eine starke Vermehrung erfahren:

Fig. 28

Prozentualer Anteil verschiedener Betriebsgrößen an der Gesamtzahl der landwirtschaftlichen Betriebe

bewässerbar ———

Regenfeldbau - - - -

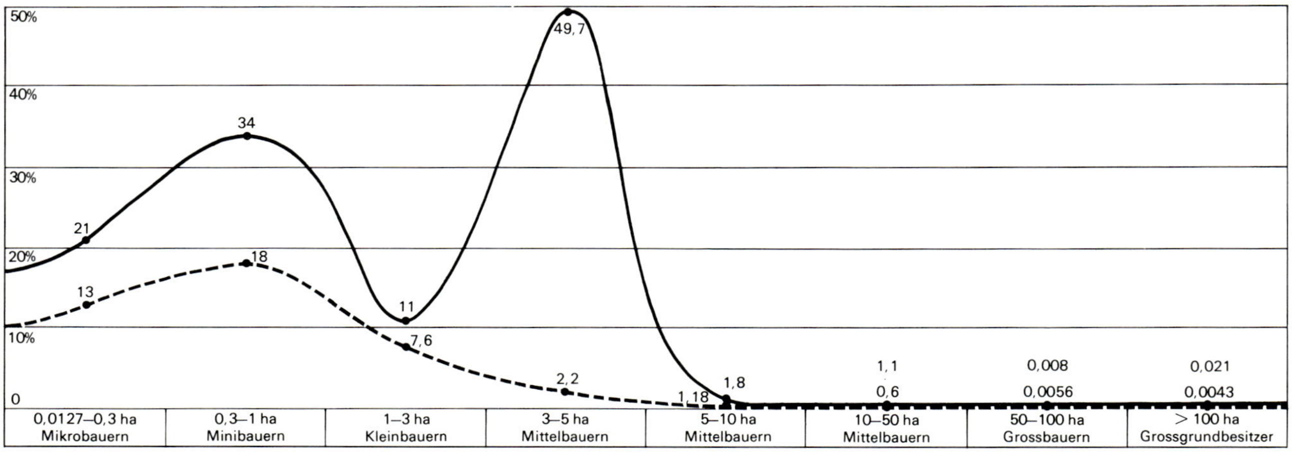

Fig. 29

Betriebsgrößen und Kulturlandbesitz in Prozent des gesamten Nutzlandes

bewässerbar ———

Regenfeldbau - - - -

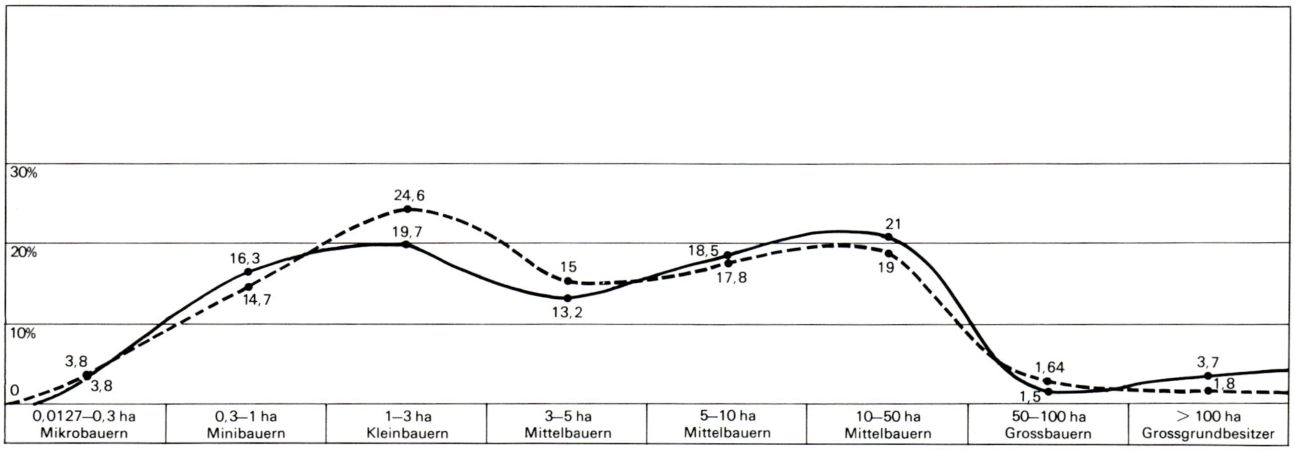

1962 waren es 2529000, 1966 3010000, 1970 3198000. Die Zunahme des Viehbestandes übertrifft also diejenige der Bevölkerung im Durchschnitt um fast ein volles Prozent. Ferner muß noch in Betracht gezogen werden, daß namentlich bei den Kühen der Anteil der männlichen (wirtschaftlich also weitgehend nutzlosen) Tiere 48,6% beträgt. Jedes Tier, auch wenn es wirtschaftlich keinen Nutzen bringt, braucht seine Nahrung. Da Weiden auf die unmittelbare Südabdachung des Gebirges auf Höhenlagen von über 3000m beschränkt sind, trägt das Vieh schwerwiegend direkt zur Zerstörung der natürlichen Vegetation und der Wälder bei. Neben Überweidung der natürlichen Weidegründe entsteht ein weiterer Schaden dadurch, daß das Laub der Bäume als Viehfutter dient. Gemäß Untersuchungen in Jiri werden dort pro Stück Vieh jedes Jahr 500 Kilogramm Blätter und Äste von Bäumen verfüttert. Auch wurde dort festgestellt, daß das Vieh für rund 10–15% der Nachernteverluste verantwortlich ist.

Weiteren Aufschluß über die tragische Lage vor allem der Kleinbauern im Bergland gibt die Verteilung der Kühe auf die verschiedenen Betriebsgrößen, oder wieviel Nutzland per Kuh in bezug auf die verschiedenen Betriebsgrößen zur Verfügung steht:

Betriebsgröße	(Hektar)	Pro Kuh zur Verfügung stehendes Nutzland (Hektar)
Mikrobauern	(0,0127–0,3)*	0,12
Minibauern	(0,3–1,0)	0,29
Kleinbauern	(1–3)	0,62
Mittelbauern	(3–5)	0,95
Mittelbauern	(5–10)	1,15
Großbauern	(10–50)	2,64
Großbauern	(50–100)	1,5
Großgrundbesitzer	(über 100)	1,54

* Anmerkung: 0,0127 Hektar sind ein Matomuri, kleinste in Nepal gebrauchte Landeinheit.

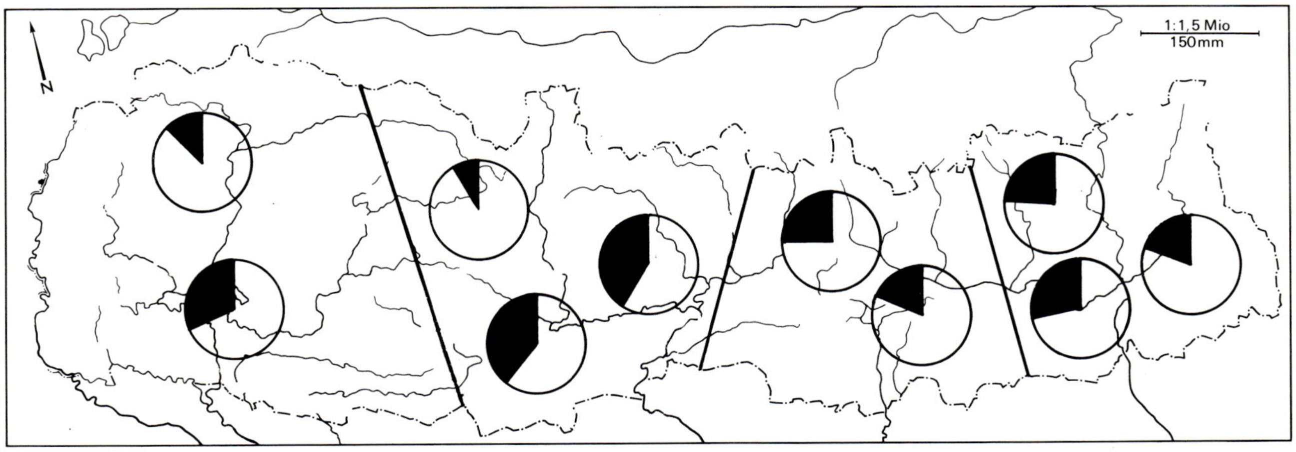

Fig. 30
Verhältnis Pächter (schwarz) zu Besitzern (weiß).

Die Umweltbelastung infolge Viehhaltung ist bei den Kleinbetrieben unvergleichlich viel größer als bei den Mittel- und Großbetrieben. So entfällt bei den Mikrobetrieben von durchschnittlich 0,15ha auf eine Kuh nur 0,12ha, während bei Betriebsgrößen von über 6ha eine Kuh über 1 ha Nutzland «zur Verfügung» hat. «Zur Verfügung» ist in Anführungszeichen gesetzt, weil die Kuh dieses Hektar natürlich nicht für sich beanspruchen kann; sie nimmt sich einfach ihren Anteil in Form z. B. von 10—15% Nachernteverlusten, und was sie sich auf dem Kulturland nicht nehmen kann, gleicht sie aus durch Raubfraß an der natürlichen Vegetation und im Wald.

Teufelskreis der Bodenerosion. Infolge Bevölkerungsdruck und Erbteilung werden die landwirtschaftlichen Betriebe, die bisher schon kaum das Existenzminimum gewährleisten konnten, stets kleiner, und der Bauer auf seiner verzweifelten Suche nach zusätzlichem Kulturland nimmt auch marginale Böden unter den Pflug, die — im Vergleich zum Aufwand an Arbeit und Saatgut — einen nur schlechten Ertrag geben. Gelände, das die Bergbauern noch vor einer Generation für die Bewirtschaftung als wertlos bezeichnet hätten, wird heute bis zum letzten Quadratmeter ausgenutzt. In den neugewonnenen höheren Lagen des Nutzlandes, mit den aus klimatischen Gründen nur kurzen Wachstumszeiten, bleibt der Boden während längerer Perioden bar jeder Vegetationsdecke. Dadurch werden die Böden ausgebleicht und die Humusbedeckung nimmt ab. Dazu kommt noch ein weiterer negativer Faktor: In den Höhenlagen unter 2400m gedeiht im allgemeinen Reis. Die präzise horizontal nivellierten Reisterrassen, mit ihren 15—30cm hohen Lehmmauern an den Terrassenrändern zum Zurückhalten des Wassers, bilden einen ausgezeichneten Erosionsschutz (Bilder 134, 135). Auch können bei Neuanlage von ursprünglich sehr steinigen Reisfeldern durch Heranleiten kleiner Bäche mit ihrem Monsunschlamm die Böden binnen weniger Jahre entscheidend verbessert werden. Für den Mais-, Hirse- und Gersteanbau über 2400m trifft dies nicht zu, da hierfür die Terrassen nicht horizontal angelegt sind, sondern ein Gefälle aufweisen. Auch fehlen auf diesen Terrassen die Lehmmäuerchen an den Rändern, so daß bei schweren Regengüssen im Monsum das Wasser ungehindert abfließt und der Bodenerosion keine Hindernisse gesetzt sind.
Da die marginalen Böden (schlechte Bodenbeschaffenheit, Steine, Lage an steilen Hängen, schwer zugänglich, weite Arbeitswege usw.) bald erschöpft sind, wird zunehmend der oberhalb der traditionellen Nutzungszone gelegene Wald gerodet, um Neuland zu gewinnen. Ausgerechnet in den frisch angebauten Gebieten in höheren Lagen wird jedoch der durch Waldrodung verlorene Bodenschutz nicht ersetzt in Form von Terrassen, da in dieser Höhenlage kein Reis gedeiht. Dabei geht es den außerhalb der Rodung stehengelassenen Bäumen ebenfalls an den Kragen, weil mit Abnahme der Waldfläche das Energieproblem für die Bevölkerung sehr akut wird. Im Wettbewerb um das Nutzland und

um die natürliche Vegetation stehen aber auch die Tiere. Auch deren Vermehrung könnte ja als Explosion bezeichnet werden, wie aus dem vorhergehenden Abschnitt ersichtlich ist. Dies führt einerseits zu einer Überweidung der natürlichen Alpweiden mit all ihren schädlichen, die Bodenerosion fördernden Wirkungen und andererseits zu einer zusätzlichen Zerstörung von Bäumen, Sträuchern und Vegetation im allgemeinen. Das Vieh frißt vor allem die jungen Pflanzen, die Blätter und feinen Äste und Schosse der jungen Bäume. Neben der «Beweidung» des Waldes durch das Vieh bringt der Bauer auch eine «Ernte» aus dem Wald ein. Er erntet die Blätter von den Bäumen und bringt diese als Viehfutter nach Hause (Bild 133). Eine andere Art der Viehfutterbeschaffung besteht darin, daß der Bauer sein Vieh unter einen großen Baum treibt, alle kleineren Äste des Baumes samt Laub abschneidet und dem unter dem Baum wartenden Vieh zum Fressen zuwirft (Bild 132). Um das Ausmaß der Viehfütterung aus dem Wald zu erfassen, greifen wir auf entsprechende Untersuchungen in Jiri zurück. Dort wurde herausgefunden, daß für die rund 100000 Kühe und Ochsen des Projektgebietes jährlich 50000 Tonnen Baumblätter und kleine Zweige verfüttert werden. Dies entspricht einer jährlichen Pro-Kopf-Verfütterung von einer halben Tonne. Auf das ganze Land extrapoliert ergibt dies für die gesamten 9,9 Millionen Kühe und Wasserbüffel (ohne Ziegen und Schafe) einen jährlichen Verbrauch von 4,95 Millionen Tonnen Laub und Zweige. Die Verdünnung des Blattwerks reduziert den Erosionsschutz des Bodens, fördert Graswuchs und damit die Anfälligkeit für Buschfeuer. Ganze Täler weisen heute nur noch derart gestutzte Bäume und Baumruinen auf, und wenige können auf lange Zeit überleben (Bild 132).
Der Brennholzmangel verführt die Bauern zur Verwendung von Kuhmist als Brennmaterial, womit sie sich selbst des wirksamsten Mittels zur Bodenverbesserung berauben. Jede Maßnahme, die also der verzweifelte Bauer trifft, um zusätzliches Kulturland zu gewinnen oder das bestehende zu verbessern, führt zu einer Reihe von negativen Auswirkungen, womit sich der Teufelskreis aufs neue schließt. Gute Vegetations- und Waldbedeckung haben entscheidenden Einfluß auf den Wasserhaushalt eines Gebietes. Dichter Waldbestand und modernde Laubschicht am Boden fördern Humusbildung und damit Wasserinfiltration in den Untergrund. Nackte Böden andererseits werden so kompakt, daß das Wasser nicht mehr ins Innere dringt. Kahle Böden werden im Sommer, bei dem fast vertikalen Sonnenstand, auch unvergleichlich viel heißer als von Vegetation bedeckte Böden, und dies führt zur Zerstörung des organischen Materials und damit wiederum zu reduzierter Aufnahmekapazität und vermehrter Verdunstung. All dies fördert das Versiegen von Quellen und das Absinken des Grundwasserspiegels in den Talböden und in den Ebenen. In zahlreichen Dörfern haben mich schon in den fünfziger Jahren die Bewohner um Rat gefragt, wie man eine versiegte Quelle wieder zum Fließen bringen könne. Wie die Distanzen für das Einbringen von Brennholz sich in verhängnisvoller Weise vergrößern, so müssen die Bewohner mancher Dörfer heute auch weiter gehen, um Trinkwasser zu finden.
Die Gesamtheit der Erosion – Flächenerosion, Gullyerosion, Erdrutsche und Bergstürze (Bilder 139, 158) – produziert große Mengen von Schlamm und Sand, die in die Ganges-Ebene transportiert werden. Wenn schwere Regen den Abfluß verdoppeln, wird die Ausschwemmung des Bodens vervierfacht, die Materialtransportkapazität auf das Zweiunddreißig- und die Größe der Schuttpartikelchen auf das Vierundsechzigfache vergrößert. Für den Karnali-Fluß wurde die Menge des erodierten Materials auf 75 Millionen Kubikmeter im Jahr berechnet, was einer jährlichen flächenmäßigen Abtragung von 1,7 mm Boden im gesamten Einzugsgebiet entspricht. (Im Einzugsgebiet des Rheins in Mittelbünden wurde die jährliche flächenmäßige Abtragung auf nur 1 mm berechnet, dank rigorosem Schutz des Waldes seit 1848, Aufforstung, Wildbachverbauungen usw. Der Inhalt des Zürichsees beträgt 3900 Millionen Kubikmeter und der Karnali-Fluß würde ihn mit seinem Schutt in rund 50 Jahren völlig auffüllen.)

Das vom Himalaya stammende Material wird in der Ganges-Ebene abgelagert, wo Gefälle und Strömungsgeschwindigkeit niedrig sind. Gemäß nepalischen Untersuchungen kommen im Terai die Betten mancher Flüsse jedes Jahr infolge Schuttanhäufung höher zu liegen und das Hochwasser fließt vermehrt in die umliegenden fruchtbaren Felder hinaus. Die Westwärtsverlegung des Kosi-Flusses in Bihar (der bei Chatra in Ostnepal in die Ganges-Ebene hinaustritt) um 115 km in den letzten hundert Jahren — mit Zerstörung von 15000 km² wertvollen Kulturlandes, wovon eine Bevölkerung von 6,5 Millionen Menschen lebte — kann allerdings nicht nur der Schlammablagerung zugeschrieben werden. Ohne Zweifel sind dort noch junge geologische Krustenhebungen im Spiele, wie der Verfasser bei Kherwa selbst feststellen konnte. Aber das exzessive Schwemmaterial füllt in Nepal Staubecken und Bewässerungsanlagen in kurzer Zeit auf, wodurch sie nach einigen Jahrzehnten nur noch geringen Wirkungsgrad aufweisen oder ganz unbrauchbar werden. Der Teufelskreis schließt sich abermals.

Schwindendes Kulturland. Die große, ja dramatische Bedeutung der Bevölkerungsexplosion kommt einem erst richtig zu Bewußtsein, wenn man die Bevölkerungszunahme mit der Situation des nutzbaren Kulturlandes vergleicht. Die beiden Kurven klaffen hoffnungslos auseinander, und es gibt kein Mittel, sie innerhalb von ein oder zwei Jahrzehnten wieder zur Konvergenz zu bringen. Tatsächlich weist Nepal gegenwärtig mit durchschnittlich 505 Menschen pro Quadratkilometer Nutzland eine der höchsten Dichten der Welt auf. Im Berg- und Mittelland übertrifft diese Bangladesh (890) um fast ein Viertel. Sie ist auch in den genannten Regionen (die zwei Drittel der Bevölkerung von Nepal beherbergen) fast dreimal so hoch wie der Durchschnitt in Indien. Nur im Terai, mit seinen 336 Menschen pro Quadratkilometer Nutzland, der als «Aufnahmeregion» für die Flucht aus den Bergen dient, herrscht eine Dichte, die mit dem indischen Durchschnitt (366) vergleichbar ist (wobei Indien bekanntlich als beinahe hoffnungslos übervölkert gilt). Würde Nepal Industrie und einen großen Dienstleistungssektor (wie etwa die Schweiz) aufweisen zur Aufnahme und zum Lebensunterhalt der Bevölkerung, so wären die Probleme lösbar. Da jedoch in Nepal nicht weniger als 94,4% der Bevölkerung von der Landwirtschaft leben, wird die Abnahme des pro Bauer zur Verfügung stehenden Nutzlandes zu einer dramatischen Verarmung führen.

Wir wollen nun die Frage stellen: Gibt es in Nepal überhaupt sowohl für einzelne Regionen wie für das gesamte Land genügend Kulturland, um die Ernährung der Bevölkerung zu gewährleisten, gemäß dem von der FAO berechneten Minimalbedarf von 180 kg Getreide pro Kopf und Jahr? Für eine siebenköpfige Familie (Durchschnitt von Nepal) würde dies 1260 kg Getreide netto pro Jahr erfordern. Unter Berücksichtigung der Erfahrungen mit Jiri und anderen Projekten, unter Verwendung von 10% der Ernte für Saatgut und Schnapsbrennerei (190 kg) und mit mindestens 25% Nachernteverlusten (450 kg), erfordert dies eine Brutto-Produktion von 1900 kg pro Familie. Da die mittleren Hektarerträge für Paddy rund 2000 kg, für Mais 1900 kg und für Weizen sowie Hirse je rund 1100 kg betragen, würde für eine siebenköpfige Familie die Reis- oder Maisproduktion eines Hektars gerade knapp genügen. Familien, die ihre Ernährung mit Weizen und Gerste sicherstellen müssen, benötigen 1,73 ha. Natürlich sind die Weizen- und Mais-Hektarerträge in Nepal äußerst gering, verglichen etwa mit denjenigen der USA (3000 kg) oder der Sowjetunion (1500 kg). Aber auch die Reiserträge sind sehr klein, verglichen mit denjenigen von Indien, wo die grüne Revolution eingeführt worden ist (3000 kg), oder Japan und Taiwan (6000 kg). Ertragssteigerungen in amerikanischer oder japanischer Größenordnung sind für Nepal, abgesehen von einigen Zonen im Terai, völlig außer Reichweite: Die grüne Revolution ist nur in verkehrsmäßig erschlossenen Gebieten anwendbar und verlangt eine optimale Mischung vielerlei Produktionsmittel — namentlich Bewässerung — und vom Bauern ein unvergleichlich umfassenderes Know-how, als

die Bergbauern von Nepal ihr eigen nennen (gemäß Fünfjahresplan sind die Erfahrungen mit Bewässerungsprojekten in Nepal gerade aus diesem Grunde «enttäuschend»). Auch werden wesentliche Produktionsmittel der grünen Revolution angesichts der auf uns zukommenden Energiekrise für den nepalischen Bergbauern unerschwinglich sein, da es sich um Erdöl-Derivate handelt.
Einer wesentlichen Steigerung der Hektarerträge sind also in Nepal zum vornherein enge Grenzen gesetzt, und auch minimale Steigerungen sind, abgesehen von privilegierten Zonen wie das Kathmandu-Tal, ein sehr langwieriger Prozeß. Damit bleibt also einzig die Produktionssteigerung durch Mehrfachernten. Der gegenwärtige landesweite Durchschnitt beträgt 1,32 Ernten pro Jahr. Ein solcher wird durch geeignete Fruchtfolgen erreicht, oder auch wenn z. B. auf einem Betrieb von 4 ha Gesamtfläche 3 ha durch Regenfeldbau eine Ernte produzieren, während auf 1 ha durch Bewässerung zwei Ernten eingebracht werden können.
Dieser Durchschnittswert von 1,32 Ernten sagt jedoch (wie viele Durchschnittswerte) nicht sehr viel aus. Ein großer Teil der Bergbauern erwirtschaftet nicht mehr als eine einzige jährliche Ernte auf demselben Nutzland, da Bewässerung in der Trockenzeit – Vorbedingung dazu – ihm fehlt (siehe oben über die Verteilung von «wet land» and «dry land»).
Für unsere Berechnungen, ob für einen wesentlichen Teil der nepalischen Bergbauern überhaupt genügend Kulturland vorhanden ist, müssen wir uns also weitgehend auf die heutigen Gegebenheiten stützen und wir können die im folgenden angenommenen Szenarios anwenden.

Bei Szenario 1 (welches vor allem für die Bergbauern zutreffen dürfte) ist nur im Terai genügend Land vorhanden. Im Mittelland jedoch herrscht ein großes Defizit.
Das gleiche gilt auch für Szenario 2 mit dem landesweiten Durchschnitt von 1,32 Ernten pro Jahr, das 0,75 ha erfordert.
Nur bei Szenario 3, entweder mit zwei jährlichen Ernten oder mit doppeltem Hektarertrag, besteht im Mittelland genügend Kulturfläche. Aber Szenario 3 ist gerade im Mittelland nicht anwendbar.
Szenario 4 zeigt eine Auswegmöglichkeit für eine kleine Minderheit von Bauern, die in der Nähe von Absatzmärkten wohnen – eine Möglichkeit, die z. B. von den Bauern im Kathmandu-Tal und Umgebung ausgenützt wird, deren Potential (z. B. für Belieferung von Hotels mit Frischgemüse) jedoch kaum ausgeschöpft ist.

Pro Bauernfamilie zur Verfügung stehendes Nutzland (Hektar)		Landbedarf pro Bauernfamilie zur Deckung der Grundnahrungsmittel gemäß vier verschiedenen Szenarios	
Terai 2,13 ha			
	2 ha		
Durchschnitt Nepal 1,5 ha	1,5 ha		
	1 ha	Szenario 1	Reis-/Maisernte pro Jahr Hektarertrag 1900 kg — 1 ha erforderlich
Mittelland 0,7 ha		Szenario 2	1,32 Reis-/Maisernten pro Jahr, Hektarertrag 1900 kg pro Ernte — 0,75 ha erforderlich
Bergland 0,6 ha			
	0,5 ha	Szenario 3a und 3b	a. 2 Reis-/Maisernten pro Jahr, Hektarertrag 1900 kg pro Ernte — 0,5 ha erforderlich b. 1 Reis-/Maisernte pro Jahr, Hektarertrag von 3800 kg — 0,5 ha erforderlich
	0	Szenario 4	«cash crops» durch Intensivlandwirtschaft (z.B. Gemüse). Mit Erlös werden Grundnahrungsmittel angekauft — 0,05–0,1 ha erforderlich

Flucht aus den Bergen. Die zum Teil sehr schwierigen Lebensbedingungen veranlaßten schon seit langem viele Nepali zum Auswandern. So leben denn in Assam und in den ehemals nepalischen Gebieten, die im Frieden von Sagauli (1816) an Indien abgetreten werden mußten, ungefähr zwei Millionen Nepali.

Schon seit Menschengedenken sind die Nepali als Saisonarbeiter sehr gesucht. Beim Straßenbau in Indien, in den Orangen- und Teeplantagen von Bengalen, Sikkim und Assam findet man Zehntausende von nepalischen Arbeitern. Zahlreich sind in ganz Indien auch die Nepali, die als Wächter in Banken und großen Geschäftshäusern arbeiten. Wenn es auch schwer ist, ihre genaue Zahl zu erfassen, da sowohl die Nepali wie die Inder die Grenze ohne Paß überschreiten – es müssen jedes Jahr Hunderttausende sein. Gemäß einem CEDA-Bericht (1973) verlassen jedes Jahr 82000 Nepali ihr Land und ziehen nach Indien, um jahrelang abwesend zu bleiben, und jährlich kehren 62000 Nepali nach Abwesenheit von 1–6 Jahren aus Indien zurück.

Seit Generationen gab es in Nepal drei verschiedene Arten von Wanderungen:

– Rekrutierung für die indischen oder englischen Gurkha-Regimenter
– Auswanderung als Saisonarbeiter
– Auswanderung für immer

Die beiden letzten richten sich sowohl nach Indien als auch nach Anziehungspunkten im Inland. Indessen hat seit etwa 1950 eine dramatische Wende eingesetzt, und seither, d. h. innerhalb von 30 Jahren, hat sich die Wanderung verdreifacht, wie das rechts oben stehende Diagramm zeigt.

Die letzte Zahl von 12% ist mit einem Fragezeichen zu versehen, weil sie eine Extrapolation der Kurve (Fig. 31) darstellt. Wir haben aber gar keinen Grund anzunehmen, daß die Kurve ihren Verlauf nach 1971 wesentlich geändert hat; wahrscheinlich ist sie seither noch steiler verlaufen.

Was diese Zahlen für eine betroffene Talschaft und deren Menschen bedeuten, geht u.a. aus einer detaillierten Untersuchung über das Ankhu-Tal (im zentralen Mittelland) hervor (G. Toffin: The Peoples of the Upper Ankhu Khola Valley, 1976; The Phenomenon of Migration in a Himalayan Valley in Central Nepal 1976 [in: Mountain Environment and Development]). Im Jahre 1974 waren im Ankhu Khola 7,1% der Bevölkerung 6 Monate oder mehr abwesend. Wenn wir nur eine dreimonatige Abwesenheit annehmen, wird der Prozentsatz bedeutend höher. In einzelnen Gurung-Dörfern hatten alle männlichen Dorfeinwohner im Alter von 18–80 Jahren fremde Söldnerdienste geleistet. In anderen Dörfern waren bis zu 67% der männlichen Bevölkerung im Alter von 18–55 Jahren schon mehr als drei Monate abwesend. Davon suchten 75% Arbeit in den bevorzugten Städten Butwal, Pokhara, Bhairava, 14% in Assam, Buthan und Sikkim, 12% in Kathmandu und 3% in Kashmir und Jammu. 1,8% der Bevölkerung des Ankhu-Tales verließen ihre Dörfer für die Dauer von mehr als 10 Jahren, wobei das Dorf mit der höchsten Auswanderung 12% zeigte. 95% der Emigranten gingen in den Terai. Diese letztere Wanderung ist neu, sie begann erst 1960 und steigerte sich bis 1972.

Wenn auch die unmittelbaren Gründe mannigfach sind, die zur Entscheidung einer Familie für dauernde Auswanderung führen, so gehen doch alle ursächlich auf Armut infolge Land- und Verdienstmangel zurück. Während die Bauern früher noch einige Produkte exportierten, wie Ghi, Gewürze, Arzneipflan-

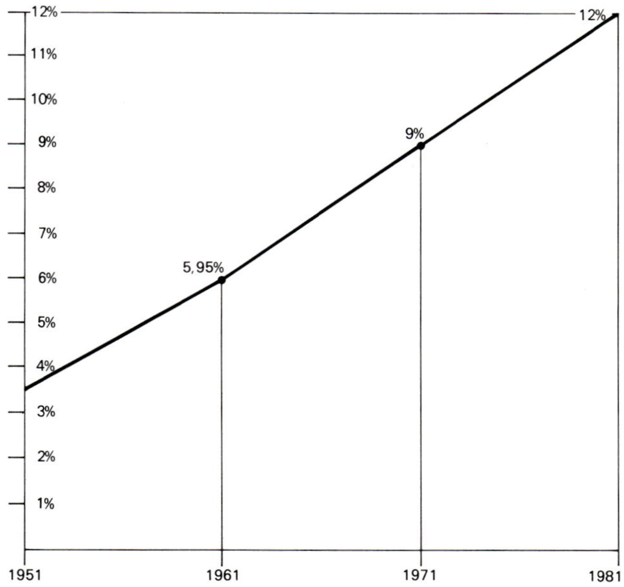

Fig. 31
Die Zunahme der Wanderung aus dem Mittelland 1951–1981

zen, auch Getreide, ist dieser Erwerb zum Erliegen gekommen oder die Erlöse werden gebraucht, um fehlende Nahrungsmittel zu kaufen. Auch der Salzhandel mit Tibet wickelte sich früher ohne jedes Geld, als reiner Tauschhandel ab. Die Bauern müssen nun das Salz bei den Händlern in den größeren Marktflecken erstehen; sie brauchen auch Geld, um ihre Steuern und Landtaxen zu bezahlen. Die Verzinsung des Schuldenberges gegenüber den Geldverleihern muß nun auch in bar entrichtet werden, da es kaum einem Bauern noch gelingt, Ernteüberschüsse herauszuwirtschaften.

Anleihen zu Wucherzinsen bis zu 50% pro Jahr werden für Hochzeitsfeste (Mitgift bis zu 3000 NRs) und für Todesfälle (bis zu 2000 NRs für Feierlichkeiten) aufgenommen bei einem durchschnittlichen Pro-Kopf-Bruttoeinkommen von etwa 1000 NRs pro Jahr. Im Laufe der Untersuchungen im Ankhu-Tal wurde auch ein direkter Zusammenhang von Erdrutschen mit Bevölkerungswanderung gefunden. 55% der Familien, die sich im Terai ansiedelten, hatten den größten Teil ihrer Felder und Tiere durch Erdrutsche verloren. Ein nicht geringer Prozentsatz dieser Erdrutsche wird übrigens durch Straßenbau ausgelöst (Bild 158).

Lange Zeit galt der Terai als «leeres Land». Dichte Urwälder und Malaria wirkten nicht gerade anziehend, vor allem auch deswegen, weil das nepalische Mittel- und Bergland früher seine Bauern gut ernähren konnte. Dies alles hat sich nun geändert. Deshalb versucht die Regierung von Nepal, zusammen mit internationalen Organisationen, den Terai mit den «überschüssigen» Bauern aus dem Mittelland zu besiedeln. Jedoch die illegalen und unkontrollierten Neuansiedler überwiegen diejenigen der organisierten Ansiedlungsprojekte bei weitem. Die Weltbank schätzt, daß sich bis 1974 rund 500000–600000 Menschen im Terai angesiedelt haben und in diesem Prozeß rund 200000 ha ebenes Waldland gerodet worden sind, davon mindestens 130000 ha illegal. Nur 20% dieser Neuansiedlungen waren von der Regierung organisiert; volle 80% (oder eine halbe Million Menschen) haben sich spontan, ohne jede Hilfe, ihr Land im Urwald genommen. Die FAO schätzt, daß seit 1974 jedes Jahr 36000 ha guter Waldbestand den spontanen Ansiedlern zum Opfer fallen. Schon 1974 wurde aus Erdsatelliten-Studien geschlossen, daß der gesamte Waldbestand im Terai sich nur noch auf wenig über 800000 ha beläuft. Dabei sind die Böden in den Teraiwäldern durchaus nicht als erstklassig zu bezeichnen, denn es fehlt das Unterholz und die Humusdecke ist sehr dünn (Bild 24). Untersuchungen haben gezeigt, daß im Terai eine landwirtschaftlich nutzbare Landreserve von höchstens noch 325000 ha besteht. Diese reicht für die Aufnahme des Bevölkerungsüberschusses des Mittellandes für nur 7–8 Jahre – es sei denn, man führte eine sehr intensive Landwirtschaft (die «grüne Revolution») in vollem Umfange ein. Dies ist jedoch mit Regenfeldbauern aus den Bergen kein einfaches Unternehmen, ganz abgesehen von den für Nepal unerschwinglich werdenden Preisen der aus Erdöl hergestellten Produktionsmittel. Aufgrund der Wanderung vom rasch verarmenden Mittelland hat die Bevölkerung im Terai um 2,6% zugenommen (verglichen mit nur 1,4% im Berg- und Mittelland), während der Magnet Kathmandu-Tal, der am meisten entwickelte Teil des Landes, eine jährliche Bevölkerungszunahme von 7% pro Jahr aufweist. Das Nepal Valley und der Terai füllen sich rasch auf und deren Überfüllung – mit allen negativen Begleiterscheinungen – ist nur eine Frage von einem oder zwei Jahrzehnten. Insgesamt wird die Verarmung zunehmen.

Das Phänomen der Geburtenzunahme bei Gebirgsvölkern nach deren Umsiedlung ins üppige Tiefland tritt übrigens nicht nur in Nepal auf. Nach der Neuansiedlung von Indianern aus dem bolivianischen Hochland (Altiplano, 4000 m) in die östlichen tropischen Tiefebenen (200 m) hat sich die Geburtenzahl mehr als verdoppelt. Offenbar wirken warmes Klima, bessere Nahrung und allgemeine wirtschaftliche Besserstellung geburtenfördernd. Auch die in die Schweiz übergesiedelten Tibeter haben die gleiche Erfahrung gemacht. Sie sagten mir oft: «Merkwürdig, in Tibet nur alle sieben Jahre ein Kind; in der Schweiz jedes Jahr ein Kind.»

Volk auf Wanderschaft. Da die nepalischen Bauern auch heute noch weitgehend Selbstversorger sind, kann man von einem organisierten Handel im Landesinnern kaum sprechen. Wesentliche Dinge, wie landwirtschaftliches Werkzeug, Baubeschläge usw., finden ihren Weg kaum in die Dörfer des Mittellandes oder der Hochtäler. Zigaretten dagegen, Parfümerie und billiger Kunststoffschmuck machen einen sehr großen Teil der Gesamteinfuhr aus. Daneben werden in steigendem Maße auch bunte Baumwollstoffe eingeführt und Kerosin, das die heimkehrenden Gurkha-Soldaten in ihre entlegenen Bergdörfer tragen. Bei einem lebenswichtigen Produkt jedoch ist die gesamte nepalische Bevölkerung vom Ausland abhängig: beim Salz! Nepal besitzt kein eigenes Salz, und die Bewohner des hintersten Bergdorfes sind in dieser Hinsicht auf das Ausland angewiesen. Im verkehrserschlossenen Kathmandu-Tal und in den vom bisherigen Straßenbau erschlossenen wenigen Orten sowie in den größeren Agglomerationen im Terai nahe der indischen Grenze erfolgt Einfuhr und Verteilung dieses Produktes in der üblichen Weise durch Händler. Im Landesinnern dagegen, wo jedes Verkehrsnetz fehlt, oder abseits der wenigen Straßen kann von einem organisierten Handel keine Rede sein. So muß denn jeder Haushalt selbst für sein Salz sorgen, indem sich jedes Jahr mindestens ein Familienmitglied mit einer vollen Last der eigenen landwirtschaftlichen Produkte auf den Weg macht, um an der indischen – früher auch an der tibetischen – Grenze seine Produkte gegen Salz einzutauschen.

Ein solcher «Salz-Trip» bedeutet für die Teilnehmer das Erlebnis des Jahres. 10 bis 15 Leute, sonntäglich angezogen, die Frauen mit ihrem traditionellen Schmuck, machen sich gemeinsam auf den Weg. Ältere Teilnehmer

141 Yaks mit Salzlasten auf dem 4900 m hohen Ninyan-Paß. Der Ninyan-Paß ist einer der Hochpässe, die von Simikot nach Tibet führen. Die Yaks sind äußerst genügsam. Tagelang vermögen sie fast ohne jede Nahrung durch den tiefen Schnee zu waten, und die Nächte auf offenem Feld bei Temperaturen bis zu 20 Grad unter Null bereiten ihnen gar keine Schwierigkeiten.

141

Fig. 32
Schematische Darstellung der hauptsächlichsten Salzhandelsrouten vor der Revolution in Tibet

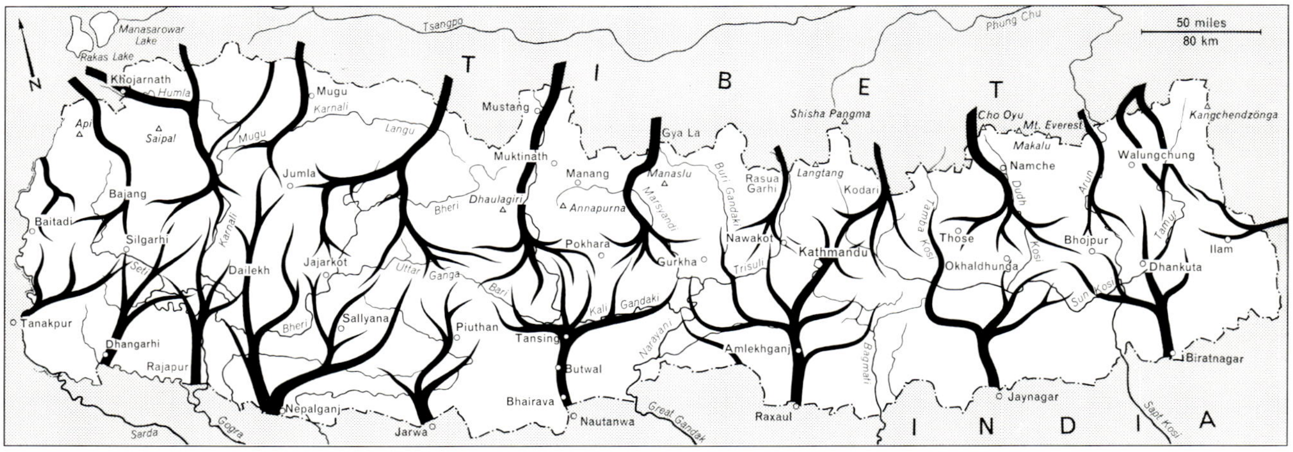

Fig. 33
Schematische Darstellung der hauptsächlichsten Salzhandelsrouten nach der Revolution in Tibet

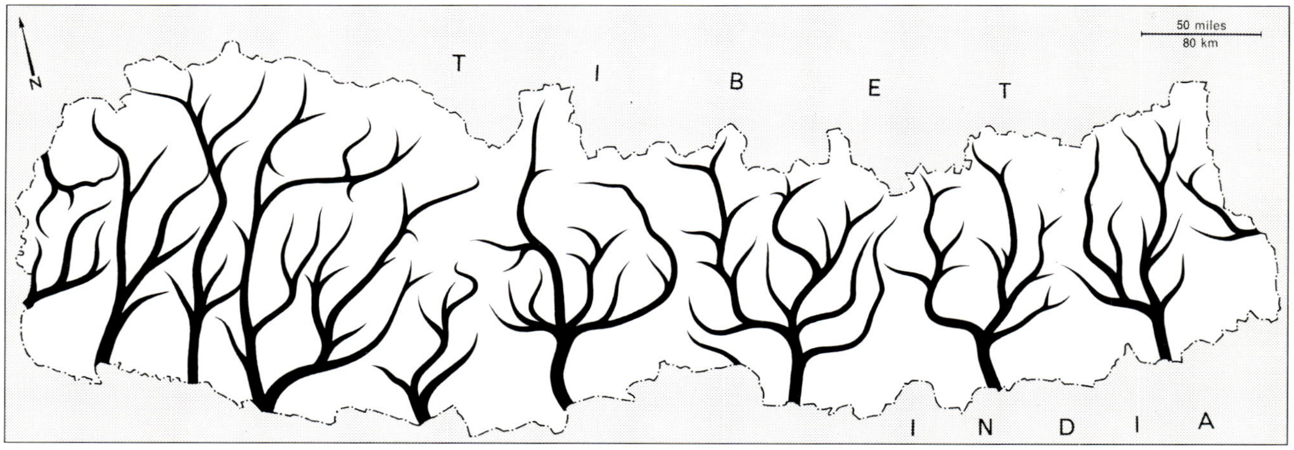

wissen von früher her, wo man Wasser und Holz zum Abkochen und günstige Plätze zum Übernachten findet. Sie wissen aber auch, wo die hübschesten Mädchen Chang ausschenken. Die Reise dauert etwa 2 bis 8 Wochen, je nach der Lage des Dorfes.

Da der Bauer nur einmal im Jahr ernten kann, hat er für über neun Monate wenig zu tun. Der jährliche «Salz-Trip» ist deshalb für ihn ein willkommenes und lustiges Unternehmen, ja sogar ein Kult, und die meisten Bauern würden fortfahren, solche Reisen zu machen, sogar wenn Transportmittel das Salz und andere Gebrauchsartikel in ihre Dörfer bringen würden. Dies hat sich gezeigt bei der Eröffnung der neuen Straßen nach Kodari und nach Trisuli, die nicht zur Gründung von neuen Marktzentren im Hinterland führten, wo die Bauern mit ihren Produkten hätten Tauschhandel treiben können. Die Nepali brauchen die Straßen eher, um durchschnittlich einmal im Monat zu Fuß oder mit dem Autobus nach Kathmandu zu reisen.

Die physiographische Konfiguration des Landes führt zu einer Kanalisierung dieses Fußgängerverkehrs in Flaschenhälsen, nämlich in der Mahabharat-Kette und früher (vor 1959), als der Handel zwischen Nepal und Tibet noch völlig frei war, auch in den Durchbruchsschluchten des Himalaya (Fig. 32). Wer nicht selbst den endlosen lastentragenden Menschenkolonnen auf den schmalen Wegen, über zerbrechliche Brücken und in den Bachbetten der Siwalik-Zone begegnet ist (Bild 23), wer nicht die Ansammlungen an den wenigen Wasserplätzen miterlebt hat (Bild 159), kann sich kaum eine Vorstellung vom Ausmaß dieses Trägerverkehrs machen. In den fünfziger Jahren bin ich auf all diesen Hauptrouten marschiert und habe Zählungen durchgeführt. Da zeigte sich zum Beispiel, daß auf der Kauriala-Ghat-Rajapur-Route im Durchschnitt täglich 2400 Bauern marschierten. Man darf daraus ableiten, daß auf dieser einen Route während vier Wintermonaten rund 300000 nepalesische Bauern ihre Pro-

142

143

142 Yaktreiber aus einer tibetischen Salzkarawane. Altmodisches Feuerzeug mit Stahl, Feuerstein und Zunder dient ihm zum Feuermachen, da Zündhölzer ihm unbekannt sind.

143 Chala (4000 m), ein Salzhändlerdorf im Humla-Gebiet (Nordwest-Nepal).

144 Tange (3400 m) im Gebiet von Mustang. Diese Dörfer lebten vom Salzhandel mit Tibet. Alle Handelsrouten sind von Chörten gesäumt (Vordergrund).

145 Vor den Toren der Stadt Mustang (3700 m). Die Steinmäuerchen im Vordergrund dienten zur Abgrenzung der vielen Yak-Karawanen, die hier nächtigten, als der Salzhandel noch blühte.

146 Einsame Wanderer bei Mustang. Cañonartige Täler haben sich rückwärts in den Südrand der Gebirgswüste des tibetischen Plateaus eingefressen. Die mächtigen, jungen Ablagerungen aus Schottern, Sandsteinen und Konglomeraten leuchten in allen Farben. Die Luft ist in dieser Höhe, zwischen 4000 und 5000 m ü. M., dünn und klar. Weil Häuser und Bäume als Vergleichsmöglichkeiten fehlen, ist es äußerst schwierig, Größen und Entfernungen abzuschätzen: da glaubt man eine entgegenkommende Yak-Karawane ein paar hundert Meter vor sich zu haben, und dann begegnet man ihr endlich nach stundenlangem Marsch. Die Gruppe im Bild erklimmt auf ihrem Weg zur Hochebene über eine Schuttrinne die Steilstufe der Talflanke.

147 Bei Muktinath (3700 m). Links im Hintergrund der Dhaulagiri (8172 m).

144

145 ▷14

148 Ein Mönch opfert den Gottheiten im Heiligtum der ewigen Flamme in Muktinath.

149 Gebetsmühlen an der Karr Gömpa (4000 m), bei Mustang. Eine Nonne des Klosters macht ihren täglichen Umgang.

150 Auf dem Dach des Heiligtums von Muktinath, mit Dhaulagiri (8172 m).

148

149

150

dukte nach dem Süden auf den Markt tragen. Nun ist aber die Rajapur-Route nur eine von sechs gleichwertigen Handelsverbindungen; eine große Zahl von Bauern wählt zudem unbekannte Wege oder sickert durch die Wälder des Terai nach Süden. Bis 1959 ergoß sich überdies auch ein ähnlicher Strom nach Norden zur tibetischen Grenze. Wenn man auf Grund dieser Angaben versucht, die Zahl der Nepali auszurechnen, die jedes Jahr vier bis acht Wochen lang unterwegs waren, um ihre Produkte an der Grenze gegen Salz einzutauschen, so kommt man auf die ungeheure Zahl von zwei Millionen! Das sind also 20 bis 25 Prozent der gesamten Bevölkerung Nepals. Über das für ihren Lebensunterhalt notwendige Salz hinaus erstanden die Bauern für ihre Waren an der Grenze noch etwa 30 bis 50 Nepalrupien, was etwa 4–7 Dollar entsprach. Milchprodukte gewinnen nicht durch wochenlangen Transport auf dem Rücken eines Bauern, und auch Orangen werden in den vollgepfropften Körben nicht besser. Ein Mann trägt durchschnittlich eine Last von 30 bis 50 Kilo. Nahrungsmittel für die eigene Verpflegung werden aber von Hause mitgenommen, und dadurch verringert sich natürlich die Nutzlast. Eine Veredlungsindustrie für landwirtschaftliche Produkte würde die Lage natürlich sofort verbessern. Wie das Beispiel der Käsereien beweist, lohnt sich für das Veredlungsprodukt der Transport auf dem Rükken der Träger.

Das in Fig. 32 gegebene Netz des Volkes auf Wanderschaft galt nur bis 1959. Mit dem Einmarsch der Chinesen in Tibet kam der Handel zwischen Nepal und Tibet völlig zum Erliegen (Fig. 33). Zwar wurden später die Grenzen wieder geöffnet, jedoch nicht zum Zweck des freien Handels wie früher, sondern nur für monopolisierten Güteraustausch zwischen staatlichen «Trading Cooperations». Welch tiefgreifenden sozio-ökonomischen Eingriff dies für die dortigen Handelsvölker der Sherpa und der Thakali bedeutet, kann nur der ermessen, der den regen Verkehr und entsprechenden Wohlstand zur guten alten Zeit dort miterlebt hat.

Die Bilderserie auf den Seiten 209–222 illustriert die ganze ehemalige Salzhandelsroute durch das Thakkhola, von der tibetischen Grenze bis ins nepalische Mittelland. Obschon freier Salzhandel und allgemeiner Güteraustausch zum Erliegen gekommen sind, bleibt die Erschließung dieser bedeutenden Talschaft ein vordringliches Problem.

Problematischer Straßenbau. Menschen, die in der Abgeschlossenheit leben müssen, sehen das Transportproblem etwas anders als die Planungsbeamten der Zentralregierung. Diese – besonders wenn sie ihre Ausbildung in industrialisierten Ländern empfangen haben – denken an Autostraßen, während die 2 Millionen Bauern, das heißt 20 bis 25 Prozent der ganzen Bevölkerung, die sich alle Jahre für ein paar Wochen auf einen «Salz-Trip» begeben, eher an kleine Verbesserungen denken, die die Expedition weniger anstrengend und weniger gefährlich machen würden. Was die Planer sehr oft vergessen, ist die einfache Tatsache, daß die Errichtung einer Infrastruktur von jemandem bezahlt werden muß, und nicht nur die Anlage als solche, sondern auch Unterhalt, Kapitalbelastung, Zinsen und Unterhaltungskosten können nur dort aufgebracht werden, wo sich eine gewisse Straßenverkehrsdichte vorfindet. Mit Ausnahme von Kathmandu mit seiner für Nepal einzigartigen Bevölkerungs- und Geschäftskonzentration findet sich bis jetzt kein umfangreiches Verkehrspotential im Landesinnern. Nirgends bestehen industrielle, bergbauliche oder große hydroelektrische Projekte von einem Ausmaß (mit Ausnahme von Trisuli), das eine moderne Straßenverbindung wirtschaftlich machen würde. Die folgende Phrase ist zum Schlagwort geworden (unter anderem auch durch die Transportstudie der Weltbank 1964 lanciert): «Jede Entwicklung hat dem Straßenbau zu folgen.» Die Feststellung ist an sich gewiß richtig. Obwohl eine Transport-Infrastruktur Vorbedingung ist für jede Entwicklung, genügen Landstraßen an sich noch lange nicht, und deshalb wird dem Bau von Straßen nicht automatisch und notwendigerweise auch die allgemeine Entwicklung folgen. Besonders in Regionen wie dem nepalischen Mittelland herrscht eine Art von Teufelskreis: Wegen der wirtschaftlichen Rückständigkeit

◁151 Das Dorf Chukh (3400 m) im Mustang-Gebiet. Die Schuttkegel der Seitenbäche sind terrassiert, und mit künstlicher Bewässerung gedeiht hier Gerste. Die Dörfer lebten früher aber hauptsächlich vom Salzhandel mit Tibet.

152 Die halbzerfallene Brücke von Tatopani, in der Kali-Gandaki-Schlucht, mit dem Nilgiri im Hintergrund (Aufnahme 1957). Die Brücke wurde unterdessen durch eine neue ersetzt. Jahrzentelang mußte als Notbehelf ein Baumstamm die Verbindung zwischen dem Ende der Brücke und dem am Ufer aufgeschichteten Steinhaufen herstellen. Dies war eine der wichtigsten Handelsrouten zwischen Nepal und Tibet.

153 *Die alte Marsyandi-Brücke bei Sattale in der Schlucht zwischen Annapurna und Manaslu. Die Seile sind aus Baumrinde, Bast und Lianen geflochten, der Laufsteg besteht aus losen Ästen. Die Brücke wurde 1964 mit Schweizer Hilfe durch eine neue ersetzt.*

154 *Einer der früheren saisonalen Halbnomaden aus Tibet, die den Winter mit Kind und Kegel im wärmeren nepalischen Mittelland verbrachten.*

155 *Die mit Schweizer Hilfe erstellte Hängebrücke über den Tamba Kosi bei Kimtibesi.*

156 *Die vielbegangene Handelsroute durch das Arun-Tal bei Sempung. Als Laufsteg dienen lose auf Astgabelungen aufgelegte dünne Baumstämme, und auch die stützenden Bäume mit den Gabeln sind nicht an der glattgescheuerten Granitwand befestigt, sondern nur lose angelehnt. Wenn man sich an der Wand abzustützen versucht, hat man das unangenehme Gefühl, die ganze Konstruktion könnte nach außen kippen.*

157 *Der reißende Karnali-Fluß in der Schlucht bei Thibru.*

153

154

155

finden wir keinen voluminösen und hochwertigen Verkehr, der Straßen rentabel machen könnte, und andererseits kann ein umfänglicher und hochwertiger Verkehr nicht entwikkelt werden, weil die Transportmittel fehlen. Zu Beginn der Öffnung von Nepal (1950) existierten nur kleine Straßenstücke im Terai, von der indischen Grenze, namentlich von den Endpunkten der indischen Eisenbahnen, bis zu einigen Marktzentren am Fuß der Hügel. Das ganze Mittelland besaß keine Straßen und nicht einmal die Hauptstadt Kathmandu war durch eine Straße mit der Außenwelt verbunden. Auch 10 Jahre später (1960) mußte das Verkehrsnetz als rudimentär bezeichnet werden. Bis 1975 sind folgende Straßen gebaut worden (Fig. 34):

Asphaltierte Hauptstraßen	1376 km
Schotterstraßen (ganzjährig befahrbar)	306 km
Verbesserte Pisten (nur in Trockenzeit befahrbar)	1371 km
	3053 km

Rund 429 km Stadtstraßen sind darin nicht inbegriffen.
Im Fünfjahresplan 1976–1980 sind folgende Neubauten vorgesehen:

Asphaltierte Straßen	490 km
Schotterstraßen (ganzjährig befahrbar)	546 km
Erdstraßen (nur in Trockenzeit befahrbar)	137 km
	1173 km

Dies ergibt bis 1980 rund 2718 km ganzjährig befahrbare Hauptstraßen oder rund 0,209 Meter Straße pro Einwohner (Schweiz 13 km ganzjährig befahrbare Straßen pro Einwohner ohne Gemeindestraßen).
Wie aus Fig. 35 zu ersehen ist, überwiegen die bisher gebauten und projektierten Längsstraßen, die zwar politische und administrative Bedeutung haben, die wirtschaftlich viel bedeutungsvolleren Querstraßen im Verhältnis 2,5:1.

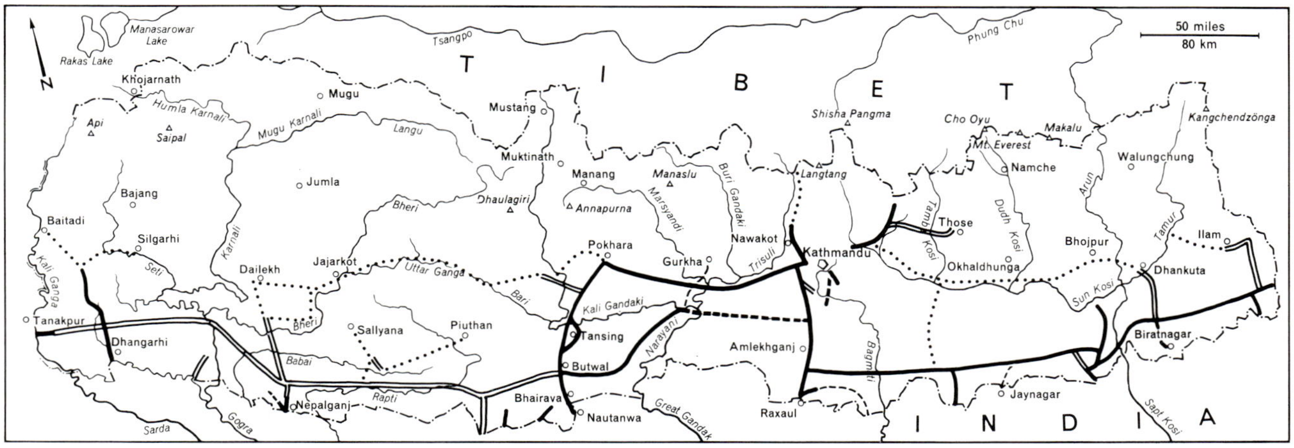

Fig. 34
Kartenskizze des Verkehrsnetzes im Jahre 1979

——— *Asphaltierte Autostraße*
- - - - - *Schotterstraße (ganzjährig befahrbar)*
═══ *Autostraße im Bau*
_ _ _ _ _ *Autostraße vorgesehen im Fünfjahresplan 1976/80*
. . . . . . *Straßenprojektierung im Fünfjahresplan 1976/80*

Für das «Volk auf Wanderschaft» sind die bisher gebauten Straßen von geringer Bedeutung. Die Hauptträgerströme (Fig. 33) entsprechen keineswegs den gebauten Straßen (Fig. 34), und die letzteren sind keineswegs vollwertiger Ersatz für den Trägerverkehr. Daher wickelt sich der Nord-Süd-Güteraustausch auch jetzt noch hauptsächlich durch Träger ab. Saumpfade sind südlich der Hauptkette, also im Mittelland, nur beschränkt vorhanden, da bisher gute Hängebrücken fehlten. Nördlich der Hauptkette dagegen, z. B. im Khumbu und im Thakkhola, wurde der frühere Salzhandel fast ausschließlich mit Tragtieren bewerkstelligt.
Das steile, zerklüftete Gelände von Nepal, mit den zahlreichen großen Flüssen und Bächen, deren Wasserstand zur Monsunzeit bisweilen bis 6 Meter über dem Niedrigwasserstand liegt, bietet natürlich enorme Schwierigkeiten für Straßen- und Brückenbau. Dazu kommen noch die Probleme der Beschaffung von Baumaterialien aus Indien (wo sie ebenfalls nicht immer leicht erhältlich sind). Es fehlt auch an ausgebildeten Technikern und Bauingenieuren, und so unglaublich dies klingen mag bei der Unterbeschäftigung und dem Heer der nepalischen Saisonarbeiter, die jedes Jahr für einige Monate in Indien als Tagelöhner arbeiten, um sich etwas Bargeld zu verdienen: Es herrscht Mangel an Arbeitskräften! Bei nicht wenigen Straßenprojekten mußten indische Bauarbeiter beschäftigt werden. Auf Grund all dieser Probleme ist Straßenbau in Nepal nicht nur schwierig, sondern Bau, Unterhalt und Reparaturen sind auch sehr teuer. In jeder Monsunzeit werden Straßenstücke durch Erdrutsche und Bergstürze zerstört. Straßenbau fördert auch weitgehend die Bodenerosion und hat an manchen Stellen Erdrutsche ausgelöst (Bild 158).

Der *Tribhuvan Raj Path,* der Kathmandu mit Indien verbindet, ist wohl die wichtigste Straßenverbindung des Landes. Die Schweizer Mission von 1950 empfahl den Bau dieser Straße von Bimphedi über Kulikhani und Pharping nach Kathmandu in Verbindung mit einem möglichen hydroelektrischen Kraftwerk in Kulikhani, wodurch der Tunnel unter dem Chisapani-Paß zwischen Kulikhani und Bimphedi sowohl für das Kraftwerk wie auch für die Straßenverbindung hätte gebraucht werden können. Von Kulikhani blieben nur 25 Kilometer an neuer Straße durch Pharping nach Kathmandu zu bauen, wobei auf dieser Route kein hoher Paß zu überwinden ist (Fig. 41). Der ganze Abschnitt Bhainse Dhobani nach Kathmandu (40 km) wäre 1951 auf etwa 5 Millionen Dollar zu stehen gekommen, wobei der größte Teil der Kosten für das 2560-Kilowatt-Kraftwerk in dieser Summe inbegriffen war (vgl. auch die Beschreibung dieses Projektes im nachfolgenden Kapitel).
Im Jahre 1952 begann die indische Armee mit dem Bau der Straße von Bhainse Dhobani über den Dhaman-Paß (2540 m), den Tistung-Deorali-Paß (1980 m) und endlich über den Thankot-Paß (1500 m) ins Kathmandu-Tal. Die Straße folgte mit geringem Gefälle größtenteils den Konturlinien auf den steilen Hängen mit Erdbewegungen hauptsächlich

158

158 *Bodenerosion, ausgelöst durch Straßenbau (Tribhun Raj Path im Mahesh Khola).*

auf die Straßenseiten. Auf diese Weise erreichte der Tribhuvan Raj Path (Bhainse Dhobani–Kathmandu) eine totale Länge von 138 Kilometern (verglichen mit den 40 km auf der empfohlenen Kulikhani–Pharping-Route). Die indische Armee leistete vortreffliche Arbeit, und die Straße konnte schon 1956 eröffnet werden. Die Kosten wurden nicht veröffentlicht, dürften jedoch hoch gewesen sein. Im Jahre 1956 beabsichtigte die indische Regierung, die Straße der Regierung von Nepal zu übergeben, aber diese vermochte die schwere Last des Unterhalts nicht zu tragen, worauf die indische Regierung die Instandhaltung der Straße bis 1960 besorgte. In der Zwischenzeit ist diese konsolidiert und auch asphaltiert worden. Die US AID hat eine Anzahl solider Brücken gebaut. Die Instandhaltungskosten betrugen 1970 1200 Dollar je Kilometer und Jahr, was ein Total von 170000 Dollar für die 138 Kilometer jährlich ausmachte.

Daß diese für Nepal wohl wichtigste Straßenverbindung weder technisch noch wirtschaftlich befriedigt, kann man aus den Diskussionen ableiten, die auf Verbesserungen zielen. Durch 18 Stahlviadukte und 2 Tunnels (wovon der eine 3 km lang ist) hofft man die Distanz um 80 km auf 58 km zu reduzieren. Die Kosten werden auf 100–200 Millionen Nepal-Rupien geschätzt.

Die *Chinese Road,* die Kathmandu mit Kodari an der tibetisch-chinesischen Grenze über eine Länge von 104 Kilometern verbindet, wurde von 1963 bis 1967 von der Volksrepublik China gebaut. Die Gesamtbaukosten beliefen sich auf 57000 Dollar je Kilometer oder 7 Millionen Dollar für die 104 Kilometer. Der Teil bis Barabhise ist asphaltiert. Getreu chinesischer Tradition war es ein Unternehmen mit arbeitsintensiven Methoden. 40 Millionen Nepal-Rupien (5,3 Millionen US-Dollar) wurden als Arbeitslohn ausgegeben mit einem Tageslohn von 7 Nepal-Rupien oder 1 US-Dollar zu jener Zeit pro Arbeiter.

Im ersten Jahr mußten nach dem Monsun 6000 Arbeiter zur Wiedereröffnung eingestellt werden. Die Instandhaltung für jenes Jahr kostete 10 Millionen Rupien oder 1,3 Millionen Dollar. Gegenwärtig belaufen sich die durchschnittlichen jährlichen Unterhaltskosten auf 2 Millionen Rupien (200000 Dollar).

Die wenigen transportierten Waren bestehen aus Wolle, Salz und Schafen (nach Süden) und Seife, Zündhölzern, Zigaretten und Reis (nach Norden). Offensichtlich kann dieses überaus kleine Volumen die jährlichen Unterhaltskosten niemals bestreiten. Die wirtschaftliche Auswirkung der Straße auf die davon berührte Zone ist bis jetzt sehr gering. Die einzige Stadt, welche aus der neuen Straße Nutzen zieht, ist Banepa (33000 Einwohner), die jetzt viel besser mit dem Markt von Kathmandu verbunden ist. Aber Banepa ist nur 12 Kilometer von Kathmandu entfernt, und es

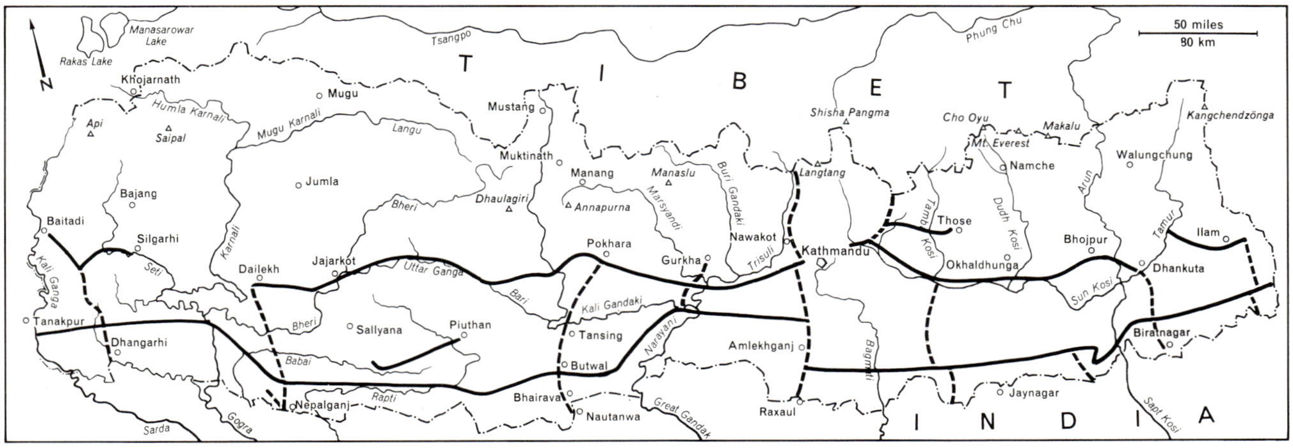

Fig. 35

Das Verhältnis der Längsstraßen (Ost–West) zu den Querstraßen (Nord–Süd)

Längsstraßen

Querstraßen

Landesgrenze

wäre nicht nötig gewesen, hierzu die ganze Strecke von 104 Kilometern bis nach Kodari zu bauen.

Die *Kathmandu Trisuli Road* wurde mit indischer Hilfe von 1956 bis 1962 gebaut von Kathmandu bis zum Wasserkraftwerk, etwas nördlich von Trisuli Bazar. Die Straße ist 73 Kilometer lang und kostete rund 1,2 Millionen Dollar. Die Instandhaltung belief sich jährlich auf 225000 Dollar. Unterdessen ist die Straße asphaltiert worden, was die Unterhaltskosten senkt. Ihre wirtschaftliche Bedeutung ist bis jetzt sehr gering. Die Menschen dieser Zone gehen zu Fuß und tragen ihre Sachen auf dem Rücken wie zuvor, aber sie folgen jetzt der neuen Straße. Die Bedeutung von Trisuli, früher ein blühender Markt, ist zurückgegangen; es ist zum Transitplatz geworden, da Kathmandu eine viel größere Auswahl an Waren zu bieten hat (für die, welche zahlen können). So hat die Straße die eher ungünstige Wirkung, daß sie die ganze Wirtschaft auf die Hauptstadt konzentriert, eine Tendenz, die mit allen Mitteln verhindert werden sollte. Die Straße wurde offenbar zu dem einzigen Zweck gebaut, das Wasserkraftwerk errichten zu können. Die wirtschaftliche Auswirkung war nur temporär – sie bestand darin, daß 20000 Kulis während des Dammbaus Arbeit fanden.

Der *Butwal Pokhara Highway,* mit indischer Hilfe gebaut, wurde 1968 für Jeeps geöffnet, die Asphaltierung 1970 beendigt. Die Gesamtkosten beliefen sich auf 19 Millionen Dollar. Pokhara ist zur Zeit der einzige Ort im Mittelland außerhalb des Kathmandu-Tals, der gegenwärtig eine Straßenverbindung wirtschaftlich rechtfertigt.

Die asphaltierte Straßenverbindung zwischen Kathmandu und Pokhara wurde von der Volksrepublik China mit Kosten von 14 Millionen Dollar 1974 fertiggestellt. Derjenige Teil, welcher durch das Trisuli-Tal verläuft, dürfte wegen Erdrutschen zur Problemstraße werden. Diese Straße könnte große Teile des die stärkste Bevölkerungsdichte aufweisenden Mittellandes erschließen, sofern die notwendigen Zubringerstraßen ebenfalls erstellt würden. Bis jetzt hat indessen diese Straße keine wirtschaftliche Bedeutung erlangt. Dagegen durchquert sie den weitaus schönsten Teil des Landes und die landschaftliche Attraktivität, besonders im Westteil, dürfte von keiner Touristenstraße der Welt übertroffen werden.

Im Jahre 1975 erbot sich die Volksrepublik China, die Straße Pokhara–Surkhet (407 km) zu bauen. Dies ist wiederum eine Längsstraße ohne wirtschaftlichen Wert, ausgenommen die ersten 60 km bis Baglung, die im Fünfjahresplan bis 1980 vorgesehen sind.

Im Jahre 1974 bewilligte die Schweizer Regierung einen Kredit von Sfr. 15 Millionen (1977 in ein Geschenk umgewandelt) für den Bau einer Schotterstraße von Lamosanghu nach Jiri, wo seit Jahren das ebenfalls von der Schweiz finanzierte «Integrated Hill Development Project» im Gange ist. Die Gesamtlänge der Straße beträgt 106 km, während die Luftlinie nur 42 km mißt. Zudem müssen sehr große Höhendifferenzen überwunden werden. Lobenswerterweise wird die Straße zwar mit arbeitsintensiven Methoden gebaut, und bis jetzt wurden 60—70% des Gesamtkredits an lokalen Arbeitslöhnen ausbezahlt. Aber auch die Jiri-Straße wird — wie alle anderen — Erdrutsche fördern und auslösen, und deren Vorbeugung wird umfangreiche Dränagearbeiten und Stützkonstruktionen erfordern. Auch wird der Unterhalt eine große Belastung werden, besonders im Hinblick darauf, daß das Verkehrsvolumen klein bleiben wird. Trotz großer und an sich richtig konzipierter Anstrengungen ist Jiri bis jetzt noch kein Produktions- und Wirtschaftszentrum geworden. Es ist daher zu befürchten, daß sich diese Straße wegen «nichtangepaßter Technologie» als Fehlinvestition erweisen wird.

Ganz allgemein läßt sich feststellen, daß mit Ausnahme der Hauptverbindung Hitaura—Kathmandu der Güterverkehr auf dem übrigen Straßennetz sehr gering ist. Die Kaufkraft der Bergbauern im Mittelland ist so gering, daß kein Transportvolumen in die Hügel aufkommt. Auch der Güterverkehr vom Hügelland nach Süden ist schwach, da die Subsistenzbauern praktisch keinen Überschuß mehr produzieren (im Gegensatz etwa noch zu den fünfziger Jahren). Abgesehen von gelegentlich einigen Orangen und Gewürzen kehren die Lastwagen leer in den Terai zurück.

Wie unwirtschaftlich die bis jetzt gebauten Straßen tatsächlich sind, mag aus Verkehrszählungen (1974) ersichtlich sein:

Straße	Autos	Lastwagen	Autobusse	Total
Kathmandu—Trisuli	58	11	4	73
Kathmandu—Hitaura	24	178	19	221
Kathmandu—Kofdari	25	9	16	50
Kathmandu—Pokhara	11	18	20	49
Butwal—Pokhara	14	16	6	36
Pathlaiya—Dhalkebar	14	58	10	82

Der Verkehr hat seither nicht zugenommen. Im Gegenteil, bei den horrenden Treibstoffpreisen als Folge der neuerlichen Energiekrise mit Teilrationierung dürfte der Verkehr auch in Zukunft kaum zunehmen.

Jedoch nicht nur die Straßen, sondern auch die Lastwagen sind in hohem Grade unterbenutzt. Dies drückt sich in den hohen Tonnen-Kilometerpreisen aus. Ohne Retourfracht beläuft sich beispielsweise auf der Strecke Hitaura—Kathmandu der Preis pro Tonnen-Kilometer auf 1 NRs, im flachen Terai dagegen auf nur NRs 0,40.

1976 kostete eine Gallone Dieselöl US$ 0,70, wobei die Qualität schlecht ist und damit die Abnutzung des Motors weiter fördert. Der Nachschub von Treibstoff ist unregelmäßig, und die Preise steigen stetig.

Die Frage drängt sich auf: Warum hat die Schweiz beispielsweise sich nicht auf den Trolleybus für das Kathmandu-Tal verlegt, wie dies die Chinesen gemacht haben?

Die Regierung von Nepal ließ sich den Ausbau der Transport-Infrastruktur — d.h. Autostraßen — etwas kosten.

Die Auslagen in den Fünfjahresplänen seit 1956 waren wie folgt:

	Gesamtbudget (Mio. NRs)	Für Straßenbau (Mio. NRs)	In % des gesamten Entwicklungsbudgets
1. Plan 1956—1961	214,30	94,9	44%
2. Plan 1962—1965	596,82	103,70	18%
3. Plan 1966—1970	1779	873	49%
4. Plan 1971—1975	2548	1050	41%
5. Plan 1976—1980	6674	1869	28%

Die für Nepal horrenden Auslagen dienen für eine nur geringe Zahl von motorisierten Vehikeln, nämlich:

Jahr	Autos	Lastwagen	Autobusse	Motorräder	Motor-Rikshas
1964	2362	1352	290	1089	5093
1974	9000	4650	1050	4700	19400

Im Jahre 1974 waren also in Nepal bei der damaligen Bevölkerung von rund 12 Millionen 9000 Automobile registriert. Es wird geschätzt, daß von diesen nur rund die Hälfte fahrtüchtig sind. Es gab also auf 2700 Einwohner ein Automobil; seither hat sich die Zahl nicht wesentlich erhöht. In der Schweiz (6 Millionen Einwohner, 2 Millionen Automobile) gab es 1978 auf 3 Einwohner ein Automobil.

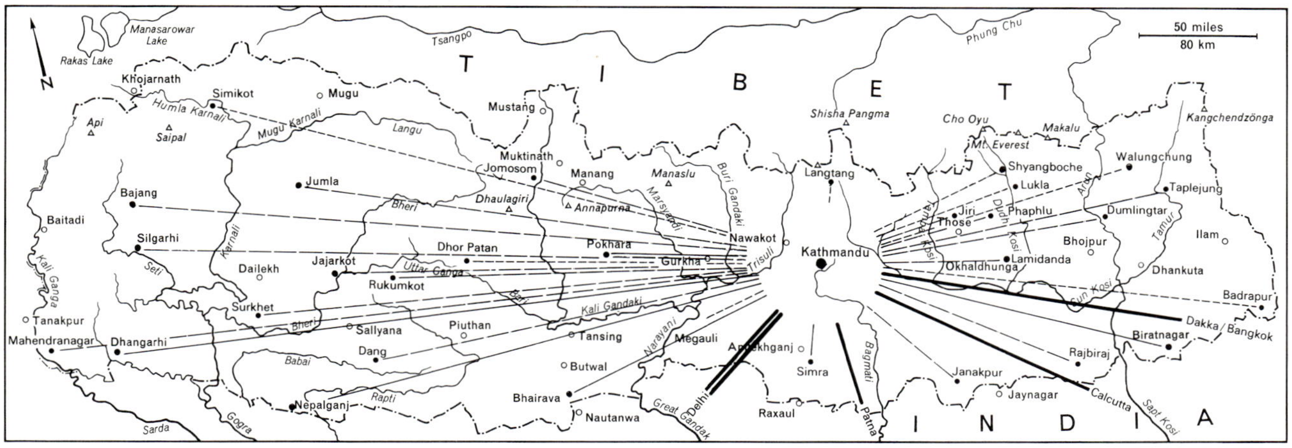

Fig. 36

Karte der Flugverbindungen

Internationale Verbindungen (Royal Nepal Airlines, Indian Airlines, Thai Airways: mit Jet, Fokker Friendship, Viscount)

Ein Strich bedeutet täglich einen Hin- und Rückflug

Interne Verbindungen der Royal Nepal Airlines mit Avro und Twin Otter

Ein Strich bedeutet einen Flug täglich mindestens

STOL-Verbindungen, einmal pro Woche, mit Pilatus Porter und Twin Otter

STOL-Verbindungen, Flüge je nach Bedarf und Charterflüge

Der Unterhalt der Straßen wird nun zu einem Hauptproblem. Die Monsunschäden am Straßennetz sind oft so beträchtlich, daß sie bis zur nächsten Regenzeit nicht behoben werden können. Neben Personal fehlt es vor allem auch an Finanzen. Der Monsun von 1974 allein hat Schäden von rund NRs 50 Millionen verursacht. Im betreffenden Fünfjahresplan (1970–1975) hätte adäquater Straßenunterhalt rund NRs 70 Millionen erfordert, jedoch standen nur NRs 39 Millionen zur Verfügung. Es wird geschätzt, daß im jetzigen Fünfjahresplan die Straßenunterhaltskosten von NRs 30 Millionen im Jahre 1975 bis auf NRs 43 Millionen im Jahre 1980 steigen. Zusätzlich NRs 30 Millionen werden benötigt für Aufholbedarf – für das, was im letzten Fünfjahresplan vernachlässigt worden ist.

Die Material-Luftseilbahn Hitaura–Kathmandu. In den späten fünfziger Jahren war unverkennbar, daß der Tribhuvan Raj Path die Erwartungen in bezug auf seine Wirtschaftlichkeit nicht erfüllte. Die US AID errichtete deshalb zwischen 1958 und 1960 eine Luftseilbahn von Bhainse Dhobani nach Kathmandu. 1964 wurde ihr südlicher Teil nach Hitaura verlängert und erreichte damit eine Gesamtlänge von 70 Kilometern. Kapazität damals war 40000 Tonnen im Jahr. 1965 betrug der Gesamtverkehr Hitaura–Kathmandu 43000 Tonnen. 19000 Tonnen (einschließlich 8000 Tonnen Brennstoff) wurden mit der Luftseilbahn nach Kathmandu befördert. Die Unterbenutzung war Organisations- und Verwaltungsmängeln zuzuschreiben. Auch scheinen einflußreiche Kreise im Lastwagengeschäft gewesen zu sein und haben, gelinde gesagt, Transporte mit der Luftseilbahn nicht gefördert. Der Unterhalt der Luftseilbahn wurde dermaßen vernachlässigt, daß im Jahre 1970 die Gefahr einer endgültigen Stillegung heraufbeschworen wurde. Eine finanzielle Unterstützung von NRs 4,6 Millionen von US AID ermöglichte die volle Rehabilitation. Kapazität ist 34 Tonnen pro Stunde. Die Transportkosten pro Tonne auf der Seilbahn sind nur rund halb so hoch wie bei dem Straßentransport, und jede mit der Luftseilbahn (anstelle von Lastwagen) beförderte Tonne bringt eine Einsparung von rund 30 Litern des kostbaren und stets teurer werdenden Diesel-Treibstoffs (denn die Luftseilbahn wird mit hydroelektrischer Energie betrieben). Bei voller Auslastung der verbesserten Kapazität von 70000 Tonnen pro Jahr ergibt dies eine ganz beträchtliche finanzielle Einsparung.

Flugverkehr. Mangels Transportmitteln in vielen Landesteilen wurde die Verwendung von Helikoptern und STOL-Flugzeugen schon früh erwogen. Der Helikopter schien für viele Regierungsbeamte das eleganteste Beförderungsmittel. Die besondes hohen Kosten schließen ihn jedoch von normalen Transportaufgaben aus. Das gleiche gilt auch für STOL-Flugzeuge in bezug auf Massengüter. Dagegen sind diese als Verbindungsmittel sehr geeignet. Bisher sind in Nepal 47 Flugplätze für STOL-Betrieb gebaut worden, davon 5 für Allwetterbetrieb (Fig. 36).

159 Volk auf Wanderschaft. ▷ *Nepalische Trägerkolonnen machen Rast an einem Bach im Terai, einer der wenigen Wasserstellen (Hauptroute Nepalganj–Dailekh). Hier lesen sie Malaria auf, und vom schmutzigen Wasser holen sie sich Infektionen der Verdauungswege.*

160 Im Bazar von Nepalganj.

161 In den Bazaren im Terai tauschen die nepalischen Bergbauern nach tagelangem Fußmarsch ihre kärglichen Produkte gegen Salz, Kerosin und andere Güter ein, die sie nicht selbst herstellen können.

159

160

161

Alternativlösungen. Offensichtlich entspricht der Straßenbau in Nepal nicht unbedingt den Forderungen der angepaßten Technologie. In einer allgemeinen Überbewertung des motorisierten Straßentransports vergißt oder unterschätzt man oft die Kapazitäten der traditionellen, sehr einfachen Transportmittel, wie Träger, Saumtiere, Ochsenkarren und Fahrräder. So werden z. B. in Indien durch die Ochsenkarren mehr Tonnen pro Jahr transportiert als mit allen Lastwagen und Eisenbahnzügen zusammen. In Bangladesh hat eine Studie ergeben, daß die nichtmotorisierten Flußboote eine doppelt so hohe jährliche Transportkapazität aufweisen wie motorisierter Straßenverkehr, Eisenbahn und motorisierter Schiffsverkehr zusammen. Und schließlich wurde im Vietnamkrieg eine ganze kämpfende Armee via Ho-Chi-Minh-Pfad nur mit Trägern und mit Radfahrern versorgt. Im Jahre 1976, also nur 12 Jahre nachdem die Weltbank den Straßenbau als «Schlüssel zur Entwicklung» in Nepal bezeichnet hatte, schrieb sie in einem ihrer Nepal-Berichte:

«Es scheint, daß in den durch Straßenbau erschlossenen Gebieten die Produktion bisher nicht stimuliert worden ist. Einige der Straßenprojekte scheinen nicht mit der offiziellen Entwicklungsstrategie in Einklang zu stehen, welche den Nord-Süd-Verbindungen Priorität gibt, mit dem Ziel, die Integration der südlichen Ebenen (Terai und Mittel-Terai) in das Bergland zu fördern. Die hohen Straßenbaukosten, die Verzögerung in den wirtschaftlichen Auswirkungen und die untragbaren Unterhalts- und Reparaturkosten fordern andere Lösungen für die Transportprobleme von Nepal, wie z. B. durch Zubringerstraßen, Hängebrücken, Verbesserungen von Saumpfaden usw.»

Die Transportkosten je Tonne und Kilometer für verschiedene Transportmittel wurden 1968 wie folgt errechnet (in US-Dollar)

Eisenbahn	0,62
Ochsenkarren	1,60
Seilbahn (Unterhalt nicht inbegriffen)	1,90
Jeep (ausschließlich Unterhalt)	2,00
Lastwagen (Unterhalt inbegriffen)	2,50
Maultier (im Mittelland)	4,40
DC-3	7,20
Träger	9,40
STOL-Flugzeug (nicht optimal ausgenützt)	10,00
Helikopter	34,40

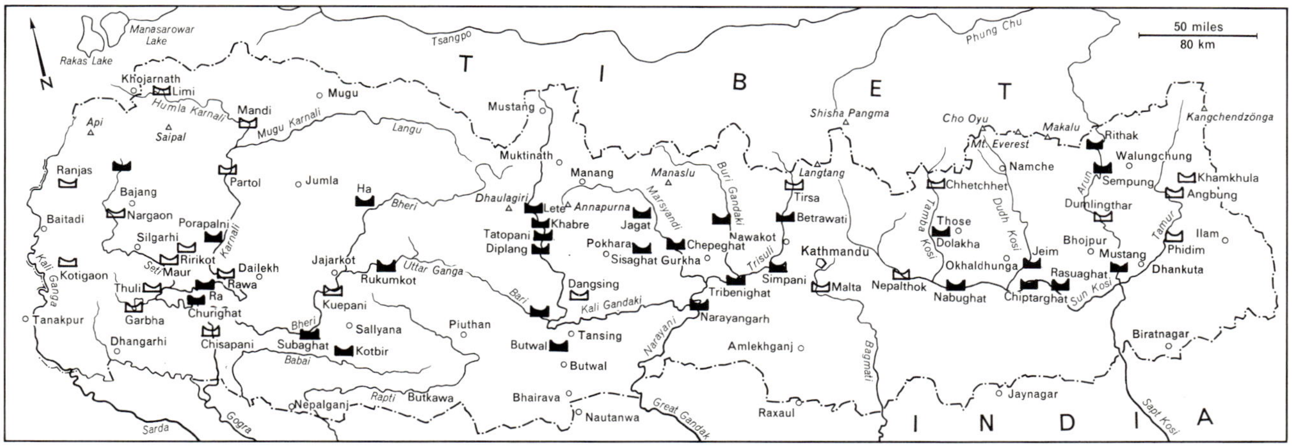

Fig. 37

Inventar der zu bauenden oder zu reparierenden Hängebrücken (1958)

Erste Priorität

Zweite Priorität

In diesen Zahlen scheint der Maultiertransport verhältnismäßig kostenintensiv zu sein. Dies ist dem Umstand zuzuschreiben, daß aus Mangel an Brücken und sicheren Pfaden der Maultiertransport im Mittelland aufwendig ist und kaum benutzt wird. Seither haben sich die Treibstoffpreise verzehnfacht und auch die Anschaffung von Fahrzeugen und der Unterhalt sind um ein Vielfaches gestiegen, so daß die Relation sich heute sehr zuungunsten des motorisierten Straßenverkehrs verändert hat. Aus den gleichen Gründen hat sich auch das Kostenverhältnis drastisch zugunsten der Seilbahn geändert. Auch die Konstruktionskosten pro Kilometer Seilbahn werden auf nur rund ein Viertel derjenigen einer Straße geschätzt. Zudem brauchen Straßen im kupierten Gelände von Nepal mindestens die doppelte Länge, um von einem Punkt zu einem bestimmten andern Punkt zu gelangen, vom Unterhalt gar nicht zu sprechen.

Lange hat es gedauert, aber schließlich dringt die Erkenntis durch, daß Seilbahnen in Nepal möglicherweise für gewisse Strecken als zweckmäßiges Transportmittel dienen könnten. Sie werden zwar nicht in jedem Fall als Ersatz für Straßen in Frage kommen, da nur der Endpunkt oder wenige Zwischenstationen bedient werden können, im Gegensatz zu einer Straße. Das Entwicklungsprogramm der UNO hat denn auch durch eine Schweizer Ingenieur-Firma eine Feasibility Study für Seilbahnbau in drei wichtigen ausgewählten Trassen durchführen lassen (Bojpur, Jomosom, Dailekh).

Hängebrücken. Der Autor hat seit den fünfziger Jahren und besonders in seinem Bericht an die UNO von 1959[1] die Bedeutung der Verbesserung der Wege hervorgehoben und den Bau von Hängebrücken gefordert (Fig. 37). Erst im Jahre 1960 nahm der Bau oder Wiederaufbau von zerstörten Hängebrücken seinen Anfang. US AID finanzierte von 1960 bis 1973 rund 20 Hängebrücken. Der Anteil der schweizerischen Entwicklungshilfe an diesem Sektor begann 1960, durch personelle Verstärkung in der Hängebrückenabteilung der Regierung. Vor allem aber wurde durch Schweizer Fachleute in Zusammenarbeit mit nepalischen Technikern die notwendige Standardisierung herbeigeführt für Brücken zwischen 39 und 222 Metern Spannweite. Neben der traditionellen Hängebrücke wurde auch der einfachere Hängelaufsteg weiterentwickelt, da der letztere 30–80% billiger und einfacher zu erstellen ist. Seile werden hierbei direkt in den Felsen oder im Grund verankert und infolgedessen sind keine Turmkonstruktionen notwendig für die Aufhängung der Tragseile. Ziel der Standardisierung war auch die Vorfabrikation der Stahlkonstruktionen in 8 verschiedenen einheimischen Werkstätten. Die Standardisierung brachte eine bedeutende Kostensenkung und auch eine Beschleunigung des Bauprogramms.

Die Kosten pro Meter für eine Hängebrücke von 50m Spannweite belaufen sich auf rund Sfr. 1500.–, bei einer Spannweite von 200m dagegen auf Sfr. 1400.–. Ein 50m langer Hängelaufsteg hingegen kostet lediglich

Fig. 38
Karte der seit 1960 reparierten, gebauten und bis 1980 projektierten Hängebrücken

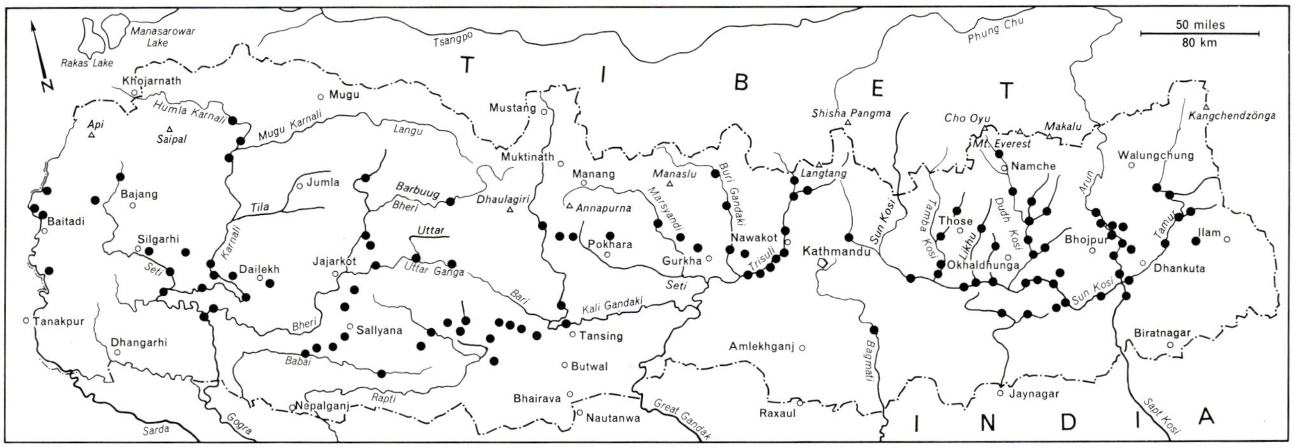

Sfr. 800.– pro Meter bzw. Sfr. 850 bei 200m Spannweite. Neben US AID und der Schweiz hat sich nun auch die Weltbank im Bau von Hängebrücken engagiert und will 44 von ihnen finanzieren. Seit Beginn des Programms im Jahre 1963/64 wurden im ganzen über 80 Hängebrücken gebaut, wovon allein im jetzigen Fünfjahresplan (1976/1980) nicht weniger als deren 50 vorgesehen sind.

Fig. 38 zeigt die Karte der bis jetzt gebauten und geplanten Hängebrücken.

Im Fünfjahresplan 1976/1980 sieht das Budget rund NRs 1685 Millionen für Straßen- und Brückenbau vor, wobei Autostraßen Priorität eingeräumt wird gegenüber Zubringerstraßen. Für die 50 Hängebrücken ist jedoch nur ein Betrag von NRs 90 Millionen vorgesehen.

Zum Schluß mag noch interessieren, was ich in meinem ersten größeren Bericht an die UNO schon im Jahre 1959 auf Seite 73 geschrieben habe[1]:

'The overwhelming wish of the whole population is to have suspension bridges. The Government would be wise to give this programme first priority. There is really no other development project which, with so little money and in such a short time, would affect so many people directly, namely 2 million Nepali per year. Building simple suspension bridges for pack animals and improving the trails are really essential problems for Nepal to survive. – Simple ropeways seem also to be of great value for opening up the country.'

In bezug auf die allgemeine Entwicklung der Infrastruktur mag interessant sein, einen Rückblick auf deren Anfänge 1950 zu geben. Mr. Bim Bahadur Pande hatte damals die Verantwortung für die Koordination und die Verbindung des sogenannten «Swiss Nepal Forward Team» mit Regierungsstellen. Er schreibt (1977):

The Swiss Experts, together with their Nepalese counterparts studied the existing level of Nepal's economy and prepared a very short, but sound report as basic guideline for Nepal's development of transport, power, agriculture, future planning and geological investigation. On receiving Mr. de Spindlers suggestion that Kathmandu should be linked with India via Kulikhani and Pharping by digging a multipurpose tunnel at Kulikhani, and the Swiss Government had sent Mr. Hauser to prepare a detailed map based on the aerial photographs taken by the Swiss Forward Team, a long term agreement was to be signed between Nepal and Switzerland, and the Foundation stone of the 65 miles Kathmandu–Hitaura Road via Kulikhani was laid by the then Prime Minister Matrika Prasad Koirala in 1952, only to be removed shortly after when the (then) Indian Ambassador pushed the idea of making a road via Naubisha Palung und Shimpani Banjang to avoid tunnel. It is a great pity that Nepal (at that time) was debarred from being benefitted by the Swiss experience in national development, Nepal would have been so many times better today than what it is now. Kulikhani and Narayani (hydropower) would have been harnessed long ago.

Bim Bahadur Pande
Auditor General HMG

[1] Toni Hagen: Observations on Certain Aspects of Economic and Social Development Problems in Nepal, July 1959. Report No. TAO/Nep/1.

Nepals «weiße Kohle»

Der Ausdruck «weiße Kohle» wurde in der Schweiz geprägt für die aus der winterlichen Schneedecke und den Gletschern in den Alpen gespiesene Wasserkraft, als Ersatz für die in Nachbarländern so reichlich vorhandene schwarze Kohle.

Ohne Zweifel besitzt auch Nepal, arm an schwarzer Kohle, in seinen großen Flüssen mit dem gewaltigen Gefälle, aber auch an vielen kleineren Gewässern ein riesiges Potential an hydroelektrischer Energie. Diese wurde gemäß Studien der UNO und der Weltbank auf 83000 Megawatt geschätzt, was der Kapazität der USA, Kanadas und Mexikos zusammen entspricht. Der Vergleich des nepalischen «Wasserscheichtums» mit den Ölscheichtümern des Mittleren Ostens drängt sich geradezu auf. Ende 1978 standen nur 65 MW zur Verfügung, wovon die Hälfte im vierten Fünfjahresplan (1970/75) installiert worden ist. Der Stromverbrauch in Nepal erreicht nur 10 kWh pro Kopf (verglichen mit 20 kWh in Bangladesh, 120 kWh in Indien und 25000 kWh in der Schweiz). Nur 3% aller Haushalte sind an ein Stromnetz angeschlossen.

Am Lauf der Flüsse, mit den großen flachen Becken nördlich der Hauptkette (Bild 56) und dem gewaltigen Gefälle in den Durchbruchschluchten (Bild 57), und weiter südlich in den Durchbruchschluchten der Mahabharatkette und durch die Siwalikkette (Bild 22), wo die im Mittelland gesammelten Flüsse nur an drei Stellen durchbrechen, bestehen sehr viele außerordentlich günstige Stellen zur Wasserkraftnutzung (Fig. 39). Der Bau von Hochdruckwerken im Himalaya wird allerdings wegen der schwierigen Zugänge noch lange Zeit auf sich warten lassen müssen. Aber weiter südlich drängen sich größere Projekte, namentlich in Kombination mit Bewässerung im Inner-Terai und im Terai, geradezu auf. Das Bewässerungspotential von Nepal wird auf 1,3 Mio. ha geschätzt (rund 50% der kultivierten Fläche), wovon jedoch bis heute erst rund 260000 ha oder ein Fünftel irgendwie als bewässert bezeichnet werden können.

Zahlreich sind auch die Möglichkeiten, wo zwei benachbarte Flüsse in unterschiedlicher Höhenlage sich auf nur wenige Kilometer nähern. Durch einen Verbindungstunnel kann das Gefälle nutzbar gemacht werden, und der Bau eines großen Staudammes erübrigt sich an solchen Stellen, wie dies zum Beispiel am Mari Khola und am Jhimruk Khola bei Piuthan, Westnepal, der Fall ist. Der Verfasser hat in seinem Bericht an die UNO schon 1959 auf das gewaltige Potential hingewiesen und entsprechende Vorschläge unterbreitet (Fig. 39).

Auch auf Anregung des Verfassers unternahm die UNO 1960–1962 eine Untersuchung des Wasserkraftpotentials im Unterlauf des Karnali-Flusses. Die enge Schleife des großen Flusses in der Mahabharatkette, welche den Fluß bei Lakharpata auf weniger als 10 km an den rund 200 m tiefer gelegenen Bheri-Fluß bringt, erbrächte gemäß diesen Untersuchungen ein Potential von 686 Megawatt (Fig. 40). Bei Chisapani (Bild 22), wo der Karnali durch das Siwalikgebirge durchbricht und in die Gangesebene austritt, könnte mittels eines 207 m hohen Staudammes eine Kapazität von 765 Megawatt ausgenützt werden, und 330000 ha Land könnten für Mehrfachernten zusätzlich bewässert werden (130% mehr, als heute in ganz Nepal bewässert wird).

Gegenwärtig werden aber in der fraglichen Zone nur 124000 Hektar angebaut, so daß etwa 200000 Hektar urbar gemacht werden müßten. Dies kommt für die jetzige Generation nicht in Frage; aber sogar die Bewässerung der 124000 Hektar bebauten Landes würde zusätzliche Investitionen erfordern und organisatorische Fähigkeiten, die das Vorhandene für lange Zeit überschreiten.

Im Augenblick hat Nepal keinen Bedarf an so viel Energie (die Gesamtkapazität des unteren Karnali allein wurde auf 1800 Megawatt berechnet). Ein Teil müßte vielmehr nach Nordindien exportiert werden. Technische Schwierigkeiten würde dieser Export nicht bereiten, denn Lucknow liegt nur 200 Kilometer südlich des Karnali, also durchaus im Bereich einer wirtschaftlichen Übertragungsleitung. Daneben könnte diese billige Energie auch die Grundlage bilden für eine eigene Industrie. Mit dieser vermöchte das Land den Engpaß, der durch das Fehlen eigener Kohle entsteht, ebensogut zu überwinden wie die

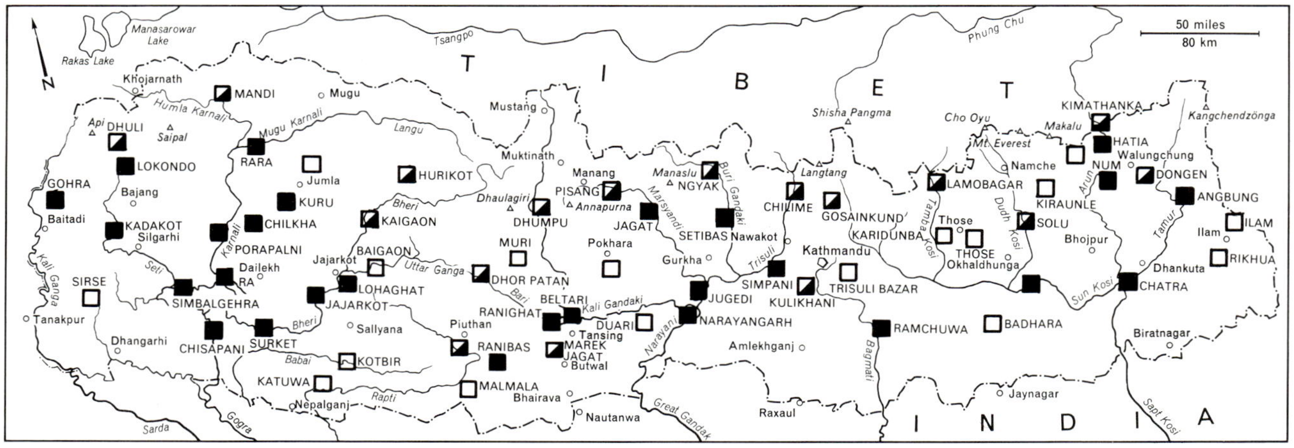

Fig. 39
Karte der möglichen größeren Wasserkraftwerke, gemäß Erkundung des Verfassers 1950–1958
Großhochdruckwerke ◪
Großniederdruckwerke ■
Kleinere Kraftwerke □

Schweiz oder Norwegen. Es gibt eine ganze Reihe von Industrien, die einen großen Bedarf an elektrischer Energie benötigen. Da wäre zum Beispiel die Herstellung von Kalziumkarbid zu nennen, das eine der Grundlagen der pharmazeutischen und der Farbstoffindustrie bildet, oder die synthetische Herstellung von Ammoniak, ebenfalls ein wichtiger Grundstoff der chemischen Industrie. Sogar die Aluminiumindustrie könnte hier Fuß fassen, denn in Ländern mit billiger Energie lohnt sich ihr Aufbau auch dann, wenn der Rohstoff, das Bauxit, eingeführt werden muß, wie das Beispiel der Schweiz lehrt. Die Herstellung von Stickstoffdünger im elektrischen Lichtbogen nach dem Haber-Bosch-Verfahren (wie es in Norwegen so erfolgreich mit billiger Energie getan wurde) war jedoch seit dem Zweiten Weltkrieg der Konkurrenz der Herstellung aus dem billigen Erdöl nicht mehr gewachsen. Diese Situation dürfte sich nun in absehbarer Zeit völlig ändern, und Nepal wird als Stickstoffdüngerlieferant im südostasiatischen Raum möglicherweise einmal eine Schlüsselstellung einnehmen.

Leider ist bis jetzt kein Abkommen zwischen Indien und Nepal über den direkten Verkauf von Karnali-Energie an Indien getroffen worden. Mit der auf uns zukommenden globalen Energiekrise, von der vor allem und zuerst die Entwicklungsländer betroffen sein werden, ist indessen anzunehmen, daß Nepal und Indien im gegenseitigen Interesse doch gelegentlich zu einer Zusammenarbeit im Energiesektor kommen. Für Indien bedeutet dies vorderhand eine delikate politische Frage: Wird Nordindien für einen großen Teil der nordindischen Industrie auf das in Nepal gelegene Karnali-Projekt angewiesen sein? Was würde geschehen, wenn als Folge politischer Unruhen in der Karnali-Zone die Energie plötzlich abgeschnitten würde?

Das Resultat der Verzögerung der Ausführung des Karnali-Projektes ist vorderhand eine Steigerung der im Jahre 1962 geschätzten totalen Baukosten von US$ 350 Mio. für den Chisapani-Damm auf über 1 Milliarde US-Dollar im Jahre 1976 sowie der Tatbestand, daß eine Einnahmequelle nicht genutzt werden kann, welche die finanzielle Lage Nepals schlagartig verbessert hätte.

Das Karnali-Projekt ist übrigens nicht das einzige auf der Welt, bei dem sich das Energiepotential in dem einen und der einzige angemessene Markt im benachbarten Lande befindet. Zu bedauern ist, daß die Entwicklungsländer noch einen langen Weg zurückzulegen haben, bevor sie den Status erreichen, wie wir ihn heute beispielsweise im westlichen Europa kennen, wo alle Energienetze über die Grenzen hinweg miteinander verbunden sind mit freiem Fluß von Energie von einem Land zum andern. Die Solidarität der «Blockfreien» ist vorderhand nur nach außen gerichtet und nicht auf die gegenseitige Zusammenarbeit.

Die Energieversorgung des Kathmandu-Tales hat ein weiteres Problem aufgeworfen, das typisch ist für zahlreiche Entwicklungsländer: Man kann nicht genug modern und fortschrittlich sein! Dieses Tal mit seinen 500000 Einwohnern ist der einzige wesentliche In-

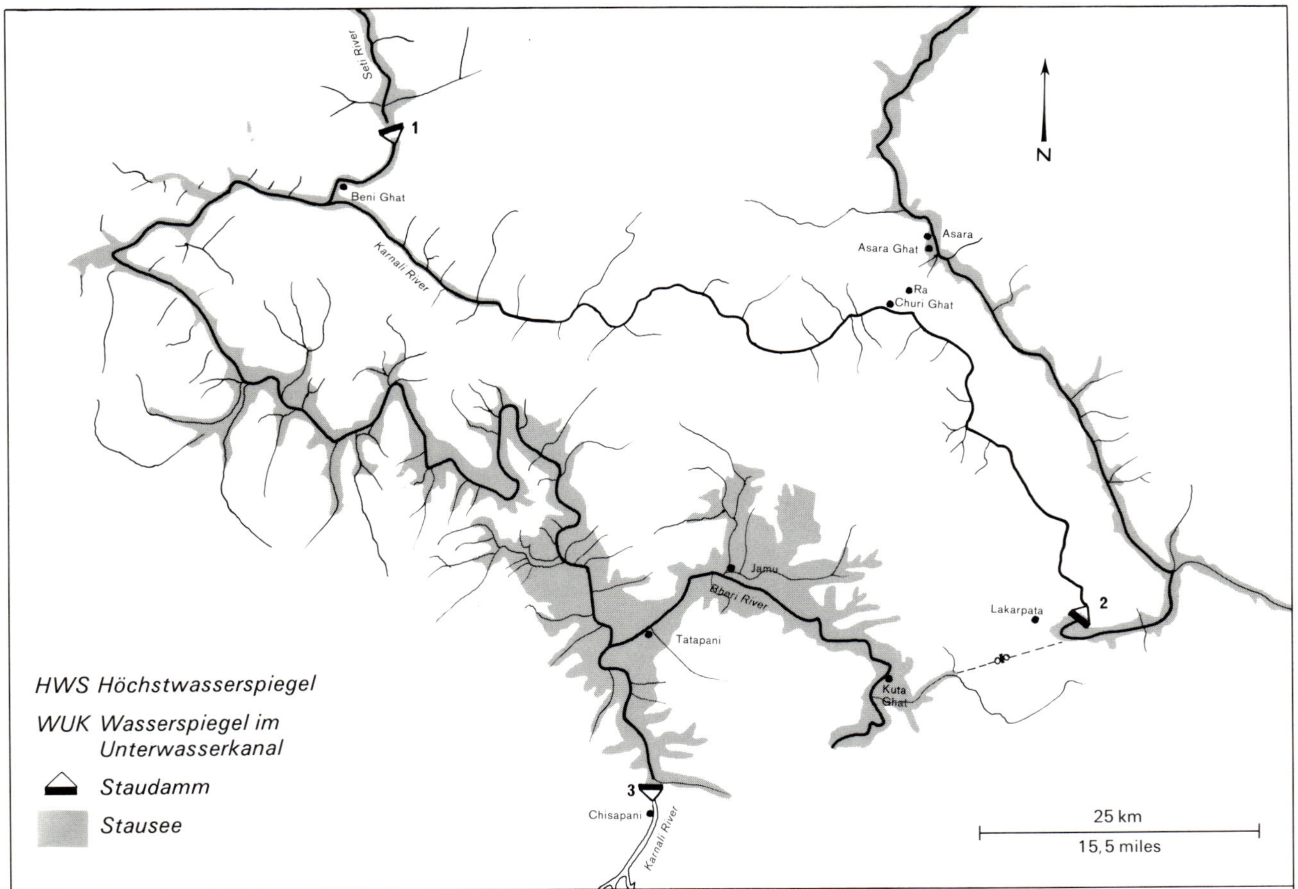

Fig. 40
Das hydroelektrische Potential am unteren Karnali-Fluß

1
Seti-Kraftwerk-Projekt
HWS 530
WUK 355
Verfügbare Leistung 142 MW
Jährliche Energieproduktion
1290 Millionen kWh

2
Lakarpata-Kraftwerk-Projekt
HWS 710
WUK 340
Verfügbare Leistung 686 MW
Jährliche Energieproduktion
5800 Millionen kWh

3
Chisapani-Kraftwerk-Projekt
HWS 398
WUK 194
Verfügbare Leistung 765 MW
Jährliche Energieproduktion
8350 Millionen kWh

landmarkt für eine bedeutende Menge elektrischer Energie. Im Jahre 1950, am Ende des früheren Regimes und am Anfang einer neuen Epoche, lieferten die beiden kleinen Wasserkraftwerke von Sundarijal und Pharping 1350 Kilowatt Energie an die Stadt Kathmandu. Die beiden 1933 bzw. 1911 errichteten Werke wurden von einem englischen Ingenieur, den der Maharaja angestellt hatte, in tadelloser Ordnung gehalten. Es war aber offensichtlich, daß die Nachfrage nach Energie von 1950 an rasch zunehmen würde. In der Tat wurde die Energieknappheit schon in den frühen fünfziger Jahren in Kathmandu akut. Man drang in die Regierung, die Entwicklung des reichlichen Wasserpotentials mit allen zur Verfügung stehenden Mitteln zu fördern. Auf Empfehlung der schweizerischen Mission von 1950 ließ die Schweizer Regierung eine Feldvermessung und photogrammetrische Kartenaufnahme der Kulikhani/Bimphedi-Zone vornehmen. Der Sinn dieser Vermessung war, die Möglichkeit der Errichtung eines kleinen Staudammes in Kulikhani zu erkunden. Dieser sollte das Wasser durch einen Tunnel nach Chisapani Ghari ablenken, von wo nach Bimphedi hinunter ein Gefälle von 320 Metern gewonnen werden könnte. Die Energieproduktion wurde auf 2560 Kilowatt geschätzt (Fig. 41). Dies war gewiß nicht sehr eindrucksvoll, wenn die Kosten des Tunnelbaus in Betracht gezogen wurden, aber immerhin von der gleichen Größenordnung wie das erste Wasserkraftwerk, das von der UdSSR fünfzehn Jahre später in Panaoti errichtet wurde. Was dieses Projekt anziehend machte, war die Möglichkeit, den Tunnel so stark zu vergrößern, daß er auch als Straße benutzt werden konnte (Fig. 41). Denn die schweizerische Mission war zu jener Zeit zum Schluß gelangt, daß eine Straßenverbindung zwischen Kathmandu und der indischen Grenze für die Entwicklung des Kathmandu-Tals von größter Bedeutung sei. Der damalige Ministerpräsident hatte schon die Grundsteinlegung für diese Straße gefeiert, als der König «bessere» Berater bestellte, die andere Pläne hatten. Noch 1959 hat der Autor in seinem Bericht an die UNO unter dem Titel «Observations on Certain Aspects of Economic and Social Development Problems in Nepal» wiederum die Ausführung des kombinierten Wasserkraft- und Straßenprojektes von Kulikhani vorgeschlagen, mit einer Kapazität von 2560 kW und Kosten von damals (1952) 22 Mio. Indischen Rupien. Darin war ein Tunnel von Bimphedi bis Kulikhani eingeschlossen samt Zubringerstraße durch diesen Tunnel (Fig. 41).

Wiederum zeigte die damalige Regierung Interesse, doch machte ein erneuter politischer Umschwung die Pläne abermals zunichte.

Schon früher, 1955, erhielt ich von einem Regierungsbeamten die Antwort, Wasserkraft sei jetzt veraltet und werde in naher Zukunft durch Atomkraft ersetzt werden. Man versicherte mir, daß das ins Auge gefaßte Thermalkraftwerk nur eine temporäre Maßnahme sei bis zum Beginn des Atomzeitalters. Infolgedessen entschied sich die Regierung für Dieselkraftwerke. Wie «temporär» diese Lösung war, zeigt die folgende Tabelle:

Werk	Energiequelle	Finanziert durch	Kapazität (kW)	Errichtet
Pharping	Wasser	Regierung	500	1911
Sundarijal	Wasser	Regierung	640	1933
Mahandra	Diesel	Regierung	1720	1956
Lanchaur	Diesel	GB	512	1960
Naxal	Diesel	GB	512	1960
Teku	Diesel	GB	512	1960
Bhadgaon	Diesel	GB	250	1960
Panaoti	Wasser	UdSSR	2400	1965
Patan	Diesel	Regierung	1470	1966
Trisuli	Wasser	Indien	9000	1966

Heute stehen für das Kathmandu-Tal 17000 Kilowatt aus Wasserkraftwerken zur Verfügung, während 5000 Kilowatt von verschiedenen Dieselkraftwerken stammen. Aber das Bild wird weniger vorteilhaft, wenn berücksichtigt wird, daß die einzige Energiezunahme in vollen 15 («temporären») Jahren von Thermalkraftwerken erzeugt wurde, die für diese Zeitspanne rund 25 Millionen Dollar an Brennstoff kosteten. Erst 1965 wurden die ersten 2400 Kilowatt Wasserkraftenergie erzeugt. Mit den heutigen hohen Erdölpreisen stellt der Betrieb der in Dieselanlagen installierten 4976 kW eine schwere finanzielle Belastung für das arme Land dar.

Es tönt wie Ironie, aber gegenwärtig (1979) ist das Kulikhani-Wasserkraftwerk im Bau, nur mit dem Unterschied, daß es anstatt der damaligen Ind. Rupien 22 Mio. heute US$ 46,5 Mio. kostet, also rund zehnmal mehr als damals. In diese Kosten teilen sich folgende Geldgeber: IDA ($ 26 Mio.), Kuwait Fund ($ 17,5 Mio.), Japan ($ 10 Mio.) und UNDP für Studien ($ 3 Mio.).

Die Erzeugung von Hydroelektrizität macht nur sehr langsame Fortschritte. Im gegenwärtigen Fünfjahresplan (1976/80) sind die folgenden Kraftwerke fertig erstellt worden bzw. stehen im Bau:

- Sun Kosi 10050 kW
- Kali Gandaki 15000 kW
- Pokhara 1000 kW
- Tinau 1000 kW
- Dhankuta 240 kW

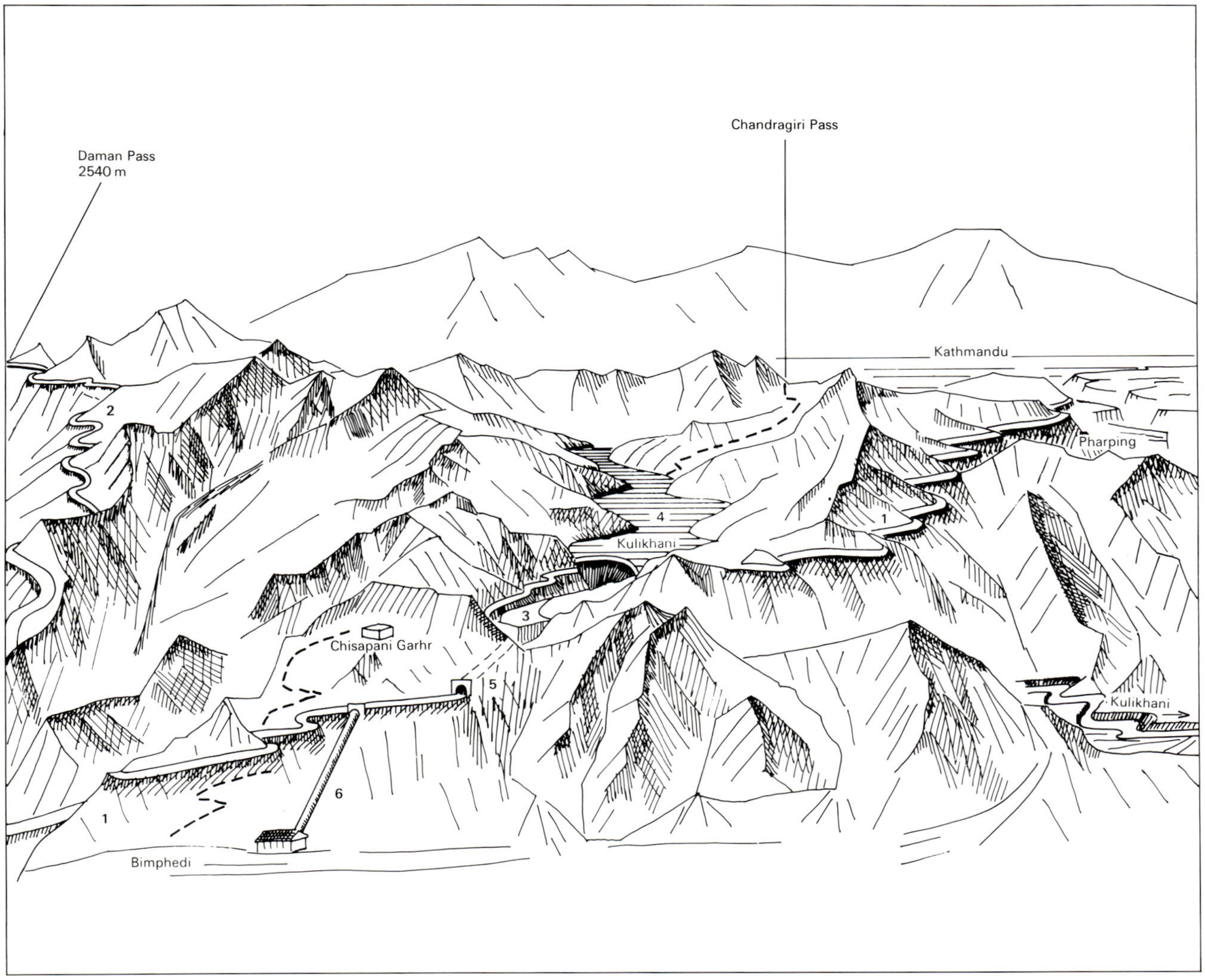

Fig. 41

Das Kulikhani-Wasserkraftwerk- und -Straßenprojekt (1951)

1 geplante Straßenverbindung

2 1956 erstellte Straße Kathmandu—Indien

3 Ausgleichsbecken

4 Staubecken Kulikhani

5 Tunnel

6 Druckleitung

162 Chörten bei Ghiling ▷ (3700 m), an der Mustang-Route. Im Hintergrund der Annapurna-Hauptgipfel (8087 m, mit Wolkenfahne) und der Nilgiri (7073 m).

Folgende Wasserkraftwerke sind vorgesehen, ohne daß jedoch — mit Ausnahme des Kulikhani-Werkes — deren Finanzierung gesichert wäre:

- Sharvababai 49 kW
- Kankai 33 MW
- Devighat 14 MW

Nach Fertigstellung dieser Kraftwerke würde die Gesamtkapazität Nepals an hydroelektrischer Energie 159,29 Megawatt betragen (0,19% des Gesamtpotentials), was einer Pro-Kopf-Kapazität von immer noch nur 12 Watt entspricht, oder einer Glühbirne von 100 Watt für jede achtköpfige Familie. (Die pro Kopf installierte Leistung in der Schweiz beträgt 1833 Watt.)

Jedoch wenn auch einmal das hydroelektrische Potential in Nepal ganz ausgenützt sein sollte, so löst dies das Energieproblem nur für die größeren Städte und Siedlungen und für industrielle und gewerbliche Anlagen. Für die verstreut lebenden Bergbauern ist Stromerzeugung keine Alternative für ihren täglich benötigten Energiebedarf.

Indessen würde ein großzügiger Ausbau der Energieerzeugung für Export und energieintensive Industrie die Wirtschaftslage von Nepal mit einem Schlage ändern. Das Land könnte sich zwar nicht ohne weiteres in ein zweites Kuwait verwandeln, aber es hätte doch genügend finanzielle Mittel, um z. B. die Entwicklung von Alternativenergien für das Land energisch zu fördern, weitere elektrisch betriebene Seilbahnen zu errichten usw.

Integration der tibetischen Flüchtlinge

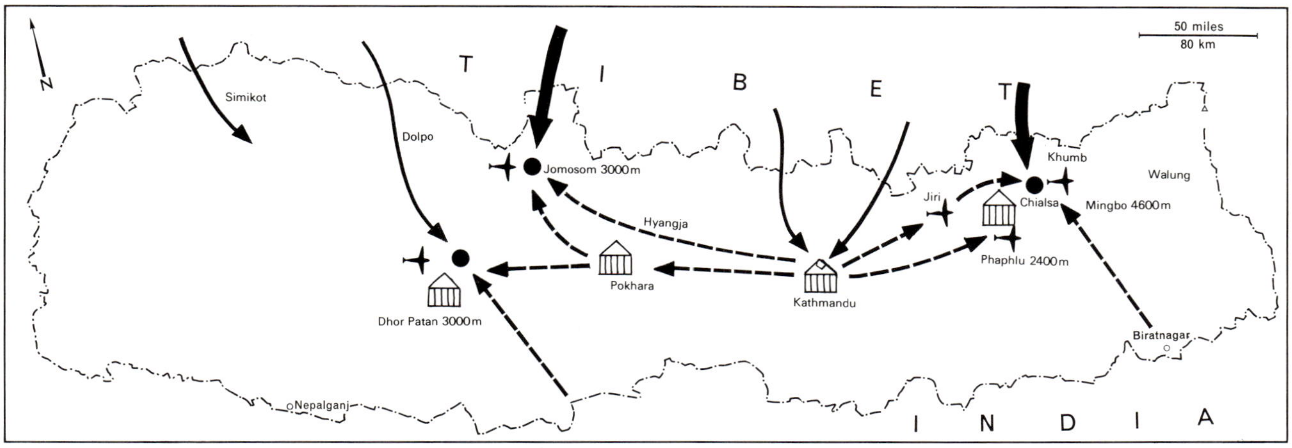

Fig. 42
Kartenskizze der Hilfsoperationen für die tibetischen Flüchtlinge

Fluchtwege der Tibeter
Nothilfestationen
Erstellte STOL-Landepisten
Versorgungsflüge mit STOL-Flugzeugen (Pilatus Porter)
Ansiedlung

In den Jahren 1959–1961 überschritten etwa 100000 Flüchtlinge aus Tibet die Grenze nach Nepal und Indien. Sie bedeuteten namentlich für Nepal ein ernstes und delikates Problem, denn Nepal ist selbst ein armes, übervölkertes Land. Zudem ließen sich die tibetischen Flüchtlinge zunächst in den nördlichen Hochtälern nieder, wo Klima und Natur ihnen zusagte und wo sie sich bei der buddhistischen Lokalbevölkerung heimisch fühlten (Fig. 42). Da jene Täler vom Handel und nicht von der Landwirtschaft leben, und da keine Transportmittel vorhanden sind, um Lebensmittel in größeren Mengen aus dem Mittelland heranzuschaffen, mußte notgedrungen auch die Lokalbevölkerung leiden. Im Khumbu, der Heimstätte der Sherpa, übertrafen die 4000 Flüchtlinge an Zahl die 2000 einheimischen Sherpa im Verhältnis zwei zu eins. Auch vom politischen Standpunkt aus war das Problem für Nepal mit der großen Zahl von Flüchtlingen so nahe der Grenze ziemlich delikat.

Persönliche Erkundungen an Ort und Stelle per Helikopter überzeugten mich sehr rasch, daß die Berichte nicht übertrieben waren. Als ich im Oktober 1959 in Thami landete (Bild 64), war ich im Nu von Hunderten von Flüchtlingen umringt. Diese hatten vor Monaten bei ihrer Flucht alle ihre Tiere mitgebracht, und dies war praktisch ihre einzige Nahrung. Bei meinem Besuch waren jedoch nur noch wenige Tiere übriggeblieben. Dennoch ließen sie es sich nicht nehmen, mir eine ihrer letzten Ziegen zu schenken, als sie von mir vernahmen, daß ihnen in Nepal geholfen werden soll. Nachdem sie andächtig der Stimme des Dalai Lama gelauscht hatten, das ich den Flüchtlingen vom Tonband abspielen ließ, bekränzten sie den Helikopter mit den traditionellen Glücksschleifen. Die Worte des Dalai Lama hatte ich vor einigen Wochen in seinem Exil in Dharamsala aufgenommen, und in seiner Ansprache hielt er seine Landsleute an, die Gesetze und Anordnungen des Gastlandes streng zu befolgen und Geduld zu üben, wenn in der Hilfe nicht alles klappen sollte.

Eine Anzahl von ausländischen Organisationen bot der nepalischen Regierung Hilfe an; doch diese beschloß, wegen der möglichen politischen Verwicklungen eine neutrale schweizerische Organisation zu ersuchen, sich der Frage anzunehmen. Im Dezember 1959 wurde der Autor von der Regierung eingeladen, ein Rahmenprogramm auszuarbeiten, und am 8. Januar wurde dieses der Regierung unterbreitet. Es ist nachfolgend im Wortlaut abgedruckt.

8 January 1960

Toni Hagen

Your Excellency,

Referring to the discussion we have had on 2nd January regarding the Tibetan Refugees in Nepal *I should like to confirm my proposals as follows:*

1) The Problem. *Although it is (due to lack of communication and transport) difficult to assess the exact number of Tibetan Refugees in Nepal, it is estimated that between 20000 and 30000 might have crossed the border into Nepal. By rea-*

sons of their accustomed environment they are so far crowded in the northern valleys, and only a small portion has come down to Kathmandu. The scope of the problem might be illustrated by the fact that according to the informations of my Sherpas the Tibetan refugees outnumber the local Sherpa population in the Khumbu two to one. That means there must be about 4000 refugees in the Khumbu valley alone. We might reasonably assume a similar severe situation in the other northern valleys, into which main trade routes lead from Tibet: Walungchung, Trisuli, Nubri, Thakkhola, Dolpo, Simikot.

There is no need to mention that it is as well in the interest of H. M. Government of Nepal to do something about the refugees. Otherwise unrest and troubles will be inevitable and might thus create a very delicate situation for the country.

2) The proposed programme. *An appropriate programme to solve the problems has clearly two parts, namely*

a) emergency relief projects in the northern valleys,

b) integration of the refugees into the economy of the country.

The emergency relief programme *ought to be only a* transitional measure *until the integration into the economy becomes effective. It would include supply of food to the northern valleys and erecting of medical outposts in those areas. The construction of small landing strips and the use of* STOL aircrafts *is recommended, since otherwise the tremendous transport problems might render such operations prohibitively expensive or altogether impossible.*

Use of Tibetan Refugees for road construction *might also be envisaged as an emergency programme.*

But the main aim of any refugee programme ought to be the integration into the economy of the country. *No charity or welfare programme should be carried out for extended periods, since this is no solution, and besides, in the long run very expensive. There are two possibilities for the integration:*

a) resettlement for agriculture

b) vocational training, especially carpet weaving.

For agricultural resettlement, by reasons of climate and general environments, altitudes above 2500m should be envisaged.

My personal knowledge of the country from my geological survey indicates that first priority should be given to the areas west of Uttar Ganga, reaching from Dhor Patan to Jumla and the Rara lake. The population pattern in this area is quite different from other areas, since the Nepali hill tribes, which otherwise have populated medium altitudes between the Tibetan races in the north and the Indo-Aryan races in the south, are missing in western Nepal. Consequently, the medium altitudes (between 2500 and 3000 meters) are rather thinly populated in western Nepal. And the Brahmins, living at higher altitudes there than anywhere in Nepal have not adapted to the high altitudes, not in agriculture nor in the habits and clothing. On the other hand, the highland of western Nepal is much less rugged than the Himalayas proper, and extended mountain pastures and pine forests can be found. The landscape reminds very much to that one in the Swiss Alps. Potatoes are grown and wheat and barley. Animal husbandry would also be feasible.

The area in question would also have the advantage, that it is separated by the main Himalayan range from Tibetan border, which fact might be of importance from political standpoint.

In eastern Nepal the Solu area, which ist populated by Sherpas, might be feasible for resettlement (for example the mountain range of Chialsa). However it has to be said, that in general, the medium altitudes in eastern Nepal are more densely populated than in western Nepal. But it would be simply impossible to transfer all the refugees from eastern Nepal to western Nepal.

To begin with, the following specific projects *are suggested:*

a) food supply and medical putposts in the Khumbu and in the Thakkhola (with construction of landing strips)

b) Road construction in the Kathmandu valley

c) vocational training in Kathmandu, especially carpet weaving

d) agricultural resettlement in Dhor Patan.

If H. M. Government of Nepal would basically agree to such a programme, I would then try to interest Swiss organisations and find donors for such a project. I would be grateful to have a reply before I leave for Switzerland end of March.
Yours sincerely

Toni Hagen

To H. E. Surya Prasad Upadhya
Honbl. Home Minister
H. M. Government of Nepal
Singha Durbar
Kathmandu

Confidential ?
Secret

MINISTRY OF FOREIGN AFFAIRS

/2730.

KATHMANDU,
NEPAL.

February 21, 1960.

Dear Mr. Hagen,

I write to thank you for your Memoir regarding the Tibetan Refugees, dated January 8, 1960 addressed to His Excellency the Home Minister.

His Majesty's Government have found your schemes quite interesting and helpful for the solution of the Refugee problem.

You are therefore advised to contact the concerned organizations there and explore the possibility of raising appreciable fund to finance the various projects outlined in your letter under reply.

Yours sincerely,

Secretary.

Schon am 21. Februar reagierte die Regierung positiv. Das Schreiben ist oben im Faksimile wiedergegeben.
Die Bedeutung dieses Schreibens kann nicht deutlich genug betont werden: Es enthält die Asylgewährung für alle Tibeter Flüchtlinge in Nepal, ohne Einschränkung der Zahl. Die Regierung hielt auch später daran fest, als China nach dem Anlaufen der Aktion heftig protestierte und die Regierung von Nepal belehren wollte, daß es gar keine tibetischen Flüchtlinge gäbe, sondern daß dies «chinesische Kriegsverbrecher und Banditen» seien, die nach China zurückgeschickt werden sollten, um dort «umerzogen» zu werden. – Die großartige humanitäre Tat von König Mahendra soll auch heute wieder ins rechte Licht gerückt werden, da die Nachbarn des «befreiten» Vietnam Hunderttausende von Vietnam-Flüchtlingen in Transitlagern halten (teilweise über 4 Jahre), ohne überhaupt an Asylgewährung zu denken.
Gemäß dem von der Regierung genehmigten Plan des Autors wurden im Khumbu und im Thakkhola medizinische Nothilfsstationen mit Verteilung von Lebensmitteln und Erster Hilfe für die zuströmenden Flüchtlinge errichtet. Viele von ihnen waren in sehr schlechter Verfassung. Um den Transport zu beschleunigen und Transportkosten zu sparen, wurden Landepisten für STOL-Flugzeuge gebaut und das IKRK stellte zwei Pilatus-Porter-Flugzeu-

163

163 Flugpiste von Mingbo (4600 m), die höchste der Welt (im weißen Viereck in der Bildmitte unten). Blick in den Kessel des Nare-Gletschers mit dem namenlosen Gipfel (6571 m, rechts).

ge zur Verfügung (Bild 165). Die Einführung der STOL-Flugzeuge in Nepal durch das IKRK und die in Nepal im Rahmen der Tibeter Aktion gebauten STOL-Pisten (darunter die Piste von Mingbo auf 4600 m Höhe, die höchste Piste der Welt überhaupt, Bild 163) legten den Grund zur späteren Entwicklung des STOL-Flugnetzes. Die damaligen Schweizer Gletscherpiloten vollbrachten mit ihren regelmäßigen Versorgungsflügen unter schwierigsten Bedingungen eine wahre Pionierarbeit. Emil Wick, der schon damals dabei war, fliegt heute noch in Nepal. Die Landung in Mingbo (Bild 163) könnte man etwa mit der Landung auf einem Flugzeugträger vergleichen, der in einem kleinen, engen Kratersee mit steilen Kraterböschungen verankert ist.

Während die Nothilfsaktionen in den nördlichen Tälern anliefen, wurden Pläne gemacht, um die Flüchtlinge aus den Grenzgebieten zu entfernen und sie in die Wirtschaft einzugliedern. Eine erste Gruppe kam zum Straßenbau ins Kathmandu-Tal. Die Flüchtlinge aus dem Khumbu wurden allmählich in die Region von Solu übergeführt, wo das Schweizerische Rote Kreuz in Chialsa ein Rehabilitierungszentrum errichtete mit handwerklichen Arbeiten, Landwirtschaft und Schulunterricht. In Kathmandu entstand als erstes praktisches Projekt das handwerkliche Zentrum. Auch im Thakkhola versuchten wir von allem Anfang an, den Flüchtlingen Arbeit zu verschaffen. Die Wollspinnerei wurde eingeführt, und die gesponnene Wolle versorgte das Teppichweberei-Zentrum in Kathmandu. Das Endziel war, die Flüchtlinge selbst weitestgehend aktiv an den Hilfsmaßnahmen teilnehmen zu lassen. So eröffneten wir mit einem einzigen nepalischen Baumeister und einem Zimmermann unsere eigene Werkstatt für Bauschreinerei und Zimmerei, in welcher das erste Wohnbauprojekt mit zwölf einfachen Häusern im Nepali-Stil verwirklicht wurde. Die Schreinerei lieferte die Holzrahmen, und mit dem raschen Fortschritt der Tibeter in der Berufslehre wurden hier alle Möbel für die tibetische Niederlassung und für die Mission des IKRK und besonders alle Webstühle für das Teppichzentrum von den Flüchtlingen hergestellt. Die Flüchtlinge hatten ihre warmen Wollkleider mitgebracht, die ungeeignet waren für die warme Jahreszeit. Fremde Hilfsorganisationen sandten in guter Absicht gebrauchte Kleider zur Verteilung an die Flüchtlinge. Kleidungsstücke nach westlicher Art werden von den Nepali namentlich in den Städten mehr und mehr getragen, nicht aber von den Tibetern, die noch immer ausschließlich ihre Nationaltracht benutzen. Unter diesen Umständen wäre die Verteilung von getragenen westlichen Kleidern das beste Mittel, die Identität der Flüchtlinge zu zerstören und sie in eine formlose Masse mit üblicher Lageratmosphäre zu verwandeln. Um eine solche Entwicklung zu vermeiden, wurden geeignete billige Stoffe auf dem lokalen

Markt angekauft und eine Schneiderei mit ausschließlich tibetischen Arbeitern eingerichtet, um Kleider nach tibetischer Machart für die Flüchtlinge herzustellen, nicht nur im Zentrum von Kathmandu, sondern in allen Lagern. Verhältnismäßig früh konnte ferner tibetisches Hilfspersonal ausgebildet und in den Krankenstationen eingesetzt werden.

Die Erfüllung des Programms begegnete großen Schwierigkeiten, aber nicht – wie der Leser erwarten könnte – bei den Flüchtlingen, sondern durch Berichte über die Flüchtlinge, die von sogenannten «Tibet-Kennern» stammten und von schweizerischen Hilfsorganisationen bereitwillig übernommen wurden. Nach diesen Berichten waren die Tibeter für eine regelmäßige Arbeit nicht zu gebrauchen. Die tibetischen Lamas wurden auf summarische Weise als «Scharlatane» hingestellt. Diese üble Propaganda brachte damals die Aktion für die Tibeter fast zum Scheitern – bevor sie überhaupt begonnen hatte; jedenfalls versiegten die helvetischen Geldquellen. Bis zum Juli 1961 kamen von den ausgelegten SFr. 1352000 nur SFr. 140000 aus der Schweiz (davon Fr. 100000 vom Schweizerischen Roten Kreuz). Das Handwerkszentrum in Kathmandu nahm unterdessen seinen erfreulichen Fortgang. Mit der Bandweberei begegneten wir gar keinen Schwierigkeiten, denn alle Nomadenfrauen in Tibet sind damit vertraut. Mit etwas Phantasie wurden schon im ersten Monate schöne Handtaschen, Röcke, Jacken, Tischtücher hergestellt. Das Handwerkszentrum in Kathmandu hatte zum Ziel, seine Produkte verkaufen und exportieren zu können. Ein Laden wurde eröffnet, wo diese Waren sich gut an die wachsende Zahl von Touristen verkauften, die das Zentrum besuchten. Ende 1961 belief sich der Gewinn aus Verkäufen schon auf 20000 Nepalrupien (8000 Dollar) im Monat.

Die Teppichweberei lief nicht so schnell an. Gewiß war das Weben von Teppichen in Tibet ein überliefertes Handwerk, aber nicht sehr verbreitet. Wir hatten das Glück, in dem von uns angestellten tibetischen Meisterweber zugleich auch einen sachverständigen Lehrer gefunden zu haben, der andere Tibeter in seiner Kunst unterrichten konnte. Mit seiner gut ausgedachten und wirksamen Lehrmethode gelang es ihm, bis zu 10 Schüler zur gleichen Zeit anzulernen, so daß wir innerhalb von anderthalb Jahren schon 60 Teppichweber zur Verfügung hatten.

König Mahendra nahm weiterhin regen Anteil am Fortgang des Tibeter Programmes in Nepal und eröffnete den Verkaufsladen für die Produkte höchstpersönlich, zusammen mit der Königin und dem damaligen Kronprinzen, heute König Birendra (Bild 166).

Jedenfalls zeigte es sich sehr bald, daß die negativen Berichte über die Tibeter in keiner Weise zutrafen. Innerhalb von anderthalb Jahren waren die beiden Handwerkszentren von Kathmandu und Chialsa fest begründet.

164 Besuch bei den Flüchtlingen in der Nähe von Thami (3900 m), November 1960.

165 Eine Pilatus Porter des IKRK bei einem Versorgungsflug ins Thakkhola, mit Dhaulagiri (8172 m).

164

165

166 Die Einweihung des Verkaufsladens für die Teppiche der tibetischen Flüchtlinge durch König Mahendra, März 1961. Von rechts nach links: König Mahendra, der Verfasser, Königin Rathna, Prinzessin Sharda, Kronprinz Birendra (der heutige König). Im Juli 1962, als der Autor Nepal verließ, beschäftigte das Flüchtlingszentrum in Kathmandu 60 Teppichweber, 25 Bandweber, 20 Schneider (Export), 20 Schneider (Eigenbedarf) 20 Schuhmacher (Eigenbedarf), 50–70 Schreiner.
Im Jahre 1978 belief sich der Totalexport der offiziellen Webereizentren auf 6092m², davon 2930m² durch den privaten Teppichhandel in die Schweiz. Der Gesamtverkauf entspricht einem Wert von ca. 800000 US $. In den privaten Kleinunternehmen (Bild 171) dürfte eine mindestens ebensogroße Produktion anfallen.

Im Juli 1962 versuchte ich, in der Schweiz privates Unternehmertum am Verkauf der Teppiche in Europa zu beteiligen, was meiner Meinung nach die einzige Möglichkeit war, das Unternehmen lebensfähig zu erhalten. Mein Erstaunen war nicht gering, als die schweizerischen Organisationen, die sich mit Entwicklungshilfe befassen und die eingeladen worden waren, an der Verkaufsaktion teilzunehmen (die sowohl Nepal wie den tibetischen Flüchtlingen zugute kam), ihre Mithilfe versagten. Sie waren nicht damit einverstanden, daß «private Unternehmer auf Kosten der armen Flüchtlinge Geld verdienten». Der Bund betraute 1963 Dr. A. Linth mit dem tibetischen Flüchtlingsprogramm in Nepal.

Die landwirtschaftliche Ansiedlung in Dhor Patan hat sich nach beträchtlichen Anfangsschwierigkeiten ebenfalls sehr gut entwickelt. Als ich jene Siedlung im Herbst 1976 besuchte, wirkte sie mit ihren stattlichen Häusern, Schulen und Gömpas wie eine Insel des Wohlstandes in der sonstigen Umgebung. Neben der Landwirtschaft, vor allem Kartoffeln- und Buchweizenproduktion, sind die Einkommensquellen weitgehend diversifiziert durch Kleinviehhaltung, ein Transportunternehmen mit mehreren hundert Saumtieren und eine moderne Hühnerfarm in Pokhara. Besucher in Dhor Patan sollten nicht voreilig daraus schließen, die Tibeter hätten die Siedlung verlassen.

166

Tourismus

Nepal ist ohne Zweifel eines der attraktivsten Länder der Welt. Großartige Naturlandschaft vom Hochgebirge bis zum tropischen Tiefland paart sich mit verschiedenartigen liebenswerten kleinen Völkern, die eine über 2000 Jahre alte Kultur einer einzigartigen Mischung von Religion, von Tempeln, Kunst und Architektur geschaffen haben. Nach Öffnung des Landes 1952 hat sich denn auch die äußerst vielgestaltige Attraktivität des Landes in wachsenden Touristenzahlen ausgedrückt – und auch in wachsenden Einnahmen aus Tourismus und in steigenden Ausgaben pro ausländischen Tourist.

In der Art des Tourismus hat sich ein bemerkenswerter Wandel vollzogen. Begonnen hat es 1949 mit den Bergsteigerexpeditionen. Während in den Anfangsjahren nur eine Expedition bewilligt worden ist, nahm die Zahl drastisch zu, nämlich auf 23 Expeditionen in den Jahren 1970–1975. Um einem Überlaufen der Achttausender entgegenzuwirken, wurde für den Everest mit nur 2 Bewilligungen pro Jahr der Numerus clausus eingeführt. (Er ist heute, 1979, bis 1985 ausgebucht.) Ein anderes Mittel, um dem Massenandrang etwas entgegenzuwirken, war, ein «Eintrittsgeld» für jede Besteigung zu verlangen. Dieses beläuft sich auf 10000 Nepalrupien für den Mt. Everest, 8000 Nepalrupien für Gipfel über 7925 Meter und 5000 Nepalrupien für Gipfel unter dieser Höhe.

Nach der Bergsteigerwelle folgte der Massentourismus in organisierten Gruppen, die bei der Bereisung des indischen Subkontinentes einen Abstecher von 2–4 Tagen nach Kathmandu zu machen pflegen.

Seit 1966 hat sich nun der Trekking-Tourismus (Wandertourismus) entwickelt und seither einen gewaltigen Aufschwung genommen. In der Periode 1965–1975 nahm der Anteil an Einnahmen harter Währung durch Tourismus von nur 5 % auf über 40 % zu. Die Zunahme war besonders kräftig nach 1972, als die Regierung bestimmte, daß fortan die Rechnungen in Hotels in harter Währung zu zahlen seien (und nicht mehr in Indischen Rupien). Die wichtige Frage lautet zunächst einmal, wohin dieser beträchtliche Betrag von harter Währung geht (Gegenwert von 250 Mio. Rs), der doch immerhin beispielsweise den Ausgaben für das Erziehungswesen des ganzen Landes für das letzte Jahr des Fünfjahresplanes (1980) entspricht; oder im Jahre 1978 schon fast den Gesamtbetrag von 270 Mio. Rs übertraf, den Nepal im Jahre 1974/75 total an ausländischer Entwicklungshilfe in harter Währung erhielt; oder rund ein Viertel der gesamten Steuereinnahmen der Regierung im Jahre 1974/75 (Rs 1058,4 Mio.) ausmachten. Pro Kopf der Bevölkerung von Nepal gaben die ausländischen Touristen 1977 im Lande rund 21 Rs (2 US-Dollar) aus, was zwei vollen Tageslöhnen für die gesamten 12 Mio. Einwohner Nepals – Kind und Kegel inbegriffen – entspricht. (Die Ausgaben fremder Touristen in der Schweiz ergaben 1978 Fr. 1830 pro Kopf der Bevölkerung – 1150 US-Dollar.)

Jahr	Anzahl Touristen	Touristen-Auslagen (in Mio Rs)	Auslage pro Tourist (Rs)
1962	6179	0,6	97
1966	12567	3,0	239
1970	45970	13,2	287
1974	79000	96,0	1200
1977	106277	250,0	2360

Die üblichen «Sight-seeing»-Touristen verbringen durchschnittlich 2–4 Tage in den Drei-, Vier-, und Fünfsternhotels, die hauptsächlich mit importierten Materialien gebaut und mit ausländischen Einrichtungen ausgerüstet sind. Die in den Restaurants dieser Hotels servierten Mahlzeiten weisen einen sehr hohen Import-Faktor auf, z. B. Zucker von Singapur, Butter, Fisch, Fleisch und sogar Reis von Indien. Die Hälfte der Gemüse wird per Flugzeug nach Kathmandu gebracht. In Nepal wird zwar sehr gutes Bier und ein sehr guter lokaler Rum produziert; diese werden jedoch in den besseren Kategorien der Hotels nicht offeriert. Die ganze Touristik-Industrie ist viel zu stark in Kathmandu zentralisiert, so daß sie das Ausgeben von Geld durch die Touristen in ländlichen Gebieten nicht fördert. Die Erlöse der Hotels gehen wahrscheinlich über die reichen Gesellschafter zum größten Teil auch ins Ausland.

Während die Weltbank (1974) die im Lande verbleibenden Devisen auf 65–75 % schätz-

167 *Start einer Boeing 727 der Royal Nepal Airlines vom Flughafen Kathmandu.*

te, ergab eine neuere Studie, daß nur 36 % aller von den Touristen ins Land gebrachten Gelder im Lande bleiben und die restlichen 64 % Produzenten und Händlern im Ausland zugute kommen.

Beim Pauschalurteil über den Tourismus muß indessen doch etwas mehr differenziert werden, um der Sache gerecht zu werden.

Dies betrifft besonders den seit 1962 in Schwung gekommenen Trekking-Tourismus (Wandertourismus). Dieser hat am Gesamttourismus zwar einen zahlenmäßigen Anteil von nur rund 16 %. Seine Bedeutung ist jedoch viel größer, denn die Trekker bleiben im Durchschnitt 18 Tage im Land, während die Massentouristen in durchschnittlich nur 3 Tagen durch die Tempel von Kathmandu geschleust werden. Der Trekking-Tourismus hat sich wie folgt entwickelt:

1966	200	Trekking-Touristen
1968	1 000	Trekking-Touristen
1970	3 500	Trekking-Touristen
1972	7 300	Trekking-Touristen
1974	14 000	Trekking-Touristen
1977	17 281	Trekking-Touristen

Infolge ihrer längeren Aufenthaltsdauer verbringen die Trekker mehr als ein Drittel aller Touristen-Nächte im Land. Zudem verschafft jeder Trekker im Durchschnitt 3 bis 7 Menschen Arbeit und Verdienst als Träger, Koch, Sirdar (Leiter) usw., im Gegensatz zur kapitalintensiven Fünfstern-Hotellerie in Kathmandu.

Gemäß einer Studie im Rolwalingtal[2] (mit einer Sherpa-Bevölkerung von 187 Seelen in 43 Haushalten) hat Trekking im Jahre 1978 dort ein Einkommen von rund 60 000 NRs geschaffen, was einem zusätzlichen Pro-Kopf-Einkommen von Rs 360 entspricht, d. h. 13 % des totalen Einkommens aus der Landwirtschaft. Dies wäre ganz beachtlich, wenn man bedenkt, daß mittlere Pro-Kopf-Einkommen in Nepal rund 1200 NRs erreichten.

Während im Rolwaling die Landwirtschaft heute noch die wirtschaftliche Grundlage bildet, ist im Khumbu und im Thakkhola der Trekking-Tourismus die einzige Alternative zum früher blühenden, jedoch durch die poli-

167

tischen Veränderungen verlorengegangenen Handel mit Tibet. Dies müßten die Entwicklungsideologen, die den Tourismus in der dritten Welt in Bausch und Bogen verurteilen, wohl berücksichtigen. Die schädlichen Wirkungen des internationalen Tourismus sollen nicht beschönigt werden, wie etwa das Wekken neuer Bedürfnisse angesichts der reichen Fremdlinge, die sich offenbar alles leisten können; die Umweltverschmutzung, die Förderung des Raubbaus am Wald, die Verdrängung der autochthonen Kulturen, die ungleiche Verteilung der Einkommen durch den Tourismus usw. Gerade im Falle des Khumbu und des Thakkhola dürfen indessen diese Faktoren nicht übertrieben werden. Wenn z. B. pro Tourist 60 kg Brennholz gebraucht werden, so machte dies für die 17 000 Trekker im Jahre 1977 nur 1020 Tonnen aus, verglichen mit den rund 5000 Tonnen Lokalverbrauch bei Annahme einer lokalen Bevölkerung von etwa 5000 Seelen in den Haupttrekkinggebieten.

Zweifellos drängen sich gewisse Maßnahmen auf, um diejenigen Ziele zu erreichen, welche im Fünfjahresplan 1976–80 der Regierung für den Sektor Tourismus postuliert sind, wie etwa

- Schaffung von Deviseneinnahmen
- Schaffung von Einkommen und Beschäftigung
- Förderung des regionalen Ausgleichs

Diese Maßnahmen wären: 1. Die Förderung der Produktion lokaler Nahrungsmittel wie Gemüse, Früchte, Fische, Fleisch usw. für Abnahme durch die Hotels. Dies wäre ein eigenes Entwicklungsprojekt (möglicherweise auf dienstleistungsgenossenschaftlicher Basis) wohl wert. 2. Die Erstellung einfacher Unterkünfte mit den notwendigsten sanitären Anlagen usw. entlang der Hauptrouten; diese Unterkünfte würden ebenfalls durch einheimische Nahrungsmittelproduzenten beliefert. 3. Öffnung weiterer Trekking-Routen, um den Druck auf die wenigen bestehenden Routen zu vermindern. Bis jetzt konzentrierte sich das Trekking auf nur drei Hauptrouten (Khumbu, Thakkhola und Langtang).

Auch eine Verbesserung von Flugservice und Bodenorganisation in Lukhla, am Eingang zum Khumbu, drängt sich gebieterisch auf. Mangels Unterkunft, Wasser und primitivster sanitärer Anlagen wird für viele Trekker das tagelange Warten auf ein Flugzeug unter unbeschreiblichen hygienischen Verhältnissen oft das bittere Ende eines glücklich vollendeten Trecks. Das Kunsthandwerk sollte in den Berggebieten gefördert und mit einem Gütezeichen «Made in Nepal» versehen werden, um der Konkurrenz von aus Indien eingeschmuggelten Massenprodukten entgegenzutreten. Die Trekking-Organisationen sollten die Rekrutierung der Träger dezentralisieren und mehr in die armen Berggebiete verlegen.

168 Das Everest View Hotel (3800 m), mit Mt. Everest (8848 m, links) und Lhotse (8501 m, rechts) im Hintergrund.

168

Fig. 43

Kartenskizze der am meisten frequentierten Trekking-Routen (1977)
Jede Linie bedeutet rund 1000 Trekker pro Jahr

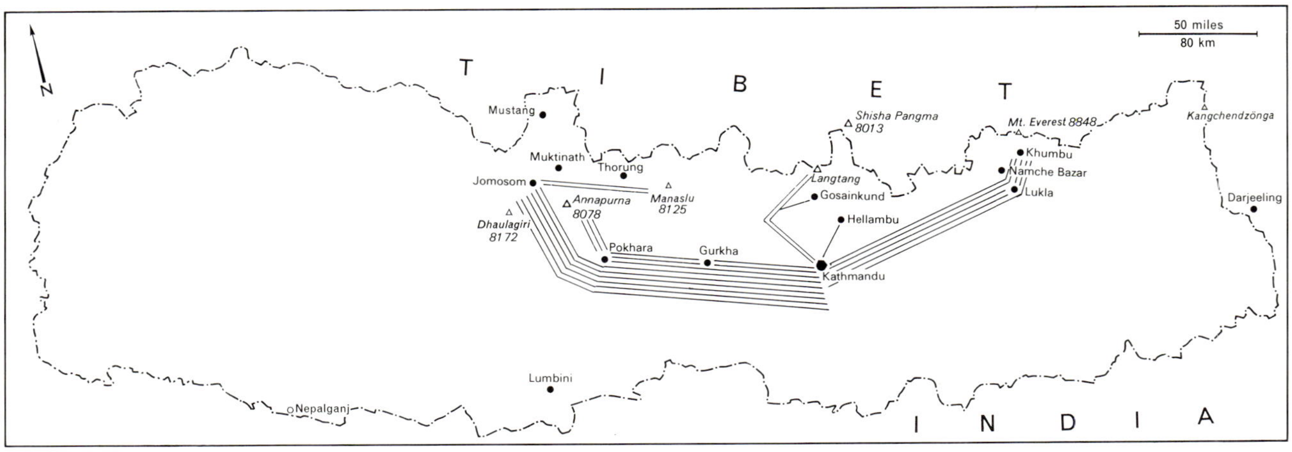

Die Unterschiede zwischen der Bezahlung der Sirdar und der einfachen gewöhnlichen Träger (meist arme Bergbauern) sollten ausgeglichen werden.
Das Argument der Verschmutzung, das 1975 zur Bezeichnung «garbage trail» für die Khumbu-Route zum Everest-Basislager geführt hat, mag zweifellos seine Berechtigung gehabt haben. Tatsache ist, daß viele der Expeditionen fürchterliche Abfallhaufen von Konservenbüchsen, Flaschen und Plastikmaterial zurückgelassen haben. Indessen haben der neuseeländische und australische Alpine Club mit dem Bau von Abfallgruben und mit Anweisungen an die Touristen für Ordnung und Reinlichkeit usw. einige sehr erfolgreiche Reinigungsaktionen eingeleitet. Diese Aktionen wurden zwar von nepalischen Stellen als «diskriminierend» kritisiert; sie hatten jedoch das Gute, daß die Verantwortlichen selbst nun geeignete Maßnahmen getroffen haben.
Als ich im Herbst 1976 den «Khumbu Trail» vom Everest View Hotel bis zum Kloster Tengpoche unter die Füße nahm – zum ersten Mal seit 1960 – (Bilder 168, 169, 170, 175), war ich angenehm überrascht von dessen Sauberkeit. Ich fand die ganze Umgebung von Tengpoche, Namche Bazar und Tengpoche unvergleichlich viel weniger verschmutzt als z. B. noch 1956 oder 1960. Zwar bewegte sich zwischen dem Hotel Everest View und Tengpoche nachmittags ein fast kontinuierlicher Strom von Trekkern. Die gestörte Einsamkeit wurde aber mehr als wettgemacht durch das Glück, das alle diese Touristen ausstrahlten, eine Chance zu haben, diese einmalige Bergwelt im Khumbu auf eigenen Füßen erleben zu dürfen. Tatsächlich war es auch für mich ein großartiges Erlebnis, besonders abends in behaglicher Wärme hinter dem großen Panoramafenster des Everest View Hotel den Sonnenuntergang an Mt. Everest, Lhotse und Ama Dablam miterleben zu dürfen. Ich dachte an 1956 zurück, als ich im Spätherbst die geologische Aufnahme des Khumbu durchführte, mit grimmig kalten Nächten im einsamen Zelt (bis minus 20 Grad Celsius, sobald die Sonne weg war). Mich wunderte nur, daß das Everest View Hotel nicht besser besetzt war. Mit seinem zwar nicht luxuriösen, jedoch angemessenen Komfort, mit der freundlichen Sherpa-Bedienung, den einfachen, aber guten und kräftigen Mahlzeiten erhielt man mehr, als die als teuer kritisierte Unterkunft damals kostete (US$ 66, Vollpension und alles inbegriffen).
In der Tat ist ein Treck im herrlichen Nepal heute unzweifelhaft das schönste Erlebnis, das ein Mensch aus dem wohlstandsgeschädigten Milieu der Industrieländer sich erträumen kann. Zum Trekking, das sich einer engeren Kontaktnahme mit fremden Völkern und Kulturen rühmt als der flüchtige Sightseeing-Tourismus, gehört aber auch ein offenes Auge und Herz für die Probleme des Entwicklungslandes Nepal. Wie der einzelne doch etwas Persönliches – zwar nicht zur Lösung, aber vielleicht zur Linderung der Probleme – beitragen kann, wurde im Vorwort beschrieben.

[2] F. Baumgartner u. a. 1979, Tourism and Development in Nepal

170

171 17

Das Gesicht eines armen Landes

Nepal gehört zu allen drei Kategorien von Ländern, welche von der UNO als besonders arm und hilfsbedürftig bezeichnet worden sind, nämlich

- Binnenland
- am wenigsten entwickeltes Land (Least developed country, LDC; diese Kategorie umfaßt 32 Länder)
- von Inflation und Erdölpreissteigerung am meisten betroffen (Most seriously affected country, MSAC; diese Kategorie umfaßt 29 Länder mit jährlichem Pro-Kopf-Einkommen unter US$ 200)

Das Pro-Kopf-Einkommen ist in Nepal mit einem Durchschnitt von nur $ 111 pro Jahr eines der niedrigsten der Welt (Schweiz US $ 5550). Zudem scheinen die Unterschiede sowohl regional als auch innerhalb verschiedener Bevölkerungsgruppen zuzunehmen. Gemäß einer 1968/69 durchgeführten Studie (Farm Management) betrugen die mittleren Einkommen bei mittleren Betriebsgrößen von 0,4 ha nur rund 1000 Rupien ($ 80) für das Hügelland und 1900 Rupien für einen mittleren Betrieb von 3,0 ha im Terai.

Die Armut der Bauern geht auch aus einem 1975 erhobenen Nutrition Survey hervor (Center for Disease Control): 6,6% der Kinder in der Altersgruppe zwischen Geburt und 6 Jahren weisen ernsthaftes Untergewicht auf verglichen mit ihrer Größe und 52% waren untergewichtig in Relation zu ihrem Alter. Nur 7,3% der Kinder zwischen 6 Monaten und 6 Jahren konnten als normalgewichtig bezeichnet werden. 42,7% litten an Unterernährung ersten Grades, 44,8% litten an Unterernährung zweiten Grades und 4,7% an Unterernährung dritten Grades (Gomez-Klassifikation).

Hauptproblem der *Gesundheit* in Nepal sind die hohe Kindersterblichkeit und das Wiederaufkommen der Malaria. Beobachtungen auf einzelnen Gesundheitsstationen im Terai ergaben eine Zunahme der Malaria von 2500 Fällen im Jahre 1971 auf 14000 Fälle im Jahre 1974. Die Ursache dieser Zunahme ist nicht nur der Tatsache zuzuschreiben, daß die
73 ◁◁ 74 ◁ Moskitos gegen DDT immun werden, son-
75 dern auch der schwerfälligen Bürokratie, vor allem aber dem Mangel an Insektiziden, Zerstäubungsausrüstungen und Malariatabletten.

Mit einer Säuglingssterblichkeit von 200 bis 300 auf 1000 Lebendgeborene erreicht Nepal eine der höchsten der Welt (Schweiz: 9 auf 1000). Die Sterblichkeit der Kleinkinder in der Altersstufe von 2–5 Jahren beträgt nicht weniger als 56% aller Todesfälle. Die Lebenserwartung bei der Geburt liegt zwischen 40 und 50 Jahren. Nepal besitzt mit 320 Ärzten nur etwa einen Arzt auf 40000 Einwohner (Indien 1:10000, Sri Lanka 1:6000 und das Kathmandu-Tal 1:6500). In Nepal entfallen also viermal mehr Einwohner auf einen Arzt als in Indien und über sechsmal mehr als in Sri Lanka. Davon praktiziert ein Drittel im Kathmandu-Tal, wo nur 4% der Bevölkerung leben. Die Hälfte der Spitalbetten des Landes, nämlich 1000, befinden sich in Kathmandu. Im Jahre 1971 gab es nur 158 diplomierte Krankenschwestern, 233 Hilfshebammen und das Krankenpflegepersonal bezifferte sich auf 405. Also rund 2 Ärzte auf eine diplomierte Krankenschwester; dabei sollte das Verhältnis mindestens umgekehrt sein! Im gegenwärtigen Fünfjahresplan 1976/80 soll die Zahl der Spitäler auf 84 gebracht werden, diejenige der Spitalbetten auf 2918, davon 360 außerhalb Kathmandus. Im Fünfjahresplan (1976/80) wird der Anteil der Bevölkerung, die Zugang zu fließendem Wasser hat, von 7% auf 12% gesteigert werden.

Mit 81% analphabetischer Bevölkerung weist Nepal eine der höchsten Raten der Welt auf. Bis 1980 sollen 64% aller Kinder im Alter zwischen 6 und 8 Jahren die Primarschule besuchen können. Über 15000 Techniker der Unter- und Mittelstufe werden bis 1980 ausgebildet werden. Dies ist eine erfreuliche Wendung, die von der bisherigen Praxis wegführt, die Geisteswissenschaften zu bevorzugen.

Nepal als «most seriously affected country». Wie alle «least developed countries» (LDC) – gemäß UNO-Jargon – wurde auch Nepal durch die erste Erdölkrise hart getroffen und reihte sich damit in eine neue Gruppe von Ländern der UNO ein: «most seriously affected country» (MSAC). Außer für Erdölpro-

169 Eine Pilatus Porter der Royal Nepal Airlines startet zu einem Everest-Flug von der Piste von Shyangpoche (3700 m). Dahinter der Tramserku (6608 m).

170 Tibeter-Flüchtlinge im Webereizentrum Kathmandu.

171 Vor dem Teppichladen meines Sherpa Aila (rechts) und seiner geschäftstüchtigen Tibeter Frau Doga (in der Tür). Dieser private Laden ist nur einer von 38 solchen Unternehmen, die ich schon 1976 in Patan gezählt habe. Der große volkswirtschaftliche Multiplikationsfaktor im Gefolge der vom IKRK initiierten Teppichweberei ist der Beweis für den großen Erfolg dieser Art Flüchtlingshilfe.

172 Mein Sherpa Sonam vor seinem Haus in Chaunrikharka beim Druck von Gebetsfahnen.

173 Das Kloster Tengpoche (3867 m) am Fuß der Ama Dablam (6856 m).

174 Der Gletscherkessel von Sakyetang mit (von links nach rechts) Makalu (8481 m), Chomo Lönzo (7815 m), Pethangtse (6710 m), Lhotse (8501 m), Mt. Everest (8848 m).

175 Der Tramserku (6608 m), gesehen vom Everest View Hotel.

dukte stiegen auch die Weltpreise für Kunstdünger, Stahl und Zement; mehr noch: Indien, selbst hart getroffen von der Erdölkrise, konnte Nepal mit diesen Gütern nicht mehr im früheren Umfange beliefern. Nepal war gezwungen, die genannten Produkte selbst in fremden Ländern einzukaufen. Da Nepal nur kleine Quantitäten benötigt, sind Transportkosten von Übersee unverhältnismäßig hoch. Zudem ist das Volumen so unbedeutend im Welthandel, daß es oft schwierig ist, es überhaupt zu kaufen.

Nepal besitzt keine eigene Erdölproduktion. 1973/74 betrug der Verbrauch etwa 800000 Barrel, davon 35% Kerosin, 19% Diesel und 13% Benzin. 1976, als keine Importrestriktionen auferlegt waren, belief sich die Einfuhr von Erdöltreibstoffen auf 1 Million Barrel. Bis 1973 war Nepal völlig abhängig von Indien, und die Quote, die aus Indien gegen Bezahlung in Indischen Rupien bezogen werden konnte, war auf 536000 Barrel festgesetzt. Importe über diese Quote mußte von Nepal in harter Währung entrichtet werden. Mit Ausbruch der Erdölkrise sah Indien sich jedoch gezwungen, dieses System zu kündigen, und Nepal mußte seit 1975 selbst in den erdölproduzierenden Ländern einkaufen und das Rohöl nach Kalkutta transportieren. Es konnte dann das entsprechende Quantum Erdölprodukte von der nächstgelegenen indischen Raffinerie beziehen. Ein solches Abkommen ist mindestens «unelastisch», und Nepal sah sich gezwungen, einzelne raffinierte Erdölprodukte direkt einzukaufen. So mußten z. B. im Jahre 1975 für ein Barrel Kerosin in der UdSSR $ 11,9 bezahlt werden. Bis die Sendung in Kalkutta war, stiegen die Selbstkosten auf $ 15,6, an der nepalischen Grenze waren es $ 17,9 und der Verkaufspreis in Kathmandu belief sich schließlich auf $ 20. Seit jener ersten Krise mußte Nepal also allein für Treibstoffe pro Jahr zusätzlich rund 190 Millionen Nepal-Rupien auslegen, was etwa dem zehnten Teil des gesamten jährlichen Entwicklungsbudgets für den Fünfjahresplan 1976/80 entspricht.

Kunstdünger ist für Intensivlandwirtschaft mit Mehrfachernten auf bewässertem Land eine unabdingbare Voraussetzung; da nützen alle Einwände der Entwicklungsideologen nichts. Zwischen 1973 und 1974 haben sich die Preise für Kunstdünger für den nepalischen Bauer verfünffacht. Bei einem Import von 36000 Tonnen Kunstdünger beliefen sich die Mehrauslagen auf 14,7 Millionen Dollar pro Jahr oder 7,35% des jährlichen Entwicklungsbudgets für den Fünfjahresplan 1976/80. Wenn wir die erwähnten zusätzlichen Brennstoffauslagen dazurechnen, so bedeutete dies schon 1975 jährliche Mehrauslagen, die 12,35% des jährlichen Entwicklungsbudgets entsprechen.

Zement ist lebensnotwendig für die Entwicklung eines Landes, wenn auch fast in allen Entwicklungsländern — in Mißachtung vieler lokaler Baumaterialien — zuviel davon verbraucht wird. Schon seit 1971 hatte Nepal Schwierigkeiten, von Indien genügend Zement zu erhalten. Als Folge der Erdölkrise 1973 stoppte 1974 Indien praktisch die Zementlieferungen. Nepal mußte selbst auf die Suche nach Zement gehen. So besorgte sich 1975 Nepal 60000 Tonnen Zement in Südkorea zu schließlich folgenden horrenden Kosten: $ 38 f. o. b. Seoul; Fracht bis Kalkutta $ 38, Hafentaxen Kalkutta $ 6, Eisenbahntransport bis zur nepalischen Grenze $ 26, Lastwagentransport bis Hitaura $ 7 und dann Seilbahntransport bis Kathmandu $ 10. Nepalische Zollgebühren und Verkaufstaxen bringen schließlich den Verbraucherpreis auf $ 175 in Kathmandu, verglichen mit damaligen Detailpreisen in Industrieländern von 30—50 Dollar/Tonne. Der jährliche Verbrauch gemäß Fünfjahresplan 1976/80 wird auf 180000 Tonnen veranschlagt. Zum Glück besitzt Nepal seit 1975 eine eigene Zementfabrik, deren Kapazität bis 1980 auf 170000 Tonnen gesteigert werden soll.

Total werden also die Mehrauslagen für Nepal infolge Erdölkrise und Preissteigerungen 1973 auf 45 Millionen Dollar geschätzt (zu Preisen von 1974) oder rund fast ein Viertel des gesamten jährlichen Entwicklungsbudgets im Fünfjahresplan 1976/80.

Es wäre nicht korrekt, die Inflation allein der Rezession 1974 zuzuschreiben. Seit 1969 hat das Budget jedes Jahr (trotz massiver Entwicklungshilfe) ein um 100 Millionen Nepal-

Rupien größeres Defizit aufgewiesen. Da fremde Anleihen durchschnittlich nur 25 Millionen Nepal-Rupien zur Deckung beitrugen und die Mobilisierung von lokalen Ressourcen nicht sehr erfolgreich verlief, wurde das Defizit mit vergrößerter Geldmenge zum Teil kompensiert. Wir sind also wiederum in einem Teufelskreis, wie bei der Ökologie. Nach Berechnungen der Rastra-Bank (Staatsbank) provozierten jede 1000 NRs Geldexpansion zusätzliche Importe von Indien im Betrage von rund 40 NRs. Neben den horrenden Preissteigerungen waren gewisse wichtige Konsumgüter zeitweise nicht mehr in genügenden Quantitäten erhältlich, da es damit auch in Indien haperte, wie z. B. Seife, Kindernahrung, Papier, Baumwolltextilien und anderes.

Die Bedeutung der neuen Erdölkrise für Nepal, die sich beim Schreiben dieser Zeilen soeben bemerkbar macht, kann man sich leicht ausmalen. Ganz allgemein sind es ja die Länder der dritten Welt, die unter der Energiekrise zuerst und am meisten zu leiden haben. Ohne Zweifel gehen dem armen Nepal und seinem Volk die neuen Preissteigerungen und der Mangel an gewissen Rohstoffen an den Lebensnerv, auf Kosten der notwendigsten Entwicklung (während wir in den Industrieländern – vorderhand noch – einfach etwas tiefer in den Geldbeutel greifen müssen, ohne daß unsere Lebensqualität beeinträchtigt würde, im Gegenteil).

Das Energiekapital wird aufgezehrt. Als ich 1950 nach Nepal kam, wurde das Brennholz für Kathmandu von Trägern aus den umliegenden Bergen gebracht, aus einer Entfernung von nicht mehr als einer halben Tagesreise. In den folgenden Jahren dehnte sich der Umkreis, aus dem das Brennholz hergeschafft wurde, allmählich aus. Heute bringen die Thamang aus dem Trisuli-Tal das Brennholz aus Orten, die drei Tagesmärsche von Kathmandu entfernt sind. Das Gesetz verbietet zwar das Fällen von gesunden Bäumen; aber wo keine Kontrolle ist, gilt auch kein Gesetz. Und es gibt auch eine einfache Methode, um aus kerngesunden Bäumen solche zu machen, die für den Schlag freigegeben sind – nämlich durch Entrinden (ring barking) (Bild 126). Dem nepalischen Landbewohner, d. h. denjenigen 97% der Bevölkerung, die über keinen Stromanschluß verfügen, haben keine andere Energiequelle zum Kochen und Heizen als Holz. Gemäß Untersuchungen in der Jiri-Region beträgt der Bedarf pro Person und Jahr rund 540 kg trockenes Brennholz. Zum Kochen allein wird pro Tag und Person rund 1 kg trockenes Brennholz verbraucht und für die Winterzeit zum Heizen ein weiteres Kilogramm.

Wenn wir einen Verlust von 20% beim Schlagen des Holzes in Rechnung stellen und dazu noch berücksichtigen, daß grünes Holz 1,2mal so schwer ist wie dürres Holz, so steigert sich der jährliche Pro-Kopf-Holzschlag für Brennholz auf etwa 650 kg, wovon 440 kg allein zum Kochen pro Kopf und Jahr verbraucht werden.

Holz ist aber lebensnotwendig nicht nur zum Kochen, sondern ebenfalls für den Häuserbau, zum Anfertigen von vielerlei Geräten und auch für die Herstellung von Einbäumen. Um einen Kubikmeter Bauholz zu gewinnen, müssen 10–20 Kubikmeter Holz geschlagen werden, weil Handsägen fast nicht bekannt sind und die Bretter unter großen Abfallverlusten mit Äxten aus den Stämmen geschlagen werden. Im Jiri-Gebiet (154 000 Einwohner 1974) wurde der Nutzholzbedarf auf 35 000 Tonnen pro Jahr berechnet, was einer Pro-Kopf-Menge von 230 kg entspricht. Für den Bau eines Hauses im gleichen Gebiet werden durchschnittlich 70 Kubikmeter geschlagen, während 20 Kubikmeter bei rationellerer Holzgewinnung (Sägen von Brettern) völlig genügen würden.

Im Jiri-Gebiet, das für große Teile des Mittellandes repräsentativ ist, werden pro Jahr 170 000 Tonnen geschlagen bei einem Totalbestand von 9 Millionen Tonnen Holz in (noch) vorhandenen Wäldern, während nur 60 000 Tonnen Holz nachwachsen. Der Faktor zwischen geschlagenem und nachwachsendem Holz beträgt also 2,8 (1974). Es wird jedes Jahr fast dreimal soviel Holz geschlagen, wie nachwächst! Dies ergibt für die Jiri-Region einen Wachstumskoeffizienten von 0,007, d. h. für jede Tonne Holz in bestehendem Wald wachsen pro Jahr 7kg Holz nach. Das Defizit an frischem Brennholz in Jiri von 110000 Tonnen pro Jahr entspricht dem Kalorien-Wert von 26000 Tonnen Kerosin zu einem Marktpreis von 78 Millionen Nepal-Rupien (3 NRs pro kg).

Um in der Jiri-Region mit ihren 154000 Einwohnern weiteren Raubbau an Wald zu verhindern und um das ökologische Gleichgewicht zu erhalten, müßten die 78 Millionen Nepal-Rupien entweder von der Regierung subventioniert oder pro Kopf der Bevölkerung müßte jährlich in Höhe von 506 NRs zusätzlicher Verdienst geschaffen werden, um dieses Kerosin zu bezahlen. Dies kann sich aber die Regierung nicht leisten, denn es würde dem sechsundzwanzigsten Teil (oder 4%) des im Fünfjahresplan vorgesehenen jährlichen Entwicklungsbudgets für nur den vierundachtzigsten Teil (0,012%) der Gesamtbevölkerung entsprechen. Zusätzlich Pro-Kopf-Jahresverdienst von 506 NRs zu schaffen ist ebenso unmöglich, belief sich doch 1976 das von der Weltbank errechnete durchschnittliche Pro-Kopf-Einkommen in Nepal auf nur US$ 111. Mittlere Betriebsgrößen von 3ha wirtschaften im Terai ein Einkommen von NRs 1900 heraus, während Betriebsgrößen von 0,4ha, welche für einen großen Teil der Jiri-Bauern zutreffen dürften, 1976 nur US$80 ergaben.

Im vollen Bewußtsein der Gewagtheit solchen Tuns wollen wir nun versuchen, die Erhebungen von Jiri auf das ganze Land und dessen ganze Bevölkerung zu extrapolieren. Für die Totalbevölkerung von 13 Millionen beläuft sich der Brennholzbedarf allein zum Kochen auf nicht weniger als 5,7 Millionen Tonnen pro Jahr.

Gegen Kälte kann man sich bis zu einem gewissen Grade anderweitig schützen – die Alternative sozusagen liegt in der Antwort, die viele Nepali mir auf meine Frage gaben, ob sie nicht frieren würden im kalten Winter: «Nein, wir schlottern und sind erkältet.» Wenn wir annehmen, daß nur 10% der Bevölkerung von Nepal, also 1,3 Millionen Menschen, den für Jiri errechneten Holzbedarf von 210kg pro Kopf und Jahr zum Heizen benötigen, so ergibt dies zusätzliche 273000 Tonnen Holzverbrauch pro Jahr.

Um den gesamten Holzverbrauch zu ermitteln, müssen wir nun auch den Bauholzbedarf einbeziehen. Dieser wurde in Jiri auf 230kg pro Kopf und Jahr errechnet. Da die Häuser in wärmeren Zonen nicht so gut gebaut werden müssen und daher weniger Bauholz benötigen, gehen wir von der Annahme aus, daß landesweit im Durchschnitt nur die halbe Menge Bauholz verbraucht wird. Dies ergibt für die 13-Millionen-Bevölkerung immerhin noch den respektablen Betrag von 1,5 Millionen Tonnen pro Jahr. Der gesamte Holzschlag (grün) erreicht also in ganz Nepal 7,5 Millionen Tonnen pro Jahr, nämlich 5,7 Millionen Tonnen zum Kochen, 270000 Tonnen zum Heizen und 1,5 Millionen Tonnen als Nutzholz. Damit wird diese Extrapolation von Jiri gar nicht so abwegig, denn die FAO berechnete unabhängig davon den jährlichen Brennholzbedarf von Nepal im Jahre 1974 auf 6,6 Millionen Tonnen.

Wir laufen gar kein Risiko, wenn wir nun auch den für Jiri erhobenen Faktor 2,8 zwischen Holzschlag und natürlichem Nachwuchs auf das ganze Land übertragen. Von den jährlich geschlagenen 7,5 Millionen Tonnen Holz werden jedes Jahr nur 2,68 Millionen Tonnen durch Wachstum ersetzt. Vom kostbaren «Kapital» Holz werden also jedes Jahr 4,8 Millionen Tonnen aufgezehrt – und die «Zinsen» (Nachwuchs) nehmen entsprechend ab.

Insgesamt liegen die alarmierenden Zahlen für ganz Nepal höchstwahrscheinlich noch weit unter dem wahren Wert, denn das «Kapital» Holz wird auch noch durch Viehfraß vermindert sowie durch Holzgewinnung von Unternehmern. Im Karnali-Gebiet in Westnepal habe ich 1958 gesehen, wie indische Unternehmer ganze Talschaften von herrlichen Baumbeständen völlig entblößt und das Holz den Karnali-Fluß hinuntergeflößt haben (Bild 127). Wir gehen wohl kaum fehl in der Annahme, daß Raubbau den Waldbestand seit den fünfziger Jahren jährlich um 3% reduziert hat, bei einem gleichzeitigen Bevölkerungswachstum von 2,5%.

Vergleiche zwischen ältesten Luftbildern (1950 vom Autor für das Kulikhani-Wasserkraft- und -Straßenprojekt aufgenommen) mit den neuesten Luftbildern des deutschen Research Scheme zeigen, daß bis heute — also innerhalb von 30 Jahren — die von Wald bedeckte Fläche auf weniger als die Hälfte zusammengeschrumpft ist. Dabei ist zu bemerken, daß nicht der ganze Waldvorrat in Nepal für Holzgewinnung gebraucht werden kann; ein großer Teil liegt unerschließbar weit weg von der Bevölkerung, und die Distanzen zwischen Holzschlaggebieten und Dörfern vergrößern sich stets. Die früher aufgewendeten Arbeitsstunden für Holzgewinnung werden nun zu Tagen. Dies ist unproduktive, verlorene Arbeitszeit und geht auf Kosten der Nahrungsmittelproduktion und der Saisonarbeiten auswärts — der einzigen Möglichkeit, etwas Bargeld zu verdienen. Angesichts des Nachwuchskoeffizienten von höchstens 0,007 ist damit zu rechnen, daß in einigen Jahrzehnten die gesamten in wirtschaftlicher Reichweite befindlichen Holzreserven aufgebraucht sein werden.

Straßenbau vermag vorübergehend das Einzugsgebiet für Brennholz zu steigern. Im ganzen gesehen ist dies jedoch kontraproduktiv, vor allem wenn Straßen eine direkte Verbindung zu den unersättlichen und zahlkräftigeren Märkten von Städten herstellen (wie z. B. die Jiri-Straße). Im Sahel hat diese Erscheinung ja dramatische Formen angenommen, wo z. B. im Umkreis von Ouagadougou, der Hauptstadt von Obervolta, durch asphaltierte Straßen das Einzugsgebiet für Brennholz (und damit völliger Kahlschlag) in den letzten 20 Jahren sich von etwa 40 km auf 120 km Radius ausgedehnt hat, wobei Eselskarren als Transportmittel dienen. Der Holzkonsum wird in Nepal, der Not gehorchend, auf lange Zeit abnehmen, und die Verarmung wird für einen großen Teil der Landbevölkerung zunehmen. Das Leben wird sehr hart werden mit Hunger, Frieren, Landflucht, Auseinanderreißen der Familien und Entwurzelung.

Alternativen? Natürlich erhebt sich die Frage nach alternativem Energieersatz, um die drohende ökologische Katastrophe abzuwenden. Die Einfuhr von Petroleum zum Kochen und zur Beleuchtung hat in den letzten Jahren zwar zugenommen. Wie weit Petroleum zu einer Alternative werden könnte, soll (rein theoretisch) durch die folgenden Zahlen beleuchtet werden. Unter der Annahme, daß 1 kg frisches Holz gleichen Heizwert ergibt wie 0,24 kg Petroleum (Kerosin), dann entspricht das landesweite Holzdefizit für Brennzwecke allein von rund 6 Millionen Tonnen pro Jahr 1,44 Millionen Tonnen Petroleum. Dies ergibt unter Annahme eines Marktpreises von 3 NRs pro Kilo Petroleum die beträchtliche Summe von 4,32 Milliarden NRs pro Jahr. Ein solcher Betrag müßte also zur Verfügung stehen, um das für Koch- und Heizzwecke zuviel, d. h. über den natürlichen Waldnachwuchs hinaus geschlagene Holz durch Kerosin zu ersetzen. Im Fünfjahresplan 1976/80 sind für Importe von *Erdölprodukten* nur 643 000 Tonnen vorgesehen, also in fünf Jahren weniger als die Hälfte des oben geforderten Kerosinbedarfs für ein Jahr. Finanzmäßig würden die genannten 3,45 Milliarden NRs mehr als einem Drittel der gesamten für 1976/80 vorgesehenen Entwicklungsausgaben von 9,197 Milliarden NRs entsprechen. Ganz abgesehen von finanziellen Überlegungen schließt auch die auf uns zukommende Erdölkrise die vermehrte Verwendung von Petroleum in Nepal überhaupt aus.

Bei dieser Sachlage erhofft man sich natürlich die Rettung durch die vielgepriesene «angepaßte Technologie». Wie weit diese in der Lage ist, die Energieprobleme der Landbevölkerung von Nepal zu lösen, soll nun kurz anhand vorhandener Untersuchungen und Informationen erläutert werden (unter anderem: «Mountain Environment and Development», eine Sammlung von verschiedenen Beiträgen aus Anlaß des zwanzigjährigen Jubiläums der Schweizerischen Entwicklungshilfe in Nepal [SATA], 1976).

Eine Kleinturbine von 8 Kilowatt Leistung erzeugt pro Jahr rund 25 000 Kilowattstunden. Dies entspricht einem Energieäquivalent von etwa 4,7 Tonnen Brennholz pro Jahr. Um in *hydroelektrischen Kleinkraftwerken* die gleiche Energie zu produzieren, wie 1 Tonne Brennholz ergibt, müssen rund 2 Millionen NRs investiert werden. Für Kleinkraftwerke (mittlere Kapazität 8 Kilowatt), die in einem Jahr die gleiche Energiemenge erzeugen wie etwa 4,7 Tonnen Brennholz, entsprechen die

Energie-Entstehungskosten rund 0,7 NRs pro Kilogramm Brennholz.
Um den Gesamtbrennholzbedarf von 5,7 Millionen Tonnen zum Kochen allein für das gesamte Land mit hydroelektrischer Energie zu decken, wären Investitionen in Höhe von 5,7 Millionen mal 2 Millionen oder 11,4 Billionen NRs nötig. Dies entspricht mehr als dem tausendfachen Betrag des gesamten Entwicklungsbudgets der Fünfjahresperiode 1976/80.
Gleichwohl schreibt ein Enthusiast der angepaßten Technologie in derselben Schrift (S. 181): «Mini micro hydro plants represent a feasible solution contribution to the energy needs of the population.» Energieproduktion durch Kleinturbinen ist nur möglich für größere Gemeinschaften, für kleine handwerkliche oder industrielle Betriebe, für Hotels, Spitäler, Schulen usw. Mit Erfolg wurde damit z. B. die Energiefrage der Wollfärberei von Chialsa gelöst.
Biogas (in Nepal «Gobar» genannt) wird durch Fermentation von Kuhmist und von menschlichen Exkrementen gewonnen. Der Mist von 4—5 Kühen genügt, um das tägliche Kochgas und Leuchtgas für eine Familie zu produzieren. 0,6 Kubikmeter Gas sind nötig pro Kopf und Tag — das ist das Quantum, welches ungefähr der Mist einer Kuh ergibt.
Die Herstellung einer solchen Gasanlage ist sehr einfach: Eine Grube wird im Boden gegraben und mit Steinen oder Ziegeln ausgekleidet. Das Volumen dieser Grube sollte dreißig- bis vierzigmal so groß sein wie das täglich benötigte Kuhmist/Wasser-Gemisch. Über der Grube wird ein Metallfaß angebracht, welches das in einem 24 Stunden dauernden Fermentationsprozeß entstehende Gas sammelt. Der Metallbehälter schwimmt auf dem Breigemisch und stellt damit den nötigen Druck her. Bei diesem Prozeß entstehen zwei Produkte: ein farb- und geruchloses, ungiftiges Gas zum Brennen sowie wertvoller Stickstoffkunstdünger, der sogar noch einen höheren Stickstoffgehalt hat als der ursprüngliche Kuhmist.
Optimale Temperatur beim Fermentationsprozeß ist 32° C. Bei tieferen Temperaturen nimmt die Fermentation ab und erreicht bei 13° C beispielsweise nur die Hälfte der Gasproduktion bei 25° C. In Jiri beträgt die mittlere Tagestemperatur nur 13,6° C, und im nepalischen Mittelland wurden beispielsweise folgende höchste mittlere Tagestemperaturen gemessen:

Kathmandu	25° C
Gurkha	25° C
Bojpur	20° C

Da diese Temperaturen nur während der Sommermonate erreicht werden und weite Gebiete des höheren Mittellandes bedeutend tiefere mittlere Temperaturen aufweisen, sind der Ausbreitung von Biogasanlagen in Nepal Grenzen gesetzt (im Gegensatz etwa zu Indien). In der Büffelmilchkäserei von Pauwa bei Kathmandu wird mit der Schotte als Abfallprodukt der Käserei eine Schweinemast unterhalten, welche den erforderlichen Mist für die Biogasanlage liefert. Mit Sonnenkollektoren wird die Betriebstemperatur der Biogasanlage und damit auch deren Produktion an Brenngas erhöht. Aufwendige Isolationen tragen ebenfalls zum hohen Wirkungsgrad der Anlage bei. So mustergültig diese Anlage auch ist, für den einfachen Bauern kommt sie nicht in Frage, weil sie für ihn nicht nachvollziehbar ist. Wer könnte das bezahlen? Eine Biogasanlage für 10 Kühe erforderte (1974) Investitionskosten von 3200 NRs. Mit jährlicher zehnprozentiger Amortisation der Biogasanlagen wurde der äquivalente Energiewert pro Kilogramm Holz auf 0,09 NRs berechnet. Demnach ist also die durch Biogas als Ersatz für Brennholz gewonnene Energie mehr als zehnmal wirtschaftlicher als diejenige aus hydroelektrischen Kraftwerken.
Wenn nun alle Bewohner des Mittellandes mit Biogas ausgerüstet werden sollten (zwei Drittel der Gesamtbevölkerung oder 8 Millionen Menschen), so würde dies Investitionskosten von 800000mal 3200 NRs (Kosten für eine Biogasanlage ausreichend für 10 Personen) = 25,6 Milliarden NRs oder das 2,5fache des gesamten Entwicklungsbudgets für den Fünfjahresplan 1976/80 erfordern.
Allerdings ist es gar nicht möglich, die gesamte Bevölkerung des Mittellandes mit Biogasanlagen auszurüsten, da für den Betrieb einer

Anlage mindestens 5 Kühe nötig sind. Der Durchschnittsbesitz beträgt zwar 7 Stück Vieh pro siebenköpfige Familie, diese Bedingung wird indessen nur von Mittelbauern mit Betriebsgrößen von 5—10 ha erreicht. 82% aller Bauernfamilien haben weniger als 2,01 Hektar Nutzland zur Verfügung und besitzen durchschnittlich nur 3,5 Kühe und Ochsen. Eine von mehreren Familien gemeinsam betriebene Anlage ist nicht leicht zu bedienen, sie würde Verteilungsprobleme schaffen, und Gasleitungen von der gemeinsamen Anlage in die Küchen verschiedener Häuser sind undenkbar. Biogas kann also das Energieproblem nur für die bessergestellten rund 10% aller Bauern in Nepal lösen. Dies erklärt auch die langsame Verbreitung: Die erste Biogasanlage wurde 1961 in Godavari errichtet. Erst 1975 wurde das «Gobar Gas Committee» der Regierung gegründet. Bis 1977 waren allerdings über 150 Gasanlagen gebaut (bei einer Bevölkerung von beinahe 2 Millionen Familien).

Bis 1977 wurden in Nepal 212 *Sonnenkollektoren* für Warmwasseraufbereitung und für Raumheizung installiert. Die 212 Sonnenkollektoren haben eine Kollektorenfläche von 300 m^2, mit einer Kapazität von 30000 l Warmwasser täglich. Dies entspricht 1,2 Millionen Kilokalorien oder ca. 60 Kilowattstunden, dem täglichen Verbrauch von 400 kg Brennholz oder 115 kg Petroleum. Da indessen die Sonne im Durchschnitt nur an 280 Tagen scheint, entspricht die Energieproduktion durchschnittlich nur derjenigen von 112 Tonnen Brennholz. Die Extrapolation, wieviele derartige Sonnenkollektoren aufzustellen wären, um das ganze jährliche Brennholzdefizit von 4,7 Millionen Tonnen zu decken, ist müßig, da mit Warmwasser zwar wohl geheizt, aber nicht gekocht werden kann.

Der kleinste wirtschaftliche Kollektor liefert etwa 120 Liter Warmwasser pro Tag und die Investitionskosten belaufen sich auf 4800 NRs. Abnehmer sind vor allem bessergestellte Bauern, Dispensarien, Hotels, industrielle Kleinbetriebe usw. Solche Sonnenkollektoren kommen also allgemein — da zu teuer — für die ländliche Bevölkerung nicht in Frage. Ihr Wert ist gleichwohl beträchtlich, machen doch die bisher installierten Sonnenkollektoren den Verbrauch von mindestens 112 Tonnen Brennholz pro Tag überflüssig. Für Heizung wird indessen in den höheren Lagen des Mittellandes pro Kopf und Tag etwa 0,5 kg Brennholz verbraucht (in Jiri ist es ungefähr doppelt soviel, nämlich 1 kg).

Wenn nur für 10% der Bevölkerung von Nepal die Brennholzheizung durch Sonnenkollektorenheizung ersetzt werden sollte, so müßten entsprechend dem täglichen Holzbedarf von 650 Tonnen oder 118300 Tonnen Brennholz pro Jahr über tausendmal mehr Sonnenkollektoren erstellt werden, als bis 1977 in ganz Nepal errichtet worden sind, und die Kosten würden sich auf 524 Millionen NRs belaufen, entsprechend dem vierfachen Betrag des im Fünfjahresplan 1976/80 vorgesehenen jährlichen Entwicklungsbudgets. Aber auch so wäre nur ein geringer Teil des landesweiten jährlichen Holzdefizits von 7,5 Millionen Tonnen ersetzt. Gleichwohl schreibt ein Autor in der erwähnten Schrift (Seite 185): «The limits to the use of solar energy are not yet known, thus its potential is enormous.» — «We believe that a National research and development center could contribute a great deal to the development of new alternative energy resources.»

Holzkohle könnte eventuell mithelfen, einen kleinen Teilbereich des Energieproblems zu lösen: Sie braucht nicht unbedingt dort gewonnen zu werden, wo man sie benötigt, da ihr Gewicht gering ist — nämlich nur 40% des gleichen Energiequantums in Form von dürrem Brennholz — und sie auch nur 60% Volumen einnimmt, verglichen mit demjenigen von Brennholz. Holzkohle könnte also in den Wäldern des Terai und auch im Himalaya beschafft werden; doch handelt es sich in beiden Fällen um Gebiete, die außerhalb wirtschaftlicher Reichweite für das Mittelland liegen. Holzkohlenfabrikation, industriell aufgezogen (Tausende von Tonnen pro Jahr), mit aller Rücksichtnahme auf die ökologischen Belange, könnte laut Berechnungen zu 0,35 NRs per Kilogramm (1974) eingeführt werden, was nur ein Viertel der Preise für die in Kleinbetrieben traditionell hergestellte Holzkohle darstellt.